THOMAS ACHIM SCHOKE

HERDENSCHUTZHUNDE

EIGENSCHAFTEN • FÄHIGKEITEN • WESEN • VERHALTEN

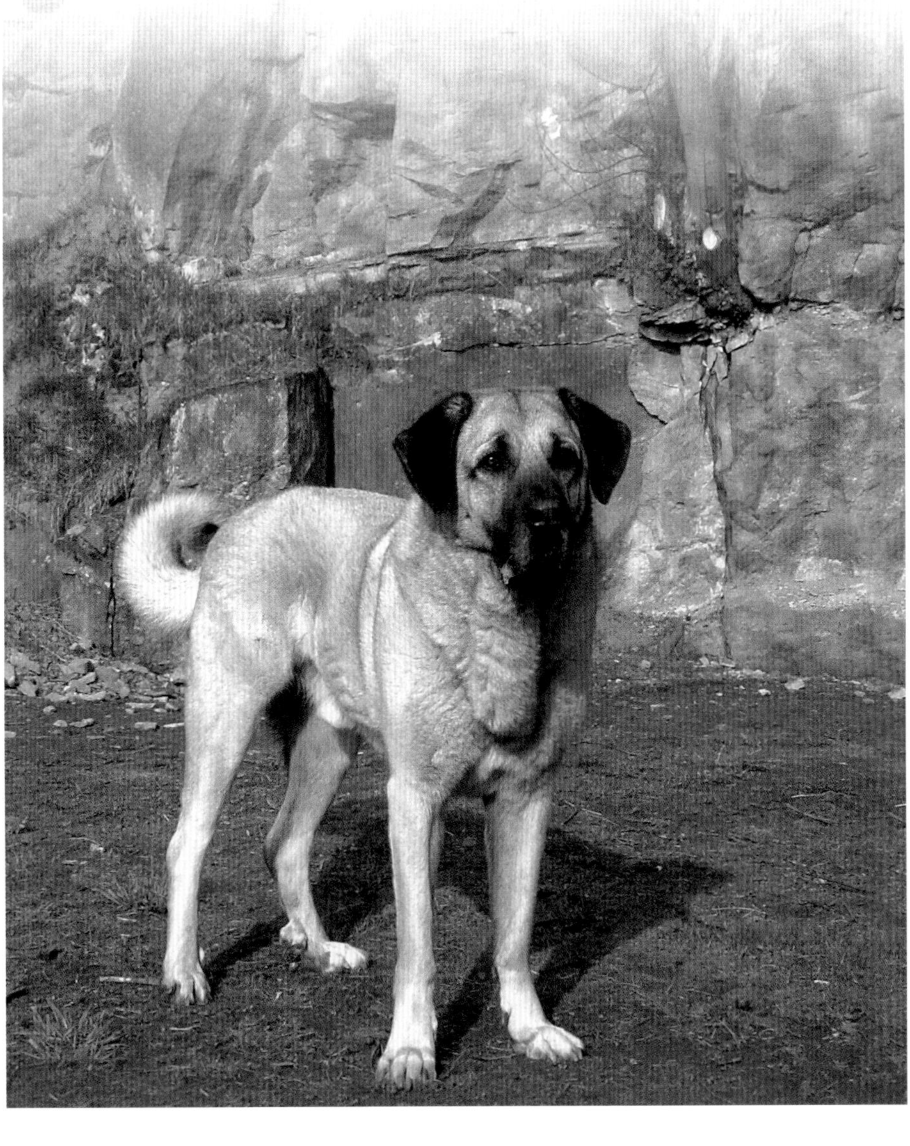

© **2003 Thomas Achim Schoke/ animal learn Verlag**

7. Auflage 2022

ISBN 978-3-936188-08-0

Lektorat: Sonja Zbinden, Susanne Artmann
Titelbild, Satz & Layout: Annette Gevatter, Riegel a. K.
Druck: FINIDR, s.r.o., Český Těšín, Tschechische Republik

animal learn Verlag
Email: animal.learn@t-online.de
www.animal-learn.de

Inhaltsverzeichnis

Teil I – Eigenschaften, Fähigkeiten, Wesen und Verhalten

Teil II – Die Herdenschutzhundrassen

Teil III – Auswahl, Ausbildung und Haltung des Herdenschutzhundes

Vorwort zur 5. Auflage

Gut zwanzig Jahre sind vergangen seit ich begann, an den ersten Kapiteln dieses Buches zu schreiben. Zwanzig weitere Jahre, in denen Herdenschutzhunde meine täglichen Begleiter und Lehrmeister waren. Vieles ist in dieser Zeit geschehen. Hundeverordnungen und Rasselisten wurden erfunden und haben es in Deutschland zu flächendeckender Verbreitung gebracht. Die Hysterie der 2000er Jahre über angeblich gefährliche Hunde hat sich weitgehend zerstreut, die Gesetze und Verordnungen sind geblieben. Der mühsam wiedergewonnene Konsens, dass Mensch und Hund eine in der Evolution einmalige Partnerschaft bilden, steht allerdings noch immer auf tönernen Füßen.

Auch die Hundeszene hat sich verändert. Der Kelch, als Modehund zu enden, ist am Herdenschutzhund glücklicherweise vorübergegangen. Trotzdem ist das Interesse an diesem faszinierenden Hundetyp unvermindert hoch und jedes Jahr steigt die Zahl der Hundehalter, die sich für einen Kangal, Kaukasen, Maremma oder Pyrenäenberghund entscheiden.

All diesen Hundefreunden, allen Tierärzten, Tierpflegern, Hundeausbildern und interessierten Hundehaltern soll dieses Buch helfen, Verständnis für die besonderen Eigenschaften und Fähigkeiten der Herdenschutzhunde zu entwickeln. Verstehen und Verständnis sowie Einsicht in entwicklungsbedingte Wesenseigenschaften sind im Umgang mit Herdenschutzhunden noch wichtiger als bei jedem anderen Hundetyp. Dazu möchte dieses Buch einen kleinen Beitrag leisten.

Thomas Achim Schoke
im April 2017 mit Sarplaninac Hündin „Tinka",
Sarplaninac Hündin „Sarah" und Kangal Rüde „Yoshi"

Vorwort zur 2. Auflage

Fünf Jahre sind seit dem Erscheinen der ersten Auflage des Buches „Herdenschutzhunde" vergangen und die zweite Auflage wird von einem anderen Verlag, mit neuem Layout und erfreulicherweise auch zu einem günstigeren Preis herausgegeben. Das Buch hat nach seinem Erscheinen unerwartet großes Echo bei der Leserschaft erzeugt. Viele Hundefreunde haben mir in Briefen und E-Mails ihre eigenen Erfahrungen mit Herdenschutzhunden berichtet und das Buch mit viel Lob und gelegentlich auch mit konstruktiver Kritik bedacht. Wie nicht anders erwartet, haben Buch und Thema die Leserschaft polarisiert und für Diskussionsstoff gesorgt. Allen Befürwortern und Kritikern gebührt Dank für ihre Stellungnahmen.

Inhaltlich wurde das Buch durchgesehen und aktualisiert. Einige Themen werden nun etwas ausführlicher behandelt oder durch zusätzliche Betrachtungen erweitert. Meine Erfahrungen mit Herdenschutzhunden seit Veröffentlichung der ersten Auflage fließen an vielen Stellen ein.

Als 1998 die 1. Auflage der „Herdenschutzhunde" erschien, hoffte ich, dass das Buch vor allem eines bewirken möge, nämlich das Verständnis für diesen Hundetyp auf möglichst breiter Basis zu verbessern. Ob dies gelungen ist, lässt sich leider noch nicht abschätzen, und so wird auch diese Auflage vom gleichen Wunsch begleitet.

Der Versuch, mit meinen Lesern ehrlich umzugehen und die Dinge beim Namen zu nennen, hat nach Erscheinen der 1. Auflage viel Zustimmung und Anerkennung hervorgerufen, aber auch zu traurigen, unvorhersehbaren Ereignissen geführt. Nachdem im Sommer 2000 in Hamburg zwei Terrier den Tod eines kleinen Jungen verursacht hatten, starteten Teile der Boulevard-Presse und der Politik einen regelrechten Vernichtungskrieg gegen Hunde aller Größen und Farben. Unbescholtene Tierhalter wurden ohne individuelle Schuld diffamiert und sogar kriminalisiert, weil... sie einen Hund bestimmter Rasse hielten. Niemand hätte es für möglich gehalten und doch geschah es fast über Nacht: Gesetzestreue Bürger wurden von schwer bewaffneten Polizeikommandos heimgesucht, verhört, verhaftet und nicht selten ihrer Tiere beraubt. Tausende Hunde, die sich nichts zuschulden kommen ließen, außer ein bestimmtes Aussehen zu besitzen, wurden umgebracht oder, wie in Hamburg, durch tierschutzwidrige Unterbringung einem langsamen, qualvollen Tod zugeführt. Deutschland war über Nacht nicht mehr das Land, das wir zu kennen glaubten. Zahlreiche Hundefreunde mussten Deutschland fluchtartig verlassen, um ihre Hunde und sich selbst vor Verfolgung zu schützen. Viele dieser Menschen und Hunde haben in den Niederlanden, Israel, der Schweiz und den USA eine neue Heimat gefunden.

Besonders die nordrhein-westfälische Landesregierung hatte nach dem Hamburger Vorfall versucht, eine Vorreiterrolle im Kampf gegen Hundebesitzer einzunehmen. Mit Billigung des SPD-Politikers und damaligen Ministerpräsidenten Clement war es vor allem die „grüne" Umweltministerin Höhn, die bereit war, alle gebotene Sachlichkeit einer populistischen Kampagne zu opfern. Um der Öffentlichkeit eine möglichst lange Liste „gefährlicher Hunde" vorlegen zu können und sich damit dem Wahlvolk als „Retterin in der Not" zu präsentieren, ließ Frau Höhn von ihren Beamten das Inhaltsverzeichnis meines Buches abschreiben und alle erwähnten Rassen der nordrhein-westfälischen „Kampfhunde"-Liste zufügen. Dass alle Tiere dieser 23 Hunderassen zusammen in einigen Jahrzehnten nur einen einzigen, leichten Beißunfall verursacht hatten und dass diese Tatsache im Rahmen einer Anfrage an den nordrhein-westfälischen Landtag sogar dokumentiert war, wurde der Öffentlichkeit wohlweislich verschwiegen.

Glück im Unglück. Da die verantwortliche Ministerin und ihre Mitarbeiter es unterlassen hatten, das Buch wenigstens auszugsweise zu lesen, fanden sich auf der Kampfhundliste Nordrhein-Westfalens auch Rassebezeichnungen von Hunden, die seit Jahrhunderten ausgestorben sind und von mir nur im Rahmen geschichtlicher Betrachtungen erwähnt werden. Unter dem monatelang andauernden Druck von Fachleuten aus aller Welt und angesichts der Gefahr, dass die Hundeverordnung des Landes NRW in einem Gerichtsverfahren für unzulässig erklärt werden würde, musste die Landesregierung ihre fachlichen Fehler eingestehen und die Hundeverordnung ändern. Die Herdenschutzhunde werden heute, mit Ausnahme des Mastín Español, nicht mehr erwähnt. Es wird jedoch noch viele Jahre dauern, bis der Schaden dieser unseligen Kampagne überwunden sein wird und auch der Mastín Español vom „Kampfhund"-Stigma befreit ist.

Auch viele andere Bundesländer haben ihren Bürgern Eil-Hundeverordnungen ähnlicher Qualität beschert und die Problematik besteht derzeit vielerorts fort. Nicht wenige dieser vor fachlichen Fehlern strotzenden Hundeverordnungen wurden zwischenzeitlich gänzlich oder in wesentlichen Teilen von den Gerichten kassiert, so zum Beispiel in Hessen, Schleswig-Holstein und Niedersachsen. Wer allerdings meint, dass alle Probleme damit gelöst seien, irrt. Das Grundrecht auf „Unverletzbarkeit der Wohnung" ist für Hundebesitzer noch immer abgeschafft. Nimmt man das Grundgesetz der Bundesrepublik Deutschland als Maßstab, sind Hundebesitzer hierzulande nur noch Menschen zweiter Klasse.

Ich möchte daher an alle Leser appellieren, den Kampf gegen diskriminierende Hundeverordnungen nicht aufzugeben und sich dafür einzusetzen, dass die Rassezugehörigkeit eines Lebewesens nie mehr zur Legitimation seiner Ausgrenzung oder Tötung missbraucht werden darf. Diese Bitte richtet sich vor allem an die Tierfreunde, deren Hund oder Hunderasse heute noch nicht von Verfolgung betroffen ist. Wenn uns das Jahr 2000 eines gelehrt hat, ist es die Tatsache, dass es morgen IHR Hund sein kann, dessen Abschaffung, Tötung oder tierschutzwidrige Haltung von staatlichen Stellen verordnet wird.

THOMAS ACHIM SCHOKE
Blieskastel, August 2003

Vorwort

Die Beschäftigung mit Herdenschutzhunden und der Versuch, ihre typischen, rasseunabhängigen Wesenseigenschaften und Verhaltensweisen zu verstehen, ist mit Sicherheit eines der interessantesten Gebiete der Kynologie. Die Frage, was einen Hund veranlasst, Tiere einer fremden Art zu schützen und dabei seine körperliche Unversehrtheit oder sogar das eigene Leben zu riskieren, bringt einen unversehens in Kontakt mit verschiedenen Forschungsgebieten der Ethologie. Neben der Verhaltensgenetik, die sich der Erforschung von Zusammenhängen zwischen Erbgut und Verhalten widmet und der Öko-Ethologie, die Wechselwirkungen zwischen einer Tierart und den Bedingungen ihrer Umwelt untersucht, spielt auch die Tiersoziologie eine nicht unerhebliche Rolle. Obwohl selbst der ansatzweise Versuch einer Einführung in diese drei Teilbereiche der Verhaltensforschung den Rahmen dieses Buches mühelos sprengen würde, ist eine Beschäftigung mit den Grundlagen der Ethologie für das Verständnis des Hundes unerlässlich. Ein kleiner Teil des Buches ist daher den Grundlagen der Verhaltensforschung und ihren Erkenntnissen über Kaniden gewidmet, sofern sie für die weiteren Betrachtungen über Herdenschutzhunde eine Rolle spielen werden.

Das Bild der Herdenschutzhunde ist in der westlichen Welt stark von unseren heutigen Moral- und Wertvorstellungen beeinflusst. Hundehaltung hat in unserem Kulturkreis einen emotionalen Stellenwert und basiert zumeist auf anderen Motiven als in den ursprünglichen Herkunftsgebieten der Herdenschutzhunde. Die Übertragung westeuropäischer und amerikanischer Sichtweisen auf Wesenseigenschaften, Haltungsanforderungen und Zuchtauswahl hat nicht nur zu vielfältigen Missverständnissen geführt, sondern zeigt bereits fatale Auswirkungen auf die Erhaltung der typischen ursprünglichen Eigenschaften und Wesensmerkmale. Leider treffen Verbände und Vereine aber auch Hundehalter und Züchter ihre Entscheidungen häufig aufgrund menschlicher Eitelkeiten anstatt aufgrund biologischer Zusammenhänge und Notwendigkeiten. Das Hauptaugenmerk gilt zur Zeit mehr den Vermarktungschancen einer Rasse als ihrer Erhaltung gemäß der Tradition, und kaum einen scheint zu stören, dass man den Hunden und letztlich auch der Menschheit damit einen Bärendienst erweist.

Um fundiertes Wissen über Herdenschutzhunde und ihre Eigenschaften zu erwerben ist es unerlässlich, gründliche Analysen vorzunehmen und vor dem Hintergrund wissenschaftlicher Erkenntnisse zu betrachten. Eine Hauptaufgabe dieses Buch ist daher, viele alte Zöpfe abzuschneiden, irreführende Vorstellungen über die Arbeit der Herdenschutzhunde zu korrigieren und Zusammenhänge der Wesens- und Verhaltensentwicklung von Trugschlüssen zu befreien. Die Sammlung von Erkenntnissen über das Verhalten eines Tieres beschränkt sich nicht nur auf das Was, Wann, Wie, Wo und Wie oft, sondern erstreckt sich auch auf die Frage, welchen selektiven Vorteil dieses oder jenes Verhalten mit sich bringt. Fragen nach dem „Warum" sind in der Biologie besonders schwer zu beantworten. Warum schützt ein Hund, warum lehnt er die Nähe Fremder ab, warum verteidigt er sein Territorium? Die Antworten auf solche Fragen basieren nicht nur auf Beobachtungen, Zählungen und wissenschaftlichen Fakten, sondern beinhalten stets auch Schlussfolgerungen, die je nach Sachlage und Erkenntnisstand mehr oder weniger hypothetisch sein können. Erst das Verstehen des „Warum" versetzt den Hundebesitzer in die Lage, Eigenschaften seines Hundes zu verstehen und dessen Fähigkeiten optimal einzusetzen. So lässt sich die Sicherheit der Umwelt gewährleisten, ohne die Effektivität des Hundes zu mindern oder dem vierbeinigen Gefährten seine Würde zu rauben.

Nur auf der Basis menschlichen Verständnisses können die Voraussetzungen für art- und rassegerechte Ausbildung, Haltung und Zucht der Hunde geschaffen werden. Erkennen, Wissen und Verstehen sind die Schlüssel für erfolgreiche Mensch-Hund-Beziehungen. Wer es versäumt, sich über art- und rassetypische Wesenseigenschaften, natürliche Bedürfnisse, sinnliche Wahrnehmungen und typische Reaktionsmuster seines Hundes zu informieren, ist der Tierquälerei näher, als er glaubt. Dieser Grundsatz gilt für den Hund im Allgemeinen, aber für die Spezialisten unter den Hunden im Besonderen. Der erste Teil dieses Buches befasst sich daher mit Geschichte, Abstammung und kulturhistorischem Kontext der Herdenschutzhunde, vor allem aber mit ihren Fähigkeiten, Eigenschaften und Verhaltensweisen. Dabei sollen Einsichten gewonnen werden, die es ermöglichen, Herdenschutzhunde verstehen zu lernen, anstatt sich von Trugschlüssen und Vorurteilen in die Irre führen zu lassen.

Der zweite Teil ist den einzelnen Herdenschutzhundrassen gewidmet. Zu jeder Rasse finden sich Informationen, deren Spanne von Herkunft und Abstammung über Erscheinung und Eigenschaften bis zum modernen Zuchtgeschehen reicht.

Die Haltung eines Herdenschutzhundes in den dichtbesiedelten Gebieten der Industrieländer und die damit verbundenen Fragen bilden den Schwerpunkt des dritten Teils. Die Prägung des Hundes auf seinen zukünftigen Lebensraum, seine Sozialisierung und Ausbildung werden ausführlich behandelt. Besonderes Augenmerk liegt dabei auf der Haltung dieser Hunde in der Familie. Viele Ratschläge für eine erfolgreiche Integration des Hundes in Haushalt und Familie sowie für die Entwicklung vertrauensvoller Mensch-Hund-Beziehungen finden sich in diesem Abschnitt. Natürlich kommt auch der Einsatz der Hunde in ihrem ursprünglichen Arbeitsgebiet nicht zu kurz. Der interessierte Praktiker erhält Hinweise, welche Bedingungen für den Einsatz von Herdenschutzhunden erfüllt sein müssen, wie ein Schutzkonzept entwickelt werden kann und welche Hunde für die zugedachten Aufgaben geeignet sind.

Der Versuch, Wesenseigenschaften und Verhaltensweisen der Herdenschutzhunde zu verstehen und so eine Basis für artgerechte Haltung und erfolgreichen Herdenschutzdienst zu schaffen, bildet den roten Faden, der alle drei Abschnitte des Buches miteinander verbindet.

An vielen Stellen im Buch werden Sie feststellen, dass ich sehr deutlich auf Schwierigkeiten, ja sogar Gefahren hinweise, die durch die Haltung eines Herdenschutzhundes entstehen können. Es ist beileibe nicht so, dass dieser Hundetyp grundsätzlich „gefährlich" ist, und vieles Gesagte gilt auch für andere Wesenstypen oder sogar den Hund im Allgemeinen. Dennoch ist es aus Gründen der Fairness gegenüber Mensch und Hund unerlässlich, an einigen Stellen Klartext zu reden, nichts wegzulassen und nichts zu beschönigen. Ich möchte mit diesem Buch nicht dem Trend folgen, die in Frage stehende(n) Hunderasse(n) über den grünen Klee zu loben und den Mantel des Schweigens um die Aspekte zu hüllen, die den Verkauf von Welpen negativ beeinflussen könnten. Gelegentliche Hinweise auf Probleme und Schwierigkeiten sollen nicht abschrecken, sondern aufklären. „Gefährlich" ist niemals der Hund selbst, sondern nur die Unwissenheit über seine Fähigkeiten, Wesensmerkmale oder Eigenschaften.

THOMAS ACHIM SCHOKE
Blieskastel, August 2003

Dieses Buch ist all jenen
gewidmet, die sich ernsthaft
bemühen, Hunde zu verstehen
und sich nicht verleiten lassen,
dem „besten Freund des Menschen"
seine Würde zu nehmen, indem sie
ihn zum Spielball menschlicher
Eitelkeiten machen.

Prolog

Eingerahmt von steilen Berghängen und schroffen Felsformationen wand sich das Tal wie eine Schlange dahin. Nach den ergiebigen Regenfällen des Frühjahrs leuchtete die Hochweide vom satten Grün der Pflanzen. Weiter oben ragten über dem dunklen Grün der Wälder und dem Graubraun der Felswände in gleißendes Sonnenlicht getauchte Gipfel auf. Ein Fremder hätte den scharfen Kontrast zwischen der brennenden Sonne, der Hitze des Nachmittages und den schneebedeckten Gipfeln als bemerkenswert empfunden, doch die beiden Männer, die hier oben ihrer Arbeit nachgingen, hatten keinen Blick für die Schönheit der Natur.

Der Hirte erhob sich von seinem Sitzplatz, einem Felsen, auf den er ein ungegerbtes Schaffell als Polster gelegt hatte, und betrachtete seine Herde. Zum Schutz vor der schon tief stehenden Sonne legte er eine Hand über die Augen. Sein Blick schweifte über die friedlich weidende Herde. Eine trügerische Idylle. Bald würde die Nacht hereinbrechen, und der Hunger ließ die Wolfsrudel zu dieser Jahreszeit schon während der Dämmerung aktiv werden. Sechzehn Tiere hatte er dieses Jahr schon verloren; sechs Schafe, neun Lämmer und einen Hund. „Das ist mehr als im vergangenen Jahr", dachte er bedauernd, und mit Wehmut erinnerte er sich an die Nacht, als der beste seiner Hunde von Wölfen zerrissen wurde. Das Fehlen des alten, erfahrenen Rüden machte sich stärker bemerkbar, als er erwartet hatte; zu unerfahren waren die jüngeren Hunde, um es ohne ihren erfahrenen Anführer mit den Wolfsrudeln aufzunehmen. Die Wölfe besaßen ein untrügliches Gespür für Verletzbarkeit und hatten die Schwächung der Abwehr sofort wahrgenommen. Seitdem hatten sie ihre Angriffe intensiviert und gingen immer furchtloser zu Werke. Seit Jahren sparte er Geld für ein Gewehr, doch das wenige Geld, das er beiseite gelegt hatte, reichte kaum für die Aussteuer seiner Töchter. So blieben das Messer mit dem Griff aus Schafhorn, die kleine Axt an seinem Gürtel und der schwere Hirtenstab seine einzigen Waffen. „Es ist ungerecht", dachte Mehmet voller Ingrimm, während er einen Schluck Tee zu sich nahm. Beinahe fünfzig Schafe verlor er alljährlich an die Wolfsrudel der Region, und der entgangene Verdienst schmerzte ihn heftig. In diesem Jahr schien es besonders schlimm zu werden.

„Hakim, stärke dich", rief er seinem Gehilfen zu, „es wird bald dunkel." Der Angesprochene sah auf und nickte, gemächlich steckte er die grobe Feile, mit der er den verwachsenen Huf eines Schafs bearbeitet hatte, in seinen Gürtel und stieg zum Lagerplatz empor. Während sich die beiden Männer mit Brot, Käse und Tee stärkten, verschwand die Sonne hinter den Bergen, und die Dämmerung brach herein. Mit dem Schwinden der Sonne begannen die langen Schatten diffus zu werden, und die Hitze des Tages wurde allmählich von einer frischen, abendlichen Brise verdrängt. Geräuschlos verließen drei der großen Hunde ihren Ruheplatz, auf dem sie den Nachmittag im Schatten dichter Dornensträucher dösend verbracht hatten. Ohne den Männern einen Blick zu widmen, trotteten sie in einiger Entfernung an der Herde vorbei zum gegenüberliegenden Ende des Tals. Während sich die kleine Gruppe weiter entfernte, erschien die trächtige Hündin am Lagerplatz und legte sich einen Steinwurf von den Hirten entfernt ins Gras. Sie würde in wenigen Tagen ihre Jungen zur Welt bringen und hatte an der Last ihres Bauches schwer zu tragen. Misstrauisch musterte sie den Horizont. Von Zeit zu Zeit hob sie den Kopf und sog die Luft prüfend ein. Hakim erhob sich und warf ihr ein großes Stück Brot zu, das sie sofort zu verzehren begann. In der Ferne sah Mehmet, wie die anderen Hunde gelegentlich stehen blieben und mit leicht erhobenem Kopf ihre Nasen prüfend in die Luft reckten. Bald waren sie den Augen der Männer entschwunden.

Der Hirte und sein Gehilfe hatten soeben ihr Abendgebet beendet und waren dabei, ihr Lager für die Nacht vorzubereiten, als auf der gegenüberliegenden Seite des Tals ein wahrer Tumult ausbrach. In das donnernde Gebell der Herdenschutzhunde mischte sich das Rascheln und Knacken brechender Zweige, gelegentlich unterbrochen von heiseren, kehligen Warnlauten der Wölfe. Schemenhaft erkannte Mehmet, wie einer der Hunde eine kleine Anhöhe hinaufhetzte. Augenblicklich sammelten sich die Schafe und begannen sich vom Ort der Gefahr zu entfernen. Die trächtige Hündin sprang schwerfällig auf die Beine und trabte so schnell sie konnte zur anderen Seite der Herde. Mit hoch erhobener Rute nahm sie weit vor den Schafen Aufstellung und sicherte den Bereich des Tals, von dem die Dunkelheit bereits vollständig Besitz ergriffen hatte. Hakim war ebenfalls aufgesprungen und führte das Leittier der Herde, um keine Panik unter den Schafen aufkommen zu lassen.

Der Spuk endete genauso plötzlich, wie er begonnen hatte. Nur noch vereinzeltes, weit entferntes Bellen drang aus der Dunkelheit, und bald legte sich die Stille der Nacht wie ein Schleier über die Landschaft. Die Herde beruhigte sich, und eng zusammengedrängt nahmen die Schafe ihr Nachtlager ein. Hakim kehrte zum Lager zurück. Der Hirte hatte das Feuer geschürt, und Hakim setzte die Teekanne auf die Glut, als sich im Widerschein der Flammen die Silhouetten der Hunde aus der Dunkelheit schälten. Sie waren alle zurück. Der Hirte musterte seine Hunde flüchtig. Er konnte keine Verletzungen entdecken und war froh darüber. Eine weitere Schwächung seiner Verteidigung hätte die Wölfe nur zu einem neuen Angriff ermuntert. Gierig tranken die Hunde von dem bereitgestellten Wasser. Hakim schnitt ein paar Stücke vom Fleischvorrat der Männer ab, vermischte die Fleischbrocken mit Brot, Getreide und etwas Wasser. Im Nu hatten die Hunde ihre Mahlzeit verzehrt und verschwanden ohne einen Blick im Dunkel der Nacht.

Die Männer sahen den großen Hunden wortlos und ohne Gefühlsregung hinterher. Wieder einmal war ein Angriff abgewehrt, wieder einmal hatten die Hunde gesiegt. Eine Schlacht von vielen war gewonnen, doch der Hunger würde die Wölfe schon bald zurückkehren lassen. In der Tat – es sollte eine unruhige Nacht werden...

TEIL I – EIGENSCHAFTEN, FÄHIGKEITEN, WESEN UND VERHALTEN

1. Aufgaben, Abstammung und Geschichte der Herdenschutzhunde

1.1. Was sind Herdenschutzhunde?

Unter dem Sammelbegriff „Herdenschutzhunde" werden all jene Hunderassen zusammengefasst, die jahrhundertelang zu dem ausschließlichen Zweck gezüchtet wurden, Nutztierherden vor Beutegreifern und Dieben zu beschützen. Der Begriff Herdenschutzhunde ist im deutschen Sprachraum erst seit kurzem geläufig und entstand im Zusammenhang mit meinen ersten Veröffentlichungen über diese Hunde im Internet im Jahr 1995. Bis dahin wurde dieser Hundetyp unter dem Oberbegriff Hirtenhunde mit Hüte- und Treibhunden zusammengefasst [Zimen 1992, Alderton 1993, Krämer 1995 u. a.] oder wurde im Missverständnis seiner Aufgaben als Bauernhund bezeichnet [Räber 2001]. Die Bezeichnung Herdenschutzhunde entstand durch sinngemäße Übersetzung des englischen Terminus „livestock guarding dog". Dieser Sammelbegriff orientiert sich – wie in der Kynologie üblich – am Einsatzgebiet bzw. den Aufgaben der Hunde. Heute ist der Begriff „Herdenschutzhunde" in der Literatur durchweg akzeptiert und wurde mittlerweile von fast allen Autoren übernommen.

Eine häufig anzutreffende Fehleinschätzung entsteht durch den missverständlich benutzten Begriff „Hirtenhund", wobei Herdenschutzhunde und Hütehunde unter einem gemeinsamen Oberbegriff zusammengefasst werden. Klassische Hütehunde sind der Australian Cattle Dog oder im europäischen Raum der Border Collie, die Belgischen Schäferhunde oder der Briard. Herdenschutzhunde nehmen keine oder nur eine sehr geringe Hütefunktion wahr, das Treiben und Zusammenhalten einer Herde gehört nicht zu ihren ursprünglichen Aufgaben und ist, obwohl es gelegentlich vorkommt, eher als Zufallsprodukt anzusehen. Hütehunde sind sehr bewegliche, lauffreudige Hunde, die aber körperlich und wesensbedingt nicht zur Verteidigung der Herden geeignet sind. Herdenschutzhunde sind größer, schwerer und kräftiger als Hütehunde, teilen aber deren Beweglichkeit und Bewegungsfreude nicht. Stoische Gelassenheit, ein gewisses Phlegma in Alltagssituationen und eine Gleichgültigkeit gegenüber

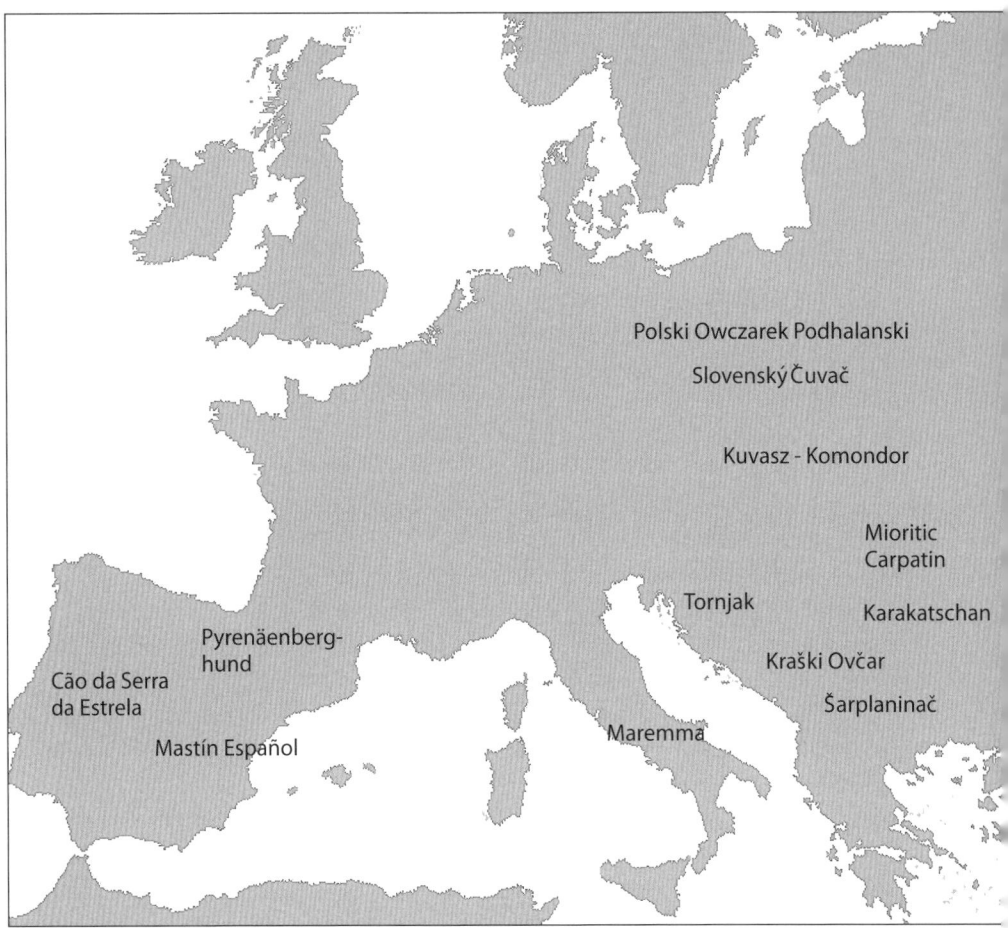

Abstammungsgebiete der Herdenschutzhundrassen

unbedeutenden Reizen gehen bei Herdenschutzhunden mit dem auf höchstem Niveau entwickelten Schutztrieb eine typische Kombination ein, die in dieser markanten Form bei keinem anderen Hundetyp anzutreffen ist.

Vor einigen Jahrtausenden, als die Menschen sesshaft wurden, begannen unsere Vorfahren Fleisch mittels Viehwirtschaft zu gewinnen, anstatt das Risiko einer Jagd mit ungewissen Ausgang auf sich zu nehmen. Einerseits konnten sie dadurch ihre Versorgung mit lebenswichtigem tierischen Eiweiß deutlich verbessern, andererseits begaben sie sich verstärkt in Nahrungskonkurrenz zu räuberisch lebenden Tierarten. Mit Ausnahme einiger hölzerner Barrieren existierten zur damaligen Zeit keine technischen Mittel zur Abwehr der Beutegreifer, und große Teile der Herden wurden zur leichten Beute für Füchse, Wölfe, Raubkatzen und Bären. Um sein Überleben zu sichern, hat der Mensch seine Hunde

zunächst als Wächter eingesetzt, denn ihre scharfen Sinne ermöglichten ihnen, nahende Bedrohungen zuverlässig wahrzunehmen. Im Laufe der Jahrhunderte und Jahrtausende machten diese Hunde einen Entwicklungsprozess durch, in dem sie sich optimal an die Gegebenheiten der jeweiligen Region und ihre neuen Aufgaben anpassten. So entstand eine Gruppe von hoch spezialisierten Gebrauchshunden, die ihr Territorium bewachen und es gegenüber Konkurrenten unter Einsatz des Lebens verteidigen. Schnell wurden die mutigen und starken Hunde für die Hirten unverzichtbar. Neben zweibeinigen Räubern können je nach Region Wölfe, Kojoten, Wildkatzen, Bären oder sogar verwilderte Haushunde eine Bedrohung für die Viehherden darstellen.

Die ursprünglichen Herkunftsgebiete der Herdenschutzhunde umfassen:
- die südosteuropäischen Staaten (Carpatin, Karakatschan, Komondor, Kraški Ovčar, Kuvasz, Mioritic, Šarplaninač, Tornjak),
- das anatolische Hochland (Akbaş, Kangal, Karshund),
- die Flächen des heutigen Irak, Iran und Syrien (Kangal, Karshund),
- die Republiken des Kaukasus und angrenzende Gebiete (Kaukasischer Owtscharka)
- die Steppen Russlands, der Ukraine, Turkmenistans und Kasachstans, (Mittelasiatischer Owtscharka, Südrussischer Owtscharka),
- Polen (Polski Owczarek Podhalanski),
- die östlichen Landesteile der ehemaligen Tschechoslowakei (Slovenský Čuvač),
- das Gebiet der Maremmen und Abruzzen in Italien (Maremma),
- die Gebirgszüge Südfrankreichs und Nordspaniens (Pyrenäenberghund),
- weite Teile Mittel- und Westspaniens (Mastín Español),
- die Gebirgsregionen Portugals (Estrela Berghund) und
- die Himalaja-Region (Tibet Mastiff).

Außer in den vorgenannten Gebieten findet man in manchen Regionen Afrikas und Asiens ebenfalls Hunde, die zur Bewachung von Nutztierherden eingesetzt wurden. Da diese Hunde niemals überregionale Bedeutung erlangen konnten, wird auf ihre Erwähnung in diesem Buch verzichtet.

Kraft und Größe der Herdenschutzhunde haben sich über unzählige Generationen so entwickelt, dass sie ihren Gegnern mindestens ebenbürtig wurden. Auch Konstitution, äußere Erscheinung und Wesenseigenschaften der Hunde haben sich unter den Bedingungen einer weitgehend natürlichen Selektion entwickelt und zu einer optimalen Anpassung an die Erfordernisse ihres Lebensraumes geführt. Herdenschutzhunde gehen ihren Aufgaben in sonnenverbrannten Regionen Südosteuropas, in den Grassteppen Asiens, an den Hängen karger Mittelgebirge und in den eisigen Welten des Hochgebirges nach. In jeder dieser Regionen finden sich typische und an die Umwelt hervorragend angepasste Herdenschutzhunde. In den letzten zwei- bis dreihundert Jahren hat der Mensch viele Beutegreifer, die seine Siedlungsgebiete bedrohten, ausgerottet, so dass der Bedarf an Herdenschutzhunden stark zurückgegangen ist und einige Rassen mittelfristig sogar vom Aussterben bedroht sind.

1.2.   Die Genese des Hundes

Mit der Formulierung „seit Jahrhunderten" seien die Hunde dieser oder jener Rasse „treue Begleiter, aufopferungsbereite Helfer und verlässliche Freunde..." wird in der Hundeliteratur ausgesprochen leger und großzügig umgegangen. Nahezu in jeder Rassebeschreibung finden sich entsprechende Hinweise und sollen den Eindruck vermitteln, der in Frage stehende Hund sei besonders wertvoll, geschichtsträchtig oder habe eine verbriefte Abstammung von den Hundetypen der Antike. In Wirklichkeit sind von der Genese des Hundes und der Varietäten, die wir als Rassen bezeichnen, nur der Ausgangspunkt und das vorläufige Ende bekannt. Die Abstammung des Hundes vom Wolf ist mittlerweile unstrittig und konnte 1997 durch Untersuchungen des Genmaterials eindeutig nachgewiesen werden. Ein Team aus schwedischen und amerikanischen Wissenschaftlern verglich die genetischen Codes von 67 Hunderassen und 160 Wölfen. Aus den Untersuchungen ergab sich, dass alle Hunderassen, ungeachtet ihrer Größe und Körperform, von einer der 33 Wolfsrassen abstammen. Alle Modelle, die eine Mitwirkung von Schakalen oder Kojoten vor allem bei der Entstehung kleinwüchsiger Hunderassen zugrunde gelegt hatten, gelten seitdem endgültig als überholt.

Der Zeitpunkt, als der Wandel des wilden Wolfes zum gezähmten Haushund begann, ist nur sehr grob zu bestimmen. Lange Zeit galt die Lehrmeinung, die Domestikation des Wolfes habe vor ungefähr 10.000 Jahren begonnen. Zwischenzeitlich haben archäologische Funde aber ein anderes Bild gezeichnet. Das älteste bisher gefundene Skelett, das eindeutig einem der frühen Hunde zugeschrieben wird, ist über 14.000 Jahre alt. Deshalb geht man heute davon aus, dass die Domestikation des Wolfes vor mindestens 50.000 Jahren, womöglich aber sogar schon vor 100.000 Jahren begonnen haben dürfte.

Über die Frage, ob die Domestikation des Wolfes ein geplantes Projekt früher Menschen war oder eher zufällig begann, lässt sich nur spekulieren. Die Forschungsergebnisse der Genetiker haben gezeigt, dass rund drei Viertel aller Haushundrassen von der gleichen Wolfslinie abstammen und die Möglichkeit besteht, dass es sich hierbei um das Resultat eines einzigen erfolgreichen Domestikationsprozesses handelt. Während des allmählichen Wandels von einer Wildform zum Haustier ist es mehrfach zu Rückkreuzungen gekommen, indem sich bereits mehr oder weniger domestizierte Tiere mit freilebenden Wölfen verpaarten und sogenannte Hybriden hervorbrachten. Auch diese Rückkreuzungen konnten die Genforscher zweifelsfrei nachweisen. Welcher Auslöser auch immer zur Domestikation des Wolfes geführt haben mag, der Mensch hat sicherlich schnell erkannt, welcher Nutzen ihm durch seine „Hauswölfe" erwachsen konnte. Eine der ersten Aufgaben der frühen Hunde ist möglicherweise die Warnung des Menschen vor Gefahren gewesen. Durch ihre scharfen Sinne können Kaniden Bedrohungen um ein Vielfaches früher wahrnehmen als der Mensch. Ein Stamm, eine Sippe oder ein ganzes Dorf hätte einen unschätzbaren Vorteil erlangt, wenn sie durch ihre gezähmten Wölfe vor Angriffen großer Beutegreifer oder vor kriegerischen Attacken benachbarter Stämme gewarnt worden wären. Dennoch hat sich für diese Variante bisher kein Beweis finden lassen, sondern alle Erkenntnisse deuten darauf hin, dass die ersten Aufgaben des Hundes im Zusammenhang mit der Jagd gestanden haben.

Die ersten Aufzeichnungen über Hunde finden sich in Form von Fels- und Höhlenmalereien in Jordanien, Anatolien und der Sahara. Ihr Alter beträgt etwa 8000 bis 9000 Jahre. Die Bilder stellen Jagdszenen dar und zeigen den Hund als Begleiter oder Gehilfen des Jägers. In der Zeit um 4000 v. Chr. taucht ein schlanker, hochbeiniger Hundetyp auf, der den heutigen kurzhaarigen Windhunden gleicht. Diese Hunde müssen ihrer Körperform entsprechende Eigenschaften besessen haben; ihre Verwendung dürfte demnach die Hetzjagd gewesen sein.

Somit dürfen die heutigen Windhunde für sich in Anspruch nehmen, einem antiken Hundetyp zumindest sehr ähnlich zu sein. Aus der Zeit um 2200 v. Chr. stammt der erste Beweis für die Existenz von Herdenschutzhunden, was aber nicht als Indiz für das Fehlen dieses Hundetyps in früheren Epochen angesehen werden sollte. Ein babylonisches Relief aus dieser Zeit zeigt einen großen und ungemein kräftigen Hund als Begleiter eines Schafhirten. Der Hund trägt seine buschige Rute kreisförmig gebogen und hoch über den Rücken aufgestellt. Sein Deckhaar muss länger als das der frühen Molosser gewesen sein, die überwiegend als Kriegshunde Verwendung fanden. Im Nacken des Hundes ist ein dichter Fellkragen abgebildet, und die Ähnlichkeit mit einem heutigen Owtscharka oder Šarplaninac ist unübersehbar. Irgendwann zwischen dem Abschluss des Domestikationsprozesses und der Epoche um 2200 v. Chr. muss der Hund ein weiteres Aufgabengebiet erobert haben: Schutz der Viehherden vor Beutegreifern und Dieben. Keinesfalls zeigt das babylonische Relief einen der frühen Hütehunde, die Statur des Hundes ist viel zu groß und zu massig, um ihm die körperlichen Eigenschaften zuzuschreiben, die benötigt werden, um eine Herde von Sonnenaufgang bis Sonnenuntergang zusammenzuhalten oder zu treiben.

Aus den folgenden 1500 Jahren sind keine oder nur spärliche Hinweise auf die Weiterentwicklung der Herdenschutzhunde überliefert. Nur die Hunde, die mit den Truppen in die Schlachten zogen, haben die Aufmerksamkeit der Geschichtsschreiber und Künstler erregt. Es gibt Abbildungen des Pharao Tutanchamun (1357–1337 v. Chr.), wie er von großen Hunden begleitet in den Kampf zieht. Aus Kriegsberichten des Geschichtsschreibers Herodot über die Perserkriege (490–449 v. Chr.) wissen wir, dass die Streitkräfte von massigen Kampfhunden begleitet wurden. Spätere Berichte verdanken wir dem Umfeld Alexander des Großen (356–323 v. Chr.), wo mehrfach Mastiffs erwähnt werden, die als Schutz- und Kriegshunde dienten. Im antiken Rom waren Molosserhunde als Kampf-, Kriegs- und Wachhunde weit verbreitet. Diese Hunde, von denen viele Bilder und Bronzestatuen gefunden werden konnten, sehen mit ihrer beeindruckenden Größe und ihrem stabilen Körperbau einem kräftigen Herdenschutzhund nicht unähnlich. Zwar besitzen die Hunde ausschließlich spitz zulaufende Ohren, können aber ansonsten ihre Ähnlichkeit mit heutigen groß wachsenden Hunderassen nicht verbergen.

Als im Jahr 79 n. Chr. der Vesuv ausbrach, wurden die Handelsstadt Pompeji und einige umliegende Ortschaften unter glühender Lava begraben oder mit einem Ascheregen bedeckt. Neben über 15 000 Menschen kamen bei diesem Unglück auch zahlreiche Hunde ums Leben, die angekettet oder eingesperrt keine Möglichkeit hatten, dem Inferno zu entkommen. Diese Katastrophe hat den Archäologen eine große Anzahl gut erhaltener Skelette beschert und auch bezüglich Haltung und Aufgaben der Hunde ein wenig Aufschluss liefern können.

Ebenfalls aus dem alten Rom stammen Berichte über den römischen Hirtenhund, der von Varro und Columella als „von riesigem Maß, bärenstark und angriffslustig gegen jedermann" beschrieben wird. Er verteidigte die ihm anvertrauten Herden zuverlässig gegen jeden Übergriff von Mensch oder Tier. Regelrecht ins Schwärmen geriet der römische Staatsmann Cicero (106–43 v. Chr.) über die Hunde seiner Zeit:

> „Dem Hunde eigen ist eine so treue Wachsamkeit, eine so liebevolle Verehrung seines Herrn, so großer Hass gegen Fremde, eine so unglaubliche Schärfe des Spürens, so große Raschheit beim Jagen, dass dadurch auf das Deutlichste zu erkennen ist, er, der Hund, sei zur Bequemlichkeit des Menschen geschaffen."

Auch der griechische Philosoph Sokrates (470–399 v. Chr.) zollte den Hirtenhunden seiner Zeit großen Respekt, indem er schrieb: *Achte den Hüter der Herde, wenn du willst, dass die Schafe in Frieden leben.* " Diese Aussagen aus zwei verschiedenen Kulturkreisen und Epochen verdeutlichen den Stellenwert, den Herdenschutzhunde schon zur damaligen Zeit für Menschen hatten. Nach dem Untergang der frühen Hochkulturen werden die Informationen über die Hunde der verschiedenen Regionen wieder spärlicher. Wir dürfen mit Fug und Recht annehmen, dass seit dem Auftreten der ersten Herdenschutzhunde die Viehherden auch weiterhin von großen Hunden bewacht wurden, obwohl die folgenden Jahrhunderte keinen Aufschluss über Rolle und Bedeutung dieser Schutzfunktion liefern. Archäologen konnten bisher nur sehr wenige Dokumente und Zeichnungen über Herdenschutzhunde auffinden. Diese Tatsache ist nicht erstaunlich, da Hirten und Nomaden keine schriftlichen Aufzeichnungen über Rassemerkmale, Wesen oder Arbeitsweise ihrer Hunde angefertigt haben. Traditionell wird in ihren Kulturen das Wissen mündlich vom Vater an den Sohn weitergegeben.

Alle bisher bekannten archäologischen Funde deuten darauf hin, dass die ersten Herdenschutzhunde in Kleinasien gelebt haben müssen. Bezüglich ihrer Ausbreitung nach Europa und Zentralasien gibt es keine gesicherten Erkenntnisse, und das Fehlen eindeutiger Hinweise hat zur Entstehung von zwei unterschiedlichen Theorien geführt. Die erste Hypothese geht davon aus, dass alle heutigen Herdenschutzhunde von einer zwischenzeitlich ausgestorbenen Urrasse oder sogar von einem einzigen Hund abstammen. Dabei könnte es sich um den Hundetyp handeln, der auf dem römischen Relief dargestellt ist. Im Laufe der folgenden Jahrhunderte könnten sich die Nachfahren des römischen Hirtenhundes durch Wanderungen der Nomaden, Kriege, Kreuzzüge und vor allem durch die Völkerwanderung über einen großen Teil Westeuropas und Zentralasiens ausgebreitet haben. In ihren neuen Siedlungsgebieten vermischten sich diese Hunde allmählich mit der einheimischen Hundepopulation und legten so den Grundstock für die Entwicklung unterschiedlicher Rassen.

Die zweite Theorie unterstellt, dass sich auch in weit voneinander entfernt liegenden Gebieten Hunde mit ähnlichen Eigenschaften entwickeln konnten. Das Vorhandensein eines identischen oder zumindest sehr ähnlichen Genmaterials kann nicht ernsthaft bezweifelt werden. Für alle diese Hunde bestanden in ihren Herkunftsgebieten gleiche Anforderungen und ähnliche Lebensumstände, somit erscheint die parallele Entwicklung sehr ähnlicher Hundetypen in weit auseinander liegenden Gebieten plausibel. Ein gewisser Grad an Durchmischung muss auf jeden Fall stattgefunden haben, denn die Verbreitung einiger Hunde über die geographischen Grenzen ihres ursprünglichen Abstammungsgebietes hinaus kann nicht geleugnet werden. Selbst wenn man die Betrachtungen auf die Herdenschutzhundrassen mit weißer Grundfarbe eingrenzt, ergibt sich kein eindeutiges Bild. Sehr plausibel ist die Hypothese, dass sich der Urvater der weißen Herdenschutzhunde von Kleinasien aus über die Türkei, Rumänien, Ungarn und Polen bis nach Italien, Südfrankreich und Spanien ausgebreitet hat. Dies würde bedeuten, dass Akbaş, Komondor, Kuvasz, Podhalaner, Slovenský Čuvač, Maremma und Pyrenäenberghund nur regionale Varianten eines weiß gefärbten Urherdenschutzhundes wären. Bei der Betrachtung einer Landkarte Südeuropas fällt auf, dass die Ausbreitung einer Bogenlinie entlang der Mittelmeerküste gleicht und von dort aus eine weitere Verbreitung in die nördlich gelegenen Regionen stattgefunden haben kann. Sowenig wie es wissenschaftliche Beweise zur Unterstützung dieser Hypothese gibt, finden sich Anhaltspunkte, die sie unwahrscheinlich werden lässt oder sogar widerlegt.

Sehr viel fragwürdiger ist die Theorie, dass alle Herdenschutzhunde von der sogenannten „Tibet-Dogge" abstammen, wie einige Autoren behaupten. Alexander der Große hatte von seinen Feldzügen einige große molossoide Hunde mitgebracht, die durch ihr beeindruckendes Erscheinungsbild, ihre Kampfkraft und Widerstandsfähigkeit sein Interesse erregt hatten. Die Bezeichnung Dogge soll nicht als Hinweis auf heute existierende Rassen missverstanden werden, denn der Name „Tibet-Dogge" dürfte nur eine Verballhornung des englischen Ausdrucks „Tibetian dog" sein. Tatsächlich zeigen die heutigen Herdenschutzhunde Tibets und Nepals, die „Do-Khyi", nur sehr geringe Übereinstimmungen mit den Merkmalen der europäischen und asiatischen Herdenschutzhundrassen. Ob es überhaupt einen Zusammenhang zwischen den von Alexander dem Großen erwähnten Hunden und irgendeiner Herdenschutzhundrasse gibt, ist im höchsten Maß zweifelhaft, dennoch geistert die „Tibet-Dogge" als vermeintlicher Stammvater der Herdenschutzhunde noch immer wie eine kynologische Spukgestalt durch die Literatur.

1.3.   Herdenschutzhunde in der modernen Welt

Nachdem es im Zuge der zunehmenden Industrialisierung eine Weile recht still um die Herdenschutzhunde geworden war, erleben sie zur Zeit eine Renaissance, und in den letzten Jahrzehnten sind sogar einige neue Aufgabengebiete und Einsatzmöglichkeiten entstanden. In den Vereinigten Staaten vermehrten sich die Kojoten nach der fast vollständigen Ausrottung des Wolfes völlig unkontrolliert und wurden zu einer ernsten Bedrohung für Nutztierherden. So wurden in den letzten zwanzig Jahren in Amerika verschiedene Projekte zum Einsatz von Herdenschutzhunden gestartet und viel versprechende Anfangserfolge erzielt. Viele Farmer haben sich vom rigorosen Ausrotten räuberisch lebender Tierarten distanziert und setzen heute auf Herdenschutzhunde als ökologisch sinnvolle Alternative. Die anfängliche Skepsis vieler Betroffener und Beobachter haben die Herdenschutzhunde durch ihre hohe Effektivität mittlerweile zerstreut. Sogar bis nach Australien und Neuseeland sind die Herdenschutzhunde inzwischen vorgedrungen, und die Erfolge auf dem fünften Kontinent sind nicht weniger erfreulich als in den USA.

In zahlreichen Ländern auf allen Kontinenten werden Schafe, Ziegen und Federvieh zunehmend auch von Rudeln verwilderter Haushunde gerissen. In vielen Gebieten wird der Einsatz von Herdenschutzhunden in den kommenden Jahren beginnen oder zunehmen. Selbst in Westeuropa zeichnet sich langsam eine Renaissance der Herdenschutzhunde ab. Die politischen Veränderungen seit dem Zerfall des Warschauer Paktes haben die Grenzen des Ostblocks nicht nur für Menschen, sondern auch für Wildtiere durchlässiger werden lassen. Dem Rotwild, Schwarzwild und den Elchen folgen die Beutegreifer auf dem Fuß. Aus Polen wandern seit einigen Jahren wieder vereinzelt Wölfe nach Mecklenburg-Vorpommern und Brandenburg ein. Schon im Jahr 2001 hat sich der Wolf die ersten entlegenen Gebiete dieser Bundesländer zurückerobert. Die Sichtungen von Wölfen in Mecklenburg-Vorpommern und dem östlichen Brandenburg werden seitdem häufiger. Eine starke Bejagung des Wolfes erscheint nach den Erfahrungen der Vergangenheit ausgeschlossen, und man wird andere Wege suchen müssen, Beutegreifer von Nutzviehbeständen fern zu halten. Ein ähnliches Problem ist während der letzten Jahre in den östlichen Landesteilen Österreichs entstanden. Durch die kriegerischen Auseinandersetzungen auf dem Balkan sind nicht nur Wölfe, sondern auch viele Schwarzbären aus ihren angestammten Siedlungsgebieten vertrieben worden. Ihre Flucht in nordwestlicher Richtung führt sie durch Kroatien und Slowenien oder Ungarn, sodass eine deutliche Zunahme des Bestandes in den Grenzgebieten zu Österreich feststellbar ist. Viele Bauern beklagen bereits schmerzliche Verluste bei Schafen und Geflügel. Zur Zeit werden alle Bauern und Viehzüchter von der österreichischen Regierung für die durch Bären verursachten Verluste entschädigt, aber es ist absehbar, dass in naher

Zukunft eine andere Lösung gefunden werden muss. Wenn es nicht gelingen sollte, die Abwehr neu eingewanderter Beutegreifer den Herdenschutzhunden zu überlassen, ist zu befürchten, dass die Abschussquoten von Bären oder Wölfen in Europa zukünftig von Jahr zu Jahr steigen werden. Nicht selten sind es entnervte Bauern, die in vermeintlich berechtigter Selbstverteidigung zur Flinte greifen. Dass der Einsatz von Herdenschutzhunden eine ökologisch verträgliche und gleichzeitig effektive Methode zum Schutz der Nutztiere sein kann, ist aus der Menschheitsgeschichte erkennbar. Im Gegensatz zu technischen Abwehrmaßnahmen sind Programme zum Einsatz von Herdenschutzhunden nicht von heute auf morgen realisierbar. Nur wenn staatliche Stellen sich bereit finden, Pilotprojekte zu fördern, wird es möglich sein, innerhalb von vier bis fünf Jahren Herdenschutzhunde auch in den Ländern einzusetzen, in denen diese Hunde keine Tradition haben.

1.4.   Herdenschutzhunde in Westeuropa

Etwa um das Jahr 1880 begann eine Phase, die bis etwa 1920 andauerte und als Blütezeit der Kynologie gelten kann. Vor allem in Großbritannien, aber auch in Kontinentaleuropa bildeten sich kynologische Vereinigungen und Verbände, die eine Bestandsaufnahme der vorhandenen Hundepopulation vornahmen und begannen, einzelne Rassen zu erforschen und fortzuentwickeln. Viele der heutigen Zuchtstandards stammen aus dieser Periode und wurden seitdem meist nur geringfügig verändert. Auch die Wissenschaft interessierte sich nun verstärkt für Herkunft und Abstammung des Hundes. Viele Wissenschaftler unternahmen weite Reisen, um Erkenntnisse über die Hundepopulationen ferner Länder zu sammeln. Eines der beeindruckendsten Dokumente dieser Periode verdanken wir dem Zoologen Conrad Keller, der im Jahr 1913 eine Bestandsaufnahme der Haustiere der Kaukasusländer erarbeitete. Seine Reisen führten ihn von den Küsten Georgiens durch Abchasien und den Kaukasus bis in die heutige Ukraine. Sein Aufsatz: „Studien über die Haustiere der Kaukasusländer", der im Anhang B auszugsweise abgedruckt ist, stellt eines der interessantesten alten Zeugnisse kynologischer Forschung dar und gibt uns heute wichtige Anhaltspunkte über Aufgaben und Haltung von Herdenschutzhunden zu Beginn des 20. Jahrhunderts.

Trotz erster Erwähnungen der Herdenschutzhunde durch Keller, Strebel, Heim und andere beginnt die verwertbare Geschichte fast aller Herdenschutzhundrassen in Westeuropa und Nordamerika erst in den siebziger Jahren des 20. Jahrhunderts. Zu dieser Zeit kam eine nennenswerte Anzahl Owtscharki, Kangal und Pyrenäenberghunde in die Hände privater Halter. Nur die Geschichte der Komondorok und Kuvaszsok in Deutschland reicht deutlich weiter zurück.

Einige Zuchtbücher alter Komondor- und Kuvasz-Linien sind aus der Zeit zwischen 1922 und 1930 erhalten geblieben und beweisen, dass dieser Herdenschutzhund vor langer Zeit das Interesse westeuropäischer Hundefreunde auf sich gezogen hatte.

Schon kurze Zeit nach dem Auftauchen der Herdenschutzhunde in Westeuropa wurden die ersten Zuchtvereine und Interessengemeinschaften gegründet. In den folgenden Jahren hat die Zahl der als Haustiere gehaltenen Herdenschutzhunde langsam, aber stetig zugenommen. Vor allem das Problem der Überzüchtung vieler beliebter Hunderassen nebst der damit verbundenen Problematik der Gesundheits- und Wesensbeeinträchtigungen hat dafür gesorgt, dass viele Hundefreunde auf die weitgehend unverfälschten Herdenschutzhunde aufmerksam geworden sind. Genau diese Ursprünglichkeit ist es aber, die in Verbindung mit den typischen Wesensmerkmalen der Hunde vielfältige Probleme bei der Haltung unter unseren heutigen Lebensverhältnissen mit sich bringen kann. So stagniert die Zahl der Herdenschutzhunde zur Zeit oder ist bei einigen Rassen sogar leicht rückläufig. Viele unverantwortliche oder einfach nur unwissende Hundehalter haben bereits durch Missbrauch, falsche Haltung oder untaugliche Ausbildungsversuche einige Herdenschutzhundrassen völlig unnötigerweise in Verruf gebracht.

Deshalb gleich zu Beginn dieses Buches an alle Hundefreunde die eindringliche Warnung:

Herdenschutzhunde sind kompromisslose Wächter und Beschützer der Viehherden, sie wachen mit Argusaugen über ihr Territorium, handeln aufgrund eigener Entscheidungen und widersetzen sich erfolgreich halbherzigen Erziehungsversuchen unqualifizierter Ausbilder. Sie sind keine Kuscheltiere, keine Spielkameraden, keine Begleiter bei Freizeit und Sport und auch keine preiswerten Bewacher für Haus und Garten. Selbstverständlich können Herdenschutzhunde für einen engagierten und umsichtigen Hundefreund all dies sein, eine Automatik oder gar eine Zwangsläufigkeit gibt es jedoch nicht. Der Wunsch nach einem verlässlichen Beschützer für das eigene Grundstück ist ohne Vorhandensein einer ehrlichen Zuneigung zum Hund nicht als rechtschaffenes Motiv zur Haltung eines Herdenschutzhundes hinzunehmen! Wer darüber hinaus meint, durch den Besitz eines Herdenschutzhundes sein Image aufpolieren zu können, wird Schiffbruch erleiden und feststellen, dass die Hunde zu unbekannt, zu schwer zu führen und zu eigensinnig sind, um dem angestrebten Ziel zu dienen.

All jene, die diesen Hundetyp trotzdem innig lieben und bereit sind, überdurchschnittlich viel Zeit aufzuwenden, Kosten und Mühen auf sich zu nehmen, Fragen der Haltung und Ausbildung intensiv zu betrachten, um eine stabile Grundlage für ein erbauliches Zusammenleben oder einen erfolgreichen Arbeitseinsatz von Herdenschutzhunden zu schaffen, finden in den folgenden Kapiteln das notwendige Rüstzeug.

2. Grundlagen der Wesens- und Verhaltensentwicklung

2.1. Reize und Reaktionen

Die Vererbung körperlicher Merkmale nach feststehenden, nachprüfbaren Regeln ist seit den Erkenntnissen Mendels unstrittig. Seitdem wurde die Erforschung gesetzmäßiger Vererbung mit großem Aufwand vorangetrieben, und der derzeitige Stand der Wissenschaft lässt bereits erste gezielte Eingriffe in das Erbgut zu. Schon seit Jahrtausenden werden Hunde planmäßig verpaart, um Einfluss auf die Erscheinungsform der Nachkommen zu nehmen.

Wie aber verhält es sich mit Wesen und Verhalten des Hundes? Ist es ebenfalls vererbbar? Bevor wir uns der Betrachtung von Wesenseigenschaften und Verhaltensweisen der Herdenschutzhunde zuwenden, wollen wir einen Blick auf den Hund im Allgemeinen werfen und einige Hintergründe und Zusammenhänge beleuchten.

Betrachtet man das große Angebot wissenschaftlicher und populärwissenschaftlicher Hundeliteratur, fällt auf, dass nahezu jeder Autor eine eigene Terminologie pflegt und viele Begriffe im Laufe der Zeit, vor allem durch ihre umgangssprachliche Verwendung, diffus geworden sind. Manche Bezeichnungen haben ihre Bedeutung in den letzten Jahren gewandelt, erhielten durch Übernahme in neue Forschungsgebiete einen doppelten Wortsinn oder wurden durch Anglizismen ersetzt. Nur auf der Basis einer klaren und in sich schlüssigen Terminologie kann es gelingen, Missverständnisse und Fehlinterpretationen zu vermeiden. Ein schönes Beispiel aus der Kynologie ist die Verwendung des Begriffes „agonistisches Verhalten". Nach gültiger Definition in der deutschsprachigen Literatur zur Verhaltensforschung bezeichnet dieser Terminus alle Varianten der Angriffs-, Droh- und Fluchtreaktionen eines Lebewesens [Immelmann[1] 1982 u.a.]. Im englischen Sprachraum wird der Begriff „agonistisches Verhalten" aber nur als Sammelbegriff für aggressive Verhaltensweisen benutzt. Daher birgt vor allem das Studium übersetzter Texte die Gefahr von Missverständnissen. Doch auch Begriffe, die in der Umgangssprache verankert sind, bieten Raum für unterschiedliche Interpretationen. Schon das mit großer Selbstverständlichkeit benutzte Wort „Verhalten" führt in der Praxis zu zahlreichen Missverständnissen, denn es wird entgegen dem Wortsinn häufig mit Bewegung oder Aktion in Verbindung gebracht. Von einem Hund, der einer Gefahr knurrend und bellend entgegenspringt, sagt der Volksmund, „er zeigt Verhalten". Was aber ist mit

---

[1] Klaus Immelmann, Wörterbuch der Verhaltensforschung, erschienen 1982, ISBN 3-489-61836-X.

einem Hund, der in einer identischen Situation gelassen stehen bleibt und augenscheinlich überhaupt nicht reagiert? Auch dieser Hund zeigt Verhalten – indem er abwartend verharrt!

Das Verhalten des Hundes ist eine Reaktion auf Reize, die in der Umwelt vorhanden sind. Einige dieser Reize können in Abhängigkeit von individuellen Erfahrungen das Interesse des Hundes wecken, zu einer sofortigen Angriffs- oder Verteidigungsreaktion führen oder Angst auslösen. Andere Reize hingegen haben ihre Bedeutung für den Hund verloren oder vielleicht sogar nie eine besessen, da ihre Nichtbeantwortung dem Hund im Wettbewerb des Überlebens keine Nachteile bringt. Noch deutlicher wird die biologische Notwendigkeit bewegungslosen Verhaltens, wenn man ein anderes Beispiel aus dem Tierreich betrachtet. Hasen, Kaninchen und Rehkitze reagieren auf das Erscheinen eines Beutegreifers nicht mit Drohung oder Flucht, sondern mit einer völligen Erstarrung ihres Körpers. Selbst die Herzfrequenz wird bei diesen Tieren abgesenkt, denn jede noch so kleine Bewegung könnte ihre Anwesenheit verraten. Bewegungen oder sichtbare Reaktionen können Teil eines Verhaltens sein, zwingend notwendig sind sie jedoch nicht. Grundsätzlich sind Bewegungen nur Ortsveränderungen, aber nicht zwangsläufig reizgesteuertes Verhalten. Entscheidend ist das Vorhandensein eines auslösenden Reizes und einer festen Reiz-Reaktions-Beziehung, die unter gleichen Bedingungen zu identischen Verhaltensweisen führt.

In der Verhaltensforschung werden Reize auch Auslösemechanismen genannt, da sie Verhalten auslösen. Die Auslösemechanismen oder kurz Auslöser können in drei Kategorien eingeteilt werden:

Angeborene Auslösemechanismen (AM)

Als ererbte oder angeborene Verhaltensweisen werden alle Reaktionen des Hundes angesehen, die dem Individuum ohne Lernvorgänge und Übungen zur Verfügung stehen. Diese Reaktionen werden häufig auch Instinkte genannt, allerdings ist auch dieser Begriff durch seine umgangssprachliche Benutzung stark verwässert und wird häufig missverständlich gebraucht. Eine ererbte Verhaltensweise ist die angeborene Sicherheit des biologisch richtigen Handelns. Alle Lebewesen unterliegen dabei dem Grundprinzip des Lebens: Erhaltung der eigenen Art als primäres und Erhaltung der eigenen Unversehrtheit als sekundäres Lebensziel. Viele Verhaltensweisen, die durch angeborene Auslösemechanismen gesteuert werden, dienen der Erhaltung körperlicher Unversehrtheit, der Fortpflanzung oder dem Nahrungserwerb und sollen den Fortbestand des Lebewesens und seiner Population sichern. Diese Verhaltensweisen sind angeboren und werden dem Tier quasi als „Survival"-Ausrüstung mit auf den Weg gegeben.

Zwei Beispiele verdeutlichen angeborene Mechanismen:

- Wolfswelpen flüchten auch dann sofort vor einem sich nähernden Menschen, wenn sie noch keine Erfahrungen mit Zweibeinern gemacht haben [Zimen 1980]. Der angeborene Gefahrenschutzinstinkt soll das Tier vor Schaden bewahren.
- Eine Hündin muss, damit ihre neu geborenen Welpen nicht nach kurzer Zeit sterben, die Eihüllen der Neugeborenen entfernen, sie abnabeln und durch Belecken den ersten Ausscheidungsvorgang des Welpen veranlassen.

Neben den von außen auf den Hund wirkenden Reizen lösen auch Signale des Körpers Reaktionen aus. Das Kratzen am Bauch als Reaktion auf einen Juckreiz ist ein Beispiel, das Schlucken als Reaktion auf einen leichten Schmerz ein anderes.

Erworbene Auslösemechanismen (EAM)

Ein Hund kann aufgrund von Lernvorgängen und Übungen sowohl neue Verhaltensweisen entwickeln wie auch ererbte oder früher erlernte modifizieren. Diese Lernvorgänge haben den Zweck, das Individuum in seiner Umwelt geeigneter – sprich: im Wettkampf des Überlebens erfolgreicher – zu machen, indem es sich an die Gegebenheiten und Erfordernisse seiner Umwelt anpasst. Charles Darwin erkannte diese Zusammenhänge als Erster und formulierte die Theorie, dass letztlich nur die „Geeignetsten" jeder Art überleben können („Survival of the fittest", Überleben des Geeigneteren). Verhaltensänderungen können sich auf alle Aspekte des Lebens, z. B. die Erhaltung der körperlichen Unversehrtheit, erfolgreicheren Nahrungserwerb oder die Steigerung des Fortpflanzungserfolges beziehen. Lernvorgänge sind also im Grunde nichts anderes, als das Erwerben und Bewahren von Erfahrungen. So kann der Wolf beispielsweise lernen, wo und wann es erfolgversprechend ist, nach Beutetieren zu suchen, oder an welchen Stellen zu einer bestimmten Jahreszeit frisches Wasser zu finden ist.

Durch Erfahrung modifizierte, angeborene Auslösemechanismen (EAAM)

Dies ist eine Mischform der beiden vorangegangenen Reiz-Reaktions-Beziehungen. Angeborene Verhaltensweisen können sich im Wettbewerb des Überlebens als nicht optimal oder als nicht für alle Situationen tauglich erweisen. Durch Erfahrung lernt der Hund, dass er erfolgreicher wird, wenn er seine Strategien variiert. Diese neu entwickelten Verhaltensweisen werden dauerhaft übernommen, wenn sie sich als tauglich erwiesen haben, und stehen schließlich ständig als Verhaltensmuster zur Verfügung. Je höher das Lebensalter eines Tieres ist, desto größer ist die Wahrscheinlichkeit, dass angeborene Verhaltensweisen nicht mehr in ihrer Reinform vorliegen, sondern bereits durch Erfahrungen modifiziert worden sind.

Verhalten kann sich in manchen Fällen als komplexe Kombination vieler Einzelreaktionen zeigen oder, häufiger, nur aus einer kurzen, fast unmerklichen Reaktion bestehen. Zwei Beispiele machen dies deutlich: Eine jenseits des Gartenzaunes auftauchende Person löst bei einem Hund nur ein kurzes Aufstellen der Ohren aus, wobei der ruhende Hund noch nicht einmal seinen Kopf hebt. Ein anderer Hund hingegen springt knurrend auf, rennt zum Zaun, hebt drohend seine Rute und verbellt die Person heftig. Einzelne oder nur kurz auftretende Reaktionen werden häufig übersehen, genau wie Reaktionen ohne große Bewegungsintensität. Alle drei Varianten stehen in ihrer Wichtigkeit den deutlich sichtbaren Reaktionen in keiner Weise nach. Ein gutes Beispiel dafür ist das Drohverhalten. Nicht nur ein laut bellender Hund, der mit gesträubtem Rückenfell einer Gefahr entgegenspringt, bedroht seinen Gegner, auch ein Hund, der ruhig stehend sein Rückenfell sträubt und seine Rute hebt, gibt eine nicht minder eindeutige Drohung ab.

Gemäß unserer Definition steht eine Verhaltensweise also immer in kausalem Zusammenhang mit einem äußeren oder inneren Reiz. In vielen Situationen wirkt allerdings nicht ein einzelner, klar abgegrenzter Reiz auf den Hund, sondern eine Vielzahl gleichzeitig in der Umgebung vorhandener Reize bilden eine Reizkombination, deren einzelne Elemente sich gegenseitig fördern oder dämpfen können. Von Herdenschutzhunden wissen wir, dass sie auf die Annäherung eines Fremden bei Tageslicht oder in der Dunkelheit unterschiedlich reagieren können. Hier ist das Erscheinen einer fremden Person ein Reiz, Helligkeit bzw. Dunkelheit ein anderer; beide zusammen schaffen in Verbindung mit anderen situativen Faktoren eine Reizkombination, die ein bestimmtes Verhalten auslöst. Beim Versuch, das Verhalten eines Tieres durch Beobachtungen zu erfassen, wird man auch mit „unsichtbaren" Faktoren als Teil der Reizkombination konfrontiert. Dabei kann es sich nicht nur um Hunger, sexuelle Erregung oder Angst im weitesten Sinne handeln, sondern auch um die Frage, ob sich ein Tier innerhalb seines eigenen Territoriums befindet oder nicht. Viele Missverständnisse kaninen Verhaltens beruhen auf Schlussfolgerungen, die einer bestimmten Verhaltensweise ausschließlich einen einzelnen Reiz zuordnen möchten. Die Komplexität des Reizangebotes in der Umwelt des Hundes erfordert jedoch umfangreiche Analysen und Vergleiche, um zu tragfähigen Schlüssen gelangen zu können.

Häufig wird in Beschreibungen eines Hundes oder einer Rasse das Wesen angesprochen, und auch dieser Begriff öffnet ein weiteres Feld für Missverständnisse. Oft werden Betrachtungen über den Hund mit menschlichen Wertvorstellungen verknüpft und führen zu Formulierungen wie „gutes Wesen" oder „schlechter Charakter". Was also ist das Wesen eines Hundes?

> Das Wesen des Hundes ist die Gesamtheit seiner angeborenen und erlernten Verhaltensweisen nebst allen Mischformen. Dabei ist das Wesen nicht als festgefügte, für alle Zeit unveränderliche Summe von Charakterzügen anzusehen, sondern als umfassende Momentaufnahme eng miteinander verknüpfter Reiz-Reaktions-Beziehungen und daraus resultierender Verhaltensweisen zu einem gegebenen Zeitpunkt.

2.2. Angeboren oder erlernt?

Die Frage, wie groß der Anteil ererbten Verhaltens im Verhältnis zu erlerntem Verhalten ist, wird unter Hundefreunden, Biologen und Verhaltensforschern kontrovers diskutiert. Häufig wird versucht, eine quantitative Antwort in Form eines Zahlenverhältnisses zu geben. Manche Verhaltensforscher sprechen im Hinblick auf den Hund von einem ausgewogenen 50:50 Verhältnis, andere von 90 Prozent erlerntem und nur 10 Prozent angeborenem Verhalten. Natürlich sind diese Zahlenangaben subjektive Schätzungen, die sich jedem Versuch einer wissenschaftlichen Beweisführung entziehen. Der gedankliche Ansatz, eine biologische Frage mit einem simplen mathematischen Zahlenverhältnis beantworten zu wollen, muss zwangsläufig zu unbefriedigenden Ergebnissen führen. Eine qualitative Antwort ist besser geeignet, um Zusammenhänge erkennen zu können und sich nicht von Wunschdenken verleiten zu lassen:

> Ein neu geborener Hund ist, genau wie der Mensch, weder genetisch voll auf das spätere Leben programmiert, noch wird er von der Natur völlig unvorbereitet ins Leben entlassen. Die Fähigkeit zu lernen setzt zunächst einmal das Vorhandensein von Wissen voraus. Angeborenes Erkennen und Verstehen sind die Grundlagen für die Erweiterung des Wissens durch Lernen.

Die Schwierigkeit, angeborenes und erworbenes Verhalten zuverlässig trennen zu können, liegt in der Tatsache begründet, dass viele angeborene Verhaltensweisen im Laufe des Lebens durch Erfahrungen ergänzt werden, indem sich das Tier an aktuelle Erfordernisse oder veränderte Lebensbedingungen anpasst. Umweltbedingungen nehmen zweifellos starken Einfluss auf Ausprägung, Verfeinerung und Ergänzung angeborener Anlagen. Dieser Anpassungsprozess beginnt nicht bei der Geburt oder etwa erst in der Prägungsphase des Hundes, sondern schon im Mutterleib. Bereits hier steht der Welpe in Kontakt zu seiner Umgebung, und die Umwelt beginnt Einfluss auf die genetischen Anlagen zu nehmen. So wie es in der Enge des Mutterleibes gute und schlechte Plätze geben mag, übertragen sich auch Erlebnisse des Muttertieres, Stress oder Nahrungsmangel beispielsweise, auf die Entwicklung der Welpen. Der Einfluss von Umweltbedingungen während der pränatalen Phase wurde lange Zeit vernachlässigt, manchmal sogar geleugnet, ist aber heute in der Verhaltensforschung weitestgehend anerkannt. Die Schwierigkeit liegt im Erkennen, Messen und Reproduzieren dieser Einflüsse. Derzeit ist es noch nicht möglich, präzise Aussagen über die Wirkzusammenhänge vorgeburtlicher Einflüsse und späterer Verhaltensentwicklungen des Hundes zu machen. Das Wissen um diese Einflüsse kann aber helfen zu verstehen, dass sich die Welpen aus zwei Würfen der gleichen Eltern unterschiedlich entwickeln und innerhalb eines Wurfes Hunde mit sehr unterschiedlichen Wesensmerkmalen zustande kommen können, obwohl allen Welpen identisches Genmaterial zur Verfügung steht. Die Natur, man könnte auch sagen der Zufall, hat seine Finger schon in einem frühen Stadium an den genetischen Schaltern und entscheidet, welche Gene zum Tragen kommen und wie dominant sie im Zusammenspiel mit anderen erblichen Veranlagungen einmal werden.

Detaillierte Wesenseigenschaften und komplexe Verhaltensweisen sind keine direkt vererbbaren Merkmale, dennoch werden Wesen und Verhalten des Hundes von den Genen seiner Eltern erheblich beeinflusst. Vererbt wird in diesem Fall nicht ein komplexes Verhalten, sondern die Anlage zu biochemischen Reaktionen, die für die Steuerung wesensbedingten Verhaltens verantwortlich sind. Die Ausprägung und Entwicklung der genetischen Anlagen wird, wie wir bereits festgestellt haben, schon vor der Geburt von individuellen Umwelteinflüssen mitbestimmt. Diese Manipulation der „genetischen Basis" durch Umwelteinflüsse setzt sich verstärkt während der frühkindlichen Entwicklung des Welpen fort. Das Erbmaterial gibt somit nur einen Wesenstyp vor, der üppigen Freiraum für Lernvorgänge und umweltbedingte Verhaltensänderungen bietet, aber gleichzeitig eine natürliche, nahezu unüberwindliche Grenze besitzt. Jenseits dieser Grenze sind nur geringfügige Veränderungen, aber kein fundamentaler Wandel des Verhaltens möglich. Zum Verständnis trägt der Vergleich mit einem Gemälde bei: Auf der von einem Rahmen umgebenen Leinwand hat der Künstler (in unserem Fall sowohl die Umwelt des Hundes wie auch sein Ausbilder) großen gestalterischen Freiraum. Dennoch sind die Gestaltungsmöglichkeiten räumlich durch den Rahmen und physikalisch durch die Eigenschaften der verarbeiteten Materialien beschränkt.

In der Tat finden sich unter den uns bekannten Hunderassen völlig verschiedene Wesenstypen, die rasseübergreifend die Formulierung einer Typologie der Hunde ermöglichen. Die verschiedenen Wesenstypen erscheinen einerseits scharf abgegrenzt und eindeutig prononciert, andererseits diffus und facettenreich ineinander übergehend. Jede Gruppe der Hundetypen hat charakteristische und weitgehend unverwechselbare Eigenschaften und Fähigkeiten. Zwischen allen Wesenstypen existiert jedoch eine Schnittmenge, die Charakteristika beider Gruppen vereint. Eine scharfe Abgrenzung ist daher nur zwischen den hochspezialisierten Hundetypen möglich, bei den vielseitig einsetzbaren Hunden hingegen kann es zu vielfältigen Überschneidungen kommen.

Stellen wir für eine vergleichende Betrachtung zwei völlig unterschiedliche Wesenstypen gegenüber. Der Irish Setter ist ein lebhafter, vor Spannung bebender, nervös wirkender Hund, der jedem im Wind dahin wehenden Blatt seine Aufmerksamkeit zuwendet und es mit neugierigem Blick verfolgt. Eifrig schnuppernd erkundet der Setter seine Umwelt und ist immer auf dem Sprung, eine Jagd aufzunehmen. Auf Bedrohung durch Tier oder Mensch reagiert der Setter vorsichtig, zurückhaltend und defensiv. Ein völlig anderes Bild bietet der Kaukasische Owtscharka. Er begegnet seiner Umwelt mit einer an Gleichgültigkeit erinnernden, stoischen Gelassenheit. Die äußerliche „Teilnahmslosigkeit" ist jedoch trügerisch, mit wachen Sinnen beobachtet er seine Umgebung, ohne dabei jedoch körperliche Reaktionen auf alltägliche Reize zu zeigen. Der gemächliche Schritt des Hundes kann in eine blitzartige Abwehrhandlung übergehen, wenn er sich oder seine Schutzbefohlenen bedroht sieht. Sowie es niemals möglich sein wird, dem Irish Setter die Gelassenheit der Owtscharki anzutrainieren, wird es im Gegenzug nicht gelingen, einem Herdenschutzhund die behände Bewegungsfreude, die Aufgeschlossenheit oder die defensive Grundhaltung des Setters anzuerziehen. Dennoch lässt sich das Verhalten beider Hunde in weiten Bereichen modifizieren. Der Jagdtrieb des Setters kann ausbilderisch gefördert oder gedämpft werden, sein eifrig-nervöses Benehmen kann der Tierhalter durch geeignete Ausbildungsinhalte kompensieren. Ebenso kann ein sachkundiger Ausbilder den Schutztrieb des Kaukasen auf ein den Lebensbedingungen angepasstes Maß reduzieren.

Deutlich geringer fallen die Unterschiede beim rasseübergreifenden Vergleich der Herdenschutzhunde untereinander aus. Wie bei allen Gruppen von Wesenstypen treten die deutlichsten Unterschiede zwischen Individuen unterschiedlicher Herkunft und nicht zwischen den einzelnen Rassen auf. Das Wesen eines Akbaş (sprich: Akbasch), der bei einem Hirten im Herdenschutzdienst aufgewachsen ist, wird sich nicht grundsätzlich von dem eines Kuvasz, Mittelasiaten oder Šarplaninač mit gleichem Hintergrund unterscheiden. Alle Hunde werden hinsichtlich ihres Schutzverhaltens, der Bereitschaft zum selbständigen Handeln, dem Misstrauen gegenüber allem Fremden und ihrer Bereitschaft, aktiv Abwehrhandlungen vorzunehmen, keine gravierenden Unterschiede erkennen lassen.

Ein gänzlich anderes Bild kann sich ergeben, wenn man zwei Hunde gleicher Rasse, aber unterschiedlicher Herkunft miteinander vergleicht. Pyrenäenberghunde, die Nachkommen einer langjährigen „Familienhundezucht" sind, weisen in der Regel ein gemütliches, ausgeglichenes Wesen, hohe Reizschwellen und freundlich-zutrauliches Verhalten gegenüber Fremden auf. Entstammt der Hund jedoch der Zuchtlinie eines Hirten und ist im Herdenschutzdienst aufgewachsen, wird er deutlich stärker entwickeltes Misstrauen gegenüber fremden Menschen und Tieren besitzen sowie eine größere Bereitschaft zeigen, sein Territorium gegen Eindringlinge zu verteidigen. Aus diesem Beispiel darf aber nicht geschlossen werden, dass ausschließlich die Umwelt für das Entstehen der typischen Eigenschaften eines Herdenschutzhundes verantwortlich ist. Bei den Hunden der „Familienhundezucht" können sich im Laufe mehrerer Generationen genetische Anlagen abgeschwächt haben oder gänzlich verschwunden sein (Extinktion). Selbst unter veränderten Lebensbedingungen wären die Nachkommen dieser Hunde möglicherweise nicht mehr in der Lage, eine Herde zu schützen oder den Kampf mit Beutegreifern erfolgreich zu gestalten. Schon diese kleine Auswahl biologischer Zusammenhänge zeigt eindrucksvoll, welche Komplexität von Ursachen und Wirkzusammenhängen bei der kaninen Verhaltensentwicklung vorliegt und dass Eigenschaften im Wesentlichen unabhängig von der Rasse des Hundes sind.

2.3.   Der Hund im Kontext seiner Abstammungsgeschichte

Zur umfassenden Betrachtung eines Herdenschutzhundes gehört nicht nur die Analyse von Wesen und Verhalten unter heutigen Lebens-, Haltungs- und Zuchtbedingungen, sondern auch der Blick auf seine genetische Herkunft. Die Abstammung des Hundes vom Rudeljäger Wolf hat, ungeachtet der vor mehreren zehntausend Jahren begonnenen Domestikation, noch immer starken Einfluss auf die Entwicklung hündischer Wesenseigenschaften und Verhaltensweisen. Eine isolierte Betrachtung des Hundes hilft dem Erkenntnisgewinn daher nicht.

Es ist selbstverständlich, dass bei der heutigen Hundepopulation Auftreten und Ausprägung ehemals wölfischer Eigenschaften große Schwankungen zeigen können. Die Entwicklung einzelner Zuchtlinien und Rassen unterlagen im Laufe der letzten fünf- bis zehntausend Jahre zahlreichen kulturhistorischen Einflüssen, unterschiedlicher Zuchtauswahl des Menschen und reflektieren letztlich auch die Lebensbedingungen und Aufgabengebiete der Hunde. Dass wir es trotzdem immer noch mit zwei engen Verwandten zu tun haben, zeigt die Tatsache, dass Hunde und Wölfe noch immer fortpflanzungsfähige Nachkommen zeugen können und keine Artenschranke existiert. Ungeachtet der langen Domestikations- und Zuchtphase sind sich Wolf und Hund heute noch immer näher, als viele Zeitgenossen wahrhaben wollen! Tatsächlich bereitet der Versuch erhebliche Schwierigkeiten, DEN Unterschied zwischen Wolf und Hund treffend zu definieren. Viele haben sich daran versucht und sind gescheitert. Ein bekannter amerikanischer Wildbiologe pflegte zu formulieren, dass der Hund ein Wolf mit fehlendem Tötungsinstinkt sei. Obwohl diese These im ersten Moment logisch erscheint, ist die Aussage zu stark vereinfacht und deshalb falsch.

Oft genügt ein einmaliger Lernvorgang, um den Tötungsinstinkt des Hundes erwachen und für den Rest seines Lebens präsent sein zu lassen. Die Bereitschaft zu töten ist bei der Mehrzahl der Haushunde aus zwei Gründen geringer entwickelt als bei der Wildform. Die in Obhut von Menschen gehaltenen Hunde werden in der Regel ausreichend mit Futter versorgt und haben weder die selbstständige Jagd noch die damit verbundenen Tötungshandlungen erlernt. Daher können sie diese Techniken auch nicht an ihren Nachwuchs weitergeben. Ein anderer Grund ergibt sich aus der Zucht durch den Menschen. Hundewelpen werden der Mutter üblicherweise in einem Alter weggenommen, in dem die Alttiere des Rudels gerade beginnen, detaillierte Verhaltensweisen an ihren Nachwuchs weiterzugeben.

Durch die Lebensweise des Haushundes entfällt die biologische Notwendigkeit, Artgenossen oder Beutetiere zu töten. Sie werden von ihren Besitzern ernährt und beschützt und benötigen kein eigenes Revier, um überleben zu können. Das Fehlen der „ernsten" Lebensinhalte führt dazu, dass die meisten Hunde keine vollständige Erwachsenenreife erlangen und geistig zeitlebens im Entwicklungsstadium eines Jungtieres verbleiben (Neotenie). Das Ausbleiben von Tötungshandlungen beim Haushund ist also keinesfalls als grundsätzliche Verhaltensänderung anzusehen, sondern ein domestikations- und zuchtbedingter „Mangel" an erlernten Fähigkeiten. Dennoch kann nahezu jeder Hund durch Erfahrungen und daraus resultierende Lernvorgänge Tötungshandlungen erlernen. Unterschiede zwischen Wolf und Hund dürfen wir also nicht in einem Bereich suchen, wo erblich bedingte Verhaltensweisen eine oberflächliche Modifikation durch den Menschen und die von ihm gewährten Haltungsbedingungen erfahren.

Die vollständige Betrachtung des Hundes erzwingt also die gleichzeitige Betrachtung des Wolfes. So lässt sich in vielen Fällen erkennen, dass Eigenschaften des Hundes kein Verdienst unserer heutigen Zeit sind, sondern bereits beim Wolf vorhanden waren und zwischenzeitlich lediglich einige domestikationsbedingte Modifikationen stattgefunden haben. Der Rückgriff auf den Stammvater Wolf hilft zudem, unsere emotional gefärbte Sichtweise gegenüber „dem besten Freund des Menschen" zurückzudrängen und sich eine unerlässliche Unvoreingenommenheit zu bewahren. Zum besseren Verständnis des Hundes müssen wir uns zunächst einmal mit einigen Grundlagen der Verhaltensforschung und der Tiersoziologie im Hinblick auf Säugetiere im Allgemeinen und Kaniden im Besonderen befassen.

2.4. Rudelbildung, Rudelordnung und Sozialverhalten

Besonders hinsichtlich der Bildung von Rudeln, die in engem Zusammenhang mit dem Sozialverhalten des Hundes stehen, zeigen sich unübersehbare Gemeinsamkeiten mit dem Stammvater Wolf. Hier ist zunächst die Frage zu beantworten, worin der Zweck eines Rudelverbandes und sein Vorteil für das Individuum liegen. In der Verhaltensforschung hat sich der englische Fachausdruck *„fitness"* als Maß für den Fortpflanzungserfolg eingebürgert. Der Fortpflanzungserfolg ist nicht nur eine Sicherung des Fortbestandes der eigenen Art durch Zeugung von Nachkommen, sondern stellt gleichzeitig eine prozentuale Erhöhung der spezifischen Gene eines Individuums am Genpool folgender Generationen dar. Die erfolgreiche Fortpflanzung beschränkt sich dabei nicht auf die zahlenmäßige Erzeugung von Nachwuchs. Langfristige Erfolge können nur dann zustande kommen, wenn gleichzeitig ausreichende Nahrungsmengen erworben werden können und der Verlust an Raubfeinde nicht größer ist als die Zahl der Nachkommen. Charles Darwin hat in seinen Theorien der Evolutionslehre den Grundsatz formuliert, dass jede Tierart mehr Nachkommen erzeugt, als ihr Lebensraum tragen kann. Dadurch stehen die Tiere untereinander in Konkurrenz, und nicht jedes Mitglied einer Population kann sich erfolgreich fortpflanzen. Einige sterben früh durch Nahrungsmangel oder Feindeinwirkung oder können sich gegen überlegene Artgenossen im Kampf um paarungsbereite Weibchen nicht durchsetzen (sexuelle Selektion).

Im Normalfall wird ein Lebensraum von vielen Tierarten gleichzeitig bewohnt, und auch zwischen den Arten besteht hinsichtlich der Verteilung der Ressourcen (Nahrung, Wasser, Schutz- und Fluchtplätze etc.) eine Konkurrenzsituation. Nehmen wir zum Beispiel Wölfe und Bären. Ein einzelner Wolf hat einem Bären körperlich nichts entgegenzusetzen und würde zwangsläufig aus jeder Auseinandersetzung als Verlierer hervorgehen. Der Bär könnte sich nach und nach sämtliche Ressourcen erschließen, und dem Wolf bliebe nur eine sehr schmale Lebensgrundlage. Durch die Rudelbildung wird dieses Kräfteverhältnis deutlich zugunsten der Wölfe verschoben. Gegenüber den überwiegend solitär lebenden Bären kann ein Wolfsrudel seine Ressourcen verteidigen und so seine *fitness* steigern. Neben der Inbesitznahme und Verteidigung von Ressourcen ermöglicht die Rudelbildung auch, Angriffe überlegener Feinde abzuwehren, und bietet dadurch dem Individuum mehr Sicherheit. Bei der Aufzucht der Jungen können sich Rudelmitglieder gegenseitig unterstützen und arbeitsteilig agieren. Ein Rudel kann sich Nahrungsquellen erschließen, die dem einzelnen Tier nicht zur Verfügung stehen. Große Beutetiere, wie Bison oder Elch, sind für einen einzelnen Wolf unbezwingbar. Durch den Angriff eines Rudels, wiederum in arbeitsteiliger Form, können auch größte Huftiere gerissen werden. Ein weiterer Vorteil liegt im gemeinsamen Wachen und Warnen; im Rudel wachen viele Augen und

Ohren gleichzeitig, und Gefahren können zuverlässiger und oft auch frühzeitiger wahrgenommen werden. Alle diese Faktoren erhöhen die *fitness* des einzelnen Tieres und ermöglichen dem Rudelverband in einer Umwelt zu überleben, die dem solitär lebenden Tier nur geringe Erfolgsaussichten bieten würde. Die Mitglieder eines Wolfs- oder Hunderudels sind unter natürlichen Fortpflanzungsbedingungen eng miteinander verwandt. Viele der Tiere haben Eltern-Kind-Beziehungen oder sind Brüder, Schwestern, Nichten, Neffen, Onkel oder Tanten. Indem nicht nur dem eigenem Nachwuchs, sondern auch dem naher Verwandter bessere Überlebenschancen zur Verfügung gestellt werden, erhöht sich gleichzeitig die *fitness* eng verwandter Gene. Dies bedeutet für das Individuum eine Steigerung der „*inclusive fitness*", da ein großer Teil des Genmaterials seiner Rudelmitglieder mit seinem eigenen identisch ist.

2.5. Altruismus

Das uneigennützige Handeln von Lebewesen bezeichnet man als Altruismus. Es findet sich bei Arten, die in Rudeln, Sippen, Gruppen, Rotten oder Schwärmen leben. Ein einzelnes Tier stellt dabei seine (egoistischen) Interessen zurück und dient mit seinem uneigennützigen Verhalten dem Wohl der Gemeinschaft. Diese Tiere nennt man auch Helfer, da durch ihre Hilfe die *fitness* eng verwandter Gene gesteigert wird. Die Hilfe, die sie anderen Mitgliedern der Gruppe leisten, kann sich auf Verteidigung, Aufzucht oder Nahrungserwerb beziehen.

In Wolfsrudeln werden alle Fähen gleichzeitig läufig, obwohl die Fortpflanzung im Normalfall auf das Alpha-Pärchen beschränkt ist. Von den Fähen, die nicht gedeckt wurden, entwickeln einige Scheinschwangerschaften und laktieren. Deshalb können sie das Säugen der Welpen übernehmen, wenn sich die Alpha-Wölfin auf der Jagd befindet oder vielleicht sogar ums Leben gekommen ist. Die Überlebenschancen der Wolfswelpen werden dadurch gegenüber denen solitär lebender Tiere eindeutig erhöht. Gleichzeitig steigt die *inclusive fitness* des Helfers, indem er das Überleben eng verwandter Gene sichert. Die Hilfe bei der Aufzucht ist aber nicht auf das Säugen der Welpen beschränkt. Während sich ein Teil der Wölfe auf die Jagd begibt, bleiben rangniedere Rudelmitglieder bei den Jungtieren zurück und schützen diese vor Angriffen von Raubfeinden. Dafür werden sie von den Jägern, die bei ihrer Rückkehr große Fleischbrocken hervorwürgen, mit Nahrung versorgt.

Ein anderes Beispiel für altruistisches Handeln ist vielleicht noch anschaulicher, da es jeder Hundebesitzer schon einmal so oder ähnlich miterlebt hat. Jemand führt einen Rüden und zwei Hündinnen aus. Wir wollen unterstellen, dass sich die drei Hunde bereits längere Zeit kennen und innerhalb der Familie des Hundebesitzers ein „Minirudel" bilden. Wird der Rüde in eine Auseinandersetzung mit einem Artgenossen verstrickt, greifen auch die beiden Hündinnen den fremden Rüden sofort massiv an. Dies ist eine der seltenen Ausnahmen, bei denen es zu ernsthaften Tätlichkeiten zwischen Rüden und Hündinnen kommen kann. Tiere, die ein Mitglied des Rudels angreifen, werden ungeachtet ihrer Art oder ihres Geschlechts von der gesamten Gruppe bekämpft. Dabei nimmt das einzelne Rudelmitglied ein Verletzungsrisiko auf sich, um einem Träger eng verwandter Gene zu helfen. Die Hunde in unserem Beispiel müssen nicht wirklich verwandte Gene besitzen, denn sie handeln nicht aufgrund einer rationalen Entscheidung. Das Leben in einer rudelähnlichen Gemeinschaft genügt, um altruistische Verhaltensweisen auszulösen. In freilebenden Gruppen sind, wie wir bereits festgestellt haben, normalerweise alle Rudelmitglieder in irgendeiner Form miteinander verwandt. Auch die Schutzfunktion, die der Hund in einer Bedrohungssituation einem Menschen gegenüber wahrnehmen kann zeigt, dass altruistische Verhaltensweisen auf „Rudelmitglieder" und nicht auf Artgenossen bezogen vorkommen.

Das Beispiel zeigt anschaulich, dass Altruismus keine moralische oder ethische Qualität darstellt, sondern einen selektiven Vorteil verursacht. Würden andere Mitglieder der Gruppe nicht verteidigt oder nur einige bestimmte Feinde gemeinsam bekämpft, könnte das Rudel von seinen Konkurrenten allmählich

Das Verhältnis von Herdenschutzhunden zu anderen Haustieren ist – Gewöhnung und Vertrauen vorausgesetzt – absolut unproblematisch.

dezimiert werden. Letztlich würden die Überlebenschancen aller Rudelmitglieder sinken. Ein weiterer Aspekt des altruistischen Handelns ist das gegenseitige Warnen vor Feinden. Bei Wölfen und Hunden findet das Warnen über Lautäußerungen und Körpersprache statt. Untersuchungen an anderen Tierarten haben gezeigt, dass häufiger und intensiver vor Feinden gewarnt wird, wenn sich Verwandte bzw. Rudelmitglieder in der Nähe befinden [Sherman 1977]. Bei der Betrachtung des Schutzverhaltens der Herdenschutzhunde werden wir noch einmal auf das Phänomen des uneigennützigen Handelns zurückkommen und feststellen, dass wir es mit einem grundlegenden Element kaninen Verhaltens zu tun haben. Schon nach dieser theoretischen Vorbetrachtung lässt sich der Schluss ziehen, dass sich effektive und erfolgreiche Überlebens- und Schutztechniken der Herdenschutzhunde erst in einem Rudel bis zur Wirksamkeit entwickeln können.

2.6.   Revier- oder Territorialverhalten

Besondere Bedeutung kommt der Rudelbildung bei Erwerb und Verteidigung eines Reviers zu. Als Revier oder Territorium bezeichnet man ein *„selektiv verteidigtes Wohngebiet, d.h. ein Areal, in dem die Anwesenheit seiner Bewohner die gleichzeitige Anwesenheit von artgleichen Konkurrenten ausschließt"* [Immelmann 1982, Sossinka 1996]. Der Besitz eines Reviers ermöglicht dem Tier die Ressourcen dieses Gebietes zu nutzen und in gewissen Umfang auch zu kontrollieren. Revierbildung ist nicht auf Säugetiere beschränkt, auch Vögel, Fische und manche Insektenarten nehmen Reviere in Besitz. Der Besitz eines Reviers bedeutet für den Revierinhaber eine Reihe von Vor- und Nachteilen: Einerseits hat er Zugang zu exklusiven Nahrungsquellen und zu Plätzen, an denen er seine Nachkommen aufziehen oder sich vor Feinden verbergen kann. Gleichzeitig muss er Energie aufwenden, um ein Revier zu erwerben, seine Grenzen zu kontrollieren und Reviermarkierungen zu setzen. Je nach Populationsdichte kann vor allem die Verteidigung des Reviers gegenüber Artgenossen erheblichen energetischen Aufwand verursachen. Somit entsteht für Besitz, Kontrolle, Verteidigung und Ertrag des Reviers eine Kosten-Nutzen-Abwägung. Ein großes Revier bietet zwar viel Nahrung, ist aber schwer zu verteidigen, ein kleines Revier kann leicht behauptet werden, stellt aber vor allem während der Aufzucht der Jungen nicht genügend Nahrung zur Verfügung. Selbstverständlich stellt ein Tier keine rationalen Kosten-Nutzen-Analysen im wirtschaftlichen Sinne auf, aber den höchsten Grad an *fitness* erreichen nur die Tiere einer Art, deren Revierverhalten dem Optimum möglichst nahe kommt. Hinsichtlich des langfristigen Fortpflanzungserfolges werden diese Tiere also bessere Ergebnisse erzielen als jene Artgenossen, bei denen ein Missverhältnis zwischen Reviergröße und Populationsdichte existiert.

Ein Wolfsrudel nimmt üblicherweise ein Revier in Besitz, dessen Größe sich am Nahrungsangebot, der Größe des eigenen Rudels und der Größe der Wolfspopulation in der Region orientiert. Dabei ist das optimale Ziel, das größtmögliche Revier zu besetzen, dessen Energiebilanz soeben noch positiv ausfällt. Die Energiebilanz rechnet sich vereinfacht folgendermaßen: Energiegewinn durch Nahrungsaufnahme minus Energieverluste durch Jagd, Kontrolle und Verteidigung des Reviers. Würden Wölfe oder freilebende Hunde, die Nahrung vom Menschen erhalten, ein größeres oder ein kleineres Revier beanspruchen? Die Fremdfütterung würde zweifellos ein kleineres Revier möglich machen, allerdings lässt diese Überlegung die maßgeblichen selektionsrelevanten Optimierungsstrategien unberücksichtigt. Solange die Energiebilanz positiv ausfällt, werden die Hunde versuchen, ihr Revier immer weiter auszudehnen. Die Energie- und Zeitersparniss durch Fremdfütterung könnten Wölfe wie Hunde in die Revierverteidigung investieren und so ein größeres Revier kontrollieren, als unter natürlichen Bedingungen möglich und sinnvoll wäre.

Die Grenzen dieses Reviers werden von Wölfen und Hunden mit Harn markiert, und der Besitzanspruch wird auf diese Weise anderen Rudeln und Einzelgängern dokumentiert. In kurzen Zeitabständen wird kontrolliert, ob fremde Duftmarken oder Fährten auf eine Gebietsverletzung hindeuten. Eindringlinge in das eigene Revier werden rigoros bekämpft, selbst dann, wenn das Nahrungsangebot den Reviereigentümern einen reich gedeckten Tisch beschert. Für die Betrachtung der Herdenschutzhunde und ihrer Verhaltensweisen sind vor allem zwei Einsichten über kanines Revierverhalten von herausragender Bedeutung: Der Besitz eines Reviers ist unabdingbare Grundlage für das Überleben eines Kaniden, und Hunde in Menschenobhut können auch bei hoher Populationsdichte verhältnismäßig große Reviere unter Kontrolle behalten.

2.7. Rangordnung im Rudel

Durch Beobachtungen an verwilderten Haushunden hat man festgestellt, dass sich innerhalb dieser Gruppen schon nach kurzer Zeit Rudelordnungen entwickeln, deren Organisationsstrukturen sich nicht von denen eines Wolfsrudels unterscheiden. Beide Geschlechter haben ihre eigene Rangfolge, die höchsten Positionen nehmen das männliche und das weibliche Alpha-Tier ein. Dem männlichen Alpha-Tier ist ein Beta-Tier nachgeordnet, das sich dem Rudelführer unterwirft, aber allen anderen Rudelmitgliedern gegenüber dominantes Verhalten zeigt. Das Vorhandensein eines „Stellvertreters" als Redundanz auf der Führungsebene ist weder Verschwendung noch Zufall. Sollte das Alpha-Tier während einer Auseinandersetzung getötet werden, steht sofort ein anerkannter Nachfolger zur Verfügung. Gäbe es diesen nachrückenden Rudelführer nicht, müssten langwierige Rangordnungskämpfe stattfinden, um eine neue Hierachie festzulegen. Auch zwischen allen anderen Rudelmitgliedern ist die Rangordnung festgelegt. Die wesentlichen Elemente der Organisationsform eines Wolfsrudels finden wir auch bei einer freilebenden Gruppe von Herdenschutzhunden.

Das Bedürfnis, in einem Rudel mit geklärter Rangordnung und eindeutiger Hierarchie zu leben, geht bei Hunden und Wölfen auf die gleichen genetischen Anlagen zurück. Das Rudelverhalten hat den Prozess der Domestikation nahezu unberührt überstanden; nur in einem stabilen Rudelverband kann ein Hund artgemäß existieren. Dabei spielt für sein Wohlbefinden keine Rolle, ob er innerhalb des Rudels eine hohe oder niedrige Position einnimmt, solange nur eine eindeutige Rangfolge existiert. Viele Kommunikationsformen und Verhaltensweisen eines Kaniden dienen der Herstellung und Erhaltung der Rangordnung mit Artgenossen und Sozialpartnern, deshalb ist die Kenntnis dieser Zusammenhänge für das Verständnis des Hundes von entscheidender Wichtigkeit.

Das Bestreben, eine Rangordnung innerhalb seines Rudels zu erkennen und seinen Platz in dieser Gemeinschaft zu finden, teilen alle Hunderassen ungeach-

Dass es in einer größeren Gruppe von Herdenschutzhunden durchaus gesittet zugehen kann, beweist dieses Šarplaninac-Rudel.

tet ihrer Körpergröße oder Abstammung. Die Neigung zur Rudelbildung kann jedoch unterschiedlich stark ausgeprägt sein, hier hat vor allem der Mensch durch seinen züchterischen Eingriff für Veränderungen gesorgt. Beim Beagle, der früher in großen Meuten zur Jagd eingesetzt wurde, waren Rangordnungskämpfe unerwünscht, da sie die Hunde ablenkten, zu Verletzungen führen konnten und die Arbeitsleistung beeinträchtigt wurde. Aus diesem Grund wurden über einen längeren Zeitraum nur Hunde verpaart, deren innerartliche Aggression extrem gering war. Nur ein aggressives Tier ist bestrebt, seine Stellung im Rudel zu verbessern, indem es höher rangigen Tieren ihre Position streitig macht. Diese Zuchtauswahl hat beim Beagle zu einem nahezu völligen Verschwinden der Aggression gegenüber Artgenossen und zu einer Minderung der sozialen Kommunikation geführt.

Bei Herdenschutzhunden hat es keine Zuchtauswahl nach diesen Kriterien gegeben, und das Rangordnungsdenken ist bei den Mitgliedern dieser Rassen in sehr ursprünglicher Form erhalten geblieben. Nur sehr selten zeigt sich ein Herdenschutzhund gleichgültig gegenüber Menschen und Artgenossen, mit denen er seinen Lebensraum teilt. Meist beginnt die Klärung der Rangordnung sogar schon in einem viel früheren Lebensabschnitt als bei Hüte- oder Jagdhunden, häufig sogar schon vor dem Einsetzen der Pubertät. Für einen Owtscharka, Kangal, Akbaş oder Šarplaninac endet die unbeschwerte Kindheit zwischen dem vierten und sechsten Lebensmonat, und sie beginnen ihren Platz in der Gruppe der erwachsenen Tiere zu suchen. Pyrenäenberghund, Maremma und Podhalaner liegen hinsichtlich der innerartlichen Aggression in der Gruppe der Herdenschutzhundrassen eher an der unteren Grenze, dennoch ist auch ihr Rangordnungsdenken im Hinblick auf die Gesamtpopulation der Hunde überdurchschnittlich stark entwickelt. Der Hundehalter erkennt den Wandel des heranwachsenden Hundes an der plötzlich auftauchenden Aggressivität gegenüber gleichgeschlechtlichen Artgenossen, die sich bis zur Vollendung des dritten Lebensjahres noch erheblich steigern wird und die Rüden und Hündinnen bis ins hohe Alter nicht mehr verlieren.

Eine Rangordnung ist niemals statisch, sondern nur eine Vereinbarung auf Zeit! Daher kann es durchaus im Abstand von einigen Wochen oder Monaten zu wiederholten Auseinandersetzungen kommen. Die Bereitschaft, mit Geschlechtsgenossen eine Rangordnung festzulegen und sich dafür auch in Scharmützel einzulassen, darf nicht mit dem mangelnden Sozialverhalten einiger anderer Hunderassen gleichgesetzt werden. Bei Bullterrier, Pitbull- und Staffordshireterrier ist die züchterische Reduzierung des gesunden Sozialverhaltens „gute" Tradition, um die Aggressionsbereitschaft der Tiere zu steigern. Hyperaggressive Tiere, die völlig unmotiviert Auseinandersetzungen suchen, finden sich gehäuft aber vor allem unter den „Familienhunden" West Highland White Terrier, Parson Jack Russell Terrier und Foxterrier. Der Mangel an hündischem Sozialverhalten zeigt sich dabei nicht nur in Angriffen gegen Artgenossen auf neutralem Terrain, wo weder Rangordnungs- noch Revierverhältnisse einer Klärung bedürfen, sondern vor allem in der Tatsache, dass diese Hunde Unterwerfungsgesten weder anerkennen noch selbst zeigen. Auseinandersetzungen zweier solcher Hunde enden zumeist mit schweren Verletzungen oder dem Tod eines Beteiligten. Solche Verhaltensstörungen sind bei Herdenschutzhunden glücklicherweise bisher nicht zu beobachten, niemals werden schwächere Tiere zusammengebissen, wenn sie sich dem Stärkeren unterwerfen.

Häufig enden Auseinandersetzungen zwischen den Mitgliedern eines Wolfsrudels mit der Unterwerfung des Unterlegenen, und man war lange Zeit der Ansicht, dass der Wolf als „soziales" Tier keine Artgenossen tötet. Diese Auffassung ist falsch! Natürlich ist das Töten von Artgenossen nicht die Regel, andernfalls hätten sich die Wölfe selbst so stark dezimiert, dass das Überleben ihrer Art ständig in Gefahr gewesen wäre. Auf der anderen Seite erleiden Kaniden bei ihren Rangordnungskämpfen Bisswunden, auch die Tötung eines Kontrahenten liegt grundsätzlich im Bereich des Möglichen. Trotzdem sind alle Versuche des Menschen gescheitert, Herdenschutzhunde zum grundlosen Kampf gegen Artgenossen zu veranlassen. Ihr weitgehend intaktes Sozialverhalten hat die Herdenschutzhunde bisher glücklicherweise davor bewahrt, von Geistesgestörten für Hundekämpfe missbraucht zu werden. Das heißt aber nicht, dass es bezüglich der innerartlichen Aggression bei den Herdenschutzhunden überhaupt keine Probleme gibt. In jeder Rasse finden sich einige Zuchtlinien – vorzugsweise bei Zuchten außerhalb ihres Abstammungsgebietes – deren Nachkommen durch problematisches Sozialverhalten unangenehm auffallen.

Für ein Leben im Rudel und den Aufbau einer Rangordnung sind zwei Voraussetzungen unabdingbar: die Fähigkeit zum individuellen Erkennen und die Möglichkeit, sich untereinander zu verständigen. Das Erkennen kann unter Hunden optisch, akustisch oder durch den Geruch stattfinden. Im Gegensatz zu uns Menschen ist die Sehfähigkeit des Hundes hauptsächlich auf die Wahrnehmung von Bewegungen und nicht auf das Erkennen von Details ausgerichtet. Ein Mensch kann ohne weiteres einen Bekannten aus einer Entfernung von mehreren hundert Metern eindeutig erkennen, beim Hund ist der Bereich des optischen Erkennens auf fünf bis maximal zwanzig Meter reduziert. Dafür kann der Hund ein Rudelmitglied aus großer Entfernung an der Stimme erkennen und gleichzeitig unterscheiden, ob die Lautäußerung warnend, freudig, wütend oder ängstlich ist. Am leistungsfähigsten ist aber der Geruchssinn des Hundes. Alle Hunde und Menschen seines Lebensraumes kann er über ihren individuellen Geruch augenblicklich identifizieren. Selbst feinste Nuancen bleiben seiner Nase nicht verborgen. Am Geruch eines Menschen kann der Hund nicht nur feststellen ob derjenige krank oder gesund ist, er nimmt auch Stimmungen und Emotionen zuverlässig wahr. Der Geruch verrät dem Hund aber nicht nur, mit welchem Artgenossen oder Menschen er es zu tun hat, sondern auch, zu welchem Rudel sein Gegenüber gehört. Im Zusammenleben von Menschen und Hunden bildet sich ein Rudelgeruch, der eine Summe der Einzelgerüche darstellt und der eine sofortige Unterscheidung in „fremd" oder „vertraut" zulässt. Jeder Angehörige der Gruppe nimmt dabei ein wenig vom Geruch der anderen Rudelmitglieder an. Auch eine Schafs- oder Ziegenherde besitzt einen charakteristischen, für den Hund unverwechselbaren Geruch. Dass dem Herden- oder Rudelgeruch hinsichtlich der Arbeit eines Herdenschutzhundes große Bedeutung zukommt, werden wir in den folgenden Abschnitten sehen.

2.8.   Theoretische Grundlagen des Kampfverhaltens

Der Besitz eines Reviers gestattet den Eigentümern, die enthaltenen Ressourcen zu nutzen, und verschafft den Revierinhabern eine Reihe von Vorteilen gegenüber nicht ortsgebundenen Artgenossen. Unter anderem kann der Revierinhaber durch Ortskenntnis seine Beuteerwerbsstrategien optimieren und bei Gefahr geeignete Fluchtplätze aufsuchen. Für die Aufzucht des Nachwuchses stehen sichere Plätze zur Verfügung. Da die Anzahl der Tiere einer Art im Lebensraum in der Regel größer ist als die zur Verfügung stehenden Reviere, entsteht eine Konkurrenzsituation, bei der es zu Auseinandersetzungen kommt. Dabei können Revierkämpfe sowohl zwischen Tieren gleicher Art stattfinden wie auch zwischen Tieren verschiedener Art, sofern beide die gleichen Ressourcen nutzen. Dies trifft gleichermaßen auf solitär lebende Tiere und auf rudelbildende Arten zu. Eine Ressourcenkonkurrenz kann also zum Beispiel zwischen zwei Wolfsrudeln, aber auch zwischen Wölfen und Bären und sogar zwischen Wölfen und Hunden entstehen. Diese Revierkämpfe zwischen Tieren unterschiedlicher Art sind keine Seltenheit, sie finden nicht nur unter Säugetieren statt, sondern können unter anderem auch bei Vögeln beobachtet werden. In der Verhaltensforschung wird der zwischenartliche Anspruch auf ein Territorium als „interspezifische Territorialität" bezeichnet.

Bei Tieren, die soziale Gemeinschaften bilden, führt außerdem auch die notwendige Entwicklung und Aufrechterhaltung einer Rangordnung zu kämpferischen Auseinandersetzungen. Eng mit der Rangordnung sind Verteilungskämpfe um Ressourcen wie Futter oder Schlafplätze verbunden. Auch die Möglichkeit zur Paarung ist eines der wichtigsten Motive zu Auseinandersetzungen mit gleichgeschlechtlichen Artgenossen.

Das Kampfverhalten gliedert sich in zwei Grundelemente: Angriffs- und Fluchtverhalten, eine Mischform beider Varianten ist das Drohverhalten. Der häufig gebrauchte Terminus „agonistisches Verhalten" fasst diese drei Elemente als Oberbegriff zusammen. Das Angriffsverhalten wird dabei als „aggressives Verhalten" bezeichnet und kann zwischen Tieren gleicher Art (intraspezifische Aggression) wie auch zwischen Tieren unterschiedlicher Art (interspezifische Aggression) stattfinden.

Betrachten wir nun die möglichen Varianten des Kampfverhaltens am Beispiel der Wölfe. Auch in diesem Fall müssen wir von Kosten-Nutzen-Abwägungen ausgehen, um beurteilen zu können, ob die eine oder andere Strategie evolutiv erfolgreich sein kann oder nicht. In diesem Zusammenhang soll noch einmal daran erinnert werden, dass die Kosten-Nutzen-Abwägung nicht auf rationalen Entscheidungen der Tiere beruht, sondern eine langfristige Konsequenz mehr oder weniger erfolgreicher Verhaltensweisen ist. Erfolg bezieht sich dabei nicht auf den kurzfristigen Gewinn oder Verlust eines Reviers, sondern auf die Anzahl der überlebenden Nachkommen folgender Generationen. Bei jedem Kampf zweier Rudel werden einige der Beteiligten zu Tode kommen oder schwer verletzt werden. Diese Tiere können sich nicht mehr fortpflanzen bzw. sich nicht mehr an Kämpfen um Paarungsgelegenheiten beteiligen, und ihre *fitness* ist stark reduziert. Gleichzeitig wird das gesamte Rudel hinsichtlich zukünftiger Auseinandersetzungen geschwächt, wodurch sich parallel die *inclusive fitness* reduziert, da auch der Fortpflanzungserfolg eng verwandter Gene beeinträchtigt wird. Kommt es zu Auseinandersetzungen um ein Revier, gibt es zwei grundsätzliche Verhaltensweisen. Ein Wolfsrudel könnte bei Ressourcenkonkurrenz entweder immer flüchten oder immer kämpfen. Nennen wir die Vertreter beider Gruppen der Einfachheit halber „Kämpfer" und „Flüchter". Auf der Basis dieser Überlegungen sind drei verschiedene Fälle denkbar:

1. Kämpfer treffen auf Kämpfer

Beide Rudel haben eine fünfzigprozentige Chance, ein Revier zu übernehmen bzw. zu verteidigen. Allerdings ist das Risiko, bei Auseinandersetzungen verletzt oder getötet zu werden, für die Angehörigen beider Gruppen sehr hoch. Für Kämpfer ergibt sich folgende Situation: Revierinhaber würden auch ein qualitativ schlechtes Revier mit hohen Kosten verteidigen und sich selbst um die Chance bringen, ein Revier mit erheblich besseren Ressourcen zu erobern. Der Angreifer hingegen würde für den Erwerb eines möglicherweise schlechten Reviers ebenfalls ein hohes Risiko in Kauf nehmen. Unter dem Gesichtspunkt der Kosten-Nutzen-Abwägung – das Risiko, getötet zu werden, im Verhältnis zum möglichen Gewinn – ist die Strategie der Kämpfer unausgewogen. Hohe Verluste bei der Eroberung minderwertiger Reviere dezimieren das Rudel und schwächen seine Chancen für zukünftige Auseinandersetzungen. Die Steigerung der *fitness* ist für Kämpfer also problematisch, wenn sie stets auf Kämpfer treffen.

2. Flüchter treffen auf Flüchter

Wiederum ergibt sich eine fünfzigprozentige Chance, sich durchzusetzen, je nachdem, wer zuerst flieht. Diese Variante hat auf Dauer keine Chance, denn schon das Vorhandensein eines einzigen „Kämpfers" würde diese Strategie grundsätzlich unterlegen machen. Durch die genetische Erzeugung von Varianten werden in gewissen Zeiträumen zwangsläufig immer wieder Kämpfer auftauchen. Sie könnten sich stark vermehren, da ihre Strategie den Flüchtern uneingeschränkt überlegen wäre. Dieses Modell würde schon bald in die folgende Variante übergehen.

3. Kämpfer treffen auf Flüchter

In diesem Fall werden die Kämpfer immer die Oberhand behalten, die Flüchter würden früher oder später aussterben, und das Modell geht unweigerlich in die erste Variante über.

Seit vielen Jahren bemühen sich Verhaltensforscher, die Implikationen der verschiedenen Formen des Kampfverhaltens im Hinblick auf ihren evolutiven Erfolg zu ergründen. Das Ziel ist, eine evolutionsstabile Strategie (ESS) zu finden, die über eine beliebig große Zahl von Generationen erfolgreich ist, weil sie den Anwendern innerhalb ihrer Art optimale *fitness* beschert. Keine der drei aufgeführten Varianten kann die unerlässliche Forderung der dauerhaften Stabilität erfüllen. Dies hat zur Entwicklung eines weiteren Verhaltenstyps geführt: dem Bourgeois. Dieser Verhaltenstyp tritt als Kämpfer auf, wenn er Revierbesitzer ist, und flüchtet, wenn er als Eindringling auf Revierinhaber trifft. Dass diese Form des Kampfverhaltens eine evolutionsstabile Strategie sein kann, konnte sogar mathematisch bewiesen werden [Davies, Houston 1981, Brown 1982, Schoener 1983 u. a.]. Selbst unter der Annahme, dass gelegentlich Kämpfer in die Reviere der Bourgeoisen einwandern, ist ihre Strategie auf Dauer erfolgreicher, da sie unter durchschnittlichen Verhältnissen (Reviere mit unterschiedlicher Qualität der Ressourcen) eine günstigere Kosten-Nutzen-Bilanz aufweist. Die Ökonomie der Revierverteidigung ist der Nettogewinn aus der Nutzung vorhandener Ressourcen abzüglich energetischer Kosten und dem Verletzungsrisiko [Brown 1964]. Natürlich sind diese theoretischen Modelle sehr vereinfacht und werden den komplexen Abläufen in der Natur nicht annähernd gerecht. Jeder Versuch, das Kampf- und Revierverhalten der Kaniden umfassend darzustellen, würde den Umfang dieses Buches sprengen und vom thematischen Schwerpunkt fortführen. Daher sollen die vorangegangenen Überlegungen nur der Erkenntnis dienen, dass die Verteidigung des eigenen Reviers gegenüber einwandernden Konkurrenten für Wölfe und Hunde überlebenswichtig ist und deshalb einen zentralen Punkt kaniner Aggressionsbereitschaft darstellt.

2.9. Drohverhalten

Um einen optimalen Fortpflanzungserfolg zu gewährleisten, muss jedes Tier bemüht sein, die Kosten durch Kampfverletzungen möglichst gering zu halten. Folgerichtig wurden im Laufe der Zeit Strategien entwickelt, die Konfliktlösungen erlauben, ohne dass es zu Beschädigungskämpfen kommen muss. Ein Beispiel dafür ist das Drohverhalten. Es erfüllt die gleiche Verdrängungsfunktion wie tätliche Auseinandersetzungen, minimiert aber das Verletzungsrisiko aller Beteiligten. Drohverhalten spielt sowohl für interspezifische wie auch für intraspezifische Konfrontationen eine Rolle.

Begegnen sich Wolfsrudel als Revierinhaber und Eindringlinge, nehmen beide Gruppen zunächst eine drohende Haltung ein, um ihre Angriffsbereitschaft zu dokumentieren und den Gegner einzuschüchtern. Dabei versuchen die Beteiligten, möglichst groß zu erscheinen, und dem Gegner werden die „Waffen" präsentiert. Hunde und Wölfe stellen ihr Rückenfell auf, heben die Rute und zeigen ihre Fangzähne durch Hochziehen der Lefzen. Zusätzlich untermauern sie ihre Angriffsbereitschaft durch aggressive Lautäußerungen und Gebärden. Durch Motivanalysen hat man festgestellt, dass im Drohverhalten Elemente des Angriffs- und Fluchtverhaltens kombiniert sind und je nach Situation der eine oder andere Teil überwiegen kann. Das gegenseitige Bedrohen der Konkurrenten gleicht einem Zermürbungskampf. Nicht selten werden diese Auseinandersetzungen entschieden, indem eine Partei das Feld kampflos räumt. Für das Zeigen einer Handlungsbereitschaft hat sich in der Verhaltensforschung der Terminus „Intentionsbewegung" etabliert. Bezogen auf unser Beispiel der konkurrierenden Wolfsrudel lauten die Botschaften: „Verschwindet oder wir werden euch schweren Schaden zufügen."

Kein grundsätzlich anderes Bild geben zwei gleichgeschlechtliche Haushunde ab, die sich auf der Straße begegnen. Entweder erheben beide einen Anspruch auf die Vorherrschaft im Revier oder die Rollenverteilung lautet: Revierbesitzer und Eindringling. Die Konkurrenten zeigen ihre Angriffsbereitschaft durch das gesamte Repertoire des Drohverhaltens, und nicht selten eskaliert die Begegnung in einen Beschädigungskampf. Nichts anderes passiert, wenn Herdenschutzhunde in ihrem Revier auf umherstreifende Beutegreifer treffen. Genau wie sich der Haushund einem fremden Artgenossen kampfbereit entgegenstellt, treten die Herdenschutzhunde als Revierbesitzer auch Wölfen, Bären, Katzen, Füchsen, Kojoten, Hyänen und marodierenden Hunderudeln entgegen.

2.10. Reizschwellen

Oft hört oder liest man die Behauptung, ein Hund, der verträglich mit Kindern sein soll, müsse eine hohe Reizschwelle besitzen. Gemäß der landläufigen Definition beantworten Hunde mit sehr niedriger Reizschwelle auch schwache Reize in ihrer Umgebung mit relativ heftigen Reaktionen, wogegen Hunde mit einer hohen Reizschwelle schwachen und mittleren Reizen keine Bedeutung beimessen. Bei diesem Ansatz findet man sich jedoch schnell an einem Punkt, an dem alle Aussagen unpräzise werden. Der sorglose Umgang mit der Vokabel „Reizschwelle" im umgangssprachlichen Bereich erschwert ihren sinnvollen, unmissverständlichen Gebrauch. Was also ist eine Reizschwelle, und wie lässt sie sich definieren?

> Die Reizschwelle ist die geringste mögliche Reizstärke, bei deren Erreichen ein Hund aktiv Handlungen vornimmt. Die in diesem Zusammenhang auf den Hund einwirkenden Einzelreize können sich gegenseitig fördern oder dämpfen und bilden als Summe eine Reizkombination. Dabei ist die Reizschwelle keine feste Größe, die für alle Mitglieder einer Rasse auf gleichem Niveau liegt, sondern ein individueller Wert, der sich durch Erfahrungen und Ausbildung verändern kann.

Präzise Aussagen über die Reizschwellen der Hunde sind nur im Rahmen von Einzelbetrachtungen möglich; je größer die betrachtete Gruppe wird, desto unpräziser werden die getroffenen Aussagen. Feststellungen mit dem Inhalt „der Bullterrier besitzt eine hohe" oder „der Schäferhund besitzt eine niedrige Reizschwelle" haben nur einen sehr begrenzten Wahrheits- und Informationswert. Man könnte allenfalls mit großer Vorsicht formulieren: Der durchschnittliche Bernhardiner hat eine höhere Reizschwelle als der durchschnittliche Kangal. Will man sich beispielsweise einen Eindruck über die wahrscheinliche Kinderverträglichkeit eines Hundes machen, muss man mehrere Faktoren ins Kalkül ziehen und die Ergebnisse im Zusammenhang betrachten. Nehmen wir als Beispiel eine Gruppe Kinder, die laut schreiend und heftig gestikulierend einem Hundehalter und seinem Hund entgegenkommt. Diese Situation ist für einen ungeübten, also mit der Situation nicht vertrauten Hund zunächst eindeutig bedrohlich, und je nach Wesenstyp kann die Palette möglichen Verhaltens von ängstlichen Reaktionen über die Einnahme einer vorsichtig-defensiven Haltung bis hin zu einem blitzartigen Angriff reichen. An dieser Stelle werden häufig zwei völlig unabhängige Faktoren miteinander vermischt und führen zu einer ganzen Reihe folgenschwerer Missverständnisse. Die Art der Reaktion ist mit der Reizschwelle in keiner Weise verknüpft, die Höhe der Reizschwelle entscheidet nur darüber, ob der Hund mit einer aktiven Handlung auf die Annäherung der Kinder reagiert oder nicht. Zu welcher Handlung es nach Überschreiten der Reizschwelle kommt, geht auf angeborene und erlernte Reaktionsmuster zurück und wird maßgeblich durch Prägung, Sozialisierung und spätere Erfahrungen des Hundes bestimmt. Dabei kann es allerdings – je nach Wesenstyp – Präferenzen in eine offensive oder defensive Richtung geben.

Die Reizstärke wird in allen Fällen von mehreren verschiedenen Faktoren bestimmt. In unserem Beispiel sind dies Lautstärke, Heftigkeit der Bewegungen, Geschwindigkeit der Annäherung und natürlich auch die Anzahl der Kinder. Ein Hund, der ein einzelnes Kind unter Umständen noch ignorieren würde, kann auf eine Gruppe völlig anders reagieren. Auch die Entfernung der potentiellen „Gefahr" spielt für die Handlungsbereitschaft des Hundes eine wichtige Rolle. Je geringer die Entfernung zu einem Objekt oder einer Situation ist, desto eher wird die Reizschwelle überschritten und führt zu einer offensiven oder defensiven Reaktion des Hundes. Bei größeren Entfernungen ist das intensive Beobachten, das mit einer drohenden Körperhaltung einhergehen kann, eine der häufigsten Reaktionen. An dieser Stelle sei nochmals ausdrücklich darauf hingewiesen, dass Verhalten nicht an Bewegung gebunden ist, sondern dass auch Aufmerksamkeit, Abwarten oder Beobachten als Verhalten zu bewerten sind. Neben den genannten Reizeinflüssen (Lautstärke, Heftigkeit, Entfernung, Näherungsgeschwindigkeit) spielen auch die Umweltbedingungen eine Rolle. Hierbei ist zu berücksichtigen, ob sich der Vorfall bei Tageslicht oder in der Dunkelheit, auf bekanntem oder fremdem Terrain zuträgt und ob in der Umgebung Reize vorhanden sind, die den in Frage stehenden Schlüsselreiz zusätzlich verstärken, abschwächen oder den Hund ablenken. Jeder dieser Faktoren kann, wenn er verändert wird, die Handlungsbereitschaft des Hundes beeinflussen und zu einer völlig anderen Reaktion führen. Herdenschutzhunde zeigen zum Beispiel bei Dunkelheit eine erheblich höhere Bereitschaft aktiv Abwehrhandlungen vorzunehmen als bei Tageslicht, zudem sind sie auf heimischem Terrain eher geneigt, einer echten oder vermeintlichen Bedrohung gegenüberzutreten als auf neutralem Boden. Außerdem können solche Reize als Verstärker wirken, die den Hund verunsichern, ängstigen oder ablenken. Es kann sich dabei sowohl um optische Reize (z. B. Scheinwerfer, Blitz), akustische Signale (z. B. Bellen eines anderen Hundes, Schüsse) wie auch um Geruchswahrnehmungen handeln. Ein weiterer Faktor ist das Befinden des Hundes, also sein innerer Zustand. Hunger, Schmerzen, Angst und latente Aggressionsbereitschaft aufgrund eines vorangegangenen Erlebnisses nehmen ebenfalls Einfluss auf seine Handlungsbereitschaft. Schließlich und endlich trägt auch die Reaktion des Hundeführers zum Verhalten seines Hundes bei. Ein Erschrecken, ein ängstliches Zurückweichen oder ein warnender Ausruf sind Teil der auf den Hund wirkenden Reizkombination und können ebenfalls verstärkenden oder dämpfenden Charakter haben.

An einem Beispiel lässt sich das Verschmelzen vermeintlich unzusammenhängender Reize zu einer Reizkombination aufzeigen. Ein Passant macht einige Schritte in Richtung eines Hundes, um ihn zu streicheln. Der Hund weicht der Hand des Fremden aus und entfernt sich, das Geräusch einer anschließend ertönenden Autohupe löst beim Hund keine sichtbare Reaktion aus. Völlig anders kann sich dieselbe Situation entwickeln, wenn die Reize in einer geringfügig anderen zeitlichen Abfolge auf den Hund wirken. Der Passant nähert sich dem Hund, die Hupe ertönt, der Hund wird durch das Geräusch abgelenkt, sieht plötzlich die bereits sehr nahe Hand und greift den Passanten an. Solche Zwischenfälle sind keine Seltenheit, und jeder kennt die erstaunte Reaktion des Hundebesitzers: „Nanu, das hat er ja noch nie gemacht." Die Bedeutung mehrerer gleichzeitig oder in kurzer Folge auf den Hund wirkenden Reize wird dabei häufig übersehen, und vorschnell urteilende Zeitgenossen neigen dazu, dem Hund aggressive Grundtendenzen zu bescheinigen, da er ja schließlich „grundlos" einen harmlosen Passanten gebissen habe.

Aus diesen Betrachtungen lässt sich ablesen, dass der Rückschluss von einer unterstellten Reizschwelle auf das konkrete Verhalten des Hundes in einer bestimmten Situation nahezu unmöglich ist. Um Aussagen über Reizschwellen auf ein solides Fundament zu stellen, müssten alle Einzelreize erkannt und bewertet werden, was nur im Rahmen einer umfangreichen, auf den Einzelfall abgestellten Analyse möglich wäre. Über die Reizschwelle eines Hundes und daraus resultierende Verhaltensweisen in einer bestimmten Situation lassen sich also nur dann Aussagen machen, wenn die vorliegende Reizkombination möglichst vollständig berücksichtigt wird.

Eine weitere Schwierigkeit ergibt sich aus der Tatsache, dass die Reizschwelle nicht in allen Situationen gleich hoch oder gleich niedrig ist. Ein Hund kann in bestimmten Situationen eine sehr geringe Handlungsbereitschaft zeigen, in anderen hingegen schon auf schwache Reize heftig reagieren. Dazu wieder ein Beispiel: Ein Hund wird durch eine gut besuchte Fußgängerzone geführt, und er schenkt den vorbeigehenden Passanten keine Aufmerksamkeit. Selbst wenn er oder sein Besitzer von entgegenkommenden Personen im Vorbeigehen berührt werden, zeigt er weder Unwohlsein, Angst noch eine Bereitschaft, aktiv Abwehrhandlungen vorzunehmen. Plötzlich tritt eine Person mit einem Paket auf dem Arm aus einem Hauseingang auf die Straße und wird unverzüglich vom Hund bedroht. Im ersten Fall zeigte der Hund eine hohe, im zweiten eine niedrige Reizschwelle. Sowohl das plötzliche Auftauchen der Person wie auch der mitgeführte große Gegenstand sind Einzelreize, die gemeinsam mit dem Schlüsselreiz „nahe Person" eine Reizkombination bilden. Nicht die Person selbst, sondern vor allem die Umstände ihres Erscheinens führen zu einer Reizsumme, die der Hund als Bedrohung wertet.

Ähnliches ist im Umgang mit Kindern zu beobachten. Hier entscheidet nicht die Rasse oder Abstammung des Hundes über seine Kinderverträglichkeit, sondern zu einem wesentlichen Teil das Verhalten des Kindes. Kinder mit ausgeglichenem Temperament wirken auf weit weniger Hunde bedrohlich als Kinder, die hektisch, lautstark und sprunghaft agieren. Zu Ersteren fasst der Hund schon nach kurzer Zeit Vertrauen, und seine Bereitschaft, Abwehrhandlungen vorzunehmen, nimmt deutlich ab. Bei der zweiten Gruppe kann sich der Hund durchaus freundlich und zugeneigt zeigen, bleibt aber vorsichtig, misstrauisch und latent verteidigungsbereit. In der Praxis kann dies bedeuten, dass der Hund auf unangenehme Einwirkungen (z. B. Ziehen an den Ohren) bei einem Kind nicht reagiert, bei einem anderen dagegen Abwehrhandlungen vornimmt (knurren, bellen, schnappen). Wie im ersten Beispiel liegt in beiden Situationen der gleiche Schlüsselreiz vor, die Kombination aller beteiligten Reize unterscheidet sich jedoch und führt zu einer anderen Verhaltensweise.

Um Aussagen über die Reizschwellen eines Herdenschutzhundes machen zu können, ist eine präzise Beschreibung der Situation unabdingbar, anderseits muss aber ein gewisser Grad an Verallgemeinerung in Kauf genommen werden, um praktische Bezüge nicht völlig außer Acht zu lassen. Bei Bedrohungen zeigen Herdenschutzhunde im Vergleich zur Gesamtheit der Hunde eine unterdurchschnittliche Reizschwelle. Die Reizschwelle darf dabei nicht als eine genetisch bedingte, unveränderliche Größe angesehen werden, sondern als Produkt genetischer Veranlagung, Summenwirkung parallel wirkender Reize und individueller Lernvorgänge des Hundes. Rassetypische Unterschiede sind in Hinsicht auf Schwellenwerte bestimmter Reize nur ansatzweise zu beobachten und auf so komplexe Weise mit den Erfahrungen des Hundes verwoben, dass keine seriöse Zuordnung möglich ist.

Für die Haltung eines Herdenschutzhundes ergeben sich aufgrund seiner Eigenschaften spezielle Anforderungen, bei denen der Sachkenntnis des Hundehalters eine maßgebliche Rolle zukommt. Nicht die Veranlagungen des Hundes entscheiden über den Erfolg oder Misserfolg seiner Haltung, sondern vor allem die Frage, ob es gelungen ist, den heranwachsenden Hund vollständig und spannungsfrei in seine Umwelt zu integrieren. Nicht weniger wichtig ist in diesem Zusammenhang das Wissen des Hundebesitzers um die Eigenschaften seines Hundes. Nur wenn sich der Halter über die zu erwartenden Reaktionen seines Hundes im Klaren ist, kann er Situationen frühzeitig entschärfen und nötigenfalls regulierend auf seinen Vierbeiner einwirken.

3. Wesenseigenschaften

3.1. Bewertung der Eigenschaften eines Hundes

Das Wesen eines Hundes zu beschreiben ist eine höchst subjektive Angelegenheit. Durch das Fehlen eindeutiger Bewertungskriterien muss das Ergebnis zwangsläufig eng mit der beurteilenden Person in Zusammenhang stehen. Selbst ein um Objektivität bemühter Betrachter besitzt Idealvorstellungen, die in solche Beurteilungen genauso selbstverständlich einfließen wie Abneigungen, Liebhabereien und die Frage, ob der Wesenstyp des Hundes mit dem des Betrachters harmoniert oder nicht. Ein ruhiger, ausgeglichener Mensch wird eher dazu neigen, einen lebhaften, aufgeweckten Hundetyp mit negativen Attributen wie nervös, hektisch oder rastlos zu bezeichnen. Ein Hundefreund mit Dampfkesselnatur wird genau in diesem Hundetyp den passenden Partner finden und die Gelassenheit eines Herdenschutzhundes als Phlegma, Schwerfälligkeit oder Desinteresse empfinden.

Genau das Gleiche gilt für die individuellen Erfahrungen, die jemand im Laufe seines Lebens mit dieser oder jener Hunderasse gemacht hat. Auch wenn wir jene außer Acht lassen, die sich nicht um Objektivität bemühen und die von ihnen vertretene Rasse unkritisch über den grünen Klee loben, bleibt die Materie unverändert schwierig. Ein Blick in die Literatur zu einer x-beliebigen Hunderasse zeigt, wie viel Emotion und wie wenig Objektivität bei der Beschreibung von Wesenseigenschaften üblich ist. Nehmen wir, weil ihn jeder kennt, den Deutschen Schäferhund:

„Bei überschäumendem Temperament muss der Deutsche Schäferhund führig sein, sich jeder Situation anpassen und die ihm zugedachten Arbeiten willig und mit Freude ausführen. Er muss Mut und Härte zeigen, wenn es gilt, seinen Führer oder dessen Hab und Gut zu verteidigen. Er muss auch freudig angreifen, wenn sein Führer dies wünscht, muss aber ansonsten ein aufmerksamer, jedoch ein angenehmer Hausgenosse sein, fromm zu seiner vertrauten Umgebung, vor allem zu Kindern und zu Tieren und unbefangen im Verkehr mit anderen Menschen; alles in allem ein harmonisches Bild natürlichen Adels und Achtung einflößender Selbstsicherheit. Nervenfestigkeit, Aufmerksamkeit, Unbefangenheit, Wachsamkeit, Treue und Unbestechlichkeit sowie Mut, Kampftrieb und Schärfe sind die hervorstechendsten Eigenschaften eines rein gezüchteten Deutschen Schäferhundes."

All jenen, die nun schmunzelnd meinen, es sei die Absicht des Autors, dieses Kapitel mit einer kleinen Glosse zu würzen, sei gesagt: Dieser Text findet sich wörtlich – ebenfalls als Zitat – unter der Überschrift „Das Ideal" im Buch „Der Deutsche Schäferhund" von Peter Brehm, 7. Auflage, erschienen 1993.

Zurück zur Realität! Den Überhund, der immer alles richtig macht, weil er in der Lage ist, jede denkbare Reizkombination zu „erwünschten" Ergebnissen zu verarbeiten, gibt es genauso wenig wie den perfekten Menschen. Ein unvoreingenommener Betrachter wird sehr schnell feststellen, dass die Stärken jedes Hundes gleichzeitig auch seine Schwächen sind. Der Menschenfreund unter den Hunden, der sich im Alltag zu jedermann freundlich und unproblematisch zeigt, wird auch einen Einbrecher schwanzwedelnd begrüßen und ihn willig beim Gang durchs Haus begleiten. Der hochmotivierte Wächter hingegen, der keinem Einbrecher eine Chance lässt, attackiert selbst Polizisten, Pfarrer und Postboten, wobei er seinen Besitzer zwangsläufig mit dem Gesetz in Konflikt bringt. Nicht nur die objektiven Eigenschaften eines Hundes entscheiden über Nutzen und „Umweltverträglichkeit", sondern vor allem das Lebensumfeld, in dem der Hund gehalten wird!

Ein weiteres Problem bei der Betrachtung einer Hunderasse ist die große Bandbreite in der Ausprägung von Eigenschaften und Verhaltensweisen. Formulierungen wie „der Šarplaninac ist gelassen", „der Kangal ist mutig" oder „der Carpatin ist wachsam" sind höchst problematisch, denn sie geben bestenfalls den Mittelwert einer Rasse an. Tatsächlich finden sich innerhalb jeder Rasse sehr unterschiedliche Ausprägungen der Wesenseigenschaften. Wachsam, mutig und gelassen sind letztlich alle Hunde. Irgendwie jedenfalls. Auch der kleine Mischlingsrüde von nebenan. Apropos Mischling: Wann immer in diesem Buch von Mischlingen die Rede ist, soll dies nicht als Geringschätzung verstanden werden, sondern nur bedeuten, dass dieser Hund keiner definierten Rasse zuzuordnen ist. Es wird sich im Folgenden an zahlreichen Beispielen zeigen, dass die Zahl der Mischlinge im Herdenschutzdienst sehr groß ist und die Behauptung, nur ein rein gezüchteter Hund könne effektiven Schutzdienst leisten, keinerlei Legitimation besitzt.

Seltener, aber weitaus prägnanter sind Hunde, die stark vom Mittelwert einer Rasse abweichen. Die berühmte Ausnahme von der Regel existiert uneingeschränkt auch im Tierreich. Es ist freilich unmöglich, auf diese Sonderfälle im Einzelnen einzugehen. Man muss sie daher als das betrachten was sie sind: Ausnahmen.

So sehr man sich bei der Erörterung von Wesenseigenschaften des Hundes um Objektivität bemühen mag, um einen gewissen Grad an Verallgemeinerung kommt man nicht herum. Dies bitte ich Sie, liebe Leser, bei allen folgenden Betrachtungen über Charakter und Wesenseigenschaften der Herdenschutzhunde im Hinterkopf zu behalten.

3.2.   Erhebung zum Verhalten von Herdenschutzhunden

Die Verhaltensweisen und Fähigkeiten eines Herdenschutzhundes ragen aus der Vielzahl der Hunderassen heraus und zeigen, dass wir es mit einer hoch spezialisierten Gruppe von Hunden zu tun haben. Die Wahrnehmung spezieller Aufgaben bedingt eine besonders hohe Anpassung der Hunde an ihre Lebensverhältnisse und muss gleichzeitig zur Entwicklung markanter, unverwechselbarer Eigenschaften geführt haben. Leider gibt es keine Untersuchungen, die sich mit der Frage beschäftigen, warum bestimmte Hunderassen in der Lage sind, Herdenschutzdienst zu leisten, und welche signifikanten Wesenseigenschaften diese Hunde aufweisen.

Im zweiten Halbjahr 1997 habe ich daher eine Umfrage unter Besitzern von Herdenschutzhunden über die Reaktionen, Eigenschaften und Verhaltensweisen ihrer Hunde durchgeführt. Alle Teilnehmer an dieser Untersuchung erhielten einen Fragebogen, auf dem aus vorgegebenen Antworten die zutreffenden ausgewählt werden sollten (multiple choice). Um eine möglichst große Zahl von Hundebesitzern zu erreichen, wurde der Fragebogen über das Internet und dort vor allem über fachbezogene Mailing-Listen und Foren verschickt. Innerhalb des Erhebungszeitraumes von sieben Monaten ergab sich ein Rücklauf von 247 Fragebögen, wovon 25 Rücksendungen wegen fehlender, widersprüchlicher oder offensichtlich unrichtiger Antworten aussortiert werden mussten. Es steht natürlich außer Frage, dass diese Erhebung den Ansprüchen, die an eine wissenschaftliche Untersuchung zu stellen sind, nicht genügen kann. Das Datenmaterial von 222 ausgewerteten Fragebögen weist nicht die erforderliche Breite auf, die zur Minimierung von Fehlerquoten erforderlich wäre. Ein weiterer Schwachpunkt ist die Tatsache, dass es sich bei den befragten Hundehaltern zum überwiegenden Teil um erfahrene Herdenschutzhundbesitzer handelt, die sich intensiv mit ihren Hunden und deren Fähigkeiten und Eigenschaften befasst haben. Im Gegensatz zu den durchschnittlichen Haltungs- und Ausbildungsbedingungen einer x-beliebigen Rasse dürften die Hunde dieser Personengruppe überdurchschnittlich gut geprägt, sozialisiert und ausgebildet sein. Natürlich spielt auch die subjektive Beurteilung der Hunde durch ihre Besitzer anstelle einer objektiven Beurteilung durch eine neutrale Person eine gewisse Rolle. Allerdings wird kaum jemand in der Lage sein, jahrelang durch die Welt zu reisen, um Herdenschutzhunde in verschiedenen Lebensräumen selbst zu beobachten, und auch zukünftige Erhebungen werden dieses Problem nicht lösen können.

Die Ehrlichkeit und Sachlichkeit, mit der die in der Auswertung verbliebenen Fragebögen ausgefüllt wurden, hat mich gleichermaßen überrascht und erfreut, denn eine Tatsache ist unter Hundefreunden unstrittig: Der eigene Hund ist immer der beste! Ebenfalls positiv schlägt die breite geographische Streuung der Befragten zu Buche. Neben Antworten aus Deutschland und dem europäischen

Raum haben sich viele Personen aus den USA, Kanada und Australien beteiligt. In diesen Ländern hat die Verwendung von Herdenschutzhunden als ökologische Maßnahme zur Verteidigung von Nutztierherden gegen Beutegreifer in den vergangenen zehn Jahren deutlich an Bedeutung gewonnen.

Viele Fragen der Untersuchung beziehen sich auf das Verhalten der Hunde in Alltagssituationen, aber auch auf ihr Verhalten gegenüber Eindringlingen und Bedrohungen sowie beim Schutz ihres Territoriums. Da die vollständige Präsentation des Datenmaterials den Rahmen dieses Buches sprengen würde (Basisdaten und Analyse füllen über 600 Seiten) werde ich nur bei einigen Schwerpunkten auf Ergebnisse der Untersuchung eingehen. Eine statistische Auswertung der Untersuchung finden Sie im Anhang A, wobei die Ergebnisse sowohl in Gesamtzahlen wie auch in Einzelergebnissen für verschiedene Herdenschutzhundrassen vorliegen. Ich räume dieser Umfrage nicht den Stellenwert einer wissenschaftlichen Untersuchung ein und möchte die Ergebnisse deshalb nur fallweise unterstützend heranziehen. Die isolierte Betrachtung der Umfragedaten führt ohnehin nicht zu befriedigenden Erkenntnissen, aber im Zusammenhang mit den Betrachtungen über Herdenschutzhunde, die wir in diesem Buch anstellen wollen, liefern sie in vielen Punkten wertvolle Hinweise und runden theoretische Einsichten durch ihren Praxisbezug ab.

Bevor in den folgenden Abschnitten die Ergebnisse hinsichtlich der Wesenseigenschaften und Verhaltensweisen angesprochen werden können, will ich zunächst die Zusammensetzung der untersuchten Hunde aufschlüsseln. Im Kopf des Fragebogens wurden zunächst allgemeine Informationen über die Hunde abgefragt: Rassezugehörigkeit, Alter, Geschlecht und ob der Hund fortpflanzungsfähig, sterilisiert oder kastriert ist. Bei den Rassen ergab sich folgende Verteilung:

Owt-scharka	Kangal	Pyrenäen-berghund	Komondor	Kuvasz	Maremma	Tibet Mastiff	Andere Rassen
40	48	30	24	40	19	11	10

In der Gruppe „Andere" verbergen sich einige Sarplaniči, Akbaş und Podhalaner. Das Verhältnis der Geschlechter beträgt 54 % Hündinnen und 46 % Rüden. Jeweils zwei Rüden und Hündinnen waren kastriert, fünf Hündinnen sterilisiert. Da die Zahl nicht fortpflanzungsfähiger Tiere sehr gering war, konnte dieses Kriterium bei der Auswertung der Daten unberücksichtigt bleiben. Die nächste Frage bezog sich auf den Verwendungszweck des Hundes. Dabei konnte zwischen den Antworten „aktiv arbeitender Herdenschutzhund", „Wächter für Haus und Familie" und „Haustier" gewählt werden. Allerdings wurden nur die Hunde als „aktiv arbeitend" anerkannt, die ausschließlich und nicht nur gelegentlich Herdenschutzdienst leisten.

Die Antworten führten zu folgender Verteilung:
- Aktive Herdenschutzhunde:19,8 %
- Wächter für Haus und Familie: 60,4 %
- Haushunde: 19,8 %

Dabei zeigte sich bereits die erste Überraschung! Bei den Kaukasischen Owtscharki und den Komondorok fand sich nicht ein einziger aktiver Herdenschutzhund, bei den Anatolischen Hirtenhunden hingegen gehörte exakt ein Drittel in diese Gruppe. Kuvaszok und Pyrenäenberghunde lagen fast genau im statistischen Mittel. Vor allem der hohe Prozentsatz aktiver Herdenschutzhunde unter den Pyrenäenberghunden war überraschend. Während diese Rasse in Europa hauptsächlich als Haus- und Familienhund gehalten wird, befinden sich in Nordamerika überdurchschnittlich viele Pyrenäenberghunde im aktiven Herdenschutzdienst. Alle Besitzer dieser Hunde sind mit den erzielten Arbeitsleistungen sehr zufrieden, und es ist zu vermuten, dass es innerhalb dieser Rasse eine deutliche Variabilität hinsichtlich der Wesenseigenschaften geben muss.

3.3.   Wach- und Schutzverhalten

Die sicherlich markanteste Eigenschaft eines Herdenschutzhundes ist sein Wach- und Schutzverhalten. Es tritt zumeist so dominant hervor, dass ihm viele andere Wesenseigenschaften unterworfen sind und nur dann zum Tragen kommen, wenn der Schutztrieb des Hundes nicht aktiviert ist.

Obwohl ein Herdenschutzhund sein Territorium offensiv verteidigt, indem er potentiellen Gefahren entgegengeht und die Konfrontation eher sucht als meidet, ist blindwütige Aggressivität kein Kennzeichen eines guten Herdenschutzhundes. Im Gegenteil, ein erfahrener, effektiv arbeitender Hund geht mit einer abgestuften Palette von Verteidigungsstrategien gegen potentielle Bedrohungen vor. Nur ein Hund, der gelernt hat, seine Kräfte nicht in unsinnigen Auseinandersetzungen zu verschleißen, und seine Bewegungsmuster auf dem bewachten Terrain als Teil der Verteidigung anzusehen, kann effektiven Schutz bieten. Im Gegensatz zum Draufgänger hat er außerdem die Chance, so alt zu werden, dass er Gelegenheit erhält, sich an der Fortpflanzung seiner Rasse zu beteiligen. Die Mortalitätsrate unter arbeitenden Herdenschutzhunden ist nicht eben gering, wenn Wölfe den Hauptgegner stellen. Besonders junge Rüden laufen Gefahr, durch eine Kombination aus Selbstüberschätzung und mangelnder Erfahrung dem trickreichen und mutigen Gegner ins „offene Messer" zu laufen.

Die theoretischen Betrachtungen zum Kampfverhalten der Kaniden haben gezeigt, dass viele Verteidigungsstrategien auf dem Drohverhalten aufbauen und dass die Hunde ihre Schutzfunktion wahrnehmen, indem sie ihre Gegner durch

Einschüchterung zermürben. Die Erkenntnis, dass Angriff nicht immer die beste Verteidigung ist, zeigt sich auch in den Ergebnissen der Umfrage. Von den Herdenschutzhunden, die schon mit Angriffen von Füchsen, Wölfen, Hyänen oder Kojoten auf bewachtes Territorium konfrontiert waren, würde nur ein knappes Drittel (31,5 %) den Eindringling unverzüglich angreifen. Der überwiegende Teil der Hunde (50,2 %) würde zunächst versuchen, den Gegner durch Scheinangriffe einzuschüchtern. Etwa die Hälfte der Hunde (49,5 %) gibt dabei durch Knurren oder Bellen Lautäußerungen von sich, der Rest stellt die Beutegreifer lautlos. Die Antwort „Der Hund würde den Beutegreifer ignorieren" wurde hingegen nicht ein einziges Mal gegeben, und nur 1,8 % der Hunde würden sich auf die Beobachtung des Eindringlings beschränken, ohne sich diesem zu nähern.

Bevor wir uns der Frage widmen, wie ein Herdenschutzhund bei der Verteidigung einer Herde vorgeht, müssen wir die Frage nach dem „Warum" beantworten. Das „Wann" und „Wie" lässt sich in der Biologie durch Beobachtungsreihen recht zuverlässig feststellen; Antworten auf ein „Warum" beinhalten dagegen immer eine Schlussfolgerung, die je nach Erkenntnisstand mehr oder weniger hypothetisch sein kann. Das Phänomen, dass ein Hund sein Leben in Gefahr bringt und Verletzungen erduldet, um eine Gruppe artfremder Tiere zu beschützen, hat zu zwei verschiedenen Erklärungsansätzen geführt.

Die erste Hypothese stellt das Sozialverhalten und die Rudelordnung der Hunde in den Vordergrund. Dabei wird davon ausgegangen, dass ein bei der Herde aufgewachsener Hund sowohl den Hirten als auch die Herdentiere als Rudelmitglieder anerkennt. Besondere Bedeutung kommt bei dieser Theorie der Prägung des Hundes auf seine Umwelt zu. Die Prägungsphase umfasst den Zeitraum vom Anfang der vierten bis zum Ende der zwölften Lebenswoche des Welpen. Aufgrund genetischer Anlagen durchläuft der Welpe in dieser Zeit eine intensive Lernphase, die den Zweck hat, dem jungen Hund eine optimale Anpassung an seine Umwelt zu ermöglichen. Er lernt unter anderem, wer seine Artgenossen sind, die Geschlechter der anderen Hunde zu unterscheiden und den Menschen als Sozialpartner anzunehmen, wenn er in dieser Phase ausgiebigen Kontakt zu Menschen hat. Das Besondere an der Prägungsphase ist, dass alles in dieser Zeit Erlernte zeitlebens nicht mehr vergessen werden kann. Die Fähigkeit, Lernstoff „prägend" aufzunehmen, endet etwa mit Ablauf der zwölften Lebenswoche, das Erlernte selbst bleibt jedoch auf Lebenszeit unauslöschlich gespeichert.

Noch ein zweiter Aspekt ist an der Prägung auf artfremde Lebewesen beteiligt: Die Entwicklung einer doppelten Identität. Unter diesem Begriff versteht man das Phänomen, dass sich ein Hund gleichermaßen zu seinen Artgenossen und zu Menschen hingezogen fühlt. Selbst der vier Wochen alte Welpe, der erst am Beginn seiner Prägungsphase steht, zeigt bereits Zutraulichkeit und sogar deutliche Zuneigung zum Menschen. Hunden fehlt die angeborene Fluchtreaktion, die bei allen Wildformen durch das Erscheinen eines Zweibeiners ausgelöst wird. Das unbefangene Aufnehmen von Sozialkontakten mit einer fremden Art ist eine Besonderheit, die sich in dieser Deutlichkeit nur beim Hund zeigt. Er betrachtet Menschen und Hunde fast gleichberechtigt als Sozialpartner, obwohl der Hund keine Probleme hat, zwischen Menschen und Artgenossen zu unterscheiden. Die Entwicklung einer doppelten Identität als Folge der Domestikation ist im Tierreich einmalig und der Schlüssel für die enge emotionale Beziehung, die Mensch und Hund miteinander eingehen können.

Das Schutzverhalten des Herdenschutzhundes würde sich in diesem Fall aus der Ordnung und Funktion des Rudels erklären, und man hat die Hypothese aufgestellt, dass das Schutzverhalten der Hunde durch das Heranwachsen bei der Herde ausgelöst werde. Der enge Kontakt zu den Herdentieren während der Prägungs- und Reifephase soll bewirken, dass der Hund sie als Rudelmitglieder annimmt. Folglich würde sich der Hund als Teil der Herde betrachten und diese unter Einsatz seines Lebens gegen Übergriffe von Mensch oder Tier schützen.

Herdenschutzhunde und Schafe müssen ab frühester Jugend aneinander gewöhnt werden, damit beide Arten lernen, die jeweils andere als zum eigenen Lebensraum gehörig zu akzeptieren. Die Intensität des Schutzverhaltens der Hunde wird durch diese Maßnahme nicht wesentlich beeinflusst.

Diese Hypothese steht nicht grundsätzlich im Widerspruch zu dem Wissen, das wir heute über Wölfe und Hunde besitzen, und entbehrt auch nicht einer oberflächlichen Logik. Sie wird in der Literatur häufig zur Erklärung des Schutzverhaltens herangezogen und hat auch unter Fachleuten einige Befürworter. Dennoch können bei diesem Erklärungsversuch viele Fragen nicht oder nur unzureichend beantwortet werden und geben Raum für berechtigte Zweifel.

Zunächst müsste der Hund nicht eine doppelte, sondern eine dreifache Identität entwickeln (Artgenossen, Menschen, Herdentiere), für deren Existenz sich allerdings weder theoretische noch praktische Beweise finden lassen. Zweifellos akzeptiert der Herdenschutzhund die Herdentiere als Bewohner seines Lebensraumes und steht ihnen indifferent bis zurückhaltend freundlich gegenüber, jedoch kommt mit den Individuen der Herde keine Bindung zustande, die qualitativ mit der an einen Menschen auch nur entfernt vergleichbar wäre. Beide Grundbedingungen der Rudelbildung, nämlich die Möglichkeit des individuellen Erkennens und das Vorhandensein einer funktionstüchtigen Kommunikation, sind bezüglich der Herdentiere nicht erfüllt. Keinesfalls kann ein Hund 300, 700 oder sogar 2000 Schafe individuell erkennen. Er identifiziert sie lediglich über ihren Herdengeruch als zu seinem Lebensraum gehörig, und diese Fähigkeit kann in der Tat auf seine Prägungsphase zurückgehen. Ein individuelles Erkennen ist nur bei Gruppenstärken möglich, deren Größe in etwa der eines Wolfsrudels entspricht. Eine Kommunikation mit Herdentieren, die eine Verteilung von Aufgaben möglich machen würde oder die Entstehung einer gemeinsamen Rang- oder Rudelordnung zulässt, existiert nicht. Zwischen beiden Arten kommt es nur zu oberflächlichen Sozialkontakten, wobei das Herdentier mit einer Katze, einem Pferd, einem Kaninchen oder sogar einer Gans austauschbar wäre. Natürlich gibt es Interaktionen zwischen Hunden und Schafen, wie zum Beispiel das Zurückweichen des Schafes, wenn sich der Hund bellend oder drohend nähert. Diese Form der Kommunikation ist aber nicht mit jener zwischen Artgenossen vergleichbar, es werden weder Rangordnungen festgelegt noch gemeinsame Aktionen durchgeführt. Interaktionen zwischen Herdenschutzhunden und Nutztieren sind qualitativ auf wenige Verhaltensweisen und quantitativ auf verhältnismäßig seltene Kontakte beschränkt. Freundlicher oder indifferenter Umgang miteinander darf nicht als Hinweis auf Rudelbildung fehlinterpretiert werden, sondern zeigt nur, dass beide Gruppen die jeweils andere Art als zu ihrem Lebensraum gehörig akzeptieren.

In den Industrieländern finden sich oft Haltungsbedingungen, in denen Herdenschutzhunde mit einigen wenigen Schafen, Ziegen oder Gänsen zusammenleben. Die geringe Anzahl von Tieren erlaubt dem Hund, sowohl eine enge Beziehung aufzunehmen, als auch Mitglieder dieser Gruppe individuell zu erkennen. Die daraus abgeleitete Schlussfolgerung, ein in seinem ursprünglichen Verbreitungsgebiet im Herdenschutzdienst arbeitender Hund würde ein Sozial- und

Rudelverhalten wie unter westlichen Haltungsbedingungen entwickeln, führt aus einleuchtenden Gründen zu falschen Ergebnissen. Verhaltensweisen von in Vorgärten, auf Bauernhöfen oder im Haus gehaltenen Herdenschutzhunden haben durch die Haltungsform selbst bereits eine Modifikation erfahren und können daher nicht zur Erklärung ursächlicher Wirkzusammenhänge herangezogen werden.

Mit der Theorie des durch Prägung entstandenen Schutzverhaltens lässt sich der Schutz eines nicht von Nutztieren bewohnten Territoriums nicht hinreichend erklären. Ein Herdenschutzhund vertreibt auch dann jeden Eindringling von seinem Territorium, wenn darauf weder Menschen noch Herdentiere leben und ergo niemand vorhanden ist, den es zu beschützen gilt. Ein weiterer, entscheidender Schwachpunkt der „Prägungstheorie" liegt in der Tatsache begründet, dass eine Prägung auf Ziegen nicht auf Schafe übertragbar wäre. Ist ein Herdenschutzhund also in seiner Jugend auf Ziegen geprägt worden, dürfte er, wenn er im späteren Leben an eine Schafherde „versetzt" wird, diese folglich nicht schützen. Dennoch gibt es viele Beispiele dafür, dass ein Herdenschutzhund, auch wenn er nach Abschluss seiner Prägungs- und Reifephase mit einer neuen Art konfrontiert wird, nach einer Eingewöhnungsphase sein Schutzverhalten in gewohnter Weise fortsetzt.

Die Unzulänglichkeiten der ersten Hypothese zwingen zur Entwicklung einer fundierteren Erklärung. Dabei setzen die Überlegungen primär am Revierverhalten des Hundes und dem seines Stammvaters Wolf an. Das Revier- oder Territorialverhalten des Wolfes hat sich ungeachtet der Domestikation bei Hunden nahezu unverändert erhalten. Selbst der Rüde, dessen Vorfahren schon seit unzähligen Generationen als Stadthunde ohne eigenes Revier leben, zeigt wolfsähnliche Verhaltensweisen. Auf Spaziergängen setzt und kontrolliert er Duftmarken und erforscht die Hinterlassenschaften anderer Rüden ausgiebig. Jeder Hund hat das Bestreben, unter den Geschlechtsgenossen seines Reviers eine möglichst hohe Position einzunehmen und sein Revier gegen das Eindringen von Konkurrenten zu verteidigen. Ein Großteil der innerartlichen Aggressionen des Hundes ist auf diese Ansprüche zurückzuführen. Diese Überlegungen führen zu einem anderen theoretischen Ansatz:

> Das Schutzverhalten eines Herdenschutzhundes ist primär ein Schutz seines Territoriums und nur sekundär ein Schutz der darauf lebenden Tiere. Er ist also vielmehr ein Territoriumswächter, der jedes Eindringen von fremden Menschen oder Tieren in das von ihm besetzte Revier zu verhindern sucht. Die auf seinem Territorium lebende Herde gehört zu seinem Lebensraum und wird unabsichtlich geschützt.

In der Tat spricht alles dafür, dass diese Theorie der Wahrheit erheblich näher kommt als die erste Hypothese. Ein Herdenschutzhund entwickelt auf seinem Territorium auch dann ausgeprägtes Schutzverhalten, wenn überhaupt keine Herdentiere auf diesem Gelände leben. Auch ein erst spät in seinem Leben an einer Herde eingesetzter Herdenschutzhund wird schon nach kurzer Zeit intensives Territorialverhalten zeigen. Bei der Verteidigung seines Territoriums gegenüber Beutegreifern wird er im Vergleich zu einem bei der Herde aufgewachsenen Hund zweifellos mangelnde Erfahrung und Geschicklichkeit erkennen lassen, da er keine Gelegenheit hatte, Techniken des Schutzdienstes im Spiel und unter Ernstbezug von erwachsenen Tieren zu lernen. Grundsätzlich unterschiedliche Verhaltensweisen sind jedoch nicht zu erwarten. Selbst wenn der Hund während seiner Prägungs- und Reifephase niemals Kontakt zu einer Herde hatte, entwickelt er intensives Schutzverhalten. In diesem Fall schützt der Hund das leere Territorium mit der gleichen Inbrunst wie seine Artgenossen im Herdenschutzdienst. Steht dem Hund aufgrund seiner Haltungsbedingungen jedoch kein Revier zur Verfügung, kann er sein Schutzverhalten auf mehr oder weniger geeignete Objekte umleiten. Dabei handelt es sich in der Regel um Menschen, in Einzelfällen auch um andere Haustiere oder sogar um Gegenstände.

Der Prägungs- und Reifephase kommt allerdings in anderer Hinsicht eine äußerst wichtige Rolle zu. In dieser Zeit muss der Hund lernen, die Herdentiere als Bestandteil seines Lebensraumes anzuerkennen und sie weder im Spiel noch zum Beuteerwerb zu jagen oder sogar zu beißen. Gleichzeitig akzeptiert er, dass die Tiere der Herde kein Futter sind und für ihn auch dann absolut unantastbar bleiben, wenn er hungrig ist. Es gibt zahlreiche dokumentierte Fälle, in denen sich Herdenschutzhunde mit Prägungsdefiziten an Federvieh, Schafen oder Ziegen „vergriffen" haben. Besonders gefährlich ist die Zeit, in der die Herdentiere ihre Jungen zur Welt bringen. Für den Hund sind die Neugeborenen geruchsneutral, und er kann sie nicht am „Herdengeruch" als zur Herde gehörend identifizieren. Der in dieser Zeit allgegenwärtige Geruch nach Blut kann die Jagdbereitschaft des Hundes zusätzlich steigern. Oft war der Hund sogar schon geraume Zeit an der Herde eingesetzt, bevor er begann, unter den Herdentieren Beute zu machen. Der Wolf im Hundepelz ist auch bei Herdenschutzhunden noch immer am Leben! Ganz nebenbei stützt die Tatsache, dass ein Herdenschutzhund unter Umständen Herdentiere reißt, die zweite Theorie. Kannibalismus unter Rudelmitgliedern gibt es, von nicht verallgemeinerbaren Extremsituationen einmal abgesehen, weder bei Hunden noch bei Wölfen.

Ein Argument, um die Theorie vom Territoriumswächter in Frage zu stellen, ist der Hinweis, dass ein Herdenschutzhund seine Schutzfunktion auch dann unverändert wahrnimmt, wenn der Hirte umherzieht und offensichtlich kein Revier existiert. In Wirklichkeit spielen hier zwei andere Faktoren ein Rolle. Einerseits kann das Revier eines Wolfs- oder Hunderudels viele Dutzend Quadratkilometer umfassen, andererseits nimmt der Hund während der Wanderungen unter der Führung seines Leittieres, dem Hirten, neues Revier in Besitz. Er wird bei diesen Gelegenheiten sogar besonders vorsichtig und wachsam sein, da für ihn eine Konfrontation mit anderen umherstreifenden Gruppen oder sogar den rechtmäßigen Reviereigentümern wahrscheinlich ist.

Aufgrund der vorliegenden Erkenntnisse und Einsichten lässt sich nur die Auffassung vertreten, dass dem Schutzverhalten des Herdenschutzhundes die Verteidigung seines Territoriums zugrunde liegt. Daher muss die Definition lauten:

> Herdenschutzhunde sind hoch spezialisierte Territoriumswächter, deren territoriale Bindung in sehr ursprünglicher Form erhalten geblieben ist und weitgehend der des Wolfes entspricht. Prägungserlebnisse sind entscheidend für die Integration des Hundes in seinen Lebensraum, wobei der Hund unter anderem lernt, die Herdentiere als elementaren Bestandteil seines Lebensraumes zu akzeptieren. Das Vorhandensein artfremder Tiere steht in keinem ursächlichen Zusammenhang mit der Revierverteidigung durch die Hunde. Die Schutzfunktion eines Herdenschutzhundes ist also nur der Nebeneffekt einer ehemals wölfischen Überlebensstrategie!

Zugegebenermaßen bietet die erste, ein wenig emotional gefärbte Hypothese eine bessere Grundlage für die Übertragung menschlicher Moral- und Wertvorstellungen auf den Hund als die sachlichen Erwägungen der zweiten Theorie. Herdenschutzhunde werden in der westlichen Zivilisation häufig mystifiziert und glorifiziert. Der emotionale Aspekt der Tierhaltung, der für unseren Kulturkreis charakteristisch ist, verstellt den Blick auf nüchterne biologische und ethologische Zusammenhänge. Die Tatsache, dass der Schutz des Hundes auf dem Revierverhalten seines Stammvaters Wolf und nicht auf der Liebe zu seinem Besitzer und dessen Tieren beruht, ist für viele Hundefreunde nur schwer einsehbar.

3.4.   Reifeentwicklung vom Junghund zum adulten Tier

Im Vergleich zu anderen Hunderassen benötigt die Entwicklung vom Welpen zum adulten Tier bei Herdenschutzhunden erheblich mehr Zeit. Während Deutscher Schäferhund, Rottweiler oder Dobermann ihre psychische und physische Entwicklung im Alter von achtzehn Monaten im Wesentlichen abgeschlossen haben, vergehen bei Herdenschutzhunden bis zum Erreichen der vollen Erwachsenenreife in der Regel drei Jahre, bei Rüden sogar mitunter noch einige Monate mehr. Der Zeitpunkt, an dem die Reifephase endet und der Hund in das adulte Stadium wechselt, ist nicht exakt bestimmbar. Der Reifeprozess verläuft nicht linear, sondern folgt dem Verlauf einer Kurve mit starkem Anstieg und zunehmender Abflachung in Abhängigkeit vom erreichten Lebensalter. Die Übergänge von einer Phase zur nächsten sind nicht exakt bestimmbar, zudem werden die Übergangszeiträume mit zunehmendem Lebensalter länger.

Im Laufe der Stammesgeschichte der Herdenschutzhundrassen muss sich das Vorhandensein einer langen Jugendphase als vorteilhaft erwiesen haben, denn diese Eigenschaft findet sich bei allen Herdenschutzhundrassen ungeachtet ihrer Herkunft oder Abstammung. Wäre dieser ausgedehnte Reifeprozess nicht mit einem eindeutigen selektiven Vorteil versehen, hätte sich auf natürliche Weise kein Unterschied zu Artgenossen in anderen Lebenssituationen ergeben.

Somit ist die Frage zu stellen, worin der selektive Vorteil einer langen Jugend- und Reifephase liegen kann. Zweifellos soll durch die ausgedehnte Jugendphase ein langer Zeitraum zur Verfügung gestellt werden, in dem der heranwachsende Hund von seinen adulten Rudelmitgliedern lernen kann. Dadurch soll sichergestellt werden, dass die Hunde genügend Erfahrung besitzen, um Auseinandersetzungen mit artgleichen oder artfremden Konkurrenten gewachsen zu sein. Junge und somit zwangsläufig auch unerfahrene Hunde wären leichte Opfer für angreifende Räuber und könnten ihr Territorium nicht wirkungsvoll verteidigen. Auch bezüglich der Rudelordnung hat die lange Reifephase spürbare Auswirkungen. Zunächst suchen junge Herdenschutzhunde – wie die Mitglieder aller anderen Hunderassen auch – im Alter von etwa sechs bis neun Monaten ihre Position im Rudel. In dieser Phase können sie die körperlich noch überlegenen Alttiere nicht verdrängen, und die Heranwachsenden ordnen sich im unteren Drittel der Hierarchie ein. Dort verweilen sie für eine längere Zeit, denn auch nach Erreichen der körperlichen Leistungsfähigkeit machen die jungen Herdenschutzhunde den Alttieren ihre Positionen zunächst nicht streitig. Sehr vorsichtig beachten die Halbstarken die Privilegien der Alttiere, denn sie wissen um die Gefahr, die ihnen durch Rangordnungskämpfe drohen kann.

Anders ist das Bild unter Altersgenossen. Hier wird heftig um Positionen gestritten, und im Laufe einiger Monate bildet sich unter den gleichaltrigen Hunden eine stabile Rangfolge. Jeweils ein Rüde und eine Hündin entwickeln sich zu „Kronprinzen", also zu Rudelmitgliedern, die eines Tages die Alpha-Tiere ablösen werden. Bis etwa zur Vollendung des dritten Lebensjahres lernen die jüngeren Hunde Techniken und Taktiken des Überlebenskampfes von den Alttieren, zunächst im Spiel, später auch unter Ernstbezug. Die Youngster begleiten ihre erwachsenen Rudelmitglieder bei der Revierkontrolle und werden nach und nach in die Aktionen eingebunden. Der Hauptgrund für die lange Zeit bis zum Erreichen der Erwachsenenreife ist also in einer Art Schutzmechanismus zu sehen, durch den die Natur sicherstellen möchte, dass Verluste der Nachkommenschaft an (Territoriums-)Konkurrenten keine existenzbedrohenden Prozentzahlen erreichen.

Die lange Reifezeit kann einen Herdenschutzhundbesitzer vor Probleme stellen, wenn er sich über deren Wirkzusammenhänge und Entwicklungsabläufe nicht im Klaren ist. In der Praxis werden heranwachsende Herdenschutzhunde häufig falsch eingeschätzt, und der Hundehalter verkennt, dass die Entwicklung seines körperlich „erwachsen" wirkenden Hundes bei weitem noch nicht abgeschlossen ist. Sehr oft ist folgender Ablauf zu beobachten: Im Alter von sechs Monaten sucht der junge Hund seinen Platz innerhalb des Ersatzrudels „Familie" und fügt sich willig ein, wenn der Besitzer seinem Hund einen Platz zuweist. Auf dieser Position verharrt der Hund längere Zeit, und der Hundehalter gibt sich dem trügerischen Glauben hin, der Hund sei völlig problemlos und versuche nicht, die Rangfolge zu seinen Gunsten zu verändern. In dieser Phase werden viele Hundebesitzer nachlässig und versäumen es, die Einordnung des Hundes zu festigen. Statt dessen legen sie inkonsequentes Verhalten an den Tag, das zunächst auch ohne negative Auswirkungen zu bleiben scheint. Der kritische Zeitraum liegt zwischen dem 18. und 30. Lebensmonat des Hundes. Bis dahin beobachtet er seine Umwelt genau, registriert die mentale Stärke seiner Rudelmitglieder und zieht Rückschlüsse auf die Rangfolge der Familienmitglieder sowie deren Bereitschaft, ihre Position gegebenenfalls zu verteidigen.

Viele Hundebesitzer sind wie vor den Kopf geschlagen, wenn ihr Hund plötzlich neue Verhaltensweisen zeigt und ein deutlich gesteigertes Aggressionspotential erkennen lässt. Auf einmal folgt der bis dahin leichtführige Hund den Anweisungen seiner Besitzer nicht mehr, er entscheidet selbst, wann und mit wem gespielt wird, wer wann bekämpft wird und wann und wie oft das Territorium kontrolliert werden muss. Plötzlich handelt der Hund überwiegend aufgrund eigener Entscheidungen, ist dickköpfig und nur noch mit Mühe zu leiten. Ohne dass es den meisten Hundebesitzern bewusst wird, entwickelt der Hund die typischen Verhaltensweisen eines Rudelführers und beginnt, erreichte Positionen vehement zu verteidigen. Die Futterschüsseln können nun auf einmal Tabu für die Kinder der Familie sein, und der Hund bedroht im schlimmsten Fall sogar Familienmitglieder, die sich seinem Futternapf oder einem Kauknochen nähern. In anderen Fällen streitet der Hund mit Familienmitgliedern um Privilegien, z. B. dem bevorzugten Zugang zu Ruheplätzen (Sessel, Couch, Bett). Diese Vorgänge dürfen nicht als Indikator für negative Wesenseigenschaften herangezogen werden. Die Gene jedes Hundes zwingen ihn, sich um die höchste erreichbare Position zu bewerben. Nur bei Erreichen einer hohen Position in seinem Rudel hätte dieser Hund in freier Wildbahn eine Chance, seine Gene weiterzugeben.

Ein anderer Indikator für einen Wandel im Führungsanspruch ist eine deutliche Zunahme aggressiven Verhaltens gegenüber Artgenossen oder Menschen. Tatsächlich ist es der Rudelführer, der bestimmt, wer als Feind angesehen wird und bekämpft oder vertrieben werden muss. Auf einmal greift der Hund Nachbarn oder Passanten an, wenn er eine Gebietsverletzung vermutet. Steuert der

Hundebesitzer nicht unverzüglich sachkundig, angemessen und konsequent gegen, ist der Hund innerhalb weniger Wochen endgültig „aus dem Ruder gelaufen". Einzelfälle? Leider nein! Die Hilferufe überforderter Hundebesitzer sind allenthalben zu vernehmen. In Hundezeitschriften, bei Tierärzten oder bei den Pressestellen der Zuchtvereine suchen überforderte Herdenschutzhundbesitzer Rat und Hilfe. Schuld ist in solchen Fällen natürlich immer der Hund! Einerlei ob es um Beißunfälle, Debatten über den Führungsanspruch oder missglückte Ausbildungen geht. Kaum ein Hundebesitzer sucht die Ursache für Fehlentwicklungen seines Hundes in seinem eigenen Verhalten, und gerade die Hundeunkundigen neigen dazu, eine Rasse komplett zu verdammen.

3.5. Verhalten gegenüber Bezugspersonen

In diesem Punkt zeigt das Verhalten von Herdenschutzhunden nur relativ geringe Unterschiede zu anderen Hunderassen. Richtige Haltung vorausgesetzt, schließen sie sich dem Menschen genauso eng an wie Retriever, Dogge oder Schäferhund. In der Familie sind Herdenschutzhunde liebevolle Hausgenossen, treue Begleiter und allen Familienmitgliedern sehr zugetan. Obwohl die Bindung, die ein Herdenschutzhund mit seinen Menschen eingeht, in der Regel sehr eng sein wird, ist er kein Schmeichler und Schmuser. Damit sei nicht gesagt, dass der Hund grundsätzlich keine Liebkosungen schätzt, nur wenn sein Wach- und Schutztrieb keine Gefahr signalisiert, nimmt er soziale Kontakte auf. Niemals lässt sich der Hund Streicheleinheiten aufzwingen. Ist er am Austausch von Zärtlichkeiten nicht interessiert, entzieht er sich der Zuwendung seines Besitzers durch einen Ortswechsel. Besonders während der Abenddämmerung ist ein Herdenschutzhund in erhöhter Wachbereitschaft, denn es ist die Zeit, in der in freier Wildbahn mit Angriffen zu rechnen ist. Oft zieht es der Herdenschutzhund daher vor, auf der Terrasse oder im Garten zu wachen, anstatt sich mit seinen Besitzern auf dem Sofa zu räkeln. Nur wenn der Schutztrieb des Hundes nicht aktiviert ist und er sich in einem spannungsfreien Umfeld befindet, zeigt er Bereitschaft, sich menschlicher Zuwendung hinzugeben.

Im Umgang mit den Kindern der Familie gibt es bei Herdenschutzhunden nicht mehr oder weniger Schwierigkeiten als mit allen anderen Hunderassen auch. Ein liebevoll in der Familie aufgezogener Herdenschutzhund wird keine Animositäten gegenüber Kindern entwickeln, im Gegenteil, oft legt der Hund den Kindern gegenüber ausgeprägtes Schutzverhalten an den Tag. Das kann so weit gehen, dass er fremde Kinder, die sein Misstrauen durch aggressives oder temperamentvolles Verhalten erregt haben, auf Distanz hält oder sogar Fremden den Zugang zu den Kindern der Familie gänzlich verwehrt. Die kynologisch unsinnige und sachlich falsche Bezeichnung „kinderlieb" ist für Herdenschutzhunde genauso fehl am Platze wie für die Mitglieder aller anderen Hunderassen. Entscheidend für die Disposition des Hundes gegenüber Kindern sind ausschließlich die individuellen Erfahrungen des Hundes.

3.6. Verhalten gegenüber fremden Menschen

In diesem Punkt zeigen Herdenschutzhunde deutliche Unterschiede zu Jagd-, Hüte- oder Gesellschaftshunden. Der Herdenschutzhund ist weder ein undifferenzierter Menschenfreund, noch steht er fremden Menschen auf neutralem Territorium grundsätzlich feindselig gegenüber. Zu Fremden und in ungewohnten Situationen verhalten sich die Hunde abwartend, zurückhaltend und misstrauisch. In der Einleitung zum Zuchtstandard des Kaukasischen Owtscharka findet sich die Aussage: „ ... ein tief verwurzeltes Misstrauen gegenüber Fremden", eine Formulierung, die das typische Verhalten dieser Hunde treffend beschreibt. Zunächst wird sich der Herdenschutzhund von der Arglosigkeit und Ungefähr-

Wenn Hund und Kind in einem spannungsfreien Vertrauensverhältnis aufwachsen, entwickelt sich ein harmonisches Zusammenleben.

lichkeit eines fremden Menschen überzeugen, bevor er ihn auf sein Territorium oder dort vielleicht sogar aus den Augen lässt.

Viele Herdenschutzhunde wünschen keine Berührungen durch fremde Personen und weichen diesen Annäherungsversuchen aus. Ist ein Ausweichen räumlich oder zeitlich nicht möglich, ist eine Abwehrreaktion des Hundes im Bereich des Möglichen. Entscheidend für Art und Intensität der Reaktion ist hauptsächlich, wie viel Mühe sich der Besitzer mit der Sozialisierung und Ausbildung seines Hundes gegeben hat. Hunde, die in der Abgeschiedenheit einer Farm oder ausschließlich bei einer Herde gelebt haben, dulden üblicherweise überhaupt keine Berührung durch Fremde und reagieren offensiv. Familien- und Stadthunde sind mehrheitlich an ihre Lebensbedingungen angepasst, haben gelernt, dass fremde Menschen nicht zwangsläufig eine Bedrohung darstellen und reagieren daher mehrheitlich defensiv.

Die Frage, warum körperliche Kontakte mit Fremden unerwünscht sind, erklärt sich aus dem Phänomen der „Individualdistanz", das wir bei vielen Wildformen, unter anderem auch bei Wölfen finden. Jedes Tier beansprucht einen Minimalabstand zu Artgenossen, und der Versuch, diesen Abstand ohne das Zeigen beschwichtigender Gesten zu unterschreiten, ist eine massive Provokation. Zum Beispiel schlafen die Mitglieder eines Wolfsrudels nicht eng aneinander geschmiegt, wie man es bei Haustieren beobachten kann, sondern in gebührendem Abstand zueinander. Unterschreitet ein Wolf die Individualdistanz zu einem Rudelmitglied, wird er durch drohende Lautäußerungen und Körpersignale abgewiesen. Herdenschutzhunde zeigen in der Regel ein Verhalten, das zwischen dem des Wolfes und dem des Haushundes angesiedelt ist. Sie akzeptieren das Unterschreiten der Individualdistanz nur bei sehr vertrauten Personen oder Tieren und können Fremden gegenüber eine drohende Haltung einnehmen. In diesem Punkt haben sich die Herdenschutzhunde eine gewisse Ursprünglichkeit bewahrt.

Zusätzlich zur Anpassung an die Lebensverhältnisse sind in geringem Umfang auch rassetypische Eigenschaften feststellbar. Pyrenäenberghund, Maremma und Polski Owczarek Podhalanski sind bei weitem nicht so abweisend gegenüber Fremden wie die russischen oder türkischen Hunde. Kuvasz, Tibet Mastiff, Tornjak und der Estrela Berghund liegen etwa im Mittelfeld. Mittelasiaten, Kaukasische Owtscharki und Komondorok haben in der Regel mit Fremden nichts im Sinn. Dennoch ist in dieser Frage vor allem die Prägung des Hundes und nicht seine genetische Abstammung entscheidend. Auch bei den Geschlechtern lassen sich in diesem Zusammenhang keine grundsätzlichen Unterschiede feststellen. Die Eigenschaft ist bei Rüde und Hündin gleichermaßen vorhanden, in der Auswirkung ergibt sich allerdings ein Unterschied, da Rüden dazu neigen, bei der Verteidigung gegen missliebige Einwirkungen impulsiver vorzugehen als Hündinnen.

Ein großer Teil der Fragen bei der Untersuchung des Verhaltens der Herdenschutzhunde bezog sich auf ihre Reaktionen gegenüber fremden Menschen. Zunächst wurde gefragt, wie sich der Hund bei nächtlichen Begegnungen mit Fremden auf Spaziergängen verhält. Überhaupt kein Interesse an der unbekannten Person zeigten im Durchschnitt nur 5,4 % der Hunde, 9,1 % bei den Haustieren, 6 % bei den Wachhunden und kein einziger bei den aktiven Herdenschutzhunden. Für die Antwort „Der Hund beobachtet die Person genau, zeigt aber keine aggressive Reaktion" entschied sich mit 57,7 % die große Mehrheit der Befragten. Die aktiven Herdenschutzhunde und die Wachhunde brachten es dabei auf 59,1 %, die Haustiere auf genau 50 %. Rund ein Drittel der Hunde würden die unbekannte Person verbellen oder anknurren, 9,9 % würden versuchen, die weitere Annäherung des Fremden zu unterbinden, aber nur rund 4 % würden einen sofortigen Angriff durchführen. Den Spitzenwert lieferten in diesem Fall die Komondorok mit 8,9 %. 5,4 % der Hundehalter gaben bei dieser Frage an, dass sie ihren Hund niemals mit in die Öffentlichkeit nehmen.

Natürlich spielt beim Zusammentreffen mit einer fremden Person in der Dunkelheit die genaue Situation eine große Rolle. Im Schein fahlen Mondlichts oder im Lichtkegel einer Straßenlaterne nahende Spaziergänger werden bei den Hunden zweifellos andere Reaktionen auslösen als plötzlich aus der Dunkelheit oder einem Gebüsch tretende Fremde. Deshalb darf man die Resultate dieser Frage weder zu stark verallgemeinern noch zusammenhanglos für weitere Schlussfolgerungen heranziehen. Bei Konfrontationen mit plötzlich auftauchenden Bedrohungen – nichts anderes ist eine sich im Dunkeln nähernde Person für den Hund – gilt der Grundsatz: Je plötzlicher, schneller und unvermuteter ein Fremder erscheint und je schneller er sich nähert, desto heftiger fällt die Reaktion des Hundes aus.

Wie soll man sich also verhalten, wenn man mit einem fremden Herdenschutzhund konfrontiert wird? Grundsätzlich ruhig und zurückhaltend, keinesfalls forsch, hektisch oder aufgeregt. Der Mensch soll dabei gelassen bleiben und dem Hund möglichst wenig Aufmerksamkeit zuwenden. „Freundliche Zurückhaltung" ist der Begriff, der das optimale Verhalten am Besten beschreibt. Wenn der Hund „Nasenkontakt" zu einer fremden Person aufnimmt, bedeutet das nur, dass er sich ein Geruchsbild verschaffen möchte, es bedeutet nicht, dass er gestreichelt werden will! Diesem Beweis gegenseitiger Zuneigung ist eine spätere Phase der Freundschaft vorbehalten. Wenn Sie bei einem Herdenschutzhundbesitzer zu Besuch sind, begrüßen Sie den Hund nur, indem Sie sich geduldig beschnüffeln lassen. Folgen Sie den Anweisungen des Hundehalters auch dann, wenn Ihnen die eine oder andere Vorsichtsmaßnahme übertrieben erscheint. Der Hundebesitzer kennt seinen Hund auf jeden Fall besser als Sie, und er wird seine Gründe für bestimmte Hinweise oder Verhaltensregeln haben. Unterlassen Sie alles, was das Misstrauen des Hundes erwecken könnte. Dazu gehören neben unvermittelten, heftigen Bewegungen, wie einem Klaps auf die Schulter, auch vertrauliche Gesten, zum Beispiel die gut gemeinte Umarmung einer Bezugsperson des Hundes.

Eines unterlassen Sie bitte auf jeden Fall: Das Anschreien des Hundes, egal aus welchen Motiven! Dies gilt auch und vor allem, wenn Sie Angst haben und/oder der Hund bereits eine drohende Haltung eingenommen hat. Wer versucht, einen Herdenschutzhund auf seinem eigenen Territorium durch provokantes oder besonders forsches Auftreten einschüchtern zu wollen, handelt unverantwortlich und hat sich etwaige Folgen selbst zuzuschreiben! Die Grundregeln im Umgang mit fremden Herdenschutzhunden lauten zusammengefasst: Bleiben Sie gelassen, lassen Sie sich nicht einschüchtern, vermeiden Sie hastige Bewegungen, und treten Sie dem Hund freundlich, aber stets zurückhaltend gegenüber.

3.7. Stimmungsschwankungen

Eine Besonderheit im Verhalten von Herdenschutzhunden wird sehr häufig fehlinterpretiert: das blitzschnelle Umschalten zwischen spannungsfreien Ruhephasen und Reaktionen auf Bedrohungen ohne jede Vorwarnung. In sehr vielen Publikationen, hauptsächlich in Hundezeitschriften, ist davon die Rede, Herdenschutzhunde seien launisch und unberechenbar. Möchtegern-Kynologen von eigenen Gnaden haben in solchen Situationen sehr schnell die Aussage zur Hand, der in Frage stehende Hund sei eben nicht „wesensfest" – eine Bemerkung, die viel mehr über den Sprecher als über den Angesprochenen sagt. Über den Gebrauch der Vokabel „wesensfest" werden im nächsten Abschnitt noch ausführliche Betrachtungen angestellt. Tatsächlich ist die vermeintliche „Unberechenbarkeit" des Hundes nur eine Folge der Wissenslücken des Menschen. Für einen Kenner der Herdenschutzhunde sind ihre Reaktionen nicht nur zuverlässig vorhersagbar, sondern auch kontextsensitiv und in jeder Hinsicht logisch.

In der Regel bezeichnen Menschen einen Herdenschutzhund als launisch oder unberechenbar, wenn sie diesen Hund nur oberflächlich kennen gelernt haben. Das Kennenlernen durchläuft drei Phasen. Zunächst sind sich Mensch und Hund fremd, der Hund ist zurückhaltend und wahrscheinlich sogar misstrauisch. Daran schließt sich eine Phase an, in der die Distanz ersten Kontakten weicht; Mensch und Hund entwickeln ein oberflächliches Vertrauensverhältnis zueinander. In der dritten Phase ist bereits eine gewisse Vertrauensbeziehung etabliert und der Mensch ist der Auffassung, den einst fremden Hund mittlerweile gut zu kennen. Bisher sind alle Begegnungen zwischen Mensch und Hund im spannungsfreien Umfeld erfolgt, und der Hund erwies sich als umgänglich und konstant freundlich. Plötzlich, eine Person macht hinter dem Rücken des Hundebesitzers eine heftige Bewegung, schießt der Hund wütend heran und stoppt die Person mitten in der Bewegung. Dabei wird die Person, die glaubte, bereits ein Vertrauensverhältnis mit dem Herdenschutzhund zu besitzen, unter Umständen massiv bedroht und vom Hund wie jeder x-beliebige Fremde behandelt. Viele Zeitgenossen fällen aufgrund solcher Erlebnisse das Urteil, Herdenschutzhunde seien in hohem Maße unberechenbar, oder schreiben das Verhalten einer Laune zu. Ein Irrtum. Die Zeit bis zum Erreichen einer wirklich gefestigten Vertrauensbeziehung mit einem fremden, erwachsenen Herdenschutzhund beträgt immer einige Monate. Oberflächliche Kontakte, wie gelegentliche Treffen auf der Straße oder Besuche im Haus des Hundebesitzers, führen bestenfalls dazu, dass der Hund die fremde Person als „gegeben" hinnimmt. Aus der temporären Duldung eines Menschen durch den Hund schließen zu wollen, der Herdenschutzhund habe diesen Menschen bereits als vertrauenswürdig akzeptiert, ist ausgesprochen optimistisch und führt beinahe zwangsläufig zu „Aha-Erlebnissen".

Das blitzartige Umschalten vom *„easy-going"* in den *„protection-mode"* ist ein Charakteristikum, das alle Herdenschutzhunde ungeachtet ihrer Rasse oder Abstammung teilen. In jeder Sekunde ist der Hund latent verteidigungsbereit, selbst dann, wenn er mit halb geschlossenen Augen in einer Ecke des Zimmers döst. Ich gebe zu, dass es für einen Menschen, der über keine Erfahrungen mit Herdenschutzhunden verfügt, beängstigend sein kann, wenn der Hund innerhalb von Zehntelsekunden zwischen augenscheinlichem Desinteresse und Verteidigungsbereitschaft umschaltet. Verstärkt wird dieser Effekt, da der Hund sofort nach der Beseitigung der echten oder vermeintlichen Gefahr wieder der ruhige, ausgeglichene Zeitgenosse wird, den man zu kennen glaubte. Herdenschutzhundkenner sind nicht die Personen, die Rassegeschichte oder zahllose Zuchtstandards herunterbeten können – Herdenschutzhundkenner sind diejenigen, die um diese Eigenschaften wissen, die Reaktionen ihres Hundes vorhersagen, rechtzeitig gegensteuern und dadurch Missverständnisse verhindern können.

Herdenschutzhunde, vor allem Rüden, können ausgesprochene Charmeure sein. Haben Sie einen Menschen erst einmal akzeptiert, ist ihr Benehmen in vielen Fällen voller freundlicher Zuneigung, ja sie können sich sogar fast als Schmusehunde zeigen. Allerdings bleibt auch in diesen Phasen die Verteidigungsbereitschaft des Hundes in vollem Umfang erhalten. Beispiel: Der Hund legt seinen Kopf auf Ihren Oberschenkel und lässt sich kraulen. Hinter Ihrem Rücken betritt ein fremder Hund oder eine fremde Person das Grundstück. Ohne Vorwarnung macht der Herdenschutzhund einen Satz, stellt oder vertreibt den Eindringling, kommt gemächlich zurückgetrottet und lässt sich weiter kraulen. Innerhalb weniger Sekunden sind Pulsschlag und Atmung des Hundes wieder normal, und Unwissende glauben, die plötzliche Verteidigungsreaktion des Herdenschutzhundes nur geträumt zu haben.

3.8. „Kinderlieb" und „wesensfest"

Sehr oft wird versucht, Hunde mit völlig untauglichen Begriffen zu charakterisieren. Manche sprechen von verwegenen Angriffen, überlegener Intelligenz oder treuer Pflichterfüllung, andere bezeichnen Hunde als aufrichtig, hinterhältig oder falsch. Keine dieser Formulierungen ist geeignet, die Wesenseigenschaften des Hundes biologisch korrekt zu beschreiben. In der Regel werden diese untauglichen Beschreibungen in bester Absicht und ohne böse Hintergedanken benutzt, manchmal dienen sie jedoch nur dazu, dem interessierten Hundefreund gezielt Sand in die Augen zu streuen. Besonders zwei Adjektive gehören in diese Gruppe: kinderlieb und wesensfest.

Bei einer Zuchtschau, auf der neben vielen anderen Hunderassen auch Kaukasische Owtscharki „gerichtet" wurden, kam ich mit einem Funktionär des Vereins für Deutsche Schäferhunde ins Gespräch. Nach einigen allgemeinen Feststellungen über die Schau, ihre Besucher und natürlich die gezeigten Hunde erkannte besagter Herr meine Vorliebe für die Owtscharki. Er gebe zu, dass einige wirklich schöne Hunde zu sehen seien, sagte der Funktionär, aber er könne mit dieser Rasse nichts anfangen, da die Hunde nicht „wesensfest" seien. Meine Frage, welche Kriterien ein „wesensfester" Hund zu erfüllen habe, blieb wie gewohnt unbeantwortet. Viele sprechen bewundernd von „wesensfesten Hunden", der „Wesensfestigkeit" als bedeutsames Zuchtziel oder loben die „Wesensfestigkeit" ihres eigenen Hundes. „Wesensfestigkeit" gilt gleichermaßen als erwünschte Eigenschaft und Maßstab für den Wert eines Hundes, einer Zuchtlinie oder sogar einer ganzen Rasse. Dabei ist dieser unpräzise Begriff nur ein Gaul, den viele selbst ernannte Kynologen berechnend vor ihren Karren spannen, um die Rasse, die sie selbst vertreten, herauszuheben und andere Individuen oder Rassen gering zu schätzen.

Manche wollen uns glauben machen, ein Hund, der in bestimmten Situationen Angst zeigt, sei nicht wesensfest, und verkennen dabei, dass gerade die Kombination aus Angst und dem Bewusstsein der eigenen Stärke Hund und Wolf das Überleben sichern. Die Ängste des Hundes sind, domestikationsbedingt und durch das Leben in einem nahezu spannungsfreien Umfeld, natürlich geringer als die des Wolfes, der jeden Tag aufs Neue in gefahrvoller Umwelt seine Existenz und den Fortbestand seiner Art sichern muss. Dennoch ist der Hund – als Überlebenskünstler – auf die Wechselwirkungen seiner Ängste und Aggressionen angewiesen, um seine körperliche Unversehrtheit zu gewährleisten und ein ausgewogenes Beziehungsgeflecht mit seiner Umwelt unterhalten zu können.

Zwei Aussagen haben für Menschen und Hunde gleichermaßen Gültigkeit: Nur der Tor kennt keine Angst, und blindes Heldentum ist der sicherste Weg in einen frühen Tod!

Andere wiederum behaupten, ein Hund mit starkem Schutztrieb, der häufig seine Verteidigungsbereitschaft erkennen lässt, zeige einen Mangel an Wesensfestigkeit. Auch in diesen Fällen ist das Motiv zur Benutzung dieses Begriffs leider entweder der Versuch, eine Wertrangfolge verschiedener Rassen aus eigennützigen Motiven zu implizieren, oder liegt in einem fundamentalen Missverständnis kaniner Wahrnehmung und deren typischer Reaktionsmuster begründet. Was also verbirgt sich hinter dem offensichtlich universell einsetzbaren Begriff „wesensfest"? Das Dilemma, eine treffende Definition zu finden, beginnt nicht erst bei dem Missbrauch dieses Adjektivs für rhetorische Schachzüge, sondern bereits mit mangelnder sprachlicher Präzision. Befragt man Biologen, Verhaltensforscher und Zoologen, zeigt sich, dass es viele Definitionsmöglichkeiten für diesen Ausdruck gibt und keine wirklich einheitliche Bedeutung auszumachen ist.

Wie wir bereits festgestellt haben, ist das Wesen eines Hundes die Summe seiner ererbten und erlernten Verhaltensweisen. Hält man sich also eng an die enthaltenen Worte „Wesen" und „fest", kann der Ansatz einer sinnvollen Definition nur lauten:

> „Wesensfest ist ein Hund, dessen Reiz-Reaktions-Beziehungen und folglich auch dessen Verhaltensweisen fest verankert sind" oder anders formuliert: Der Hund reagiert identisch in vergleichbaren Situationen, also gleichwohl konstant und vorhersagbar.

Dieser Versuch einer Definition führt scheinbar zu einem Widerspruch. Auch ein Hund, der sich in identischen Situationen nach landläufigen Maßstäben falsch verhält, weil er zum Beispiel bereits auf schwache Reize aggressiv reagiert, wäre als wesensfest einzustufen. Tatsächlich jedoch galt genau dieses aggressive Verhalten über viele Jahrhunderte als erstrebenswert und wurde erst durch die Zuchtauswahl des Menschen produziert. Auch heute noch wird die Schärfe – sprich: Aggressionsbereitschaft – der Hunde von vielen Züchtern und Zuchtvereinen planmäßig gefördert. Nehmen wir als Beispiel die Aussagen der Züchter von Rottweiler, Schäferhund, Hovawart, Dobermann, Airedale Terrier und Riesenschnauzer, mit denen die Hunde für eine Schutzhundausbildung empfohlen werden sollen. In den Zeitschriften dieser Vereine finden sich Anzeigen, in denen „Schärfe", „Mannschärfe", „Triebstärke" und „Durchsetzungsvermögen" der Hunde, als Ergebnis „guter Zucht" wortreich angepriesen werden. Herdenschutzhunden hingegen, deren Aufgabe, ein Territorium gegen Eindringlinge zu verteidigen, vergleichsweise offensive Verhaltensweisen unabdingbar macht, unterstellt man im gleichen Atemzug mangelnde Wesensfestigkeit und führt so die eigene Argumentation ad absurdum.

Mindestens genauso viel Schindluder wie mit der diffusen Formulierung „wesensfest" wird mit dem Begriff „kinderlieb" getrieben. In kaum einem Buch, in nahezu keinem Artikel einer Hundezeitschrift über eine x-beliebige Hunderasse fehlt der Hinweis, dass die in Frage stehende Rasse besonders „kinderlieb" sei. Nicht selten wird sogar versucht, durch die Bewertung nach einem Punktsystem den Eindruck zu erwecken, die Einschätzung des Autors oder der Autorin beruhe auf wissenschaftlich fundierten Daten. In Wirklichkeit liegt allen undifferenzierten Aussagen über „kinderliebe Rassen" entweder ein generelles Missverständnis kaniner Verhaltensentwicklung oder ein bewusster Täuschungsversuch zugrunde. Dem zukünftigen Welpenkäufer soll auf diese Weise das unverbrüchliche Vorhandensein einer Eigenschaft suggeriert werden, die allenfalls kennzeichnend für ein einzelnes Individuum im Moment seiner Betrachtung, aber niemals kennzeichnend für eine ganze Rasse sein kann. Die Gefährlichkeit des Trugschlusses, eine Rasse sei besonders „kinderlieb", liegt in zwei zwangsläufigen und folgenschweren Fehleinschätzungen begründet. Einerseits impliziert die logische Umkehrung, dass andere Hunderassen grundsätzlich nicht oder nur in reduziertem Maße „kinderlieb" seien. Andererseits wird dem Hundekäufer glauben gemacht, sein „neuer" Hund werde, komme was wolle, ein kinderlieber Zeitgenosse und der Besitzer brauche sich um Prägung, Sozialisierung und Ausbildung keine Gedanken zu machen. Gleichzeitig begegnet man auch in diesem Punkt wieder einmal dem Versuch, mittels gefährlicher Halbwahrheiten und verkaufsfördernder Lügen eine Wertrangfolge verschiedener Hunderassen begründen zu wollen.

Betrachten wir die Fakten: Dass „Kinderliebe" ein direkt vererbbares Merkmal sein könnte, wird kein Wissenschaftler ernsthaft in Erwägung ziehen. Der Welpe kommt in dieser Hinsicht quasi als unbeschriebenes Blatt zur Welt. Die Grundposition, die der Hund in seinem späteren Leben einzelnen Elementen seiner Umwelt gegenüber einnehmen wird, geht zunächst auf Erfahrungen zurück, die er während seiner Prägungs- und Reifephase macht. Dies gilt gleichermaßen für Artgenossen, erwachsene Menschen, Kinder und andere Haustiere. Die genetischen Anlagen erlauben jedem (!) heranwachsenden Hund, zu all jenen ein entspanntes Verhältnis zu entwickeln, die ihn gut behandeln. Wächst ein Welpe in einer harmonischen Kind-Hund-Beziehung auf, fügt ihm das Kind keine Schmerzen zu und wird der Hund keinen psychischen Zwängen ausgesetzt, wird dieser Hund allen Kindern so lange eine positive Grundhaltung entgegenbringen, bis er entgegengesetzte Erfahrungen macht. Die Möglichkeit des Wandels vom „kinderlieben Hund" zum „Kinderhasser" ist unbestreitbar. Wiederum sind Erfahrungen, die der Hund mit einem oder mehreren Kindern macht, entscheidend für seine Verhaltensänderungen. Vor allem die jederzeitige

Umkehrbarkeit des Entwicklungsprozesses beweist, dass der genetische Einfluss auf die Verhaltensentwicklung in diesem Punkt vernachlässigbar gering ist.

Was bleibt sonst noch? Schon in der fünften oder sechsten Lebenswoche aus dem prägenden Einfluss der Wurfgemeinschaft gerissene Hunde, die zeitlebens als Seelenkrüppel umherlaufen. Neurotisch-ängstliche Nervenbündel, die aus falsch verstandener Tierliebe stets behütet an der Leine geführt werden und die niemals eine faire Chance zur gesunden Wesensentwicklung hatten. Schließlich und endlich jene wohl bekannte Gruppe hyperdominanter Raufbolde, deren Halter ihre Hände scheinheilig in Unschuld waschen und so dem Treiben ihrer Hunde Vorschub leisten. Aus den Reaktionen der verhaltensauffälligen Hunde vorgenannter Gruppen auf die Wesenseigenschaften ganzer Rassen schließen zu wollen, führt zwangsläufig zu falschen Ergebnissen.

Die schwammigen Begriffe „kinderlieb" und „wesensfest", in die je nach persönlicher Neigung subjektive Wertmaßstäbe einfließen, sind für eine sachliche, wissenschaftlich korrekte Beschreibung eines Kaniden nicht hilfreich. Sinnvoller und Erfolg versprechender ist es, von Wesenseigenschaften des Hundes zu sprechen. Je nach Hundetyp, Rasse, Verwendungszweck oder persönlichen Neigungen und Motiven des Tierhalters können bestimmte Eigenschaften des Hundes als erwünscht oder unerwünscht angesehen werden. Nur so ist möglich, den völlig unterschiedlichen Anforderungsprofilen an verschiedene Hundetypen wertfrei Rechnung zu tragen. An einen Vorstehhund müssen wir ganz andere Anforderungen stellen als an einen Hütehund, einen Schlittenhund oder einen Herdenschutzhund. Bei den Rassen, die heute nahezu ausschließlich als Familienhunde gezüchtet werden, gelten bereits einige der typischen Eigenschaften ihrer Vorfahren mit Gebrauchshundedasein als unerwünscht. Ein Beispiel dafür ist der starke Jagdtrieb vieler Terrier und Stöberhunde. Über viele Jahrzehnte mühten sich Züchter und Verbände, Hunde mit möglichst stark entwickeltem Jagdtrieb hervorzubringen. Unter den Haltungsbedingungen der heutigen westlichen Industriegesellschaften ist dieser Jagdtrieb nun auf einmal störend, zum Beispiel wenn der Hund Nachbars Katze jagt oder in Verfolgung einer vermeintlichen Beute Radfahrer oder Jogger angeht.

3.9. Verhalten gegenüber Artgenossen

Genau wie das Verhalten eines Herdenschutzhundes gegenüber Menschen beruht auch das Verhalten gegenüber Artgenossen im Wesentlichen auf Wirkzusammenhängen der Einteilung in „fremd" und „vertraut". Mit Hunden, die Rassezugehörigkeit spielt in dieser Hinsicht keine Rolle, zu denen ein Herdenschutzhund soziale Beziehungen unterhält, geht er freundlich und vertrauensvoll um. Er nimmt sie als Partner und Spielkameraden an, wobei sich jedoch stets sein

Bestreben zeigt, unter den Hunden seines Lebensbereiches eine Führungsrolle einzunehmen. Häufiger und intensiver als die meisten Vertreter anderer Rassen strebt er eine Klärung der Rangfolge mit seinem sozialen Umfeld an oder versucht, die bestehende Rangordnung zu seinen Gunsten zu verändern. Dabei kommt es nicht zwangsläufig zu kämpferischen Auseinandersetzungen, ein großer Teil dieser Fragen über den Führungsanspruch wird durch Signale der Körpersprache – dem Imponieren – geklärt. Das Zeigen von Körpersignalen eines Hundes ist niemals ein Monolog, sondern eine Form der interaktiven Kommunikation. Stehen sich zwei Hunde gegenüber, führen die eindeutigen Signale der Körperhaltung eines Beteiligten umgehend zu einer Reaktion seines Gegenübers. So ergibt sich ein Wechselspiel der Signale, das unter anderem folgende typische Aktions-Reaktions-Muster zeigen kann: Drohung – Gegendrohung, Angriffsbereitschaft – Angst, Drohung – Unterwerfung. Gut unter Artgenossen sozialisierte Hunde tragen einen Großteil ihrer „Meinungsverschiedenheiten" nach diesem System aus. Tätliche Auseinandersetzungen, vor allem in einem frühen Stadium der Konfrontation, sind ein Zeichen mangelnder kommunikativer Fähigkeiten, ungenügender Sozialisierung oder überdurchschnittlicher Angst vor Artgenossen.

Unter Herdenschutzhunden findet man eine Form der „Streitkultur", die unter Hunden eine gewisse Einzigartigkeit besitzt und bei anderen Hunderassen so gut wie nie zu beobachten ist. Auseinandersetzungen und sogar Rangordnungskämpfe werden durch regelrechtes Schubsen mit dem Hinterteil ausgefochten. Dabei nehmen die Hunde eine gebogene, „bananenförmige" Körperhaltung ein und versuchen, ihren Kontrahenten umzuwerfen oder wegzuschieben. Eine Besonderheit bei dieser Art der Auseinandersetzung ist, dass diese Form des Kräftemessens nicht eskaliert und es in 99 % der Fälle nicht zu einem Beschädigungskampf kommt. Allerdings funktioniert diese Streitkultur nur, wenn beide Kontrahenten die Regeln verstehen. Bleiben Herdenschutzhunde unter sich, gehen beide Beteiligten auseinander, wenn ein Sieger feststeht. Bei Beteiligung von Hunden anderer Rasse mündet das Schubsen deutlich häufiger in einer ernsthaften Auseinandersetzung, nämlich wenn der Unterlegene versucht, die Situation durch einen Biss zu seinen Gunsten zu entscheiden.

Gleich lautende Berichte über die Streitkultur der Herdenschutzhunde verdanken wir Hirten aus völlig unterschiedlichen Ländern. Zweimal im Jahr, im Frühsommer vor dem Aufstieg ins Gebirge und im Herbst, wenn alle Herden in die Nähe der Dörfer zurückkehren, trafen und treffen sich die Hirten an zentralen Plätzen, und zwangsläufig begegnen sich dabei auch ihre Hunde. Von Tornjaks, Owtscharki und Sarplaniči ist bekannt, dass die Rüden bei diesen Gelegenheiten ihre Kräfte messen und die Hirten Wetten auf Sieger und Besiegte abschließen. Dabei handelt es sich nicht um die Form des Kampfes, die wir unwillkürlich mit dem Begriff „Hundekämpfe" verbinden. Es geht hier nicht um blutige Exzesse, die zum Tode des Unterlegenen führen und auch den Sieger verstümmelt zurücklassen. Sieger und Besiegte werden ermittelt, indem sich die Hunde gegenseitig rammen oder versuchen, den Kontrahenten durch Schubsen umzuwerfen. Der „Kampf" endet, wenn einer der Beteiligten in Rückenlage gerät oder flieht. Außer einigen Kratzern von den Krallen tragen die Hunde bei diesen Auseinandersetzungen keine Blessuren davon. Ein starker, erfahrener Herdenschutzhund ist für jeden Hirten ein wertvoller Besitz, den er keinesfalls leichtfertig aufs Spiel setzt. Was hätte es den Hirten genützt, wenn sie ihre Hunde vor dem Aufstieg ins Gebirge bei Hundekämpfen verloren und somit die Herde den Angriffen der Wölfe preisgegeben hätten?

Im Herdenschutzdienst leben die Hunde üblicherweise in Gruppen, die nicht immer nur aus Herdenschutzhunden bestehen, sondern manchmal auch eine Anzahl von Hütehunden umfassen. Hier bildet sich schnell eine stabile Rangfolge, an deren Spitze die Alpha-Tiere der Herdenschutzhunde stehen. Da Hütehunde aufgrund ihrer geringeren Größe und Masse den Herdenschutzhunden nichts entgegenzusetzen haben, bildet sich ihre Rangordnung grundsätzlich unterhalb jener der Herdenschutzhunde. In solchen gemischten Gruppen gehen die Hütehunde Rangordnungskämpfen mit den Beschützern der Herde grundsätzlich aus dem Weg.

Eine andere Situation entsteht, wenn der Herdenschutzhund auf fremde Hunde trifft. Hierbei ist vor allem entscheidend, ob die Begegnung auf heimischem oder neutralem Terrain stattfindet. Auf seinem eigenen Territorium wird ein Herdenschutzhund jeden fremden Hund zunächst als Eindringling und Gegner ansehen. Auch Hunde aus der Nachbarschaft, die der Herdenschutzhund mehr oder weniger gut kennt, lässt er nicht unbedingt auf das von ihm bewachte Gelände. Tritt der fremde Hund dem Herdenschutzhund aggressiv gegenüber oder zeigt er Signale der Dominanz, wird er in der Regel genauso angegriffen respektive verjagt wie ein Beutegreifer. Zumindest wird der Herdenschutzhund die Unterwerfung des fremden Hundes einfordern und dieser Forderung gegebenenfalls auch Nachdruck verleihen. Bei der Untersuchung zum Verhalten von Herdenschutzhunden habe ich den Hundebesitzern die Frage gestellt, wie sich ihr Hund verhält, wenn ein fremder Hund das Territorium des Herdenschutzhundes „verletzt", indem er das bewachte Grundstück betritt. Einen sofortigen Angriff auf den Artgenossen würden nur 23,8 % der Hunde durchführen, der weitaus größere Teil von 65,8 % würde versuchen, den Eindringling unter Bellen und Knurren vom Grundstück zu vertreiben. Die arbeitenden Herdenschutzhunde zeigen in diesem Punkt kein grundsätzlich anderes Verhalten als die in Familien oder als Wächter gehaltenen Hunde. Nach Haltungsbedingungen aufgeschlüsselt ergibt sich folgendes Bild: Ein sofortiger Angriff erfolgt von 27,3 % der Hunde im aktiven Herdenschutzdienst, von

25,4 % der Wächter für Haus und Hof und nur von 13,6 % der als Haustier lebenden Herdenschutzhunde.

Bei der Betrachtung der einzelnen Rassen offenbart sich ein interessanter Unterschied. Den höchsten Prozentsatz der „sofortigen Angreifer" stellen die Owtscharki mit 30 % und die türkischen Hunde mit 29,2 %. Weitaus gelassener reagieren Pyrenäenberghunde (13,3 %) und Komondore (8,3 %); der Kuvasz liegt mit genau 20 % im Mittelfeld. Besonders friedfertig zeigt sich der Kuvasz im Umgang mit artfremden Tieren, die sein Territorium betreten, ohne eine Gefahr darzustellen. Kein einziger Kuvasz würde Pferde, Kühe, Ziegen oder Hauskatzen angreifen. Anders ist das Bild bei den Owtscharki; wiederum 30 % dieser Hunde würden keine Gebietsverletzung durch andere Nutztiere dulden und sofort zur Attacke übergehen. Bei den türkischen Rassen sind es immerhin noch 20,2 %. Mit 26,2 % ist die Anzahl sofortiger Angriffe auf fremde Haustiere bei Pyrenäenberghunden fast doppelt so häufig wie Angriffe auf Artgenossen; hier bestätigt sich wieder einmal die Erkenntnis, dass der Pyrenäenberghund von allen Herdenschutzhunden die geringste innerartliche Aggression aufweist. Die am häufigsten gegebene Antwort lautete, dass der Hund fremde Nutztiere von seinem Territorium sofort verjagen würde. Durchschnittlich 64 % aller Befragten entschieden sich für diese Antwort, und hier lassen sich keine Schwerpunkte hinsichtlich der Rassezugehörigkeit und des Verwendungszwecks der Hunde feststellen.

3.10. Spieltrieb

Das Spielen mit Artgenossen und Menschen besitzt für Welpen und heranwachsende Hunde eine wichtige Funktion. Das Spiel eines jungen Hundes ist dabei nicht, wie bei erwachsenen Menschen, mit erbaulichem, kurzweiligem Zeitvertreib gleichzusetzen, sondern mit Lernen aus eigenem Antrieb im spannungsfreien Umfeld. Jeder kennt die Bilder von Welpen, die ausgelassen spielend so lange miteinander herumtoben, bis sie vor Erschöpfung liegen bleiben und beinahe augenblicklich einschlafen. Das gemeinsame Herumtoben hat in diesem Lebensabschnitt aber eine wichtige Funktion und dient nur auf den ersten Blick dem Zeitvertreib. Im Spiel lernen die jungen Hunde, mit ihren Artgenossen zu kommunizieren, sie lernen, wie viel Beißkraft sie aufwenden dürfen, ohne ihr Gegenüber zu verletzen, die Geschlechter der anderen Hunde zu unterscheiden, Dominanz- und Demutsgesten zu erkennen, zu beantworten und vieles mehr. Für die gesunde Wesensentwicklung eines Hundes ist das gemeinsame Spiel mit Artgenossen zumindest in den frühen Lebensabschnitten unverzichtbar.

Der Spieltrieb, der in der frühen Kindheit am stärksten ausgeprägt ist und mit zunehmendem Lebensalter allmählich verschwindet, ist eine sinnvolle biologische Einrichtung, um den Welpen eine leichte und möglichst umfassende Anpassung an Artgenossen und Umwelt zu ermöglichen. Das Spielen beschränkt sich nicht nur auf Wurfgeschwister und Bezugspersonen; jeder fremde Gegenstand wird auf seine Eignung als Spielzeug untersucht und bei dieser Gelegenheit erforscht. Bei erwachsenen Hunden zeigen sich überwiegend Spielinhalte, die an typisches Welpenspiel anknüpfen. Das gemeinsame Gerangel um Beutestücke, mit dem der Beutetrieb der jungen Hunde geweckt und entwickelt wird, findet seine Fortsetzung in den „Stöckchen-Spielen" erwachsener Hunde. Auch die Neigung vieler Hunde, beliebige Gegenstände zu suchen und zu apportieren, ist auf dieser Basis entstanden. Von Boxer, Airedale Terrier und Hovawart wissen wir, dass Hunde dieser Rassen besonders spielfreudig sind und ihren Spieltrieb selbst im hohen Alter nicht verlieren. Wie sieht es bei den Herdenschutzhunden aus? Bevor wir diese Frage beantworten können, müssen wir einen Blick auf die Funktion des Spiels bei älteren Tieren werfen.

Durch das Zusammenleben mit Artgenossen im Rudel bauen sich starke Spannungen auf, deren Ursachen zumeist in der Klärung und Erhaltung ihrer Rangordnung zu finden sind. Dennoch gibt es Phasen, in denen die Rudelmitglieder unbeschwert miteinander spielen und alle Zwistigkeiten vergessen scheinen. Diese Spielphasen finden sich sowohl bei Wölfen und Hunden, aber auch bei allen anderen Arten, die in Gemeinschaften oder Rudelverbänden leben (z. B. Affen, Hyänen, Elefanten). Beim gemeinsamen Spiel werden Aggressionen abgebaut, das Zusammengehörigkeitsgefühl gestärkt und die Beziehungen der einzelnen Rudelmitglieder zueinander erneuert oder verstärkt. Gespielt werden kann allerdings nur, wenn ausreichender Freiraum zur Verfügung steht, das heißt, bei den Tieren und in ihrem Umfeld dürfen keine wichtigen Reize vorhanden sein. Zunächst werden der Hunger gestillt, die Paarung vollzogen und etwaige Feinde vertrieben, anschließend steht zur Verfügung, was wir so gerne Freizeit nennen.

Die Intensität, mit der vorhandener Spieltrieb ausgelebt werden kann, richtet sich also unter anderem nach dem Ernstbezug des Daseins. Ein Tier, das frei von Existenzkämpfen und Nahrungssuche eine großen Teil seiner Aktivitätsphasen zur freien Verfügung hat, wird mehr Zeit spielend verbringen als ein Tier, das hart um sein Überleben kämpfen muss. Diese unterschiedlichen Lebensverhältnisse finden sich im Vergleich zwischen Haus- und Herdenschutzhunden. Im Gegensatz zum Familienhund geht ein Herdenschutzhund vielen Beschäftigungen nach, die der Erhaltung seiner Sicherheit und der Kontrolle seines Territoriums dienen; diese Handlungen nehmen einen großen Teil seiner Aktivitätsphasen ein. Die häufige Kontrolle der Reviergrenzen und die hohe Wachsamkeit während der Abendstunden sind nur zwei Beispiele. Auch die traditionellen Haltungsbedingung tragen ihren Teil zur Entwicklung der Spielfreudigkeit bei. Es ist kaum vorstellbar, dass Hirten mit ihren Hunden spielen, anstatt sich um ihre Herdentiere zu kümmern.

Aus diesen Gründen ist die Möglichkeit zum Spielen für Herdenschutzhunde nicht im selben Maß gegeben wie bei Familienhunden. Die Schlussfolgerung, dass sich durch die Lebensverhältnisse der Hunde im Laufe vieler Generationen ein reduzierter Spieltrieb ergeben müsste, ist nicht von der Hand zu weisen und wird von der Praxis zumindest ansatzweise bestätigt. In der Tat spielen Herdenschutzhunde nicht so ausdauernd und selbstvergessen, wie es bei anderen Hunden zu beobachten ist. Typisch ist ein kurzfristiges Unterbrechen des Spiels, um dem Horizont einen prüfenden Blick zu widmen. Erst wenn sich der Hund davon überzeugt hat, dass keine Gefahr droht, setzt er sein Spiel fort. Bei manchen Hunden liegt die Zeitspanne zwischen zwei Unterbrechungen bei knapp 30 Sekunden, bei anderen vergehen zwischen zwei sichernden Rundblicken einige Minuten. Selbst die Welpen der Owtscharki, Sarplaniči oder Kangals lassen dieses Verhalten schon erkennen. Diese Erkenntnisse wurden auch durch die Ergebnisse der Umfrage bestätigt. Einen niedrigen oder sehr niedrigen Spieltrieb beobachteten 35,2 % der Teilnehmer, 44,1 % konstatierten reduzierte und stark von der Situation abhängige Spielfreude. 14,4 % der Befragten gaben an, der Spieltrieb ihres Herdenschutzhundes unterscheide sich nicht von dem anderer Hunderassen, und nur ganze 6,3 % der Hunde ließen deutliche oder sogar überdurchschnittliche Spielfreude erkennen.

Die Ausprägung der Spielfreude geht also auf drei Faktoren zurück. Zum einen findet sich bei den Herdenschutzhunden ein im Vergleich mit anderen Hunderassen unterdurchschnittlich entwickelter Spieltrieb als ererbte Eigenschaft, zum anderen entscheiden die Lebensverhältnisse des einzelnen Hundes und der Einfluss des Hundehalters, wie stark sich die Spielfreude entwickelt. Der dritte Faktor ist der Grad der Verjugendlichung des einzelnen Hundes. Dieses Phänomen ist in der Wissenschaft als Neotenie bekannt und bezeichnet die unvollständige Entwicklung des Hundes vom juvenilen zum adulten Tier. Das Fehlen „ernsthafter" Lebensinhalte hält den Hund zeitlebens auf dem Entwicklungsniveau eines Jungtieres. Da das Erreichen eines bestimmten Stadiums der Erwachsenenreife bei Herdenschutzhunden eng mit den gewährten Haltungsbedingungen verknüpft ist, finden wir in der Praxis eine erhebliche Bandbreite in der Ausprägung der Spielfreude. Sie reicht von Hunden, die keinerlei Objektspiel durchführen und auch Artgenossen gegenüber stark reduzierte Spielfreude zeigen, bis zu extrem spielfreudigen Hunden. Auch in diesem Punkt zeigt sich, dass die genetische Basis nur eine geringe Rolle spielt. Einige der auffällig verspielten Herdenschutzhunde, die ich kennen lernen konnte, stammten aus Arbeitszuchtlinien und waren erst im Alter von einigen Monaten nach Westeuropa gekommen.

3.11. Jagdtrieb und Jagdverhalten

Der Jagdtrieb ist eine der Eigenschaften der Herdenschutzhunde, über die keine generelle Aussage möglich ist. Die Ausprägung des Jagdtriebes ist selbst bei Mitgliedern der gleichen Rasse völlig unterschiedlich. Sogar innerhalb einer Zuchtlinie oder eines Wurfes finden sich erhebliche Unterschiede, sodass in manchen Fällen zwei Wurfgeschwister die möglichen Extreme verkörpern. In allen Rassen der Herdenschutzhunde gibt es Tiere, bei denen kein Jagdtrieb erkennbar ist. Diese Hunde betrachten ein über den Weg laufendes Reh zwar mit großem Interesse, machen aber auch ohne Einwirkung des Besitzers keine Anstalten, eine Jagd aufzunehmen. Andere Herdenschutzhunde sind Jäger aus Passion und erzielen Jagderfolge in Serie. Der Jagdtrieb ist also ein individuelles Merkmal, für dessen Ausprägung es bestenfalls eine Präferenz geben kann!

Die einzelnen Herdenschutzhundrassen können daher nur mit äußerster Vorsicht hinsichtlich ihres Jagdtriebes klassifiziert werden. Aufgrund meiner bis heute gemachten Erfahrungen würde ich sagen, dass die meisten Hunde mit hohem Jagdtrieb bei den Akbaş, Kangals und Tibet Mastiffs zu finden sind. Unterdurchschnittlichen Jagdtrieb findet man gehäuft nur bei den Mastín Español.

Oft hört man die These, ein arbeitender Herdenschutzhund dürfe keinen Jagdtrieb besitzen, weil er sonst unter den Herdentieren Beute machen würde. Die Aussage ist in dieser undifferenzierten Form nicht richtig. Gerade arbeitende Herdenschutzhunde werden in vielen Ländern nicht so aufwändig ernährt, wie es in unserer Kultur üblich ist. Diese Hunde sind darauf angewiesen, ihre Energiezufuhr durch eigene Jagderfolge zu verbessern. In der Türkei konnte ich mehrfach beobachten, dass Herdenschutzhunde Nagetieren und Kleinsäugern nachstellten und auch Insekten und Früchte nicht verschmähten. Trotzdem hat keiner dieser Hunde jemals den Versuch gemacht, ein Tier der Herde zu reißen.

Wie im vorangegangenen Kapitel bereits ausführlich dargelegt wurde, erlernt der Herdenschutzhund in seiner Prägungsphase, dass alle Tiere, die den Herdengeruch besitzen, keine Gefahr darstellen aber auch keine Beute sind. Andere Tierarten jedoch jagt, tötet und verzehrt ein Herdenschutzhund durchaus. Zu den lauffreudigsten und spurtstärksten Herdenschutzhunden gehören die türkischen Rassen Akbaş und Kangal. Diese Hunde sind gleichzeitig so ausdauernd, dass sie Reh- und Rotwild über mehrere Kilometer verfolgen und zu Tode hetzen können. Die etwas massigeren Vertreter der Herdenschutzhunde, zum Beispiel der Kaukasische Owtscharka oder der Pyrenäenberghund, können Beutetiere nur über kurze Distanzen hetzen und versuchen, ihnen aufzulauern und sie blitzartig zu überwältigen. Wenn Sie einen Herdenschutzhund mit ausgeprägtem Jagdtrieb besitzen, werden Sie feststellen, dass die Jagderfolge des Hundes zahlreicher sind als die einer Katze. Viele Herdenschutzhunde sind ausgezeichnete Mäuse- und Rattenvertilger.

3.12. Selbstständigkeit und Entscheidungsfreude

Der wohl gravierendste Unterschied zwischen Hüte- und Herdenschutzhunden liegt weniger in der Aufgabenverteilung, als in der Tatsache, dass Hütehunde beim Zusammenhalten und Treiben einer Herde aufgrund einer vom Menschen vermittelten Ausbildung handeln, Herdenschutzhunde ihre Schutzfunktion hingegen ausschließlich durch ererbte Wesenseigenschaften und von Alttieren erlernte Verhaltensweisen wahrnehmen. Selbstverständlich muss auch ein Hütehund über geeignete Anlagen verfügen, jedoch kommt ohne eine qualifizierte Ausbildung die gewünschte Arbeitsleistung nicht zustande. Einem Herdenschutzhund können Schutzverhalten und Verteidigungstechniken nicht anerzogen werden. Die Anlage zu seinen Fähigkeiten ist ererbtes Gut, das seinen Schliff durch die Übernahme geeigneter Techniken von älteren Tieren erfährt. Hinsichtlich Quantität und Qualität des Schutztriebes sind Modifikationen durch den Menschen nur in geringem Umfang möglich.

Die Effektivität, mit der ein Herdenschutzhund sein Territorium bewacht, hat seine Ursache zum einen im reinen Schutzverhalten und seinen Techniken, zum anderen vor allem in der Bereitschaft, eigene Entscheidungen zu treffen und selbstständig und selbstsicher zu agieren. Ein Hund, der aufgrund einer Ausbildung handelt, benötigt zur Durchführung einer Aktion ein Signal seines Ausbilders, oder er muss auf einige wenige, spezielle Situationen gezielt geschult sein. Bei den Anforderungen, die an einen arbeitenden Herdenschutzhund zu stellen sind, lassen sich im Gegensatz zu Hüteaufgaben keine Standardsituationen definieren und einüben. Sogar das Gegenteil ist richtig! Der Versuch, einen Herdenschutzhund einer Ausbildung zu unterziehen, würde zwangsläufig natürliche Verhaltensweisen blockieren und zu einer Verschlechterung der Arbeitsleistung führen. Kein Hirte exerziert mit seinen Hunden, bringt ihnen bei, sich auf ein Kommando hinzulegen oder trainiert das Spielverhalten des Hundes, wie es im Bereich des Hundesports üblich ist. Er verlässt sich ausschließlich auf die gesunden Instinkte seiner Hunde. Jeder Bedrohung, der ja letztlich eine Revierverletzung vorangeht, stellt sich der Hund aufgrund seiner eigenen Entscheidung ohne jedes Zutun seines Besitzers. Die Vorstellung, ein Hirte würde einem Dirigenten gleich das Schutzverhalten seiner Hunde initiieren oder kontrollieren, ist absurd.

Diese Haltungsbedingungen haben im Laufe der Jahrhunderte oder sogar Jahrtausende ihren Niederschlag im Erbgut der Herdenschutzhunde gefunden. Alle Herdenschutzhundrassen zeigen einen Hang zum selbstständigen Handeln, sie sind selbstbewusst, eigensinnig und souverän. Tiere, die ihrem Besitzer gegenüber den Kadavergehorsam eines Schäferhundes zeigen, findet man unter Herdenschutzhunden fast nie. Der natürliche Appell der Herdenschutzhunde, also ihre Bereitschaft, Anweisungen ihrer Besitzer zu folgen, liegt im Verhältnis aller

Hunderassen an der unteren Grenze. Ausbildungen jeglicher Art setzen die Hunde ihren Eigenwillen entgegen und nötigen dem Hundehalter erhebliche Geduld und großes Einfühlungsvermögen ab. Die Selbstständigkeit der Herdenschutzhunde und ihre damit verbundene Abneigung, auf Befehle ihrer Besitzer zu hören, ist legendär und hat zur Entstehung einiger netter Anekdoten geführt. Mehr als einmal wurde ein Herdenschutzhund zum Tierarzt gebracht, weil er selbst auf aus kurzer Entfernung gegebene Lautzeichen keinerlei Reaktion zeigte und der Besitzer fürchtete, bei seinem Hund könne sich eine schleichende Taubheit entwickeln. Als der Veterinär im Nebenzimmer jedoch etwas von „Leckerchen" murmelte, sprang der Hund auf und erschien postwendend beim Tierarzt, um sich die versprochene Belohnung abzuholen...

3.13. Härte

Die Wahl dieses Begriffes zur Beschreibung einer Wesenseigenschaft soll nicht mit der missbräuchlichen, umgangssprachlichen Verwendung dieses Wortes verwechselt werden. Einige Rassezuchtvereine und Autoren werden nicht müde, den geneigten Hundefreund mit Rückgriffen auf die Terminologie vergangener Diktaturen zu beglücken. Dass der Deutsche Schäferhund „Härte zeigen und willig angreifen muss, wenn es der Führer befiehlt", haben wir bereits am Anfang dieses Kapitels erfahren.

In der Kynologie bezeichnet die Vokabel Härte nur die Widerstandskraft eines Hundes, auf unangenehme und schmerzhafte Erfahrungen nicht sofort mit Verhaltensänderungen zu reagieren. Der Terminus „Härte" hat also nichts mit einer verklärten Darstellung des Hundes als „treu bis zum Tode kämpfender Beschützer seines Herrn" zu tun. Ein praktisches Beispiel dient dem Verständnis: Ein Herdenschutzhund, der bei einer Auseinandersetzung mit Beutegreifern verletzt wird und Schmerzen erleidet, würde, wenn es ihm an Härte fehlt, jeder weiteren Auseinandersetzung mit dieser Spezies Angreifer aus dem Weg gehen. Somit hätte er seinen Nutzen vollständig verloren. Während andere Hundetypen nach solchen Erfahrungen zurückweichen, wird ein Herdenschutzhund die nächste Auseinandersetzung zwar vorsichtiger angehen und seine Strategie variieren, Zurückweichen und sich in Sicherheit bringen sind für ihn jedoch keine Optionen. Selbst wenn er aus einer Auseinandersetzung mit einem Beutegreifer nur knapp dem Tod entkommen ist, wird er sich bei nächster Gelegenheit einem Angreifer der gleichen Art erneut entgegenstellen.

Ein kroatischer Hundefreund, der seine Jugend in einem entlegenen Bergdorf seiner Heimat verbracht hat, schilderte mir folgende Begebenheit: Im Dorf lebte ein großer, bärenstarker Tornjak-Rüde, der unter den Hunden der Nachbarschaft die höchste Position einnahm. Jeden Morgen, bei Beginn der Dämmerung, brach dieser Hund allein in die umliegenden Berge auf, um die Wölfe aus diesem Gebiet zu vertreiben. Oft kehrte der Hund mit Blessuren übersät zurück, nur um am nächsten Morgen wie gewohnt zum nächsten Kontrollgang aufzubrechen. Nicht selten brachte der Hund tote Wölfe von seinen Ausflügen mit, und an manchen Tagen fanden die Bauern gleich zwei Wölfe, die der Hund im Kampf getötet hatte. Schließlich verließen die Wölfe das Territorium rund um das Dorf und hatten sich auch Jahre nach dem Tod dieses Hundes nicht wieder angesiedelt.

Freilich zeigen auch alle andere Hunderassen, vor allem Hütehunde, Tendenzen, eine Herde (genauer gesagt: ihr Territorium!) zu schützen. Vor allem die französischen Schäferhunde Berger Picard, Berger de Beauce und Berger de Brie gehören in diese Gruppe. Obwohl bei diesen Rassen der Schutztrieb ausgesprochen hoch ist, besteht der Unterschied zu einem Mittelasiaten, Akbaş oder Šarplaninač in der nur gering ausgeprägten Härte. Daher sind diese Hunde, wie auch Rottweiler, Deutscher Schäferhund und Hovawart zwar bestens zur Bewachung eines Anwesens geeignet, könnten aber nicht im Herdenschutzdienst eingesetzt werden.

Die Härte ist, neben dem natürlichen, hohen Schutztrieb und der Fähigkeit, aufgrund eigener Entscheidungen zu handeln, die Eigenschaft, die einen Herdenschutzhund für seine Aufgaben qualifiziert. Gleichzeitig ist die Härte auch sein Fluch, denn sie behindert uns bei der Ausbildung und wirkt einer reibungslosen Einordnung des Hundes in sein Lebensumfeld entgegen. Das Vorhandensein der Härte hat zur Folge, dass alle Versuche, Herdenschutzhunde durch Anwendung körperlicher Gewalt erziehen zu wollen, scheitern müssen. Die Beispiele dafür sind zahlreich und haben nicht selten dazu geführt, dass der Hundebesitzer seinen Herdenschutzhund früher oder später abgeben musste. Im Kapitel über die Ausbildung des Herdenschutzhundes werde ich auf Methoden und Methodik näher eingehen.

4. Territoriales Schutzverhalten

Wie bereits in den vorangegangenen Kapiteln erwähnt, sind Herdenschutzhunde keine kampfwütigen Berserker, die sich, alle Gefahren ignorierend, blindlings in vermeidbare Gemetzel stürzen. Die Begegnung zwischen Herdenschutzhunden als Revierbesitzern und Eindringlingen führt nur selten zu einer ernsthaften Auseinandersetzung, meistens enden die Konfrontationen in einem frühen Stadium, ohne dass einer der Beteiligten zu Schaden kommt.

Die grundlegende Schutzfunktion ist schlicht und ergreifend die Anwesenheit der Hunde auf ihrem Territorium. Ein sich der Herde nähernder Beutegreifer nimmt den Hundegeruch wahr, bricht den Angriff ab und sucht das Weite. Die Flucht erfolgt entweder, weil der Gefahrenschutzinstinkt des Tieres ein diffuses Gefühl der Angst erzeugt oder weil es bereits konkrete Erfahrungen in Auseinandersetzungen mit Herdenschutzhunden gesammelt hat. Auch ein Beutegreifer – umgangssprachlich nennt man sie Raubtiere – ist in erster Linie am Erwerb von Nahrung und nicht an wenig verheißungsvollen, kraftraubenden und gefährlichen Auseinandersetzungen mit starken Gegnern interessiert. Füchse, Wölfe oder Kojoten sind sich der Gefahr, die von den Herdenschutzhunden ausgeht, durchaus bewusst und werden sich nach leichter erreichbarer Beute umsehen.

Pyrenäenberghund-Rüde wacht über eine Schafherde.

Selbst große Bären, die jedem einzeln agierenden Hund weit überlegen sind, ziehen sich angesichts einer kaninen Übermacht fast ausnahmslos zurück.

Wenn das Nahrungsangebot in einem von mehreren Tierarten bewohnten Revier knapp geworden ist und der Jäger Hunger leidet, steigt seine Motivation, auch schwer erreichbare Nahrungsquellen zu nutzen. Ein sich der Herde – wir sollten eigentlich sagen: ein sich dem Territorium des Hundes – nähernder Beutegreifer wird schon früh von den wachen Sinnen der Hunde erfasst. Daraufhin nehmen die Herdenschutzhunde eine Position zwischen erkannter Gefahr und Herde ein. In Wirklichkeit bewegen sich die Hunde in Richtung der festgestellten „Grenzverletzung" und bringen sich so zwangsläufig zwischen Herde und Angreifer! Der Eindringling stellt seinerseits fest, dass er bemerkt wurde, sieht sich einer Gefahr gegenüber und zieht sich zurück. In beiden Fällen kam es zu keiner tätlichen Auseinandersetzung und noch nicht einmal zu einem Sichtkontakt. Nur wenn das Hungergefühl sehr stark ist, wird sich der Beutegreifer der Herde weiter nähern und zwischen Herdenschutzhunden und Beutegreifer entsteht früher oder später Sichtkontakt. Die Hunde werden nun mit eindeutigen Signalen ihre Angriffsbereitschaft demonstrieren und versuchen, den oder die Gegner einzuschüchtern.

Im Normalfall werden die Eindringlinge – es kann sich dabei um Menschen oder Tiere handeln – angesichts eines oder mehrerer heranstürmender, wütender Herdenschutzhunde fluchtartig das Feld räumen. Drohen die Eindringlinge jedoch ihrerseits den Hunden mit einem Angriff, entsteht zunächst ein unblutiger, psychologischer Zermürbungskampf, wie er im Abschnitt „Theoretische Grundlagen des Kampfverhaltens" erwähnt ist. Dabei starten einige Mitglieder des Herdenschutzhundrudels Scheinangriffe in Richtung der Beutegreifer. Andere Herdenschutzhunde verstellen den Eindringlingen den Weg, indem sie in Bewegungsrichtung der Beutegreifer Aufstellung nehmen. Durch Körpersignale geben die Hunde unmissverständliche Drohungen ab: Das Rückenfell wird gesträubt, der Körper mit gespannten Muskeln hoch aufgerichtet, der Kopf hoch gereckt und die Rute hoch über den Körper aufgestellt. Dieses Verhalten gilt für die Gruppe der Hunde, die den Eindringlingen entgegengeht. Ein Teil der Hunde wird in dieser Zeit den Rückraum sichern, und höchstwahrscheinlich werden sich ein oder zwei Hunde lautlos in eine Flankenposition bringen. Sollte es zu einer tätlichen Auseinandersetzung kommen, erfolgt der erste Angriff zumeist von der Flanke und fast nie von den Hunden, die den Weg verstellen und drohen.

Je länger der Zermürbungskampf andauert, desto geringer ist die Wahrscheinlichkeit, dass ein Beschädigungskampf folgt. Üblicherweise gewinnen Fluchttendenzen bei den Beutegreifern allmählich die Überhand, und sie treten schließlich den Rückzug an. Dabei werden sie von den Hunden über weite Strecken verfolgt und aus dem Revier vertrieben. Erst wenn die Angreifer nicht zurückweichen, sondern nun ihrerseits die Hunde bedrohen und bedrängen, wird es zu einer tätlichen Auseinandersetzung kommen. Ein wichtiger Faktor, der zur Eskalation einer Begegnung beiträgt, ist das Unterschreiten eines Minimalabstandes zu den Hunden.

Die überwiegende Zahl aller Begegnungen endet also mit der Flucht der Eindringlinge, wenn die Hunde beginnen, sich in ihre Richtung zu bewegen und eindeutige Drohungen abzugeben. Dass es bei Sichtkontakten zwischen Herdenschutzhunden und Beutegreifern nur selten ernsthafte Auseinandersetzungen gibt, hat auch Erik Zimen beobachtet, während er sich längere Zeit zu Forschungszwecken in den Abruzzen aufhielt. Von den Begegnungen der Maremmano Abruzzese mit den einheimischen Wölfen schrieb er: *„Bald erkannten wir, dass die Beziehungen zwischen unseren radiomarkierten Wölfen und den Hunden der Gegend nicht unbedingt denen befreundeter Artgenossen entsprachen. Vor dem wütenden Gebell der großen abruzzesischen Hirtenhunde zogen sich die Wölfe stets zurück.“*

Man darf nun aber nicht vermuten, dass Herdenschutzhunde aus ihren Konfrontationen mit Beutegreifern grundsätzlich als Sieger hervorgehen. Genau wie die Hunde sind auch deren Gegner bemüht, ihre Strategien zu optimieren und Gefahren für Leib und Leben gering zu halten. Dabei nutzen Fuchs, Wolf und Kojote den Schutz der Dunkelheit, die beiden letzteren auch ihre zahlenmäßige Überlegenheit. Scheinangriffe einer kleinen Gruppe Wölfe oder Kojoten dienen zur Ablenkung der Hunde, in der Zwischenzeit schlägt der Rest des Rudels blitzartig am entgegengesetzten Ende der Herde zu.

In Abhängigkeit der Gegebenheiten ihres Abstammungsgebietes haben die Herdenschutzhunde verschiedene Strategien entwickelt, um Beutegreifer aus ihrem Revier fern zu halten. Dabei spielt die Rasse der Hunde nur eine untergeordnete Rolle, es gibt keinen Beweis für Thesen, die bestimmten Rassen charakteristische, unveränderliche Schutztechniken zuschreiben möchten. Diese dennoch immer wiederkehrenden Behauptungen sind weder biologisch erklärbar, da detaillierte Verhaltensweisen nicht vererbbar sind, noch wären sie im Hinblick auf die Effektivität der Hunde sinnvoll. Die natürliche Selektion, der die Herdenschutzhunde in ihren ursprünglichen Lebensräumen unterworfen sind, würde langfristig sogar dafür sorgen, dass Abstammungslinien mit einem geringen Potential zur Anpassung nicht dauerhaft überlebensfähig wären. Tendenzen zu bestimmten Techniken und Taktiken haben ihre Ursache in den unterschiedlichen Lebensbedingungen und Geländeformen, die sich innerhalb jedes Verbreitungsgebietes einer Rasse finden lassen. Eine weite, offene Grassteppe stellt ganz andere Anforderungen an die Schutztechniken der Hunde als eine hügelige, mit üppigem Bewuchs versehene Umgebung oder die schroffe Welt des Hochgebirges. Wiederum andere Techniken sind nötig, wenn die Hunde auf einem Bauernhof in suburbanen oder zumindest dünn besiedelten Gebieten gehalten werden.

Je nach den Verhältnissen der Region nehmen auch andere Faktoren Einfluss auf die Verhaltensentwicklung der Hunde. Eine wichtige Rolle spielt dabei die (Tier-) Art der Beutegreifer, aber auch ihre Rudelstärke sowie die Konstitution des einzelnen Angreifers. Nehmen wir als Beispiel den Wolf. Sowohl hinsichtlich der Körpergröße als auch bei der Rudelstärke kann es erhebliche Unterschiede geben. In einigen Regionen können sich die Hunde ausschließlich Angriffen von fünf bis sechs kleinen Wölfen mit einem Durchschnittsgewicht von etwa 25 Kilogramm gegenübersehen. In anderen Gebieten dagegen kann ein Wolfsrudel 20 Tiere zählen, deren männliche Mitglieder eine Schulterhöhe bis zu 80 Zentimeter und ein Gewicht um 50 Kilogramm erreichen. Aus diesen Unterschieden ist leicht ersichtlich, dass Hunde, die normalerweise mit Angreifern der ersten Gruppe konfrontiert werden, mit ihren Verteidigungsstrategien gegen die zweite Gruppe nur wenig ausrichten könnten. In wieder anderen Gebieten mögen die Hunde hauptsächlich mit Angriffen von einzeln jagenden Wölfen konfrontiert sein, die jedoch vergleichsweise selten sind. Wurde ein Wolf aus dem Rudelverband verstoßen kann es aber sein, dass er gezwungen ist, seine Nahrung unter den Schafen oder dem Federvieh eines Hirten oder Bauern zu suchen, da er auf sich allein gestellt in freier Wildbahn nur ungenügende Jagderfolge erzielt.

Das Herdenschutzhundrudel eines Hirten ist im Regelfall ein über mehrere menschliche und unzählige hündische Generationen gewachsener, homogener Verband. Junghunde erlernen Schutztechniken und Verhaltensweisen im Spiel und unter Ernstbezug von den erwachsenen Tieren, nehmen die typischen Techniken also quasi schon mit der Muttermilch auf. Alle Hunde einer solchen natürlich gewachsenen Gruppe erwerben einen sehr ähnlichen Erfahrungsschatz und zeigen dadurch weitgehend identische Verhaltensweisen. Durch das Vorhandensein allseits bekannter und durch Übung vertrauter Techniken kann unter den Herdenschutzhunden eine Rollenverteilung stattfinden. Einige Hunde gehen den Eindringlingen entgegen und übernehmen den offensiven Part, während sich ein anderer Teil der Gruppe im Rückraum aufhält oder die Flanken sichert. In anderen Fällen können alle Hunde nach einer defensiven Strategie vorgehen, indem sie sich einzeln oder in kleinen Grüppchen über einen weiten Bereich verteilen und so einen Schutzwall bilden, der dem Eindringling nur die Alternativen Konfrontation oder Rückzug lässt. Für das Entstehen solcher Techniken und Taktiken ist natürlich neben allen anderen Faktoren auch die Anzahl der eingesetzten Herdenschutzhunde bedeutsam. Wirkungsvoll arbeitende Herdenschutzhunde müssen also nicht nur der Situation angepasstes Verhalten zeigen, sondern auch eine gemeinsame Strategie verfolgen. Stürzen alle Hunde – die Gruppenstärke spielt dabei keine Rolle – blindlings in Richtung der georteten Gefahr beziehungsweise Gebietsverletzung, reißen die Wölfe ein Tier an der entgegengesetzten Seite der Herde, während die Hunde von der ersten Wolfsgruppe immer weiter weggelockt werden.

In einem inhomogenen Verband von Herdenschutzhunden ist weder die Aufgabenverteilung noch die Einübung koordinierter Abwehrhandlungen gegeben. Daher sind viele Experimente gescheitert, in denen willkürlich ausgewählte Hunde mit völlig unterschiedlicher Herkunft, Prägung und Erfahrung zu einem Rudel zusammengewürfelt wurden und Herdenschutzdienst leisten sollten. Zur Verdeutlichung sei nochmals darauf hingewiesen, dass die Prägung eine Anpassung an den Lebensraum ist und nicht dem Erwerb detaillierten Schutzverhaltens dient.

Ein anderer weit verbreiteter Irrtum ist die Annahme, ein guter Herdenschutzhund müsse sich ständig in unmittelbarer Nähe oder zumindest in Sichtweite der Herde aufhalten. Diese Annahme ist eine zwangsläufige Folge des Trugschlusses, der Hund würde Herdentiere „persönlich" schützen, anstatt über sein Territorium zu wachen. Anlässlich einer Reise durch das türkische Taurusgebirge im Frühjahr 1998 konnte ich bei mehreren Hirten Erkenntnisse über das Verhalten ihrer Herdenschutzhunde sammeln. Neben vielen Kangals habe ich bei diesen Besuchen auch Hunde gesehen, die eher einem Karshund, einem Mittelasiaten oder einer Mischform dieser Hundetypen ähnelten. Auch schwarz gefärbte Hunde, die sich keiner definierten Rasse zuordnen lassen, sieht man gelegentlich bei den Herden.

Betrachtet man eine Herde aus der Entfernung mit einem Fernglas, ist es nicht ungewöhnlich, dass man zunächst keinen der Herdenschutzhunde zu Gesicht bekommt. Keinesfalls halten sich die Hunde rund um die Uhr in unmittelbarer Nähe der Herde auf, wie es bei Hütehunden üblich ist. Tagsüber suchen sich die Herdenschutzhunde ein schattiges Plätzchen und verbringen den Großteil des Tages dösend. Bevorzugt werden dabei flache Erdlöcher, die sich die Hunde unter schattenspendenden Büschen graben. Das friedliche Bild der dösenden Hunde darf nicht darüber hinwegtäuschen, dass ihre Sinne hellwach sind und jede Annäherung eines Fremden sofort wahrgenommen wird. In vielen Fällen sah ich mich schon einen dreiviertel Kilometer vor der Herde mit einem der Hunde oder einer kleinen Gruppe konfrontiert und musste vorsichtig den Rückzug antreten. Obwohl das Geräusch eines im Gelände bewegten Jeeps nicht mit dem leisen Tritt eines Beutegreifers konkurrieren kann, gibt es keine Zweifel, dass auch ein Wolf frühzeitig entdeckt wird.

In der Morgen- und Abenddämmerung brechen die Hunde zu ausgedehnten Kontrollgängen durch ihr Revier auf. In Abhängigkeit der topographischen Gegebenheiten können sich die Hunde durchaus mehrere Kilometer von der Herde entfernen. Während ihrer Kontrollgänge bleiben die Hunde so nah beieinander, dass sie ständig Sichtkontakt zueinander haben. Niemals brechen kleine Grüppchen in verschiedene Richtungen auf. Der Weg, den die Patrouille abschreitet, gleicht entweder einem Kreis um die Herde, oder die Hunde untersuchen gezielt einen Sektor ihrer Reviergrenze. Auf die Frage, ob sich alle Hunde an diesen Patrouillen beteiligen oder immer einige Hunde in der Nähe des Hirten verbleiben, erhielt ich unterschiedliche Antworten. Dennoch zeigte sich keiner der Hirten durch die Abwesenheit seiner Hunde beunruhigt. Wann immer sich ein Eindringling nähere, so versicherten sie mir, würden ihn die Hunde rechtzeitig bemerken und ihm den Weg abschneiden.

In den mittleren Höhenlagen des Taurusgebirges finden sich neben Weidegründen viele genügsame Sträucher, die teilweise einzeln stehen, teilweise aber auch undurchdringliches Gebüsch bilden, sowie kleine Bäume und Baumgruppen. Felsformationen und kleinere Erhebungen schränken das Sichtfeld zusätzlich ein. Etwas tiefer – in Lagen von rund 1000 Meter über NN – finden sich teilweise sogar üppige Wälder. Dieses Umfeld ist natürlich nicht mit den ebenen Flächen Polens, Ungarns, Russlands und der Ukraine vergleichbar. In diesen Gebieten stellt die Natur Herdenschutzhunden und Beutegreifern nur verhältnismäßig wenig natürliche Deckung zur Verfügung. Folglich gehen Hunde aus Steppengebieten oder Ebenen mit einer auf ihr Lebensumfeld optimierten Strategie vor. Von den Hunden der weiten Grassteppen – Komondor und Mittelasiatischer Owtscharka – wissen wir, dass sie mitunter das Eintreffen eines Beutegreifers abwarten, indem sie sich innerhalb der Herde aufhalten und die Tiere der Herde als Tarnung benutzen. Typisch für diese Hunde ist ihre Gelassenheit beim Auftauchen eines Beutegreifers – erst wenn der Räuber nur noch wenige

Während der Hitze des Tages suchen die Herdenschutzhunde schattige und kühle Plätze auf. Diese beiden Hunde sind keiner Rasse zuzuordnen. Gemeinsam mit einem dritten Hund bewachen sie eine rund 200 Tiere zählende Ziegenherde im Taurusgebirge.

Meter entfernt ist, wird er mit einem mächtigen Satz, unter Ausnutzung des Überraschungsmomentes, vom Hund angegriffen. Beide Rassen sind für ihre absolut stoische Gelassenheit in Gefahrensituationen bekannt. Typisch für diese Hunde ist, einem Angriff keine Drohung durch Körpersprache oder Lautäußerung vorangehen zu lassen. Mehr als alle anderen wirken Komondorok und Mittelasiaten in Gefahrensituationen statuenhaft und völlig unbeteiligt, wobei die Hunde oftmals erst dann agieren, wenn sich der Gegner auf eine Entfernung genähert hat, die der Hund mit einem Sprung überbrücken kann. Beutegreifern legen sie so einen Hinterhalt, eine Taktik, die wir auch in den Jagdtechniken des Wolfes wiederfinden. Dabei kommt dem Komondor sein dichtes, zu Schnüren verdrehtes Deckhaar zugute, das es selbst aus geringer Entfernung unmöglich macht, den inmitten einer Schafherde stehenden Hund zu erkennen.

Neben taktischen Gründen kann auch krankhafte Hyperaggressivität zu Angriffen ohne Vorwarnung führen. Darüber hinaus gibt es noch eine dritte Möglichkeit: Der Hund kann erlernt haben, dass bestimmte Arten (z. B. Kojoten, Katzen, aber auch Menschen) grundsätzlich als Feinde anzusehen sind. Gleichzeitig muss er erlernt haben, dass Vertreter der jeweiligen Art für ihn keine ernsthafte Gefährdung darstellen, da er von ihnen noch nie verletzt wurde und alle Auseinandersetzungen zu seinen Gunsten verliefen. Dieses Verhalten findet sich fast ausschließlich bei zwei Gruppen von Hunden. Erstens bei jenen weitab der Zivilisation lebenden Herdenschutzhunden, die nicht generell auf Menschen geprägt sind, und zweitens bei den Hunden, deren Halter genau dieses Verhalten anstreben und die wissentlich oder unwissentlich eine Prägung des Hundes auf seinen Lebensraum verhindert haben. Das Angriffsverhalten nimmt in diesen Fällen förmlich die Züge eines Rituals an und wird sich auch dann zeigen, wenn Feindseligkeiten nicht zwingend notwendig sind. Bei Herdenschutzhunden auf entlegenen Hochweiden mag dieses Verhalten zwar problematisch, aber noch tolerierbar sein, bei Hunden, die in menschlichen Gemeinschaften leben, muss gegen solche Entwicklungen unverzüglich und nachdrücklich mit ausbilderischen Mitteln vorgegangen werden.

Wenn man selbst eine Gruppe von drei oder mehr Herdenschutzhunden hält, kann man die Hunde beim Einüben ihrer Verteidigungsstrategien hervorragend beobachten. Zur Zeit halten meine Frau und ich zwei Anatolische Hirtenhundrüden, eine Owtscharka-Mischlingshündin und eine Deutsche Schäferhündin, die von den Herdenschutzhunden „assimiliert" wurde, also ins Rudel integriert ist und gelernt hat, eine Rolle im Rudel zu übernehmen.

Mit schöner Regelmäßigkeit geschieht folgendes: Alle Hunde haben sich auf dem Grundstück schattige Plätze gesucht und dösen vor sich hin. Plötzlich, ohne dass ein Eindringling erscheint, springt einer der Hunde auf und rennt knurrend zu einer beliebigen Stelle der Grundstücksgrenze. Gerannt wird dabei nicht mit höchster Geschwindigkeit, sondern in moderatem Tempo, sodass die anderen

Hunde aufschließen können. Der erste Hund ruft also quasi den Verteidigungs-
fall aus und beobachtet sehr genau, ob die anderen Rudelmitglieder adäquates
Verhalten zeigen. Vor allem die Owtscharka-Hündin, die in dieser Gruppe die
Rangfolge anführt, beobachtet ihre Rudelmitglieder genau und weist – wenn
nötig – den anderen Hunden Positionen und Aufgaben zu. Die Aufstellung, die
die Hunde gegenüber der imaginären Gefahr nehmen, ist mittlerweile fest etabliert. Die Owtscharka-Hündin steht der Gefahr direkt gegenüber und droht
durch Körpersignale und Knurren. Einer der Anatolischen Hirtenhunde nimmt
einige Meter versetzt Aufstellung, zeigt ebenfalls drohende Körpersignale und
gibt Lautäußerungen ab. Der zweite Rüde, die Rollen der beiden in dieser Auf-
stellungsvariante wechseln(!), besetzt die Flanke, ca. 15 Meter seitlich entfernt
und etwas nach hinten versetzt. Aufschlussreich ist, dass der Hund auf der Flanke
keine Lautäußerungen von sich gibt, aber von allen drei Hunden die höchste
Körperspannung erkennen lässt. Oft ist der Kopf dieses Hundes bereits zum
Angriff gesenkt. Die Schäferhündin hat Ihre Position üblicherweise im Rückraum, ein gutes Stück von der Leithündin entfernt. Jeder Versuch der Schäferhündin, einen der anderen Hunde bei der Annäherung zum Zaun zu überholen,
wird im Normalfall sofort durch eine Zurechtweisung unterbunden.

Ein anderes Bild ergibt sich, wenn einer der Rüden oder die Leithündin sehr
weit entfernt ist, also die Verteidigungsposition sehr spät erreicht. Dann übernimmt die Schäferhündin einen vorderen Platz, ohne dass anschließend eine
Zurechtweisung erfolgt. Der zuletzt eintreffende Hund besetzt in diesem Fall die
Position im Rückraum. Solche Übungen fanden anfangs ein- bis dreimal täglich
statt. Nach einigen Monaten sind Ablauf und Rollenverteilung perfekt organi-
siert, und die Übungen beginnen seltener zu werden. Ein interessanter Punkt ist,
dass diese Übungen von allen Rudelmitgliedern initiiert werden können, dies
aber keinen Einfluss auf die Position des Hundes in der Aufstellung hat.

Natürlich gibt es zahlreiche Varianten. Erscheint zum Beispiel in größerer
Entfernung ein Mensch jenseits des Zaunes (was sehr selten geschieht), geht
zumeist nur einer der Anatolischen Hirtenhunde in dessen Richtung und verstellt den Weg. Das bedeutet, der Hund wendet dem Menschen seine Breitseite
zu, hebt den Kopf, stellt die Rute höchstmöglich über den Rücken und verharrt
längere Zeit in dieser Position. Die anderen Hunde beobachten die Situation
sehr genau, erheben sich aber zunächst nicht. Erst wenn sich der Mensch dem
Zaun weiter nähert oder der Hund in vorderster Position wütend bellt, nimmt
der Rest des Rudels Aufstellung. Die eben geschilderten Fälle sind nur ein Bruchteil der Verteidigungsstrategien und Übungen, die in der Praxis zu beobachten
sind. Über die Einübung der Verteidigungstechniken und deren zahlreiche Varianten könnte problemlos ein eigenes Buch geschrieben werden.

5. Zuchtauswahl früher und heute

Bei vielen Hunderassen sind nicht mehr Gesundheit, Robustheit, Arbeitsleistung oder intaktes und vollständiges Sozialverhalten Grundlage der Zuchtauswahl, sondern subjektiv empfundene und zusätzlich einem wechselnden Zeitgeist unterworfene Schönheitsideale. Der „Bergab-Rücken" des Deutschen Schäferhundes, der ihm eine hyänenähnliche Erscheinung beschert, und die Mutation des Basset Hound von einem exzellenten Jagdhund zu einer Hundekarikatur sollen hier stellvertretend für viele andere als abschreckende Beispiele dienen. Ein glückliches Schicksal hat die Herdenschutzhunde bisher vor solchen züchterischen Entgleisungen bewahrt.

Jahrhunderte lang haben die Hirten vieler Länder unabhängig voneinander durch ihre ausschließlich an Arbeitsleistung, Gesundheit und Widerstandsfähigkeit orientierte Zuchtauswahl für das Entstehen psychisch und physisch gesunder Hunde gesorgt. Nur in ganz geringem Umfang wurde von ihnen die optische Erscheinung der Hunde berücksichtigt. Durch die ausschließlich auf praktischen Erwägungen basierende Zuchtauswahl konnten sich in weit auseinanderliegenden Gebieten Herdenschutzhunde mit ähnlicher Erscheinung und nahezu identischen Wesenseigenschaften entwickeln. Der einzige eindeutige und unstrittige Fall der Zuchtauswahl nach einer bestimmten Erscheinungsform sind die weißen Herdenschutzhunde. Eine weiße oder zumindest helle Grundfarbe war erwünscht, um die Hunde bei schlechten Lichtverhältnissen besser sehen und von angreifenden Wölfen unterscheiden zu können. Der Wegfall des Schutzdienstes an Herden hat bezüglich der Farbauswahl bereits zu einem deutlichen Wandel bei einigen Herdenschutzhundrassen geführt. In der westlichen Welt gibt es eine Präferenz für schwarz/ grau oder schwarz/ braun gezeichnete Owtscharki, in ihrer Heimat im Kaukasus hingegen sind vor allem Hunde mit beigefarbener oder hellbrauner Tönung begehrt. Nur selten verlassen sich Hirten ausschließlich auf den Schutz ihrer Hunde, meistens sind sie zusätzlich bewaffnet. Nur wer seine Hunde von den Wölfen eindeutig zu unterscheiden vermag, kann einen sicheren Schuss, Schlag oder Pfeil anbringen und der Gefahr vorbeugen, versehentlich einen der Hunde zu töten. Noch heute sieht man in den entlegenen Gebieten des Großen Kaukasus oder des türkischen Taurusgebirges Hirten, die sowohl mehrere Herdenschutzhunde als auch eine Jagd- oder Schrotflinte mit sich führen.

Zwei weitere Unterschiede zum heutigen Zuchtgeschehen haben einen entscheidenden Anteil an der positiven Entwicklung der Herdenschutzhundrassen gehabt. Das Leben in einer gefahrvollen Umwelt hat für die Herdenschutzhunde in ihren ursprünglichen Herkunftsgebieten die Prinzipien der natürlichen Selektion zumindest teilweise aufrechterhalten. Tiere, die übermäßig angriffslustig, unbesonnen, hochgradig aggressiv oder überdurchschnittlich ängstlich waren, blieben im natürlichen Ausleseprozess auf der Strecke. Meist fielen diese Individuen schon in jungem Lebensalter Wölfen oder anderen Beutegreifern zum Opfer, und die Möglichkeit, Nachkommen zu zeugen oder zu gebären, war ihnen ohne Eingriff des Menschen genommen. Im Laufe der Zeit entwickelten sich auf natürliche Weise Hundetypen, deren körperliche Eigenschaften, sinnliche Leistungen und Verhaltensweisen auf das Überleben in feindlicher Umwelt perfekt abgestimmt waren. Je älter ein Hund unter diesen Umständen wurde, desto häufiger konnte er seine (erfolgreichen) Gene weitergeben und seinen Anteil am Genpool der nachfolgenden Generationen vergrößern.

Der zweite Aspekt der Aufrechterhaltung natürlicher Selektion ist im Zusammenhang mit den Lebensbedingungen und Wertvorstellungen der Hirten zu sehen. In unserer Zivilisation haben Haustiere einen hohen Stellenwert, sind Familienmitglieder und werden nach den Regeln ärztlicher Kunst und dem Stand der Wissenschaft behandelt. Lebenserhaltende Maßnahmen, von medikamentöser Behandlung von Herz- und Kreislaufschwächen bis hin zur Implantation eines Herzschrittmachers sind selbstverständlich geworden. Einem HD-geschädigten Hund können, sofern der Tierhalter die finanziellen Möglichkeiten besitzt, künstliche Hüftgelenke eingesetzt werden. So erreichen auch Hunde, die aufgrund gesundheitlicher Probleme vielleicht nur zwei oder drei Jahre alt geworden wären, dank ärztlicher Kunst ein hohes Lebensalter. Ganz anders sieht es bei einem Hirten aus. Der Hund ist kein geliebtes Haustier, sowohl sein materieller wie auch sein ideeller Wert sind äußerst gering. Sozialkontakte zwischen Mensch und Hund sind vergleichsweise selten, und die emotionale Bindung der Menschen an ihre Hunde ist nach unseren Maßstäben oberflächlich und locker. Das Hauptaugenmerk des Hirten liegt auf den Tieren seiner Herde, denn sie sind die wirtschaftliche Grundlage seiner Existenz. Die Hunde sind Mittel zum Zweck und bleiben weitgehend sich selbst überlassen. In der Türkei konnte ich mehrfach Herdenschutzhunde sehen, die an schweren, unbehandelten Kampfverletzungen litten, ohne dass ihre Besitzer Handlungsbedarf sahen. Diese Art der „Hundehaltung" ist mit unserer heutigen Auffassung artgerechter Tierhaltung natürlich nicht vereinbar, nichtsdestoweniger dürften sich die Praktiken der Hirten in den letzten Jahrhunderten kaum verändert haben. Es mag je nach Epoche, Region und Kulturkreis zwar kleine Unterschiede in der Hirte-Herdenschutzhund-Beziehung geben, aber mit unserer kulturell bedingten emotionalen Einstellung zur Tierhaltung ist sie nicht annähernd zu vergleichen. Die Geschichte vom treu sorgenden Hirten, der seine Hunde hegt, pflegt und ausbildet und dessen Hunde im Gegenzug ihr Leben geben, um ihren geliebten Herrn zu schützen, ist eine sentimentale Mystifikation bar jeder Realität.

Obwohl die Geringschätzung des Hundes, seine Austauschbarkeit und das Fehlen jeglicher emotionaler Bindung auf uns befremdlich oder sogar abstoßend wirken, hat diese Denkweise unbewusst die Vermeidung fundamentaler Fehler bewirkt. Zu keiner Zeit haben die Hirten in den natürlichen Ablauf der Fortpflanzung eingegriffen, indem sie lebensuntüchtige Welpen von Hand großgezogen oder Defizite ihrer Hündinnen bei der Brutpflege kompensiert haben. Zeigte eine Hündin falsches oder unvollständiges Brutpflegeverhalten, so war ihr Nachwuchs, wie bei einer Wildform, zum Tode verurteilt. Der Verbreitung von Erbdefekten und Verhaltensstörungen wurde auf diese Weise wirkungsvoll Einhalt geboten. Kranke oder schwächliche Welpen starben, und Hunde mit Defiziten im Sozialverhalten wurden von der Mutter oder erwachsenen Rudelmitgliedern früher oder später getötet. Anders sieht es leider bei den heute kommerziell

gezüchteten Hunden aus. Züchter versuchen, teilweise aus verständlicher Tierliebe, teilweise aber auch aus Profitgier, Würfe am Leben zu erhalten, die von der
Hundemutter nicht angenommen werden oder die aufgrund falschen Brutpfle-
geverhaltens keine Überlebenschance hätten. Obwohl diese Versuche unter dem
Aspekt des Tierschutzes im Einzelfall durchaus zu würdigen sind, ergibt sich
daraus eine oft vernachlässigte Gefahr für die Zukunft der ganzen Rasse. Die
Gendefekte solcherart großgezogener Hunde fließen in den Genpool der Rasse
ein und führen langfristig zur Ausbreitung und Verankerung des gestörten Verhaltens. Im Extremfall hat die Orientierung an oberflächlichen Schönheitsidealen einerseits und die Vernachlässigung physischer und psychischer Gesundheit
andererseits dazu geführt, dass einige Hunderassen überhaupt nicht mehr in der
Lage sind, auf natürliche Weise zu gebären. Nur durch einen Kaiserschnitt können die Welpen von einem Tierarzt „ins Leben befohlen werden".

Einige unserer heutigen Hunderassen konnten nur durch den permanenten
Eingriff der Züchter in die Wurfkisten überleben. Die innerartliche Aggression
dieser Hunde war und ist so hoch, dass bereits die Welpen beginnen, sich in der
Wurfkiste gegenseitig zu zerfleischen. Man denke nur an das geradezu wurfver-
nichtende Sozialverhalten des Foxterriers. Von diesen Entwicklungen blieben
alle Herdenschutzhundrassen bisher verschont. Biologisch oder verhaltensbiolo-
gisch nicht lebensfähige Tiere starben, und die ungünstigen Gene waren ein für
alle Mal aus der Population entfernt.

6. Die Zuchtstandards der Herdenschutzhundrassen

Hunde, die ein vergleichbares genetisches Ausgangsmaterial aufweisen oder einfach nur Ähnlichkeiten bei bestimmten Körpermerkmalen zeigen, bezeichnen wir als Rasse und unterstellen mehr oder weniger bewusst, dass es sich hierbei um einen homogenen Verband von Tieren mit gleicher Erscheinungsform und weitgehend identischen Verhaltensweisen handelt. Mittels rigider Normierungen, beschönigend als Zuchtstandards bezeichnet, wird versucht, das physische und psychische Erscheinungsbild einer Hunderasse zu standardisieren und Abweichungen von der willkürlich festgelegten Norm zu eliminieren. Der Versuch, durch züchterische Einflussnahme Hunde mit bestimmtem Aussehen und einheitlichem Wesenstyp zu erzeugen, ist an sich nicht unlauter, kann aber, durch Extinktion, Degeneration und fehlende natürliche Selektion unversehens zu massiven Veränderungen und Entwicklungsstörungen des entsprechenden Hundetyps führen.

Es ist unstrittig, dass es gelingen kann, durch züchterische Einflussnahme die Erscheinung der Nachkommen langfristig zu beeinflussen, aber oft wird der Eindruck erweckt, Ähnliches gelte auch für die Wesenseigenschaften des Hundes. An diesem Punkt werden Definitionen und Abgrenzungen schwierig, denn in allen Hunderassen finden sich Tiere mit höchst unterschiedlich ausgeprägten Wesenseigenschaften. Selbst innerhalb eines Wurfes treten im Regelfall erhebliche Unterschiede auf. Für die Herdenschutzhunde verweise ich daher auf die Existenz rasseübergreifender Wesenstypen. Ausdrücklich gewarnt sei vor der Annahme, dass jeder Rassehund dem Idealbild seines Zuchtstandards entspricht. Dieser Trugschluss findet sich unter anderem in vielen Hundeverordnungen, in denen allen Mitgliedern jeder Rasse identische Eigenschaften unterstellt werden. Wenn Sie einmal die Wesenszüge der Ihnen bekannten Deutschen Schäferhunde vergleichen, wird die Bandbreite sofort offensichtlich, und der Begriff Rassehund verliert deutlich an Prägnanz.

Dem Thema Rassehund ist vorauszuschicken, dass die Einteilung in unsere heutigen Rassen und ihre Zucht gemäß niedergeschriebener Standards erst seit ungefähr 100 Jahren betrieben werden. Beinahe alle Rassedefinitionen entstanden erst kurz vor oder kurz nach Beginn des 20. Jahrhunderts. Ein Zeitraum also, der im Verhältnis zu den 50 000 oder 100 000 Jahren, die seit Beginn der Domestikation des Wolfes vergangen sein dürften, verschwindend klein ausfällt. Zudem sind fast alle Rassen aus Hunden entstanden, die selbst von unklarer Herkunft waren. Neben dem Deutschen Schäferhund, Berner Sennenhund, Dobermann, Leonberger und Briard wurden auch alle anderen Rassen aus vorhandenen Hunden entwickelt, indem einfach verschiedene Mischlinge miteinander gekreuzt wurden und man das Ergebnis später zur Rasse erklärte. In der Folge wurden die heute noch bekannten Zuchtstandards festgelegt und bestimmte Eigenschaften der Rassen mehr oder weniger planmäßig weiterentwickelt. Diese Tatsache spricht weder gegen irgendeine Rasse noch ihren Zuchtstandard, sie zeigt aber deutlich, dass Reinrassigkeit bei Hunden nicht von der Natur gewollt ist, sondern eine Erfindung des Menschen darstellt und letztlich jeder Rassehund von Mischlingen abstammt. Abweichungen von der „Norm" sind von der Natur durchaus gewollt und haben eine wichtige evolutive Funktion. Nur durch die Erzeugung von Varietäten und der anschließenden Prüfung ihrer Fähigkeiten im Wettbewerb des Überlebens ist eine Rasse in der Lage, sich weiterzuentwickeln und eine Anpassung an veränderte Umwelt- und Lebensbedingungen zu bewältigen. Gerade bei den Kaniden ist die Fähigkeit zur Anpassung durch Veränderung sehr hoch entwickelt, wie sich aus dem Vorhandensein von mittlerweile rund 400 Hunderassen unschwer ablesen lässt. Auch die Entwicklung vom Wolf zum Haushund hätte ohne die genetisch bedingte Veranlagung zur Veränderung niemals stattfinden können.

Die Zuchtstandards der heutigen Herdenschutzhundrassen stammen zum überwiegenden Teil aus der jüngeren Vergangenheit, viele sind erst zwischen 1935 und 1980 entstanden. In den westlichen Industrieländern ist die Haltung der Herdenschutzhunde zwischen 1970 und 1990 in Mode gekommen, und erst ab diesem Zeitpunkt begannen westliche Wertvorstellungen auf die Fortentwicklung dieser Rassen Einfluss zu nehmen. Obwohl das Wort „Zuchtstandard" vermuten lässt, dass die Hunde auf der ganzen Welt nach einheitlichen Bestimmungen gezüchtet und bewertet werden, gibt es in allen Ländern mehr oder weniger gravierende Abweichungen. So ist bei manchen Rassen eine paradoxe Situation entstanden: Hunde, die im Herkunftsland gemäß der Tradition gezüchtet werden, entsprechen nun auf einmal nicht mehr den gültigen Zuchtanforderungen des Weltverbandes F.C.I. Die Unterschiede können sich sowohl auf die Größe der Hunde als auch die Farbe und Länge des Deckhaars und andere Merkmale beziehen. Mitunter sind Fehler oder unpräzise Formulierungen, die bei der Übersetzung des Rassestandards in eine andere Sprache entstanden sind, für Abweichungen verantwortlich; teilweise kann auch die unterschiedliche Gesetzgebung (z. B. Kupieren der Ohren) nationale Varianten erzwingen. Eine weitere Ursache für das Vorhandensein unterschiedlicher Rassestandards kann in der Trennung eines Herkunftsgebietes durch eine Staats- oder Sprachgrenze liegen. Seit der Aufteilung Jugoslawiens in eigenständige Staaten, existieren in einigen Teilrepubliken eigenständige Zuchtstandards für den Šarplaninač. Das Verbreitungsgebiet des Owtscharka endet natürlich nicht an der Grenze Georgiens mit der Türkei. Auch auf der türkischen Seite finden sich typische Kaukasen und werden dort als Karshunde bezeichnet. Sowohl in Polen als auch in der Slowakei findet sich ein Herdenschutzhund, der in Polen Polski Owczarek Podhalanski und in der Slowakei Slovenský Čuvač genannt wird. Beide „Rassen" unterscheiden sich weder in ihrem Äußeren noch im Wesen, können bestenfalls von einem Hellseher unterschieden werden und sind trotzdem von der F.C.I. als eigenständige Rassen anerkannt. Dies ist nur ein Fall von vielen, in denen biologischer Sinn und kynologischer Zweck nationalen Eitelkeiten geopfert wurden. Dass der Rassenwahn aber noch ganz andere Blüten treiben kann, werden wir am Beispiel des Anatolischen Hirtenhundes sehen.

In den Herkunftsgebieten der Herdenschutzhunde ist das Auftreten regionaler Typen und Schläge, als Variationen eines Grundtyps, gang und gäbe. Das Fehlen von Auswahlkriterien für die Zucht, die topographische Trennung benachbarter Gebiete durch Gebirge oder große Wasserflächen und die vergleichsweise geringen Möglichkeiten der Menschen zur Ortsveränderung haben die Entstehung regionaler Hundetypen gefördert. Je größer das Verbreitungsgebiet einer Rasse ist, desto zahlreicher und augenfälliger sind die Variationen des Grundtyps. Besonders deutlich wird dies am Beispiel des Kaukasischen Owtscharka, der schon vor langer Zeit in allen an den Kaukasus grenzenden Gebieten, der südlichen Ukraine, Kasachstan, der nordöstlichen Türkei und den nördlichen Lan-

Drei weiße Herdenschutzhunde – Podhalaner, Akbaş, Pyrenäenberghund.

desteilen des Irans und des Iraks verbreitet war. In vielen Regionen entwickelten sich an die jeweiligen Umwelt- und Lebensverhältnisse angepasste Hunde, die sich nicht nur in der Körpergröße, sondern vor allem durch verschiedene Länge und Färbung des Deckhaars unterscheiden.

Eine erheblich geringere Anzahl von Variationen zeigen die türkischen Herdenschutzhundrassen, dennoch ist auch dort das Vorhandensein regionaler Schläge unübersehbar. Das Verbreitungsgebiet von Akbaş und Kangal ist von mittlerer Größe. Beim Akbaş konzentriert sich die Verbreitung auf die Umgebung der Handelsmetropole Eskisehir (sprich: Eskischehir), Hauptstadt der gleichnamigen Provinz im Nordwesten Anatoliens. Das Herkunfts- und Hauptverbreitungsgebiet des Kangals liegt in Zentralanatolien mit der Stadt Sivas als Zentrum. Der Kangal ist jedoch fast in der gesamten östlichen Türkei wie auch im Südwesten Georgiens und im Grenzgebiet zu Syrien beheimatet, was die Entwicklung regionaler Schläge gefördert hat. Im Gegensatz zeigen sich bei den Rassen, die aus relativ kleinen, zusammenhängenden Herkunftsgebieten stammen, insgesamt nur geringe Unterschiede bei körperlichen Merkmalen. Šarplaninac, Komondor und Maremma weisen nur einen Bruchteil der Variabilität der Owtscharki auf. Ein positives Beispiel, dass unsinnige Normierungen nicht zwangsläufig Bestandteil eines Rassestandards sein müssen, findet man beim Zuchtstandard des Kaukasischen Owtscharka. Nahezu alle Felltypen und -farben sind gleichberechtigt zugelassen. Auch bezüglich Statur und Körpergröße wird der Variantenreichtum nur unwesentlich eingeschränkt. Sehr viel rigidere Bestimmungen finden sich bei den in Europa hauptsächlich für Schauzwecke gezüchteten Rassen. Deutscher Schäferhund und Airedale Terrier sind nur zwei Beispiele stellvertretend für viele, bei denen die „erlaubte" Widerristhöhe im Zuchtstandard auf den Zentimeter genau festgelegt ist. Bei fast allen Herdenschutzhundrassen hingegen ist nur eine Mindestgröße definiert, und die Spanne reicht bei Rüden vielfach von gut 60 Zentimetern bis über 80 Zentimetern.

Der vernünftige Ansatz, die Entwicklung einer Rasse nicht sinnlos zu normieren und auf enge Grenzwerte bei der Widerristhöhe zu verzichten, führt leider zu einem anderem Problem. Die Zuchten Europas und Nordamerikas bringen zusehends immer größere Hunde hervor. Dies liegt zum einen an der Gigantomanie einiger Züchter und vor allem der Hundekäufer, zum anderen an einer gegenüber den Herkunftsländern erheblich besseren Ernährung. In den Zoofachgeschäften der Industrieländer finden sich viele optimal auf die Ernährung des Hundes zusammengestellte Futtersorten. Ausgesprochene Kraftfutter und hoch energetische Futterzusätze werden dem ambitionierten Hundebesitzer geradezu aufgedrängt. Ganz anders stellt sich dagegen die Ernährung der Hunde in ihren Heimatländern dar. Für Hirten, Bauern und Nomaden ist eine Fleischmahlzeit eher die Ausnahme als die Regel, demzufolge erhalten ihre Hunde neben einer geringen Menge Fleischabfälle hauptsächlich Brot und andere

Getreideprodukte. Gelegentlich dient auch Fisch als Eiweißlieferant. Ist in westlichen Ländern traditionell das Schwein der Resteverwerter und Abfallvertilger, kommt in islamischen Ländern dem Hund diese Aufgabe zu. Von russischen Hirten ist überliefert, dass ihre Hunde täglich eine Schüssel grob geschroteter, in Wasser gequollener Gerste mit einigen Kanten alten Brotes erhielten. Die Tendenz der Herdenschutzhunde angesichts optimaler Ernährungsbedingungen deutlich an Körpergröße und -masse zuzulegen, ist also zumindest teilweise aus diesem Blickwinkel erklärbar.

Wirklich problematisch wird diese Entwicklung, wenn Züchter zusätzlich nur die größten Tiere zur Fortpflanzung zulassen um möglichst imposante Hunde zu erhalten. Der größte Kaukasische Owtscharka, den ich bisher zu Gesicht bekommen habe, besaß eine Widerristhöhe von sage und schreibe einem ganzen Meter und wog fast 90 Kilogramm, ohne dabei zur Fettleibigkeit zu neigen. Ein wahrer Berg von einem Hund mit der Erscheinung eines Bulldozers. Dass der als Wächter für Haus und Hof gehaltene Hund sichtlich Mühe hatte, seinen knappen Doppelzentner durch die Gegend zu wuchten, störte den stolzen Besitzer nicht im Geringsten. Im Herdenschutzdienst wäre dieser Hund völlig deplatziert. Er ist viel zu groß und zu schwer, um die geschmeidigen Bewegungen eines Wolfes zu parieren. Seine mangelnde Beweglichkeit würde diesen Hund wahrscheinlich schon bei der ersten Auseinandersetzung mit Wölfen oder anderen Beutegreifern das Leben kosten. Von Befürwortern der „Riesenzucht" wird gerne das Argument ins Feld geführt, die Hunde müssten so groß sein, da sie schließlich auch gegen Bären kämpfen würden. Tatsächlich ist mir kein einziger Fall bekannt, in dem es wirklich zu einem Beschädigungskampf zwischen einem einzelnen Hund und einem Bären gekommen ist. Viele Geschichten über „Wunderhunde", die nahezu unverletzt einen Bären zerrissen haben, dürfen wir getrost ins Reich der Märchen verbannen. Die zur Volksbelustigung veranstalteten Schaukämpfe, bei denen eine größere Anzahl Hunde auf einen Bären gehetzt werden, sollen außen vor bleiben, da sie nichts mit dem Alltag eines Herdenschutzhundes zu tun haben. Wie bereits an anderer Stelle betont, enden 99,9 % der Konfrontationen einer Herdenschutzhundgruppe mit einem Bären durch Rückzug von Meister Petz. Sollte es dennoch zu einer Auseinandersetzung eines einzelnen Herdenschutzhundes – welcher Rasse auch immer – mit einem Bären kommen, wird auch der Befürworter der „Hundegiganten" ernüchtert feststellen, dass der Kampf höchst einseitig verläuft, weil der Bär in einer ganz anderen Liga spielt. Ein Grizzly- oder Kodiakbär ist, wie andere große Bären auch, ohne weiteres in der Lage, den Kopf des Hundes mit einem einzigen Prankenhieb vom Körper zu trennen. Sein Gewicht von bis zu einer halben Tonne bricht mühelos Rippen und Rückgrat des stärksten Hundes. Sehen wir diese Geschichten als das, was sie sind: Kynologenlatein mit einem Schuss Lagerfeuerromantik.

105

Aber was wäre die Hundezucht, wenn es nicht auch ein entgegengesetztes Extrem gäbe? Einige Züchter versuchen neuerdings zum Beispiel immer kleinere Herdenschutzhunde zu züchten, um die Hunde für eine Wohnungshaltung in dicht besiedelten Gebieten geeigneter erscheinen zu lassen. Unwillkürlich tauchen vor dem geistigen Auge die abschreckenden Beispiele des Minibullterriers und des Minicollies auf, zwei zerbrechliche Hündchen mit der Körpergröße eines Yorkshire Terriers im Bullterrier- beziehungsweise Collie-Look. Im erbittert geführten Kampf um Anteile am Hundemarkt werden von Züchtern und Zuchtvereinen, unter tätiger Mithilfe der F.C.I. und ihrer nationalen Verbände, Hunde bedenkenlos von ihrer Ursprünglichkeit entfernt, um sie im „Wettbewerb des Verkaufens" marktgerechter zu machen.

Andere hingegen versuchen sich einen Markt zu schaffen, indem sie Mischlinge formaljuristisch zu Rassehunden erklären lassen und dies mit hanebüchenen Argumenten begründen. Einige Zeitgenossen erliegen dem Reiz verklärter Exotik und möchten uns weismachen, durch „eigene Forschungen" herausgefunden zu haben, dass ihr Hund in Wirklichkeit einer alten, nahezu ausgestorbenen Rasse angehört. Manche ziehen sogar die Verse mittelalterlicher Barden als angebliche Beweise heran oder berufen sich auf antike Zeichnungen und Skizzen. Wieder andere lügen unverfroren das Blaue vom Himmel herunter und setzen auf die Gutgläubigkeit ihrer Mitmenschen. Diesem Treiben verdanken wir so wundervolle Schöpfungen wie den „Asiatischen Hirtenhund", den „Zentralasiatischen Schäferhund", den „Germanischen Bärenhund" und den „Kaukasischen Berghund". Natürlich handelt es sich in allen Fällen entweder um Schläge eines Kaukasischen Owtscharka, Mittelasiatischen Owtscharka oder schlicht und ergreifend um Mischlinge dieser Rassen. Nicht selten werden sogar Vereine und Verbände gegründet, die sich zum Ziel setzen, die „neuen seltenen Rassen" vor dem Aussterben zu bewahren und eine Zucht aufzubauen. Fraglos ist ein großer Teil solcher Aktivitäten mit dem Geltungsbedürfnis und der Eitelkeit dieser Menschen erklärbar, noch verständlicher werden diese Bestrebungen, wenn man das kommerzielle Potential solcher Machenschaften berücksichtigt. Für einen Rassehund lässt sich ohne weiteres ein Preis um 1000 Euro erzielen, ein Mischling lässt sich häufig kaum für ein Fünftel dieses Betrages absetzen.

Ich habe lange Zeit darüber gerätselt, ob es sinnvoll ist, die Rassestandards der Herdenschutzhundrassen in dieses Buch aufzunehmen. Der Entscheidung, die „Anforderungskataloge" trotz aller grundsätzlichen Zweifel an der Instanz „Zuchtstandard" auszugsweise abzudrucken, liegt die Überlegung zugrunde, dem Interessenten eine Möglichkeit an die Hand zu geben, den Hund zumindest auf eklatante Widersprüche zu prüfen. Viele Formulierungen in den von der F.C.I. und ihren Mitgliedsverbänden vertretenen Zuchtstandards sind so hanebüchen, weltfremd und absurd, dass ihr Abdruck einer Platzverschwendung gleichkäme. So heißt es zum Beispiel im Standard des Estrela Berghundes wörtlich: „...*die ausgesprochene Ausgewogenheit der ganzen Erscheinung spricht für eine reinrassige, lokal tief verwurzelte Vergangenheit".* – Aha! Anscheinend will man uns glauben machen, dass gefällige Proportionen ein Beweis für Reinrassigkeit und Tradition sind. Schönheit liegt bekannterweise immer im Auge des Betrachters, und solche höchst subjektiven Argumentationsversuche haben in einem Rassestandard nichts verloren. Kopfschüttelnd muss man zur Kenntnis nehmen, dass Bestrebungen, eine Rasse gemäß ihren typischen Eigenschaften weiterzuentwickeln, durch solcherlei Geschwafel entwertet und ernsthafte Hundefreunde völlig ohne Not der Lächerlichkeit preisgegeben werden. Das volle Ausmaß der Absurdität, Lebewesen nach Rassestandards zu normieren, zeigt sich erst auf Zuchtausstellungen. Hunde mit Fellzeichnungen, die laut Zuchtstandard als disqualifizierend anzusehen sind, werden unverdrossen und im gegenseitigen Einvernehmen mit „vorzüglich – eins" bewertet. Der wechselnde Zeitgeist macht es möglich. Der Einfluss eines Großzüchters, mit besten Verbindungen in die oberen Etagen der Vereine und Verbände, ebenfalls.

Das Vorhandensein unterschiedlicher Zuchtstandards für ein und dieselbe Rasse macht die Auswahl einer bestimmten Variante nicht eben leicht. Es ist problemlos möglich, im Internet innerhalb weniger Minuten für jede Herdenschutzhundrasse mehrere verschiedene Standards ausfindig zu machen. Bei der Auswahl der Zuchtstandards habe ich denen aus dem jeweiligen Heimatland der Rasse den Vorzug vor den in Deutschland gebräuchlichen Varianten gegeben. Den Inhalt vieler Zuchtstandards habe ich auf das Wesentliche komprimiert. Diese Standards sind daran erkennbar, dass die Kapitelüberschrift „Das Wichtigste aus dem Zuchtstandard des ..." lautet. Dabei habe ich mich bemüht, Tenor und Sprache der Zuchtstandards weitgehend zu erhalten. Die meisten Zuchtstandards wurden zunächst aus der Sprache des Herkunftslandes ins Englische übersetzt. Die englischen Rassestandards der F.C.I. und des UKC habe ich anschließend ins Deutsche übertragen. Aus diesen Gründen können hier im Buch abgedruckte Zuchtstandards gegenüber den von deutschen Vereinen und Verbänden bevorzugten Versionen unterschiedliche Formulierungen und Inhalte aufweisen.

Die Inhalte der Zuchtstandards wurden von mir sinngemäß übersetzt und weder „geschönt" noch korrigiert; sie geben daher auch nicht unbedingt meine Meinung wieder. Jedem Zuchtstandard ist aus Gründen der Übersichtlichkeit ein Kästchen mit allgemeinen Informationen vorangestellt. Diese Elemente sind inhaltlich zwar Bestandteile der Standards, wurden in dieser Form jedoch vom Autor hinzugefügt.

TEIL II –
DIE HERDENSCHUTZHUNDRASSEN

7. Akbaş

Der einzige weiße Herdenschutzhund, dessen Abstammungsgebiet außerhalb Europas liegt, ist der türkische Akbaş. Diese Rasse hat in ihrer Heimat eine lange Tradition, wobei nicht zu klären ist, wann und wo dieser Hundetyp entstanden ist. Ebenfalls im Dunkeln liegt die Antwort auf die Frage, seit wann es in Westanatolien Hunde vom Typ Akbaş gibt. Buchautoren, Hundefreunde und Zuchtvereine haben nicht selten ausführliche und bildhafte Erläuterungen über die mehrtausendjährige Geschichte des Akbaş zur Hand, viele Publikationen stellen Beziehungen zu Hunden des Altertums her oder schreiben die Abstammung der Rasse einem in alten Schriften erwähnten Hund zu. So interessant und kurzweilig diese Betrachtungen zu lesen sind, so verbindet sie doch alle ein kleiner Schönheitsfehler – es gibt nicht den Hauch eines Beweises.

Im Gegensatz zu einigen anderen Hunderassen, bei denen zumindest die neuere Geschichte gut dokumentiert ist, finden wir über den Akbaş nur sehr spärliche Aufzeichnungen, die sich zumeist auf Randbemerkungen in Reisetagebüchern beschränken. Aus einem solchen Buch[1] wissen wir, dass es im westlichen Teil der anatolischen Hochebene um 1930 viele Schafherden gab, die von Akbaş bewacht und verteidigt wurden. Zwar ist die Existenz des Akbaş seit mehreren Jahrhunderten unstrittig, aber nur sehr wenige Dokumente und Zeichnungen geben über das Vorhandensein dieser Hunde Aufschluss. Die Erforschung der Geschichte des Akbaş endet also, bevor sie richtig begonnen hat, und verlässliche Hinweise auf den Ursprung der Rasse bleiben unauffindbar.

Ich möchte daher ein Szenario entwerfen, das eine mögliche und wahrscheinliche Variante der Entstehung des Akbaş beschreibt, aber natürlich den letzten Beweis ebenfalls schuldig bleiben muss. Dass die ersten Herdenschutzhunde im Lebensraum der frühen Hochkulturen vor rund 4000 bis 5000 Jahren entstanden sind, ist eine durch wissenschaftliche Erkenntnisse weitgehend gesicherte These. Das Abstammungsgebiet der ersten Herdenschutzhunde lässt sich aufgrund archäologischer Funde auf Mesopotamien eingrenzen, jenes Zweistromgebiet, durch das Euphrat und Tigris fließen. Es reicht vom Armenischen Hochland im Osten bis zum Persischen Golf im Süden und der Türkei im Nordwesten; umfasst also nach heutigem Grenzverlauf Gebiete der östlichen Türkei,

---

[1] Balsan, F., The Sheep and the Chevrolet. Tagebuch über eine Reise durch die Türkei, erschienen 1947 bei Paul Elek Publ. Ltd., London.

Portrait eines 18 Monate alten Akbaş-Rüden.

des Irans, Iraks und der Armenischen Republik. Mesopotamien war niemals ein homogener Staat oder eine politisch-kulturelle Einheit, sondern Siedlungsgebiet neu zuströmender Bevölkerungsgruppen. In der Jungsteinzeit (ca. 5500 v. Chr.) stellten Bauern den Großteil der Bevölkerung, die spätere Entstehung einer Hochkultur wird auf die Einwanderung der Sumerer zurückgeführt. Dass die Sumerer zu dieser Zeit bereits einen hellfarbigen Herdenschutzhund besaßen, ist durch archäologische Funde zweifelsfrei belegt[2]. Das Aufeinandertreffen eines einfachen Bauernvolkes mit Einwanderern aus einer vergleichsweise hoch entwickelten Kultur muss auf die Entwicklung des Bauernvolkes sehr befruchtend gewirkt haben. Wir dürfen mit Fug und Recht annehmen, dass die von den Sumerern mitgeführten Herdenschutzhunde große Aufmerksamkeit erregten und die nun mögliche Verteidigung der Herden den Bauern höchst willkommen war. In den folgenden Jahrhunderten begannen Einsatz und Zucht der Herdenschutzhunde in Mesopotamien. Durch Überfälle anderer Völker, zum Beispiel der Hurriter aus Armenien um 2000 v. Chr. und der Perser 1400 Jahre später, sowie der ständigen Wanderungen der Nomaden konnten sich die Herdenschutzhunde dieser Region über weite Landstriche verbreiten. Die Armenier nahmen einige dieser Hunde mit nach Osten bzw. Nordosten, und im Laufe vieler Jahrhunderte entstanden der Kaukasische Owtscharka und der Mittelasiat. Ein zweiter Weg der Ausbreitung folgte der Küste des Mittelmeers, in dessen Anrainerstaaten wir heute noch hauptsächlich weiße Herdenschutzhunde antreffen.

Es ist sicherlich nicht falsch, den Urahnen des Akbaş gleichzeitig als Urahnen aller anderen weißen Herdenschutzhunde anzusehen. Erst in den späteren Jahrhunderten haben sich die uns heute bekannten Rassen unter regionalen Einflüssen entwickelt. Diese Auffassung teilen auch türkische Herdenschutzhundfreunde, obgleich das Motiv vielfach von der nationalen Eitelkeit, den „echten" Herdenschutzhund zu besitzen, und weniger von geschichtlichen und kulturellen Tatsachen geprägt wird. Cenap Tekinsen, Professor an der Universität von Konya[3], vertrat die These der gemeinsamen Abstammung aller weißen Herdenschutzhunde anlässlich eines Symposiums an seiner Universität im Herbst 1996, und ich sehe keine Veranlassung, ihm zu widersprechen.

---

[2] Siehe Kapitel 13 Komondor, 14 Kuvasz.

[3] Stadt am nördlichen Rand des mittleren Taurusgebirges in der Türkei, nordöstlich von Antalya.

Der Name Akbaş wird aus den türkischen Worten „Ak" (weiß) und „Baş" (Kopf) gebildet. Der treffende Name für den weißen Herdenschutzhund der Türkei lautet also „Weißkopf". Auf die Frage, warum es so viele weiße Herdenschutzhunde gibt und warum die Hirten solche Hunde bevorzugen, wurde bereits im ersten Kapitel kurz eingegangen. Die weiße Färbung der Hunde erlaubte den Hirten, sie bei schlechten Lichtverhältnissen nicht nur besser zu sehen, sondern sie vor allem von angreifenden Wölfen zuverlässig zu unterscheiden. Dieser Gesichtspunkt soll hier nochmals in aller Deutlichkeit betont werden, da es einige falsche und irreführende Aussagen zur Entstehung der weißen Herdenschutzhunde gibt. So behauptet zum Beispiel der amerikanische Klub Akbaş Dog International" unter Berufung auf Catherine de la Cruz, die weiße Färbung sei von den Hirten erwünscht, weil sie der Färbung der Schafe gleiche und sich die Schafe deshalb nicht vor den Hunden erschrecken würden. Diese Version beinhaltet zwei grundsätzliche Fehler. In der Türkei werden so gut wie keine hellfarbigen Schafrassen gezüchtet, die dortigen Schafrassen entsprechen im Aussehen langhaarigen Varianten des „Braunen Bergschafes" und haben keinerlei Ähnlichkeit mit den Merino- oder Fleischschafen, die in Westeuropa und Nordamerika heimisch sind. Der zweite Fehler ist ein grundsätzliches Missverständnis hinsichtlich Bedeutung und Wirkungsweise der Prägung. Hunde und Schafe werden während ihrer frühkindlichen Phase auf den Lebensraum geprägt, alle Elemente dieses Lebensraumes werden ihnen dabei vertraut und sind fortan selbstverständlich. So wie für den Herdenschutzhund die Schafe vertrauter Bestandteil seines Lebensraumes sind, werden auch die Lämmer bereits mit diesen Hunden konfrontiert und lernen sie als zu ihrem Lebensumfeld gehörig zu akzeptieren. Die Färbung des Hundes spielt also keine Rolle, die Prägung könnte ebenso gut auf schwarze Hunde erfolgen. Beobachtet man eine unter natürlichen Bedingungen lebende, von Hunden bewachte Schafherde, zeigt sich schnell, dass Hunde und Schafe kaum voneinander Notiz nehmen. Das Verhalten der Hunde lässt sich am besten mit reservierter Freundlichkeit, das der Schafe mit respektvollem Desinteresse beschreiben.

In der Türkei ist der Akbaş hauptsächlich im westlichen Landesteil anzutreffen. Das bekannteste Zentrum der Akbaş-Zucht ist die Handelsmetropole Eskisehir im Westen der anatolischen Hochebene. Eskisehir ist die Hauptstadt der gleichnamigen Provinz und mit rund 300 000 Einwohnern eine der wenigen großen Städte der Region. Die günstige Lage der Stadt Eskisehir an der Bahnlinie Istanbul – Ankara hat die Entwicklung industrieller und landwirtschaftlicher Betriebe begünstigt, schnell können die Produkte der Region mit der Eisenbahn in die beiden größten Städte des Landes transportiert werden. Der Schafzucht kommt in der Provinz Eskisehir schon seit langem große Bedeutung zu, denn die Großstädte Istanbul und Ankara sind einträgliche Absatzmärkte für Lammfleisch. Seit einigen Jahrzehnten besitzt die Region Eskisehir ein weiteres wirtschaftliches Standbein. In bis zu 120 Meter tiefen Stollen bauen Bergleute Magnesit ab, ein seltenes und daher sehr wertvolles Mineral. Pfeifenrauchern in aller Welt ist dieses Magnesiumsilikat unter dem Namen „Meerschaum" bekannt; ein Material, aus dem sich Tabakspfeifen mit hervorragenden Raucheigenschaften herstellen lassen. Viele Menschen verdienen mit dem Abbau des Magnesits oder dem Schnitzen der Pfeifen ihren Lebensunterhalt und erhöhen auf der anderen Seite die Nachfrage nach Lammfleisch. So ist die Existenz vieler Hirten in dieser Region gesichert.

Der Einsatz des Akbaş als Herdenschutzhund ist in der Provinz Eskisehir noch heute selbstverständlich. Nur sehr selten sieht man reinrassige Akbaş im Süden und Osten Anatoliens. Im mittleren und östlichen Abschnitt des Taurusgebirges sowie im Pontischen Gebirge sind vor allem Hunde vom Typ Kangal verbreitet; in den Grenzregionen zu Georgien, dem Iran, Irak und Syrien finden sich neben Kangal auch Karshunde und eine große Zahl von Hunden, die keiner definierten Rasse zugeordnet werden können. Hunde, die eine eindeutige Verwandtschaft mit dem Akbaş besitzen oder sogar als reinrassig zu bezeichnen wären, habe ich in diesen Regionen an keiner einzigen Herde gesehen.

Die Erscheinung des Akbaş ist die eines großen, kräftigen, aber schlanken Hundes. Im Vergleich zu den schweren Herdenschutzhunden des Kaukasus oder der iberischen Halbinsel wirken Akbaş geradezu zierlich, ein Eindruck, der nicht zuletzt von dem vergleichsweise kurzen Deckhaar hervorgerufen wird. Außerdem gilt als sicher, dass Windhunde ihren Teil zu der Entwicklung des Akbaş beigetragen haben. Zweifellos haben sich viele Urahnen des Akbaş mit den Windhunden der Region verpaart und im Laufe der Jahrhunderte zur Entstehung eines relativ leichten Körperbaus beigetragen. Vor allem der iranische Saluki, der in seiner Heimat Tazi genannt wird, steht im Verdacht, einen nicht unerheblichen Beitrag zur Entstehung des Akbaş geleistet zu haben. Die Einkreuzung von Windhunden in alte Zuchtlinien des Akbaş soll keinesfalls als „Unglücksfall" der Natur gelten, im Gegenteil, im Akbaş vereinen sich auf beeindruckende Weise die Vorzüge eines starken Herdenschutzhundes mit denen eines schnellen, lebhaften und ausdauernden Windhundes. Der Körperbau des Akbaş ist die Grundlage dafür, dass diese Hunde unter den Lebensbedingungen Anatoliens effektive Herdenschutzhunde werden konnten. Die Temperaturen in Zentralanatolien können während des Sommers 50 Grad oder mehr betragen, und es wird sofort verständlich, dass ein massiger Hund keinen Temperaturausgleich mehr herstellen könnte. Taurus und das Pontische Gebirge besitzen nur wenige Hochgebirgsregionen, sondern bestehen hauptsächlich aus Mittelgebirgen, die das Anatolische Hochland einschließen. Somit bestand aufgrund der Topographie keine Notwendigkeit, Herdenschutzhunde vom Typ der Berghunde mit Masse und Größe der Kaukasischen Owtscharki, Šarplaniči oder Pyrenäenberghunde entstehen zu lassen.

Seinem Windhundeinschlag verdankt der Akbaş Bewegungsfreude und Beweglichkeit sowie das für einen Herdenschutzhund vergleichsweise lebhafte Temperament. Akbaş können über kurze Distanzen ein Fortbewegungstempo erreichen, das man einem Hund dieser Größe nicht zutrauen möchte. Ich konnte mehrfach beobachten, dass Akbaş selbst im Spiel, bei dem sie niemals an die Grenzen ihrer Leistungsfähigkeit gehen, mühelos das Tempo eines Hütehundes mitgehen oder diesen sogar überholen konnten. Lediglich bei schnellen Richtungsänderungen müssen Akbaş ihren 40 bis 50 Kilogramm Körpergewicht Tribut zollen, und der um mehr als die Hälfte leichtere Hütehund kann sich einen kurzzeitigen Vorteil verschaffen.

Das Deckhaar des Akbaş ist weiß, an den Ohren und auf dem Rücken können sich beigefarbene Tönungen zeigen. Schwarze, braune oder rötliche Abzeichen gibt es bei Akbaş genauso wenig wie gestromte oder gescheckte Tiere. Hunde, die eine andere Grundfarbe als reines Weiß zeigen, sind als Mischlinge einzustufen. Einzig entlang der Rückenlinie ist ein beigefarbener Streifen zugelassen. In der Türkei findet man allerdings häufiger Akbaş , die mehr und größere beigefarbene Abzeichen besitzen als die Hunde in Europa und Amerika. Die Erklärung ist einfach: Auf Äußerlichkeiten wird in Gebrauchshundezuchten weniger Wert gelegt als hierzulande, und die Zuchtauswahl in der Türkei wird auch heute noch von der Arbeitsleistung bestimmt. Bei der Länge des Deckhaars kommen beim Akbaş zwei Varianten vor: Stockhaar und Langstockhaar, die nach dem Zuchtstandard ohne Präferenz als gleichberechtigt zugelassen sind. Manchmal werden die Haarvarianten als „mittellang" und „lang" angesprochen, allerdings sind diese Bezeichnungen ein wenig missverständlich, da die Körperbehaarung des Akbaş niemals Haarlängen von 12 bis 15 Zentimeter erreicht. Andere Herdenschutzhunde bezeichnen wir erst ab dieser Haarlänge als langhaarig. Unter dem Deckhaar befindet sich dichte Unterwolle, die dem Hund eine gute Wärmeisolierung bietet. Je nach Lebensraum und Herkunftsgebiet kann die Unterwolle stärker oder schwächer entwickelt sein, da sich der Hund auf diese Weise den klimatischen Bedingungen seiner Heimat anpasst. Sowohl bei der langen als auch bei der kurzen Haarvariante ist die Behaarung der Vorderläufe, Pfoten, Ohren und des Fangs immer kurz. Die langstockhaarigen Hunde zeigen deutliche Befederung an den Läufen, die bei den Kurzhaarvarianten manchmal ansatzweise zu erkennen ist, meistens aber völlig fehlt. Beide Haartypen besitzen eine üppig behaarte, buschige Rute, die der Hund bei Erregung haken- oder ringförmig gebogen über dem Körper aufstellt. Die Abgrenzung zwischen Hunden mit längerem und kürzerem Deckhaar wird durch das Vorhandensein zahlreicher Zwischenformen erschwert, sodass sich ein Großteil der Hunde weder der einen noch der anderen Gruppe zuordnen lässt.

Trotz ihrer insgesamt schlanken Erscheinung erreichen Akbaş-Rüden bei einer Widerristhöhe zwischen 70 und 80 Zentimetern ein Gewicht zwischen 45 und

55 Kilogramm. Größere Hunde kommen neuerdings aus westeuropäischen und nordamerikanischen Zuchten, obwohl gerade in den amerikanischen Standards die Körperhöhe auf 79 Zentimeter beschränkt ist. Der Wunsch einiger Hundebesitzer und Züchter nach immer mächtigeren Hunden einerseits und die im Vergleich zum Herkunftsgebiet bessere Ernährung andererseits sind hierfür als Gründe anzusehen. Viele Hunde in der Türkei, vor allem wenn es sich um arbeitende Herdenschutzhunde handelt, besitzen eine Schulterhöhe zwischen 68 und 75 Zentimetern, was für diese Rasse unter natürlichen Selektionsbedingungen offensichtlich das Optimum darstellt. Hündinnen besitzen im Vergleich zu Rüden einen deutlich femininen Körperbau. Ihre Schulterhöhe unterscheidet sich mit 68 bis 74 Zentimetern nur geringfügig von männlichen Tieren, das Gewicht der Hündinnen ist hingegen mit 36 bis 45 Kilogramm deutlich geringer. Gelegentlich hört oder liest man von deutlich schwereren oder größeren Akbaş oder sogar von ganzen Zuchtlinien, bei denen die hier genannten Werte deutlich überschritten werden. Es steht außer Frage, dass sich diese Hunde, die meist unter westlichen Haltungsbedingungen gezüchtet wurden, bereits ein Stück von der Ursprünglichkeit der Rasse entfernt haben. Nicht wenige Hundefreunde sind der Auffassung, das Prinzip „viel hilft viel" träfe auch auf Herdenschutzhunde zu und der größte Hund könne den besten Schutz bieten. Ein Irrglaube, wie die Resultate der natürlichen Selektion im Arbeitsdienst gezeigt haben.

Der Kopf des Akbaş ist keilförmig, wobei sich der Fang zur Nase hin nur wenig verjüngt. Der Nasenspiegel soll eine kräftige schwarze Färbung aufweisen, bei vielen Hunden erscheint die Nase jedoch schiefergrau oder rötlich. Diese Farbabweichungen sollten, trotz entsprechender Hinweise im Rassestandard, nicht als Fehler angesehen werden, denn neben jahreszeitlichen Veränderungen treten auch bei Hunden mit tiefschwarzem Nasenspiegel periodische Farbveränderungen auf, deren Ursachen noch nicht restlos geklärt sind. Die Augenfarbe reicht von mittelbraun bis dunkelbraun. Vor allem Hunde mit nahezu schwarzen Augen sind sehr begehrt, da sie mit dem weißen Kopf einen starken Kontrast bilden und dem Hund ein besonders verwegenes Aussehen verleihen. Natürlich hängen hauptsächlich Hundebesitzer und Züchter, die keine Arbeitshunde einsetzen, solchen Schönheitsidealen an, bei Hirten würden solche Zuchtziele auf Unverständnis treffen. Absolut unzulässig sind beim Akbaş Rückschlüsse von körperlichen Merkmalen auf die zu erwartende Arbeitsleistung. Die Behauptung, ein Akbaş sei als Herdenschutzhund um so besser geeignet, je dunkler seine Augen erscheinen, ist unseriös und gehört ins Reich der kynologischen Märchen.

Im Gesamteindruck gibt der Akbaş das Bild eines schlanken, aber trotzdem sehr muskulösen Hundes, der sich anmutig bewegt und gleichzeitig elegant und würdevoll wirkt. Das Temperament des Akbaş ist im Vergleich zu den anderen Herdenschutzhundrassen als sehr hoch einzustufen. Bewegungsfreude und Ausdauer sind zwei der hervorstechenden Eigenschaften dieser Rasse. Demzufolge benötigt der Akbaş viel Auslauf und Bewegung, und die Hunde geben dankbare Begleiter bei langen Wanderungen oder Radtouren ab. Der Freilauf auf einem Grundstück kann den Bewegungsdrang dieser Hunde nicht befriedigen – für Stubenhocker ist der Akbaş eine denkbar schlechte Wahl. Im Haus zeigen sich Akbaş ruhig und angepasst und können daher sowohl in Einfamilienhäusern als auch in großen, ebenerdigen Wohnungen gehalten werden. Der Spieltrieb ist beim Akbaş für einen Herdenschutzhund durchschnittlich entwickelt, im Vergleich zur Gesamtheit der Hunderassen ist die Spielfreude jedoch als gering einzustufen. Dafür können sich Akbaş zu wahren Kletterkünstlern entwickeln, für die kein Zaun und keine Mauer ein unüberwindbares Hindernis darstellt. Nicht wenige Besitzer von Akbaş rätseln seit Jahren, wie es ihr Hund immer wieder schafft, die 180 Zentimeter hohe Grundstückseinfriedung zu überwinden. Nach einem ausgiebigen Kontrollgang durch ihr Revier kehren die Hunde zwar stets zurück, aber in unserem dicht besiedelten Land kann ein unbeaufsichtigt umherstreifender Hund sich selbst und andere in Gefahr bringen. Der zukünftige Halter sollte deshalb sicherstellen können, dass sein „Ausbruchskünstler" das Grundstück unter keinen Umständen verlassen kann, und bereit sein, gegebenenfalls einen nicht unerheblichen Betrag für die Erneuerung seiner Zäune aufzuwenden.

Mit den Menschen seines Lebensumfeldes geht der Akbaş eine intensive, enge und vertrauensvolle Beziehung ein. Größere Kinder im Haushalt sind kein Hinderungsgrund für die Anschaffung eines Akbaş, und auch in größeren Familien

Im Herdenschutzdienst werden Akbaş in der Regel in Gruppen von drei bis sieben Tieren gehalten.

fühlen sich die Hunde durchaus wohl. Trotzdem muss für den Hund eine Art „erste" Bezugsperson existieren. Akbaş benötigen eine klar erkennbare Rudelordnung, um sich in eine soziale Gemeinschaft integrieren zu können. Sich selbst überlassene oder vernachlässigte Akbaş neigen dazu, Menschen gegenüber eine dominante Haltung einzunehmen. In der Folge quittieren solche Hunde Einwirkungen ihrer Besitzer mit Widerstand – eine Situation, die bei fehlendem Sachverstand und Einfühlungsvermögen des Hundebesitzers unversehens eskalieren kann. Trotz dieser Gefahr, die letztlich für jeden willensstarken Hund besteht, sind Akbaş im Großen und Ganzen für Herdenschutzhunde relativ leichtführig, und es soll in der Türkei Akbaş geben, die sogar zu Blindenführhunden ausgebildet worden sind. Die Ausbildung dieser Rasse gestaltet sich nicht so schwierig und langwierig wie bei einem Owtscharka oder Šarplaninač, aber zum Blindenführhund wird sich zweifellos nur ein verschwindend kleiner Teil der Hunde eignen. Unbestritten ist die gute Lernfähigkeit dieser Hunde, die einerseits eine gute Anpassung an das Lebensumfeld zulässt, andererseits aber – wie im Beispiel mit dem Überwinden von Hindernissen aller Art – den Hundehalter vor ungeahnte Probleme stellen kann.

Fremden gegenüber ist der Akbaş zurückhaltend bis ablehnend, eine Eigenschaft, die alle Herdenschutzhunde teilen und die bei dieser Rasse etwa durchschnittlich entwickelt ist. Bereits im Welpenalter gut in ihr soziales Umfeld integrierte Akbaş bereiten in der Regel auch als erwachsene Hunde keine großen Schwierigkeiten. Beim Akbaş kommt jedoch ein Problem hinzu – die mögliche Ähnlichkeit von Jungtieren mit hellfarbigen Golden Retrievern. Vor allem hundeunkundige Personen und Kinder neigen dazu, den jungen Akbaş als Retriever anzusehen und dementsprechend behandeln zu wollen. Während ein Golden Retriever auf die Annäherung und freundliche Ansprache eines Fremden typischerweise freudig reagiert, kann das gleiche Ereignis beim Herdenschutzhund eine Verteidigungshandlung auslösen. Vor allem der Versuch einer fremden Person – Kind oder nicht – den Hund selbst oder seinen Halter zu berühren, birgt die Gefahr einer Abwehrhandlung. Diese Möglichkeit muss dem verantwortungsvollen Hundehalter bewusst sein, und er muss entsprechende Vorkehrungen treffen.

Wach- und Schutztrieb sind herdenschutzhundtypisch hoch entwickelt und nehmen weder durch eine Ausbildung noch durch gute Integration in die Umwelt ab. Niemals darf man vergessen, dass auch der freundlichste Herdenschutzhund immer latent verteidigungsbereit ist. Gegenüber Artgenossen zeigen sich Akbaş nicht überdurchschnittlich aggressiv, Rüden streben die Vormachtstellung in ihrem Revier jedoch kompromisslos an und sind stets zum Kräftemessen mit anderen Bewerbern bereit. Die Zahl der in Deutschland lebenden, reinrassigen Akbaş beschränkt sich zur Zeit auf einige Dutzend, maximal vielleicht auf 100 Tiere.

116

7.1. Das Wichtigste aus dem Zuchtstandard des Akbaş

Weitere Namen: Akbash (USA, GB)
Herkunftsland: Türkei
Verwendung: Herdenschutzhund, Territoriumswächter
F.C.I. Nummer: Von der F.C.I. nicht als Rasse anerkannt, trotzdem hat der Akbaş in vielen Ländern den Status eines Rassehundes.
Standard gültig seit: Einigen Jahrzehnten, genaues Datum unbekannt.

Verwendung: Herdenschutzhund, kein Hüte- oder Schäferhund.

Allgemeine Erscheinung: Großer, dynamischer Herdenschutzhund von harmonischem Erscheinungsbild. Eleganter und kraftvoller Bewegungsablauf. Körpertypus etwas länger als hoch. Der Akbaş ist hochbeinig, von leichtem aber kräftigem Gebäude. Bei der Beurteilung des Akbaş soll das Hauptaugenmerk auf Gesundheit, Arbeitsleistung und harmonischem Gesamteindruck gerichtet sein und nicht hauptsächlich auf der Würdigung einzelner körperlicher Merkmale liegen.

Wesenstyp: Der Akbaş verfügt über die für Herdenschutzhunde typische hohe Grundschärfe, ohne zu überzogenen aggressiven Reaktionen zu neigen. Wach- und Schutztrieb sind stark entwickelt. Bei Aufzucht und Haltung als Haushund schließt sich der Akbaş seinen Bezugspersonen eng an, gibt seine Souveränität jedoch nicht auf und kann daher nicht als leichtführig bezeichnet werden. Fremden gegenüber bleibt der Akbaş reserviert bis ablehnend. Der Akbaş ist ein Spätentwickler, der erst im Alter von etwa 3 Jahren als körperlich und geistig voll ausgereift angesehen werden kann.

Farben: Grundfarbe reines Weiß, beigefarbene Abzeichen an den Ohren und entlang der Rückenlinie sind zugelassen.

Widerristhöhe/ Gewicht: Rüden von 70 – 80 cm, Hündinnen von 68 – 74 cm. Rüden erreichen 45 – 55 kg, Hündinnen 36 – 45 kg.
Geringe Fehler: Hunde mit Anzeichen von Übergewicht oder Mangelernährung. Geringes Über- oder Unterschreiten der Grenzwerte bei der Körpergröße.
Schwere Fehler: Deutliche Über- oder Unterschreitung der gewünschten Körpergröße. Erhebliches Übergewicht.

Geschlechtstyp: Rüden erscheinen größer und kräftiger als Hündinnen, deren Erscheinung deutlich feminin sein muss. Hinsichtlich der Ausprägung des Wach- und Schutztriebes sowie der Eignung als Herdenschutzhund gibt es keine geschlechtsspezifischen Unterschiede.

Kopf: Beide Geschlechter besitzen einen keilförmigen Kopf (von oben betrachtet) mit leicht gerundeter Schädeldecke, dessen Größe in guter Proportion zum Körper steht.
Der Schädel ist etwas länger als breit. Das Verhältnis Oberkopf- zu Fanglänge soll 50/50 betragen. Der Fang verjüngt sich leicht zur Nase hin.

Nase: Dunkelbraun oder schwarz. Leichte Farbabweichungen (grau, rötlich) sind akzeptabel. Saisonale Pigmentveränderungen sollen nicht negativ bewertet werden.
Geringe Fehler: Rosafarbene, hellbraune oder schwach pigmentierte (graue) Nase.

Gebiss: Vollständiges Gebiss mit 42 Zähnen. Weißer Zahnschmelz. Scherenbiss wird bevorzugt, aber Zangenbiss ist nicht als Fehler anzusehen.
Geringe Fehler: Mehr als zwei fehlende Zähne, bräunlich verfärbter Zahnschmelz, leichte Fehlstellung der Incisivi. Unregelmäßige Anordnung der Prämolaren.
Schwere Fehler: Deutliche kariöse Veränderungen. Fehlende Canini. Deutliche Fehlstellungen mehrerer Zähne.
Disqualifikation: Über- oder Unterbiß.

Augen: Mittelgroß, mandelförmig, leicht schräg stehend mit lebhaftem Ausdruck. Farben von Mittelbraun bis Dunkelbraun. Dunkle Augenfarben sind bevorzugt. Augenlider eng anliegend.
Geringe Fehler: Etwas zu helle Augenfarbe.
Schwere Fehler: Hellbraune oder Grau wirkende Augenfarbe.
Disqualifikation: Blaue oder rötliche Augenfarbe. Entropium oder Ektropium.

Ohren: V-förmig mit leicht gerundeter Spitze. Hoch am Kopf angesetzt und eng anliegend. Größe in guter Proportion zum Kopf.
Geringe Fehler: Vom Kopf etwas abstehende Ohren. Gefaltet getragene Ohren.
Disqualifikation: Stehohren, vom Kopf abstehende oder kupierte Ohren.

Hals: Muskulös, von mittlerer Länge. Harmonischer Gesamteindruck zu Körper und Kopf.

Körper: Rücken lang und gerade; Schulterpartie und Kruppe gut bemuskelt. Brust bis an die Ellenbogen heranreichend mit nur leicht gerundetem Brustkasten. Langer, gerader, fester Rücken, tiefe Brust, die parallel zur Erde verläuft. Der Bauch ist leicht aufgezogen.

Geringe Fehler: Leicht ansteigende oder abfallende Rückenlinie. Zu flacher, zu tiefer oder zu stark gerundeter Brustkasten.

Schwere Fehler: Deutlich ansteigende oder abfallende Rückenlinie. Zwischen Kruppe und Schultern „durchhängender" Rücken.

Vorderhand: Lang, gerade, muskulös. Im Verhältnis zur Brusttiefe im Idealfall ca. 50/50. Trockene Gelenke.

Hinterhand: Lang, gut gewinkelt, kräftig. Knochen und Muskeln gut wahrnehmbar.

Pfoten: Hasenpfoten, langgestreckt und geschlossen, gut gewölbt, keine Plattfüße. Dicke Ballen, elastisch und dunkel pigmentiert.

Zehn Monate alter Akbaş-Rüde.

Läufe: Vorder- und Hinterläufe im Stand gerade. Keine krankhaften Veränderungen der Hüft- und Ellenbogengelenke.

Rute: Gestreckt bis an die Sprunggelenke reichend. Im Ruhezustand hängend mit gebogener Rutenspitze getragen; in Erregungszuständen haken- oder ringförmig über dem Körper erhoben. Üppige Behaarung der Rute ist erwünscht.
Geringe Fehler: Etwas zu kurze Rute. Unregelmäßige oder dünne Behaarung.
Schwere Fehler: Deutlich zu kurze Rute. Rute wird nicht ring- oder hakenförmig oder stets gesenkt getragen.
Disqualifikation: Kupierte Rute.

Gangwerk: Elastische, raumgreifende Schritte in Trab und Schritt. Der Gang des Hundes soll elegant und kraftvoll, aber leicht und unbeschwert erscheinen.
Geringe Fehler: Etwas gehemmt wirkender Gang.
Schwere Fehler: Deutlich gehemmt wirkender oder schwerer Gang.

Wesenseigenschaften: Starker natürlicher Schutztrieb ohne übermäßige Aggressivität. Ruhiges, ausgeglichenes Wesen, das Souveränität und Selbstsicherheit ausstrahlt. Distanziert und zurückhaltend gegenüber Fremden. Gesamteindruck eines lebhaften Hundes mit wachen Sinnen.
Geringe Fehler: Leichte Hyperdominanz, gelegentliches Desinteresse an der Umwelt, Neigung zur Trägheit.
Schwere Fehler: Starke Hyperdominanz, permanentes Desinteresse an der Umwelt, undifferenzierte Zuneigung gegenüber Fremden, Trägheit.
Disqualifikation: Phlegmatisches Wesen, Schwermut, unbegründete Aggressivität gegenüber Mensch oder Tier, mangelnde Verteidigungsbereitschaft, ängstliches Verhalten im spannungsfreien Umfeld.

Schlussbemerkung: Als Haushund gehaltene Akbaş brauchen eine sachkundige, gewaltfreie Ausbildung um die Integration des Hundes in sein Lebensumfeld zu erleichtern. Von Hundesport jeglicher Art wird ausdrücklich abgeraten, vor allem von der sogenannten „Schutzhundausbildung" (SchH).

8. Carpatin (Ciobanescul Românesc Carpatin) und Mioritic (Ciobanescul Românesc Mioritic)

Der Carpatin ist der native Herdenschutzhund Rumäniens und vor allem in den Gebirgsregionen der Süd-Karpaten beheimatet, die auch Transsilvanische Alpen genannt werden. Die Süd-Karpaten bilden einen rund 1300 Kilometer langen Gebirgsbogen, dessen Form einem nach Südwesten offenen Oval gleicht. Südwestlich der Transsilvanischen Alpen schließt sich das Banater Gebirge an, durch das die Donau eine steile Schlucht, das sogenannte Eiserne Tor, erodiert hat. Die übrigen Flächen Rumäniens bilden fruchtbare Ebenen, in denen seit vielen Generationen intensive Land- und Viehwirtschaft betrieben wird.

Die rumänischen Gebirge beherbergen noch heute eine der größten europäischen Wolfspopulationen; viele Forscher haben ihre Studien über Wölfe in den rumänischen Bergen betrieben. Neben den Wölfen sind es in Rumänien vor allem Bären und Wildkatzen, die für Schaf- und Ziegenherden eine Bedrohung darstellen. Vor allem an den Berghängen, die den Hirten während des Sommers bis in Höhen über 1200 Meter üppige Weideflächen bereitstellen, bestand und besteht ein hoher Bedarf an zuverlässigen Herdenschutzhunden. Die Schafherden der rumänischen Gebirgsregionen wurden seit jeher von starken Herdenschutzhunden begleitet, aus denen sich im Laufe der Zeit zwei Typen herausgebildet haben: der Ciobanescul Românesc Carpatin und der Mioritic Hirtenhund (Ciobanescul Românesc Mioritic). Der Carpatin ist der Hund der Gebirgsregionen, der Mioritic dagegen der Herdenschutzhund des Tieflandes. Rumänische Hirten besitzen im Gegensatz zu ihren russischen und türkischen Kollegen oft nur einen einzigen Herdenschutzhund, der alle Wach- und Abwehrmaßnahmen ganz allein vornimmt. Dies mag auf den ersten Blick unglaublich oder sogar unsinnig erscheinen, aber viele Mitglieder beider Rassen sind unverträglich mit Artgenossen. Deshalb können sie nicht immer in Gruppen gehalten werden. Einzig die körperlich völlig unterlegenen Hütehunde werden von Carpatin und Mioritic akzeptiert. Beinahe jeder Hirte in Rumänien besitzt neben seinem Herdenschutzhund auch mehrere Hütehunde. Die Landfläche Rumäniens beträgt rund 237 500 Quadratkilometer; das Land ist also mehr als dreimal so groß wie der Freistaat Bayern. Deshalb ist nicht auszuschließen, dass es in einem anderen Teil Rumäniens Carpatin- oder Mioritic-Linien geben mag, deren Umgang mit Artgenossen ein wenig manierlicher ist und die im Rudel gehalten werden können.

Die ausgeprägte Unverträglichkeit mit Artgenossen gleicher Rasse und Größe ist mit hoher Wahrscheinlichkeit auf die Zuchtauswahl der Hirten zurückzuführen. Wenn eine Hündin geworfen hat, warten die Hirten die ersten Lebenswochen der Welpen ab und lassen letztlich nur die drei oder vier aggressivsten und stärksten Welpen am Leben. Der Rest des Wurfes wird erwürgt oder ersäuft. Keine schöne Vorstellung für einen Hundefreund, aber diese Vorgehensweise ist seit vielen Jahrzehnten traurige Realität in den rumänischen Bergen und Tälern. Erst kürzlich scheiterte der Versuch einer erfahrenen Herdenschutzhundbesitzerin, einen Mioritic-Welpen in ein Rudel aus drei Herdenschutzhunden zu integrieren. Bereits im Alter von einigen Monaten begann der Mioritic die erwachsenen Rüden in massive Beschädigungskämpfe zu verwickeln, und die Intensität seiner Angriffe steigerte sich mit zunehmendem Lebensalter zusehends. Schließlich brach die Frau den Versuch schweren Herzens ab, als unausweichlich erschien, dass die Auseinandersetzungen eines Tages für einen der Beteiligten tödlich enden würden. Auch zwei Carpatin-Welpen, die einem deutschen Tierheim übergeben wurden, fielen durch erhöhte Aggressivität gegenüber Artgenossen auf. Vom Verhalten der Hunde gegenüber Menschen gibt es hingegen nichts Negatives zu berichten. Vor putzig-flauschigen Urlaubsmitbringseln aus Rumänien sei deshalb an dieser Stelle trotzdem ausdrücklich gewarnt!

Allerdings hat der durchschnittliche Rumänientourist kaum Chancen, einen leibhaftigen Carpatin oder Mioritic zu Gesicht zu bekommen. Während den Vorbereitungen zu diesem Buch habe ich alle Freunde und Bekannten (und natürlich auch deren Freunde und Bekannte), die eine Reise nach Rumänien planten, um Fotos von Carpatin gebeten. In Deutschland ist nicht nur der Carpatin selbst eine absolute Rarität, sogar Bilder des unverfälschten Hundes sind Mangelware. Seit Jahren erscheint bei Artikeln über den Carpatin entweder immer das gleiche Foto aus dem Besitz von Eva-Maria Krämer oder die Hunde auf den beigefügten Bildern zeigen überhaupt keine oder bestenfalls nur geringe Ähnlichkeiten mit den Herdenschutzhunden der rumänischen Berge. Alle, die sich dankenswerterweise auf die Suche nach einem Carpatin gemacht hatten, erzählten mir anschließend nahezu die gleiche Geschichte: Lange Zeit habe man das Land vergeblich durchstreift und noch nicht einmal die Schwanzspitze eines Carpatin zu Gesicht bekommen. Eines Tages jedoch, durch einen glücklichen Zufall, habe man einen Bekannten des „renommiertesten Züchters des Landes" kennen gelernt, und dieser Züchter hatte – was für ein Glück – sogar gerade einen Wurf wundervoller, reinrassiger Carpatin-Welpen. So kam ich in den Besitz der wahrscheinlich größten Fotosammlung rumänischer Mischlingshunde in Westeuropa. Einige der vermeintlichen Carpatin sind zweifelsfrei als Komondor-Mischlinge zu identifizieren, andere haben Ähnlichkeiten mit einem etwas klein geratenen Kuvasz, der Großteil der Bilder zeigt jedoch Hunde, die keinerlei Gemeinsamkeiten mit einer bekannten Hunderasse aufweisen. Nichts liegt für einen rumänischen Bauern näher, als sein Jahreseinkommen mit dem Verkauf eines „echten" Carpatin an einen gutgläubigen Touristen bequem zu vervielfachen. Nachdem ich die Hoffnung auf Fotos eines authentischen Carpatins bereits aufgegeben hatte, kam mir Kirsten Huss zu Hilfe. Bereits einige Zeit im

Land lebend, hatte sie Erfahrungen mit der rumänischen Hundepopulation gesammelt und auch einige Kontakte knüpfen können. Eines Tages bekam sie den Tipp, dass sich zur Zeit in einem bestimmten Dorf ein Hirte aufhält, der einen Carpatin und einen Mioritic mit sich führt. Diesem Tipp und dem unermüdlichen Einsatz von Kirsten Huss verdanken wir eines der Carpatin-Bilder in diesem Buch.

Der Carpatin zeigt eine deutliche Ähnlichkeit mit den Gebirgshunden der angrenzenden Länder, dabei sind in erster Linie Steppenkaukasen und die etwas weiter westlich beheimateten Šarplaniči zu nennen. Der Körperbau des Carpatin ist jedoch leichter, schmaler und gestreckter als bei den Owtscharki, auch die Form des Schädels unterscheidet sich deutlich. Im Gegensatz zu den kräftigen, breiten Kopfschädeln der benachbarten Herdenschutzhunde zeigt sich beim Carpatin ein merklich schmalerer Kopf. Größe und Form des Schädels erinnern eher an einen kräftigen Hovawart als an einen Kaukasischen Owtscharka oder Šarplaninač. Das Deckhaar des Carpatin ist grau-schwarz marmoriert und mit unregelmäßig angeordneten schwarzen, grauen und/ oder weißen Abzeichen besetzt. Die Zeichnung der Hunde ist dabei individuell, es gibt keine Regelmäßigkeiten in der Färbung bestimmter Körperregionen oder des Kopfes. Carpatin-Rüden erreichen Schulterhöhen um 72 Zentimeter und ein Gewicht um 45 Kilogramm. Hündinnen bleiben etwa vier bis acht Zentimeter kleiner und ihr Gewicht liegt zwischen 35 und 40 Kilogramm. Das Wesen des Carpatin wird

Eine Seltenheit – Carpatin (links) und Mioritic (rechts) auf einem Foto.

von seinem ausgesprochen stark entwickelten Schutztrieb, seiner latenten Verteidigungsbereitschaft und großer Unabhängigkeit vom Menschen dominiert. Obwohl es in Rumänien eine größere Zahl dieser Hund gibt, die im Zwinger oder an der Kette als Wachhund gehalten werden, ist der Carpatin zweifellos eine der Herdenschutzhundrassen, die – nach unserem Verständnis – kaum als Haushund gehalten werden kann. Das Fehlen einer ausreichend großen Zahl von Hunden macht seriöse Aussagen über Wesen, Verhalten und Eigenschaften des Carpatins unmöglich. Aus dem gleichen Grund gibt es keine gesicherten Erkenntnisse über Lebenserwartung, Gesundheit, Lernfähigkeit und die Bereitschaft des Hundes, den Menschen als Sozialpartner anzunehmen.

Der Ciobanescul Românesc Mioritic unterscheidet sich äußerlich deutlich vom Carpatin. Der Mioritic ist ein kurzhaariger, etwas zottelig wirkender Hund, der die Statur eines kräftigen, etwas gedrungenen Riesenschnauzers besitzt. Auch mit einem kleinen Mittelasiaten gibt es hinsichtlich des Körperbaus Ähnlichkeiten. Die Färbung des Deckhaars des Mioritic kann alle Nuancen von Braun, Weiß und Grau besitzen. Bei vielen Hunden sieht man eine weiße oder beigefarbene Grundtönung mit zahlreichen großflächigen braunen und/ oder grauen Abzeichen. Der Mioritic erreicht nicht ganz die Widerristhöhe des Carpatins; die Größe der Rüden liegt um 65 Zentimeter, die der Hündinnen um 60 Zentimeter. Weniger Unterschiede gibt es offensichtlich in der Ausprägung des Wesens. Auch der Mioritic besitzt einen starken Wach- und Schutztrieb und sehr hohe Aggressivität gegenüber Artgenossen. Da diese Hunde traditionell jedoch in Dörfern und auf Gehöften gehalten werden, sind sie den Umgang mit anderen Hunden in der Regel gewohnt. Die auf Bauernhöfen zumeist an Ketten gehaltenen Mioritic sind Fremden gegenüber äußerst aggressiv und angriffslustig, dies dürfte aber eher eine Folge der nicht artgerechten Zwinger- oder Kettenhaltung als eine charakterisierende Eigenschaft der Rasse selbst sein.

Eine Hundezucht, die auf Vereinen und Verbänden basiert und Aufzeichnungen hervorgebracht hat, ist in Rumänien so gut wie nicht existent. Seit Jahrhunderten liegt die Zucht der Herdenschutzhunde in den Händen der Hirten bzw. der Dorfbevölkerung. Erst in den letzten Jahren haben sich einige Zuchten entwickelt, die auf Erhaltung der Rassen und ihrer Eigenschaften abzielen. Diese Aktivitäten sind vom Einsatz einiger weniger Personen abhängig; in der rumänischen Gesellschaft besitzt der Hund ansonsten keinen hohen Stellenwert und gilt schon gar nicht als schützenswerte Kreatur. Im Gegenteil. Der Großteil der rumänischen Hunde vegetiert in Zwingern und an Ketten mehr schlecht als recht vor sich hin, oder die Tiere schlagen sich als streunende „Dorfköter" durch. Es ist zu hoffen, dass die ersten Ansätze des rumänischen Vereins „Mondo Cane", die heimischen Herdenschutzhundrassen zu erhalten, in den kommenden Jahren erfolgreich fortgeführt werden kann. Die Zahl der in Westeuropa gehaltenen Carpatin und Mioritic dürfte nahezu bei Null liegen.

9. Cão da Serra da Estrela (Estrela Berghund)

Je weiter man auf der Landkarte Europas nach Westen geht, desto seltener findet man Regionen, in denen traditionell Herdenschutzhunde eingesetzt werden. Im westlichsten Gebirge Kontinentaleuropas, dem Serra da Estrela in Portugal, findet sich eine seltene Rasse von Berghunden, deren portugiesischer Name „Cão da Serra da Estrela" so viel wie „Hund des Estrela Gebirges" oder schlicht Estrela Berghund bedeutet. Portugal ist ein vergleichsweise kleines Land, dessen Nord-Süd-Ausdehnung ungefähr 550 Kilometer beträgt; die durchschnittliche Breite des Landes liegt bei rund 150 Kilometern. Im mittleren Landesteil Portugals befindet sich das rund 100 Kilometer lange Granitgebirge Serra da Estrela, dessen höchster Gipfel mit 1991 Metern zwar unsere Mittelgebirge deutlich überragt, mit den Hochgebirgsregionen der Alpen jedoch nicht konkurrieren kann. Das nahezu waldlose Estrela Gebirge ist ein sehr niederschlagreiches Gebiet, über dem vom Atlantik heranziehende Wolkenmassen abregnen. Die weitläufigen Heidelandschaften an den Hängen des Estrela Gebirges werden von den Hirten der Region seit Jahrhunderten als Sommerweiden für Ziegen und Schafe genutzt. Neben Wölfen bedrohten früher vor allem Wildkatzen die Nutztiere, allerdings ist deren größter Vertreter, der Pardelluchs (lat. lynx lynx pardinus), durch starke Bejagung in Portugal heute nahezu ausgerottet.

Der Estrela Berghund gehört in der Gruppe der Herdenschutzhunde zu den Rassen mit der geringsten Verbreitung. Die Chance in Deutschland auf einen Estrela zu treffen ist äußerst gering. Auch in Portugal ist der Estrela nach weitgehender Einstellung der Freilandhaltung von Schafen nur noch sporadisch anzutreffen. Die Massentierhaltung auf Koppeln und in Ställen hat die Haltung von Herdenschutzhunden weitgehend überflüssig werden lassen. So lebt in Portugal heute der überwiegende Teil der Cão da Serra da Estrela als Hof- oder Haushunde mit allgemeinen Wachaufgaben. Außerhalb Portugals gibt es nur wenige Zuchten. In den Niederlanden, Großbritannien und Skandinavien haben sich einige Hundefreunde für diese Rasse begeistert und Zuchtvereine gegründet. Vor allem in den Niederlanden gibt es eine engagierte Szene für den Estrela Berghund, die Population dieser Rasse beträgt dort einige hundert Tiere. Addiert man die kleinen Zuchten in anderen europäischen Ländern und ihrer portugiesischen Heimat, könnte die Gesamtzahl der Hunde bei ungefähr zwei- bis viertausend weltweit liegen.

Die kargen Lebensbedingungen in ihrem Heimatland haben die Estrela Berghunde sehr ausdauernd, robust und widerstandsfähig werden lassen. Wenn die Hirten früher während des Frühjahrs mit ihren Herden in die Bergregionen

Estrela-Rüde und -Hündin.

zogen um neue Weideflächen aufzusuchen, wurden stets erhebliche Entfernungen zurückgelegt. Auch während des Sommers mussten die Hirten mit ihren Herden ständig in Bewegung bleiben, da die wenigen üppigen Bergwiesen schnell von den Schafen abgeweidet waren. Auf diesen Wanderungen durchstreiften die Estrela Berghunde das umliegende Gelände und hielten Beutegreifer auf Distanz.

Der Estrela Berghund erreicht nicht die Größe vieler anderer Herdenschutzhunde, Rüden erlangen Widerristhöhen zwischen 68 und 75 cm bei einem mittleren Körpergewicht um 40 Kilogramm. Estrela-Hündinnen bleiben mit ungefähr 65 cm Schulterhöhe etwas kleiner und mit einem Körpergewicht von ungefähr 33 Kilogramm deutlich leichter. Die Erscheinung des Estrela Berghundes lässt keinen Zweifel daran aufkommen, dass wir es trotzdem mit einem Vertreter der großen Mastiffrassen zu tun haben. Der breite, solide Kopf mündet über einen leichten Stop in einem nahezu recht-eckigen Fang, der starke Kiefer und ein gut entwickeltes, kräftiges Gebiss besitzt. Die Ohren der Hunde sind klein und liegen eng am Kopf an. Nase, Lefzen und alle sichtbaren Schleimhäute sind schwarz, ebenso das Gaumendach und ein Teil des Rachens. Die Augen vermitteln einen lebhaften, aufgeweckten Eindruck und faszinieren durch ihre intensive goldbraune Färbung.

Estrela Berghunde kommen in einer langhaarigen und einer kurzhaarigen Variante vor. Beide Typen sollen nach Willen der Estrela-Zuchtverbände erhalten bleiben und züchterisch möglichst nicht vermischt werden, um die Entstehung undefinierbarer Zwischenstadien zu vermeiden. Hunde der langhaarigen Varietät zeigen am gesamten Körper dichte, etwa fünfzehn Zentimeter lange Behaarung mit üppiger Befederung der Läufe und eine üppig behaarte Rute. Auch Hals und Brust dieser Hunde sind mit langen Haaren besetzt und unterstützen die wuchtige Erscheinung. Wie bei vielen anderen langhaarigen Rassen ist man auch beim Estrela erstaunt, dass sich unter dem voluminösen Haarkleid ein schlanker, drahtiger und muskulöser Hund verbirgt. Die Statur ist bei weitem nicht so massig, wie das dichte Haarkleid auf den ersten Blick suggeriert. Die kurzhaarige Varietät des Estrela Berghundes ist irgendwo zwischen Stockhaar und Langstockhaar angesiedelt. Die Haarlänge am Körper beträgt etwa vier bis fünf Zentimeter, die Läufe sind kaum befedert, aber die Rute ist ähnlich buschig ausgebildet wie bei den langhaarigen Hunden.

Die Fellfarben der Estrela Berghunde reichen von wolfsgrau über gelblichbeigefarbene Tiere, bei denen sich sowohl schwarze oder graue Haarspitzen wie gelegentlich auch weiße Abzeichen zeigen. Die bei vielen Herdenschutzhundrassen anzutreffende Zeichnung „beige mit schwarzer Maske" findet sich auch beim Estrela. So kann es unter Umständen schwierig sein, einen Estrela mit dieser Färbung auf den ersten Blick von einem Owtscharka oder Karshund gleichen Typs zu unterscheiden. Die Kombination beige/ schwarze Maske ist bei diesen Rassen vor allem bei den kurzhaarigen Individuen zu beobachten. Diese auffällige Färbung wird durch die Genkombination „Em" der E-Serie hervorgerufen, das sich im Erbgang sehr dominant verhält. Die schwarze Pigmentierung der Nasen- und Kopfregion wird durch Eumelanin hervorgerufen. Abhängigkeiten mit Genen der A-Serie entscheiden darüber, ob im gesamten Haarkleid des Hundes Eumelanin eingelagert wird oder nur in der Kopfregion. Die Genetikspezialisten unter den Hundefreunden mögen mir diese laienhafte Darstellung verzeihen. Wichtig ist nur die Tatsache, dass die Farbkombination beige/ schwarze Maske wegen ihres häufigen Auftretens niemals zur Bestimmung einer Rassezugehörigkeit herangezogen werden darf. Außer bei den Herdenschutzhunden Kaukasischer Owtscharka, Kangal und Šarplaninač zeigen auch viele andere Rassen diese charakteristische Zeichnung, unter anderem Malinois, Leonberger, Deutsche Dogge und Shar Pei.

Das Wesen des Estrela Berghundes entspricht durchaus dem eines typischen Herdenschutzhundes, ist aber durch die traditionelle Haltung dieser Hunde auf Höfen und im Haus beeinflusst. Der Estrela schließt sich seinem Besitzer sehr eng an und besitzt nicht die ausgeprägte Freiheitsliebe und Unabhängigkeit anderer Herdenschutzhundrassen. Davon unbeeinträchtigt sind Wach- und Schutztrieb der Hunde, sie geben verlässliche Beschützer des ihnen anvertrauten Territoriums und seiner Bewohner ab. Der enge Kontakt, den der Besitzer eines Estrela mit seinem Hund halten kann, erleichtert die Ausbildung des Hundes und seine Integration in das Lebensumfeld. Fremden begegnet der Estrela, wie alle traditionellen Herdenschutzhundrassen, mit misstrauischer Zurückhaltung. Aber auch diese Eigenschaft ist bei den Estrela Berghunden nicht so ausgeprägt wie bei Owtscharka, Šarplaninač oder Komondor. Der Cão da Serra da Estrela gibt auch unter unseren Lebensbedingungen einen hervorragenden Hausgenossen ab. Die innerartliche Aggression der Hunde ist mehrheitlich nicht sehr hoch und sie können im Regelfall ausgezeichnet im Rudel gehalten werden. Vertrauten

Menschen gegenüber ist der Estrela ein freundlicher, zugeneigter, geduldiger und sehr anhänglicher Hund. Die Population des Estrela Berghundes ist in Deutschland und den Nachbarstaaten in den letzten Jahren langsam aber stetig gestiegen und dürfte derzeit in Deutschland bei etwa 250 Tieren liegen. Probleme mit dieser Rasse sind bisher weder hinsichtlich der physischen Eigenschaften noch hinsichtlich des Verhaltens bekannt geworden.

Neben der Zeit für die unvermeidliche Fellpflege vor allem der langhaarigen Hunde ist für die Haltung eines Estrela unbedingt ausreichender Auslauf einzukalkulieren. Trotz ihrer eher gemütlichen Erscheinung sind diese Hunde keine Stubenhocker und brauchen drei bis vier Stunden Bewegung pro Tag. Da die Aggressionsbereitschaft des Estrela gegenüber Artgenossen nicht überdurchschnittlich hoch ist und die Hunde verhältnismäßig leichtführig sind, stehen der Haltung in Westeuropa keine grundsätzlichen Bedenken entgegen. Vor allem für Familien mit Kindern kann der Cão da Serra da Estrela eine Alternative sein, die auf jeden Fall einer genaueren Prüfung wert ist. Kurzhaarigen Hunden ist dabei eindeutig der Vorzug zu geben, da diese Tiere weniger Schwierigkeiten mit den Temperaturen des europäischen Hochsommers haben werden als die langhaarigen Vertreter der Rasse.

9.1. Das Wichtigste aus dem Zuchtstandard des Estrela Berghundes

Weitere Namen:	Cão da Serra da Estrela (Portugal), Estrela Sheepdog (GB)
Herkunftsland:	Portugal
Verwendung:	Herdenschutzhund, Territoriumswächter
F.C.I.-Nummer:	173, Gruppe 2.2
Standard gültig seit:	August 1995

Verwendung: Der Serra da Estrela Berghund ist als Gefährte des Hirten ein zuverlässiger Wächter der Herden. Neben dem Herdenschutzdienst bewacht er auch Haus und Hof.

Allgemeine Erscheinung: Der Estrela Berghund ist ein kräftig gebauter, molossoider Hund. Sein Körperbau ist kompakt und rustikal, aber dennoch harmonisch.

Kopf: Kräftig, groß, mit starken Kiefern. Er ist länglich und leicht konvex, gut angesetzt und in gutem Größenverhältnis zum Körper, genau wie der Oberkopf zum Gesichtsschädel, was zur Harmonie des Ganzen beiträgt. Glatte Haut an Schädel und Backen.

Stop: Wenig ausgeprägt, der Übergang vom Fang zum Kopfschädel ist weich und fließend.

Nase: Immer von einer dunkleren Farbe als das Haarkleid, kräftiges Schwarz ist erwünscht. Die Nasenlöcher sind nach vorne gerichtet, breit und gut geöffnet.

Fang: Die Lefzen sind voluminös, aber nicht dick, nicht überhängend und dicht anliegend. Die Schleimhaut von Rachen und Gaumendach sowie die Lefzen sind schwarz pigmentiert.

Augen: Von ovaler Form und mittlerer Größe. Bernsteinfarben und Goldbraun sind die bevorzugten Augenfarben. Die Augenlider sind eng anliegend, ihre Ränder sind schwarz gefärbt.

Ohren: Im Verhältnis zum Kopf klein, dünn, v-förmig, die Spitze deutlich abgerundet und eng am Kopf herabhängend. Kupierte Ohren[1] sind zulässig, aber das natürliche Ohr wird vorgezogen.

Hals: Gerade, kurz und dick; mit leichter Kehlwamme.

Körper: Kurzer, gerader Rücken mit breiten Lenden und gut bemuskelter Kruppe. Gut gerundete Brust, Bauch gut mit seiner Umgebung verschmolzen.

Rute: Niemals kupiert. Muss bei ruhiger Stellung im Stand bis zum Sprunggelenk reichen, auf mittlerer Höhe angesetzt, üppig behaart. Wird in Form eines Hakens getragen. Im Ruhezustand zwischen den Hinterläufen herabhängend; im Erregungszustand oberhalb der Rückenlinie aufgestellt.

Vorder- und Hinterhand: Die Läufe des Hundes erscheinen senkrecht, wenn der Hund ruhig steht. Die Knochen sind stabil entwickelt, Vorder- und Hinterläufe zeigen kräftige Muskeln. Alle Gelenke sind kräftig und stabil, zeigen mittlere Winkel. Das Sprunggelenk darf ein wenig tief angesetzt sein, muss sich aber in korrekter Stellung unter dem geraden Unterschenkel befinden.

---

[1] In Deutschland ist das Kupieren der Ohren verboten.

129

Pfoten: Der Größe des Hundes entsprechend groß und breit. Dicke weiche Ballen. Zehen dick, eng, nie gespreizt. Die Krallen sind kräftig und stabil, schwarze Färbung wird vorgezogen. Die Hunde dürfen einfache oder doppelte Afterkrallen aufweisen.

Behaarung: Kräftiges, etwas derb wirkendes Haarkleid, ähnlich dem Ziegenhaar. Es gibt mittellanges und stockhaariges Fell, Präferenzen für eine Haarvariante gibt es nicht. Das Deckhaar liegt glatt am Körper an oder zeigt leichte Wellen. Kopf, Vorderläufe und Unterschenkel sind mit kurzen, samtigen Haaren bedeckt. An den Ohren wird das Haar vom Ansatz gegen die Spitze immer kürzer, feiner und weicher.
Läufe und Rute sind bei den Individuen mit mittellanger Körperbehaarung ebenfalls mit längeren Haaren besetzt und zeigen dichte Befederung.
Die Unterwolle ist dicht und gut entwickelt, sie besteht aus feinen, kurzen Haaren, die an der Basis mit den gröberen Haaren verflochten sind. Normalerweise ist die Unterwolle heller gefärbt als das Deckhaar.

Farben: Zugelassen sind wolfsgrau, beige und gelb, jeweils einfarbig oder mit weißen Abzeichen.

Gangwerk: Harmonischer, runder Bewegungsablauf in allen Gangarten.

Größe und Gewicht: Die Widerristhöhe bei Rüden beträgt zwischen 65 bis 72 Zentimetern, sie erreichen ein Gewicht zwischen 50 und 60 Kilogramm.
Die Widerristhöhe der Hündinnen reicht von 62 bis 68 Zentimetern, das Gewicht liegt zwischen 45 und 55 Kilogramm.

Temperament: Der Serra da Estrela Berghund ist ein lebhafter, bewegungsfreudiger Hund mit geschmeidigen Bewegungen. Er ist ablehnend gegenüber fremden Personen. Seinem Herrn gegenüber ist er folgsam und anhänglich.

10. Kangal

Während man den Akbaş als den Herdenschutzhund des westlichen Anatoliens bezeichnen kann, ist der Kangal als typischer Herdenschutzhund der mittleren, südlichen und östlichen Landesteile anzusehen. Vor allem im mittleren und östlichen Teil des Taurusgebirges im Süden der Türkei, dem anatolischen Hochland und dem Pontischen Gebirge im Norden des Landes sieht man viele Hirten, die von Kangals begleitet werden. Anatolien, das im türkischen Anadolu (Morgenland) heißt, ist im Wesentlichen eine trockene, zum Teil abflusslose Hochebene mit Höhenlagen zwischen 900 und 1100 Metern über dem Meeresspiegel. Im Norden, Osten und Süden ist Anatolien von Bergmassiven eingeschlossen. Die nördlichen und südlichen Gebirgszüge vereinigen sich im Osten des Landes, wo sich mit dem Großen Ararat (5165 m, türk. Name Büyük Agri) auch die höchste Erhebung der Türkei befindet. Bibelkundige werden sich erinnern, dass die Arche Noah nach dem Rückgang der Sintflut an den Hängen des Ararat gelandet sein soll. Auf den Steppen des Hochlandes wird seit vielen hundert Jahren extensive Viehzucht

Junger Kangal-Rüde aus dem Süden Anatoliens.

betrieben, wobei die Schafzucht den Hauptanteil stellt. Neben geschätzten 50 Millionen Schafen werden in Anatolien rund 20 Millionen Ziegen und etwa 12 Millionen Rinder gehalten.

Die Geschichte des Kangal in der Türkei ist nach heutigen Erkenntnissen zwischen 3000 und 4000 Jahre alt. Ungefähr um 1800 v. Chr. werden im Buch Hiob große, beigefarbene Hunde als Begleiter und Beschützer der Schafherden erwähnt. Ein phrygisches[1] Relief, das aus der Zeit um 1200 v. Chr. stammt, zeigt einen großen, kurzhaarigen und sehr kräftigen Hund, der seine Rute über dem Körper aufgestellt trägt. Seinen Hals ziert ein mit langen, nach außen gerichteten Stacheln bewehrtes Halsband, wie es den Herdenschutzhunden der türkischen Hirten auch heute noch angelegt wird. Aus den folgenden Jahrhunderten sind keine Aufzeichnungen über die Herdenschutzhunde Anatoliens bekannt, erst die um 1592 entstandenen Reiseaufzeichnungen von H. Grüner[2]

---

[1] Phryger, indogermanisches Volk, das um 1200 v. Chr. in Kleinasien einfiel.
[2] H. Grüner: Reise durch die Türkei.

erwähnen die Hunde Anatoliens, und an mehreren Stellen beschreibt er den Kangal ausführlich. Ein weiteres Indiz über den Einsatz des Kangal liefert uns Eyliya Celebi (1611 – 1681), der in seinen Werken über das osmanische Reich einen „Löwenhund" erwähnt und dabei unzweifelhaft über den Kangal spricht.

Der Name Kangal geht auf eine reiche und sehr einflussreiche Familie gleichen Namens zurück, die seit vielen Generationen in der Provinz Sivas in Zentralanatolien lebt und deren Herrschaftsgebiet ebenfalls den Namen Kangal trägt. Seit jeher züchten die Familienmitglieder Hunde vom Typ Kangal und erwarben sich im Laufe der Zeit den Ruf, die besten Herdenschutzhunde Anatoliens hervorzubringen. In der Türkei kennt jeder Hirte oder Bauer die Bezeichnung Kangal, aber im allgemeinen Sprachgebrauch wird meistens der Name Karabaş (sprich: Karabasch) benutzt. Karabaş bedeutet „Schwarzkopf" (Kara = schwarz, bas = Kopf) und diese Bezeichnung charakterisiert die Erscheinung des Hundes vortrefflich. Tatsächlich bildet die tiefschwarze Färbung des Kopfes einen scharfen Kontrast zu der hellen Körperbehaarung des Hundes. Dieses Aussehen verleiht den Hunden etwas Verwegenes. Selbst bei vielen „Nicht-Hundefreunden" hat sich der Anblick des Hundes dauerhaft im Gedächtnis eingebrannt, wenn sie einmal einem leibhaftigen Kangal von Angesicht zu Angesicht gegenübergestanden haben.

Seine beeindruckende Erscheinung ist zweifellos ein Grund für die mit zahllosen Mythen und Sagen verknüpfte Geschichte des Kangal, mit denen sich

Kangal-Rüde mit besonders ausdrucksstarkem Kopf.

sicherlich ein ganzes Buch füllen ließe. Stellvertretend für viele soll uns die Sage um Mustafa Kemal als Beispiel dienen, der unter dem Namen Kemal Atatürk als Begründer der modernen Türkei in die Geschichtsbücher eingegangen ist. In den ersten beiden Jahrzehnten des 20. Jahrhunderts war die Türkei nicht nur in zahlreiche kriegerische Auseinandersetzungen mit ihren Nachbarn verstrickt, auch im Inneren gab es Spannungen und bürgerkriegsähnliche Auseinandersetzungen auf dem Weg von einem Feudalstaat zu einer demokratischen Republik. Neben den Militärs wollten auch viele Intellektuelle den letzten Sultan der Türkei, Mehmet VI., absetzen, einer von diesen nach Reformen strebenden „Jungtürken" war Mustafa Kemal. Von den Getreuen des Sultans als Aufrührer und Rädelsführer verfolgt, musste er in die Berge flüchten, um sein Leben zu retten. Dort fiel er ob seines vermeintlichen Scheiterns in tiefe Depression. Eines Tages beobachtete Atatürk, wie sich ein einsamer grauer Wolf verzweifelt gegen den Angriff eines ihm weit überlegenen Kangal wehrte, und war so beeindruckt vom Kampfeswillen beider Tiere, dass er beschloss, seine Sache nicht verloren zu geben. Er kehrte aus den Bergen zurück und stellte sich 1918 an die Spitze der nationalen Bewegung. Er befriedete das Land und setzte weitgehende Reformen durch, welche die heutige Türkei maßgeblich prägen. Seinen Beinamen „Grauer Wolf" hat Atatürk bis zu seinem Lebensende behalten, und er hat dieser Geschichte auch niemals widersprochen.

Aus eigenem Erleben kann ich die Wirkung dieser Hunde auf Menschen bestätigen. Obwohl ich mit Hunden aller Größen, Rassen und Farben seit Jahren vertraut bin, fand ich mich vor manchem Kangal in der Türkei mit offenem Munde staunend wieder. Es ist eine kaum beschreibbare Kombination aus Faszination, Ehrfurcht und Erstaunen, die einen befällt, wenn man einem als Herdenschutzhund eingesetzten Karabaş in der Türkei gegenübersteht. Ich kenne nicht wenige Hundefreunde, die nach ihrer ersten Bekanntschaft mit einem Kangal dieser Rasse mit Haut und Haaren verfallen sind. Die Anschaffung eines Hundes anderer Rasse ist für diese Menschen undenkbar geworden.

Die Faszination, die von vielen Kangals ausgeht, macht auch vor den Türken nicht Halt, obwohl der Hund, wie im gesamten Orient, ansonsten nicht sonderlich hoch geachtet wird. Oft konnte ich bemerken, dass die Tonlage meines Gesprächspartners ehrfurchtsvoll wurde, wenn die Rede auf den Kangal kam. Vor allem die Hunde aus der Provinz Sivas besitzen einen hervorragenden Ruf, viele Türken sprechen vom „Sivas Kangal" als dem einzigen und wahren Kangal. Der Ausdruck beinhaltet spürbare Wertschätzung, ja beinahe sogar eine Qualitätsgarantie für die überragenden Eigenschaften der Hunde als Wächter und Beschützer. Unglücklicherweise musste ich meine Reise nach Sivas unverrichteter Dinge abbrechen, denn ich geriet bei der Durchquerung des Taurusgebirges mehrfach in Operationen des türkischen Militärs gegen Mitglieder der PKK. Meine Route sollte mich durch die Küstenstädte Alanya und Adana und weiter über Kayseri nach Sivas führen, jedoch waren im April 1998 alle Routen durch das mittlere Taurusgebirge für Ausländer gesperrt. Oft traf ich schon nach 30 oder 40 Kilometern auf eine Armeepatrouille, die mir freundlich, aber bestimmt mitteilte, dass die Straße durch „einen Erdrutsch" unpassierbar sei und ich umkehren müsse. Obwohl sich die Offiziere der türkischen Armee stets freundlich und verständnisvoll gaben, besteht kein Zweifel daran, dass man ihren Aufforderungen Folge leisten muss. Die Situation im Süden Anatoliens war zu dieser Zeit sehr problematisch. Durch das Todesurteil gegen den Anführer der PKK, Abdullah Öcalan, und die Gefahr einer kriegerischen Auseinandersetzung im Irak ist die Lage in den kurdischen Siedlungsgebieten auch heute sehr angespannt.

Während meiner Reisevorbereitungen in der Küstenstadt Manavgat (nahe dem Tourismuszentrum Side an der türkischen Riviera) kam es zu mehreren Konfrontationen zwischen Militär und Mitgliedern der PKK. Allein während der zwei Wochen, die ich mich in Manavgat und Umgebung aufhielt, wurden in dieser Region bei mehreren Feuergefechten elf Menschen getötet. Wegen der Aktionen des Militärs mussten sich viele der Wanderhirten zu dieser Zeit in den Dörfern aufhalten, anstatt mit ihren Herden durch den Taurus zu ziehen. Dadurch konnte ich in relativ kurzer Zeit mehrere große Schafherden und die dazugehörigen Herdenschutzhunde auffinden. Mehr als einmal musste ich mich mit einen Sprung in meinen Geländewagen retten, wenn mich die Hunde entdeckt hatten und wie aus dem Nichts vor mir auftauchten.

Viele Hirten besitzen drei Herdenschutzhunde, an großen Herden sieht man manchmal auch fünf oder mehr Hunde. Die Zahl der mitgeführten Hunde richtet sich nach mehreren Faktoren und kann von Region zu Region sehr unterschiedlich ausfallen. Neben der Populationsdichte der Beutegreifer spielen natürlich die Größe der Herde, die Beschaffenheit des Terrains und die Tradition der jeweiligen Familie eine Rolle. Selbst in Gebieten, in denen es schon seit einigen Jahren keinen Angriff auf Herdentiere gegeben hat, ist eine Wanderung ohne Begleitung durch mindestens einen Herdenschutzhund für die Hirten unvorstellbar. Ein weiterer Faktor für die Zahl der an einer Herde eingesetzten Hunde ist schlicht und ergreifend die Verfügbarkeit von Nahrung und Wasser. Häufig treffen sich die umherziehenden Hirten zu festgelegten Terminen mit Familienmitgliedern. Bei diesen Gelegenheiten werden nicht nur Nachrichten ausgetauscht und Vorräte ergänzt, sondern das Familienmitglied nimmt auch einige schlachtreife Schafe mit zurück in das Heimatdorf. Bei den Herdenschutzhunden im Taurusgebirge handelt es sich selbstverständlich nicht grundsätzlich um reinrassige Kangals. Sehr oft sieht man Hunde, die keiner definierten Rasse zuzuordnen sind, deren Blutlinie aber seit vielen Generationen von der Familie des Hirten gezüchtet wird. Trotzdem ist der Anteil des offensichtlich unverfälschten Kangaltyps erstaunlich hoch. Außer bei den Wanderhirten werden auch in vielen dörflichen Gemeinden Kangals als Haus- und Hofhunde gehalten.

Während der Wintermonate befinden sich die Schafherden auf Weiden in der Nähe der Dörfer, und die Hunde bleiben bei den Herden oder stromern im Dorf umher. Niemals darf der Hund in den ländlichen Gebieten der Türkei ein von Menschen bewohntes Haus betreten. In den Sommermonaten ziehen einige männliche Familienmitglieder mit den Schafen auf die Gebirgsweiden, wobei sie von den Herdenschutzhunden begleitet werden. In den Gebirgsregionen Anatoliens gibt es eine nennenswerte Population von Wölfen, die in

Eine Kombination aus Eleganz und Kraft zeigt sich im Körperbau dieser Kangal-Hündin.

relativ kleinen, aber schlagkräftigen Rudeln leben. Nach Aussagen der Hirten bestehen viele Wolfsrudel aus sechs bis acht erwachsenen Tieren, nicht selten werden die Herden aber von kleinen Wolfsgruppen angegriffen, die nur drei oder vier Tiere zählen. Die türkischen Wölfe erreichen zwischen 70 und 80 Zentimeter Schulterhöhe – gehören also nicht gerade zu den kleinwüchsigen Wolfsrassen. Viele Hirten haben mir bestätigt, dass die Anwesenheit der Hunde genüge, um die Wölfe auf Distanz zu halten. Konfrontationen finden hauptsächlich im Frühjahr statt, wenn die Wölfe ihre Jungen aufziehen und große Mengen an Nahrung benötigen.

Bei der einheimischen Bevölkerung sind die Kangals der Hirten sehr gefürchtet, niemand würde es wagen, das Territorium eines Kangal ohne Begleitung seines Besitzers zu betreten. Selbst in Deutschland hat der Kangal bei einem großen Teil der türkischen Mitbürger seinen Ruf noch nicht eingebüßt. Häufig kann man beobachten, dass Türken vorsichtshalber die Straßenseite wechseln, wenn ein Hundebesitzer mit seinem Kangal unterwegs ist, obwohl von dem ruhig an der Leine laufenden Hund keinerlei Gefährdung ausgeht. Dennoch sind die Blicke, die dem Hund folgen, immer freundlich und ehrfürchtig. Diese Reaktionen zeigen, wie tief verwurzelt das Wissen um die Rolle dieser Hunde in ihrem Heimatland ist.

Wie der Akbaş ist auch der Kangal ein Herdenschutzhund mit einem verhältnismäßig leichten Körperbau. Auch in seiner Geschichte dürften Hunde vom Typ des Saluki eine Rolle gespielt und ihre Spuren in der Erscheinung des Kangal hinterlassen haben. Durch das Vorhandensein zweier verschiedener Kangaltypen wird diese Theorie gestützt. Auf der einen Seite findet man Kangals mit einem breiten, mächtigen Kopfschädel, die von sehr kräftiger Statur sind und die ein Gewicht von bis zu 60 Kilogramm erreichen können. Neben diesem Hundetyp, der von den meisten Zuchtstandards favorisiert wird, gibt es auch Kangals mit deutlich schmalerem Kopf und leichterem Körperbau. Es hat den Anschein, als wenn sich in diesem Typ der Windhund als einer der Urahnen deutlicher erhalten hat, wogegen bei den Hunden mit schwerem Körperbau der Molossereinschlag dominiert. In der Türkei findet man beide Hundetypen etwa in gleicher Häufigkeit, nur in der Provinz Sivas überwiegt eindeutig der schwerer gebaute Kangaltyp.

Im Gegensatz zu den Kangals, die westeuropäische und amerikanische Zuchten hervorbringen, findet man in der Türkei vielerorts deutlich kleinere und leichtere Hunde. Viele Zuchtstandards schreiben für Kangal-Rüden Größen um 80 Zentimeter und ein Gewicht um 50 Kilogramm vor; Hündinnen sollen nur geringfügig kleiner und leichter sein. Dies ist grundsätzlich nicht falsch, aber einseitig und referenziert nur den schwer gebauten Typ des Kangal. Bei den Hunden mit leichterem Gebäude beträgt die Schulterhöhe der Rüden zwischen 70 und 75 Zentimeter, bei einem Körpergewicht zwischen 40 und 45 Kilogramm. Die Hündinnen dieses Typs sind etwas kleiner und wesentlich leichter als Rüden, sie erscheinen zierlicher und erreichen oft nur ein Körpergewicht von knapp über 30 Kilogramm. Die Basis der meisten heute verbreiteten Zuchtstandards des Kangal bildet eine Schrift von Turhan Kangal, ein Mitglied der eingangs erwähnten Familie Kangal. In seinem 1984 erschienenen Buch „Kangal Köpekleri" (deutsch: Kangal Hunde) hat er eine ausführliche Beschreibung der Rasse verfasst. Drei Jahre zuvor hatte Turhan Kangal bereits den modernen Zuchtstandard dieser Rasse formuliert („Kangal Köpegi Cins Standardi", deutsch: „Standard der Gattung Kangal Hund"). In diesem Werk wird der massiv gebaute Kangal mit breitem Kopf und Mastiff-ähnlicher Erscheinung gewürdigt.

An dieser Stelle muss man erwähnen, dass der Status des Kangal in der Türkei selbst im weltweiten Vergleich ein Sonderfall ist. Die offizielle Sprachregelung lautet, dass der Kangal nationales Gut sei, und sein Erhalt wird als nationale Aufgabe bezeichnet. Ebenfalls ein Sonderfall in der „Hundeszene" ist das staatlich verfügte Exportverbot für Kangals aus der Türkei. Obwohl jedes Jahr mehrere hundert Kangals aus dem Land geschmuggelt werden, sollte man sich mit einem Kangal nicht vom türkischen Zoll erwischen lassen. Trotz aller ideellen Wertschätzung ist der materielle Wert des Hundes gering. Jeder Hirte, der meine Bewunderung für diese Hunde spürte, war bereit, mir ohne Gegenleistung einen Welpen zu überlassen. Manchmal kostete es erhebliche Mühe, den angebotenen Hund abzulehnen, ohne mein Gegenüber zu verärgern oder gar den Eindruck zu erwecken, ich würde an der Qualität des Hundes zweifeln. Der Import eines Hundes aus einer „Arbeitszucht" wird an anderer Stelle noch ausführlich besprochen, deshalb soll hier nur eine kurze Warnung erfolgen: Hunde, die seit Generationen als Herdenschutzhunde arbeiten, haben in unserem Lebensraum keine faire Chance, alt zu werden, von halbwegs natürlicher Entwicklung ihrer Eigenschaften und Fähigkeiten ganz zu schweigen. Selbst wenn es gelänge, einen Kangal-Welpen außer Landes zu schaffen, hat sein „Besitzer" keineswegs ein Schnäppchen gemacht. Die Integration des Hundes in sein neues Lebensumfeld wird nur sehr wenigen, erfahrenen Herdenschutzhundkennern gelingen, und ob der Hund mit den veränderten Lebens- und Ernährungsverhältnissen dauerhaft zurechtkommt, kann niemand seriös vorhersagen. Also: Hände weg von Hunden aus Arbeitszuchten!

In Istanbul und den Tourismushochburgen der türkischen Ägäis haben sich windige Geschäftemacher längst auf die „Tierliebe" der hauptsächlich deutschen Urlauber eingestellt. Hundewelpen werden zu horrenden Summen angeboten. Zwischen 500 und 2000 Euro (Sie haben richtig gelesen!) werden für angeblich reinrassige Kangal-Welpen aus „einer der besten Zuchten des Landes" gefordert und bezahlt. Dass es sich dabei in der Regel um unter unaussprechlichen Verhältnissen vermehrte Hunde der Variante „Dorfköter" handelt, bedarf eigentlich keiner Erwähnung. Niemand, noch nicht einmal ein Experte, könnte feststellen, ob an der Entstehung des in Frage stehenden Welpen überhaupt ein Kangal beteiligt war – von Reinrassigkeit ganz zu schweigen. Der Marktpreis für einen wirklich reinrassigen Kangal-Welpen liegt unter Landsleuten in der Türkei bei umgerechnet rund 15 Euro. Da sich der gleiche Hund hierzulande unter Umständen für das Hundertfache verkaufen lässt, versuchen nicht wenige Türkeiurlauber ihre Reisekasse durch einen kleinen Hundehandel aufzubessern. Zu diesen Hunden ist nichts anderes zu sagen als zu den Eigenimporten – Hände weg! Eine letzte Warnung an die Unbelehrbaren, die glauben, auf eine besonders originelle Idee gekommen zu sein: Versuchen Sie niemals, einen Kangal-Welpen gegen Zahlung eines kleinen „Bakschisch" am Zoll vorbeizuschleusen. Die türkischen Zöllner sind nicht mehr oder weniger bestechlich als ihre Kollegen in Westeuropa. Allen Experimentierfreudigen garantiere ich ein paar höchst unerfreuliche Urlaubstage in einer türkischen Gefängniszelle, mit der Option auf eine anschließende Geldstrafe, die ein durchschnittliches Nettoeinkommen um ein Mehrfaches übersteigen kann!

In der Türkei gibt es Abhandlungen über den Kangal und seine Zucht, die von höchsten staatlichen Stellen, zum Beispiel dem Ministerium für Landwirtschaft, getragen werden. Die bekannteste Veröffentlichung stammt aus dem Jahre 1993 und wurde von Ferit Özgünes und Nazif Ciftci verfasst. Dort werden von offizieller Seite die für alle türkischen Zuchteinrichtungen geltenden Zuchtziele beschrieben. So viel Wertschätzung ist erfreulich, zeigt aber auch, dass man seitens der türkischen Hundefreunde nicht unbedingt mit unvoreingenommenen Sichtweisen rechnen kann; zu groß ist der Stolz auf diese herrlichen Hunde. Sollten Sie also irgendwann etwas über „wertvolle" und „wertlose" Hundetypen und Zuchtlinien lesen, wissen Sie diese Aussagen zu bewerten. Ich stehe nach wie vor auf dem Standpunkt, dass der beste Herdenschutzhund derjenige ist, der sich bei einem Hirten über unzählige Generationen unter dem Einfluss einer weitgehend natürlichen Selektion entwickelt hat. Diese Einstellung spricht nicht gegen staatliche Zuchtprogramme, Vereine oder Verbände, sie widerspricht aber jedem Versuch, die arbeitenden Herdenschutzhunde als weniger wertvoll anzusehen, wenn sie willkürlich festgelegten Schönheitsidealen nicht entsprechen.

Die beeindruckende Erscheinung des Kangal wurde bereits am Anfang des Kapitels angesprochen, und nun wollen wir einen Blick auf die Details werfen. Das Deckhaar der Hunde zeigt Färbungen, die von hellem Beige bis zu Mittelbraun reichen. Den Kopf ziert eine schwarze Maske, die sich vom Nasenspiegel bis über die Augen erstreckt und bei manchen Hunden sogar fast den gesamten Kopf einnimmt. Bei Hunden, deren Maske bereits in Höhe des Fangs endet, sieht man oft dunkel umrahmte Augen und einige schwarze Streifen auf dem Kopf. Der durch diese Zeichnung verursachte Ausdruck wird durch die verhältnismäßig kleinen, schräg stehenden und ebenfalls dunklen Augen verstärkt. Die Augenfarben reichen von Goldfarben bis nahezu Schwarz, was in Kombination mit der Zeichnung des Kopfes vielen Hunden einen melancholischen, aber auch sehr verwegenen Gesichtsausdruck verleiht. Die Ohren des Kangal sind ebenfalls fast immer schwarz und etwas oberhalb der Augenlinie am Kopf angesetzt. Die Körperbehaarung des Kangal kann einfarbig beige oder beige mit schwarzer Zeichnung an Kopf, Brust, Rücken oder Rute sein. Dabei handelt es sich nicht um tiefschwarze Abzeichen oder Marken, sondern um beigefarbenes Fell mit schwarzen Haarspitzen. Die dunklen Bereiche an der Brust oder seitlich hinter den Vorderläufen sind niemals scharf abgegrenzt, sondern korrespondieren diffus mit dem hellen Deckhaar. Die buschige Rute ist immer mit dunklen Haaren besetzt und wird in Erregungszuständen zu einem Ring oder Haken gebogen über dem Körper getragen. Augenlider und Lefzen des Kangal sind schwarz, das Gebiss ist stark entwickelt, besitzt mächtige Reißzähne und schließt mit perfektem Scherenbiss. Die Läufe des Hundes sind im Stand auffallend gerade, sein Bewegungsablauf ist elegant, kraftvoll und geschmeidig. Kangals sind trotz ihrer Größe flink und behände, das Fortbewegungstempo im gestreckten Galopp ist für einen Hund dieser Größe und Masse erstaunlich. Auf kurzen Distanzen kann der Kangal einem Hüte- oder Jagdhund mühelos Paroli bieten. Weglaufen ist also zwecklos!

Hinsichtlich des Wesenstyps gibt es beim Kangal viele Übereinstimmungen mit anderen Herdenschutzhunden, aber auch signifikante Unterschiede. Er teilt die starke Bindung an sein Territorium und verteidigt es kompromisslos. Kangals besitzen eine für Herdenschutzhunde durchschnittliche Aggressivität gegenüber Artgenossen, sie können grundsätzlich in Gruppen gehalten werden, aber nicht in allen Fällen verläuft diese Haltungsform völlig problemlos. Erwachsene Rüden sollte man tunlichst nur auf neutralem Territorium und mit aller gebotenen Vorsicht zusammenbringen. Trotzdem gibt es viele Fälle, in denen Kangalrüden mit ihresgleichen und anderen Hunderassen in friedlicher Koexistenz zusammenleben. Bevor ein Hundehalter mit der Anschaffung eines zweiten Hundes Fakten schafft, sollte über mehrere Wochen die Verträglichkeit der Tiere getestet werden. Ein beinahe überflüssiger Hinweis, der uneingeschränkt für alle Herdenschutzhunde und sogar für Hunde im Allgemeinen Gültigkeit hat.

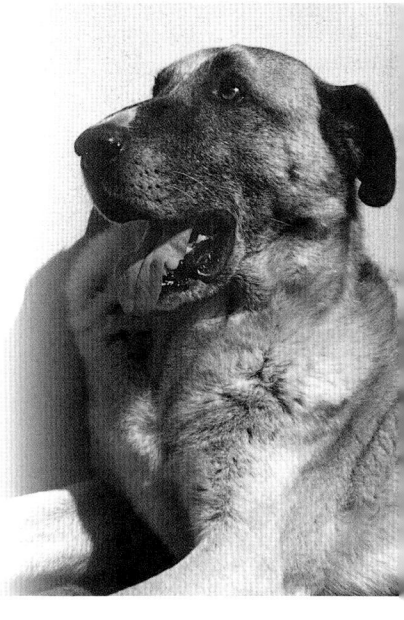

Achtjähriger Kangal-Rüde.

Aus eigener Erfahrung kann ich über das Sozialverhalten der aus der Türkei stammenden Herdenschutzhunde nur Gutes berichten. Die sehr seltenen Meinungsverschiedenheiten werden mit viel Gebrüll kurz und unblutig beigelegt. Das „Gebrüll" ist eine Eigenart des Kangal, die ich bei noch keiner anderen Hunderasse finden konnte. Es handelt sich dabei um ein lautes, stakkatoartiges Bellen, wobei die einzelnen Laute akustisch nicht trennbar sind und wie ein einziger endloser Laut klingen. Gebrüll ist der Begriff, der diese Lautäußerung am besten charakterisiert. Interessant ist, dass der Kangal nur in einer einzigen Situation „brüllt": bei der Auseinandersetzung mit Artgenossen. Niemals lässt der Kangal sein Gebrüll bei der Verteidigung der Reviergrenzen oder im Kampf gegen Beutegreifer hören.

Eine Besonderheit des Kangal ist seine Eigenschaft, unter bestimmten Bedingungen die Verbundenheit zu seinem Besitzer zu lockern und im ärgsten Fall sogar völlig zu lösen. Besonders Hündinnen neigen zu diesem Verhalten, und ich kenne nicht wenige Fälle, in denen Mensch und Hund nur noch nebeneinander, aber nicht mehr miteinander leben. Möchte man einen Kangal als Haushund halten und sich sein Vertrauen und seine Verbundenheit erhalten, muss man für diesen Hund sehr viel Zeit und Zuneigung aufwenden. Der Kangal ist ein Hund, der sich seinen Bezugspersonen eng anschließt, dies aber nach außen hin nicht auf die gleiche Weise zeigt wie ein Schäferhund oder Retriever. Kangals können an menschlicher Zuneigung uninteressiert wirken, aber der Eindruck entsteht zu Unrecht. Niemals sollte der Kangal über längere Zeit und regelmäßig allein im Haus oder auf dem Grundstück zurückgelassen werden. Zunächst bemerkt der Hundehalter nur eine Zurückhaltung bei der Aufnahme sozialer Kontakte, und diese erste Phase ist auch die letzte, in der sich die Entwicklung durch eine sofortige und tiefgreifende Veränderung der Lebensgewohnheiten

139

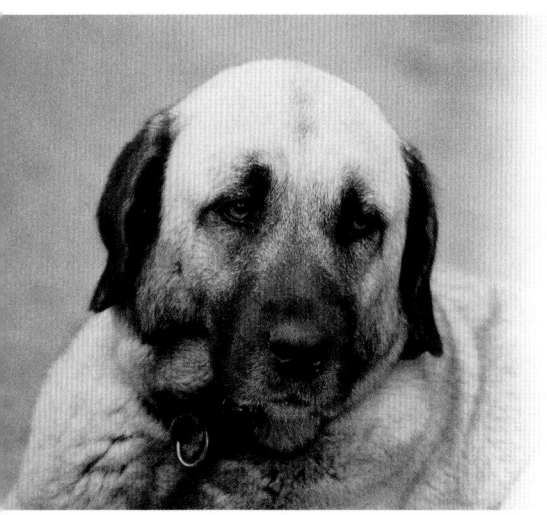

Die dreijährige Kangal-Hündin aus Sivas in der Türkei besitzt einen Kopf von vollendeter Schönheit.

noch umkehren lässt. Hat sich ein Kangal hingegen erst einmal in seine Unabhängigkeit zurückgezogen, dauert es Monate, bis die Beziehung zu seinen Bezugspersonen repariert werden kann. Deshalb sollte der Kangalbesitzer alles unterlassen, was zu einer Isolation des Hundes führen könnte. Darin eingeschlossen sind vor allem Ausbildungsmethoden, die den Hund bei Fehlverhalten mit Entzug von Zuneigung und sozialer Integration strafen.

Die Haltung des Kangal im Haus ist möglich, sofern sein Besitzer nicht nur viel Zeit mit dem Hund verbringen, sondern auch das Bewegungsbedürfnis des Hundes befriedigen kann. Der Kangal ist ein ausdauernder Begleiter bei Wanderungen oder Radtouren und passt sich dem Freizeitverhalten seines Besitzers weitgehend an. Gegen größere Kinder im Haushalt spricht nach meinen Erfahrungen nichts. Kleine Kinder können durch die Kraft und Schnelligkeit des Kangal erschreckt werden, Übergriffe des Hundes auf Kinder sind jedoch nicht zu befürchten.

Im Gegensatz zu den langhaarigen Herdenschutzhunden kommt der Kangal mit dem mitteleuropäischen Klima bestens zurecht. Die Pflege der kurzhaarigen Hunde ist einfach und nicht sehr zeitintensiv, wenn man von der Phase des Fellwechsels im Frühjahr absieht. Erst beim Fellwechsel wird offensichtlich, wie dicht die Unterwolle dieser kurzhaarigen Hunde ist.

Die Population des Kangal in Deutschland ist im Vergleich zu anderen Herdenschutzhundrassen relativ hoch; der Bestand dürfte ungefähr zwischen 1000 und 2000 Tieren liegen. Seit vielen Jahren gibt es kleine Kangal-Zuchten in Deutschland und den europäischen Nachbarstaaten, die der Hundezucht auf seriöse Weise nachgehen. Leider versuchen viele unseriöse Händler und Hundevermehrer, die in den letzten Jahren entstandene Popularität dieser Rasse für ihre Zwecke auszunutzen. Kein anderer Herdenschutzhund wird so häufig geschmuggelt, verscherbelt und verschachert wie der Kangal. Allein in Deutschland sind mehrere unseriöse Züchter bekannt, die Kangal-Hündinnen in Kellern und Verschlägen halten und als Zuchtmaschinen missbrauchen. Mehr als bei allen anderen Herdenschutzhundrassen muss der Interessent beim Kangal auf die Herkunft der Welpen achten und das Prinzip der doppelten Sorgfalt bei der Auswahl eines

Welpen walten lassen. Alljährlich tauchen im Spätsommer in den Tageszeitungen Annoncen auf, in denen Türkeiurlauber geschmuggelte Welpen anbieten. Der Großteil dieser Hunde landet früher oder später im Tierheim, allein das Tierheim Ludwigsburg vermittelt jedes Jahr rund ein Dutzend Kangals. Wenn Sie sich einen Kangal anschaffen möchten, fragen Sie bitte zuerst in den Tierheimen der Umgebung nach – meistens werden Sie schnell fündig. Dort erwerben Sie den Hund nicht nur gesund und geimpft, vor allem unterstützen Sie nicht die Geschäftemacherei verantwortungsloser Hundehändler!

10.1. Das Wichtigste aus dem Zuchtstandard des Kangal

Weitere Namen:	Karabaş (Türkei), Karabash (USA, GB)
Herkunftsland:	Türkei
Verwendung:	Herdenschutzhund, Territoriumswächter
F.C.I.-Nummer:	Von der F.C.I. nicht anerkannt. Trotzdem besitzt der Kangal in der Türkei den Status eines Rassehundes.
Standard gültig seit:	Einigen Jahrzehnten, genaues Datum unbekannt.

Allgemeine Erscheinung: Großer, beigefarbener bis hellbrauner Hund mit schwarzer Kopfmaske. Gestalt mächtig, aber nicht massig, im Gesamteindruck ein sehr kräftiger, geschmeidiger und etwas hochbeiniger Hund.

Kopf: Lang und breit zwischen dem Ohransatz. Mäßig ausgeprägter Stop. Die Länge des Fangs beträgt etwa ein Drittel der Länge des gesamten Kopfes.

Nase: Breit und schwarz.

Lefzen: Eng anliegend, schwarz pigmentiert.

Gebiss: Stark und mächtig. Ober- und Unterkiefer schließen im Scherenbiss, vollständiges Gebiss mit 42 Zähnen erforderlich.

Augen: Dunkelbraun, von ovaler Form, im Verhältnis zur Größe des Kopfes relativ klein. Leicht schräg stehend mit eng anliegenden, schwarz pigmentierten Lidern.

Ohren: Ein wenig oberhalb der Augenlinie angesetzt, gleich vom Ansatz herab hängend, dreieckig mit gerundeter Spitze. Entweder gänzlich schwarz oder schwarzer Saum an der Vorderseite.

Hals: Mittellang, leicht gebogen, so gut wie keine Kehlwamme.

Vorderhand: Gerade, lange Vorderläufe mit kräftigen Knochen und Gelenken. Die Pfoten sind rund, groß und fest. Elastische und gut gepolsterte Ballen. Starke Nägel von schwarzer Farbe.

Körper: Tiefe, bis zu den Ellenbogen reichende Brust. Am gesamten Körper stark entwickelte Muskulatur, ohne massig zu wirken. Der Rücken erscheint im Verhältnis zur Länge der Beine kurz. Die Lenden sind breit, hoch und muskulös.

Rute: Hoch angesetzt, dennoch erreicht die Rutenspitze die Sprunggelenke. Wird bei Erregung über den Körper gehoben und haken- oder ringförmig aufgestellt.

Hinterhand: Kräftig und muskulös, aber nicht so mächtig wie die Vorderhand. Die Hinterläufe sind gerade.

Gangwerk: Leichtfüßiger, gleichmäßiger Gang mit elegantem Bewegungsablauf. Die Rückenlinie bleibt im Gang gerade.

Behaarung: Kurzes, dichtes Deckhaar mit stark entwickelter Unterwolle.

Farben: Die Färbung reicht von sehr hellem Beige bis Mittelbraun, in der Regel mit schwarzen Haarspitzen an Brust, Hals und Rute. Keine weißen, schwarzen oder grauen Abzeichen. Keine Marken. Niemals gescheckt oder gestromt.

Größe und Gewicht: Rüden: Bis 80 Zentimeter, mindestens 70 Zentimeter. Je nach Körperbau zwischen 45 und 60 Kilogramm. Hündinnen: Bis 76 Zentimeter, mindestens 65 Zentimeter. Je nach Körperbau zwischen 30 und 50 Kilogramm.

Temperament: Beweglich, bewegungsfreudig und schnell im Spurt. Die Bewegungsabläufe des Hundes wirken elegant, leichtfüßig und geschmeidig, niemals behäbig oder steif. Der Kangal ist ruhig und ausgeglichen, ohne Neigung zu Hektik oder Nervosität. Der Schutztrieb ist stark entwickelt. Fremden gegenüber ist der Kangal reserviert und misstrauisch.

10.2. Anatolischer Hirtenhund

Im Gegensatz zum türkischen Kangal ist bei der F.C.I. eine Rasse namens Anatolischer Hirtenhund anerkannt. So gibt es um die Verflechtungen zwischen Kangal und Anatolischen Hirtenhunden zahlreiche Verwirrungen, deren Auflösung mit erheblichen Schwierigkeiten gespickt ist.

Der Anatolische Hirtenhund stammt, wie sein Zuchtstandard unzweifelhaft sagt, aus der Türkei. Die Türken hingegen erkennen den Rassestatus des Anatolischen Hirtenhundes nicht an und sprechen je nach Stimmungslage von einem züchterisch verfremdeten Kangal oder schlicht und ergreifend von einem Bastard. Die Rasseanerkennung durch die F.C.I. erfolgte selbstverständlich nicht auf Antrag des Abstammungslandes Türkei, sondern auf Antrag eines amerikanischen Verbandes. Das ist eine zumindest ungewöhnliche Vorgehensweise – man stelle sich vor, Australien hätte den Deutschen Schäferhund als native Rasse des fünften Kontinents registrieren lassen. Die Rassebezeichnung „Anatolischer Hirtenhund" tut ein Übriges, um die Verwirrung weiter zu steigern. Natürlich sind alle Kangal, Akbaş, Karshunde und sogar die Mischlinge dieser Rassen Hirtenhunde aus Anatolien, mithin also Anatolische Hirtenhunde, wenn man den Rassenamen gleichzeitig als Oberbegriff für die Rassen eines Abstammungsgebietes definiert. Dass diese Bildung von Oberbegriffen durchaus üblich ist, lässt sich aus der Bezeichnung „Belgischer Schäferhund" für insgesamt vier anerkannte Rassen ablesen (Malinois, Tervueren, Laekenois, Groenendael).

Anatolische Hirtenhund-Rüden

Die Verbreitung des Anatolischen Hirtenhundes beschränkt sich weitestgehend auf die Vereinigten Staaten, die Population dieser Hunde beträgt in den USA zur Zeit ungefähr 3000 registrierte Tiere. Zusätzlich gibt es eine nicht unbeträchtliche Dunkelziffer, die mindestens den gleichen Wert erreichen dürfte. In Amerika wird diese Rasse als „Anatolian Shepherd Dog" bezeichnet, umgangssprachlich finden auch die Kurzform „Anatolian" oder die Abkürzung ASD Verwendung. Zuchten der Rasse gibt es aber auch in Westeuropa und sogar in Deutschland. Die Gesamtzahl der Anatolischen Hirtenhunde dürfte aber in Westeuropa kaum 300 Tiere erreichen. Einige europäische Züchter deklarieren ihre von Kangals abstammenden Welpen als Anatolische Hirtenhunde, weil deutsche oder internationale Verbände aufgrund der F.C.I.-Anerkennung Papiere ausstellen können. Die Absatzchancen der Welpen können dadurch tatsächlich oder vermeintlich gesteigert werden. So können sich hinter der Bezeichnung „Anatolischer Hirtenhund" je nach Züchter und Region durchaus reinrassige Kangal verbergen, denen aus Marketinggründen ein anderes Mäntelchen umgehängt wurde.

Tatsächlich liegt der Schlüssel zur Entstehungsgeschichte des Anatolischen Hirtenhundes wohl in erster Linie beim lieben Geld. In den USA sind „offizielle" Papiere für die Vermarktungschancen eines Hundes noch wichtiger als hierzulande. Die ersten Züchter der Anatolischen Hirtenhunde in den USA brauchten also unbedingt F.C.I.-Papiere, um für ihre Welpen den gleichen Betrag wie für Welpen anderer Hunderassen erzielen zu können. Die Türken haben die F.C.I.-Registrierung des Kangal und seine Zucht in den USA empört abgelehnt, eine Haltung, die sich mit dem besonderen Status des Kangal in der Türkei erklären lässt. Diesem Dilemma entkamen die Verfechter des Kangal in den USA, indem sie einfach eine neue Rasse „erfanden" und diese selbst bei der F.C.I. anmeldeten. Viele Hunderassen wurden erst in den letzten 30 Jahren angemeldet; der Anatolische Hirtenhund bildet in dieser Hinsicht also keine Ausnahme.

Über die Gemeinsamkeiten und Unterschiede zwischen Kangals und Anatolischen Hirtenhunden wird seit vielen Jahren erbittert gestritten. Nahezu jeder Verein in den USA nimmt für sich in Anspruch, den einzig wahren Anatolischen Hirtenhund hervorzubringen. Die Kangal-Fraktion verschmäht die Anatolischen Hirtenhunde per se als Mischlinge, und beide Seite schenken sich in dieser Debatte nichts. Seit Jahren gärt der Streit um die Anatolischen Hirtenhunde und zieht tiefe Gräben durch die Befürworter türkischer Hunderassen. Der Disput ist gleichermaßen überflüssig wie unsinnig, da die Fakten letztlich für sich sprechen und nicht wegdiskutiert werden können. Ich würde daher folgende Definition befürworten: Der Kangal ist der traditionelle Herdenschutzhund Zentralanatoliens, der Anatolische Hirtenhund ist ein vom Kangal abstammender und unter Einkreuzung anderer Rassen im Ausland weiter gezüchteter Herdenschutzhund.

Die äußerlichen Unterschiede zwischen Kangals und Anatolischen Hirten-hunden liegen hauptsächlich in der Färbung des Deckhaars. Im Gegensatz zu den Kangals sind bei Anatolischen Hirtenhunden alle Farben zugelassen. Viele der Hunde besitzen nicht mehr die charakteristische schwarze Maske des Kangal, sondern zeigen weiße Abzeichen im Bereich des Kopfes, häufig sogar einen weiß gefärbten Fang. Es erstaunt den geneigten Hundefreund, dass der amerikanische Zuchtstandard die Rassebezeichnung „Anatolian Karabash Dog" parallel zur üblichen Rassebezeichnung „Anatolian Shepherd Dog" benutzt. Damit sollte die Abstammung des Anatolischen Hirtenhundes vom türkischen Karabaş unter-mauert werden, aber der Schuss geht nach hinten los. Der Karabaş (Schwarz-kopf) mit weißem Gesicht wird durch die widersprüchlichen Angaben im F.C.I.-Standard unverschuldet zum kynologischen Treppenwitz.

Vor einiger Zeit war in der Wurfmeldung eines deutschen Züchters zu lesen, der Wurf bestehe aus vier Kangals und drei Anatolischen Hirtenhunden. Diese Aussage ist ebenfalls in dem Kontext zu sehen, dass viele Zeitgenossen ausschließ-lich aufgrund der Färbung des Hundes auf die Zugehörigkeit zu einer der beiden Rassen schließen möchten. Dies ist natürlich Unfug. Reinrassige Kangals brin-gen niemals Nachkommen mit weißen Abzeichen zur Welt, und Anatolische Hirtenhunde können keine Kangals zeugen. Wenn die Wurfmeldung gelautet hätte, dass drei Bernhardiner und vier Rottweiler „gefallen" wären, hätte sich der „Züchter" zur Lachnummer der Nation gemacht. In der jungen Herdenschutz-hundszene ist aber offenbar noch reichlich Platz für Absurditäten.

Die Anatolischen Hirtenhunde sind bei weitem nicht so durchgezüchtet, wie es bei den Kangals der Fall ist. Neben den Farbvarianten fallen mehrere höchst unterschiedliche Typen auf. Manche Anatolischen Hirtenhunde sind vom rein-rassigen Kangal äußerlich nicht zu unterscheiden, andere ähneln in Körperbau und Größe eher einer Deutschen Dogge. Das Auftreten von Varietäten ist nicht grundsätzlich als Manko zu betrachten, auch unter den Hirtenhunden Anatoli-ens findet sich ein vergleichbarer Reichtum an Formen und Farben. Manche der türkischen Herdenschutzhunde ähneln mehr einem Riesenschnauzer als einem Kangal, andere sind schwarz-weiß gescheckt, gefleckt oder gestromt. Größen und Gewicht der Anatolischen Hirtenhunde entsprechen dem Kangal, obwohl unübersehbar ist, dass amerikanische Zuchten immer größere Tiere hervorbrin-gen. Nicht wenige Rüden erreichen bereits Widerristhöhen um 86 Zentimeter, Tendenz steigend. Der breite Kopf des Kangal findet sich bei Anatolischen Hir-tenhunden nur ansatzweise, es sei denn, es wird mit reinrassigen Kangals gezüch-tet und die Tiere werden als Anatolische Hirtenhunde deklariert. Die Kopf- und Schädelform des Anatolischen Hirtenhundes entspricht im Normalfall weitge-hend der schmaleren Form des leichter gebauten Kangal. Das Temperament des Anatolischen Hirtenhundes ist lebhaft. Große Bewegungsfreude und Ausdauer sind charakteristisch für diese Hunde. Der zukünftige Halter muss ausreichenden

Auslauf des Hundes gewährleisten können, drei Stunden Spaziergang und Freilauf pro Tag sollten einkalkuliert werden. Der Anatolische Hirtenhund lässt sich im Vergleich zu anderen Herdenschutzhundrassen relativ gut ausbilden, er ist ausgesprochen lernbegabt. Dies soll aber nicht zu dem Schluss verleiten, die Lernfreude dieser Rasse entspräche der eines Schäferhundes. Auch Anatolische Hirtenhunde zeichnen sich durch Unabhängigkeit, Eigensinn und Freiheitsliebe aus. Etwas leichter als andere Herdenschutzhunde machen sie es ihren Besitzern aber schon. Fremden gegenüber zeigt sich der Anatolische Hirtenhund herdenschutzhundtypisch reserviert und ablehnend. Rüden sind in der Regel nicht sehr verträglich mit Artgenossen, dennoch sind die Hunde keine Raufer und lassen sich durchaus in Gruppen halten.

Sehr viele Anatolische Hirtenhunde werden in den USA als Herdenschutzhunde eingesetzt, durchweg mit gutem Erfolg. Gegen den Hauptfeind der Viehzüchter, den Kojoten, haben sich diese Hunde in vielen Regionen bewährt und die Verlustraten bei Nutztieren drastisch gesenkt. Viele landwirtschaftliche Betriebe haben in den letzten 20 Jahren ihre Abwehrmaßnahmen von technischen und waffentechnischen Methoden auf den Einsatz von Herdenschutzhunden umgestellt, wobei die Anatolischen Hirtenhunde den Löwenanteil stellen. Die Auswertung der Umfrage unter Herdenschutzhundbesitzern zeigt, dass rund 30 % aller Anatolischen Hirtenhunde als aktive Herdenschutzhunde gehalten werden.

Diese Erfolge haben dazu geführt, dass die Umsätze der Waffen- und Fallenhersteller empfindliche Einbußen hinnehmen mussten, und die Lobby der „Hardware-Produzenten" hat umgehend reagiert. In Zusammenarbeit mit dem US-Landwirtschaftsministerium (Department of Agriculture) versucht eine Vereinigung mit dem Namen Predator Defense Institute (wörtlich: Raubtier-Verteidigungs-Institut) den Einsatz von Herdenschutzhunden zu verhindern. Im Rahmen eines als ADC (Animal Defense Control) bezeichneten Projekts spricht diese Vereinigung Herdenschutzhunden ihre Qualifikation weitgehend ab und propagiert neben der Fallenstellerei den rigorosen Abschuss von Beutegreifern. Dazu werden Maschinenkanonen an Bord von Flugzeugen, auf Lastwagen montierte Maschinengewehre und ähnliche Methoden empfohlen. Die Wirksamkeit dieser Maßnahmen dokumentiert diese Vereinigung mit „Erfolgszahlen", eine Aufstellung, die ich Ihnen nicht vorenthalten möchte:

Methods used to capture/ kill animals – 1988

These were the methods used to capture all mammals (both those killed and those released, and including non-predators such as beavers) in 1988.

Leghold traps	32623	29,1 %
Shooting from fixed-wing aircraft	15338	13,7 %
M-44s	15542	13,9 %
Cage traps	14441	12,9 %
Snares	11677	10,4 %
Shooting from helicopters	6745	6,0 %
Shooting	5436	4,8 %
Denning	5099	4,5 %
Calling and shooting	3805	3,4 %
Conibear traps	1045	0,9 %

Quelle: Predator Defense Institute, P.O. Box 5446, Eugene, OR 97405

Aufgrund dieser Entwicklung und der Tatsache, dass diese obskure Vereinigung auch heute noch von staatlichen Stellen mit Millionenbeträgen unterstützt wird, ist zu befürchten, dass der Einsatz der Anatolischen Hirtenhunde in den USA ungeachtet der großartigen Erfolge auch in den kommenden Jahren nur langsam zunehmen wird. Mit der ökologischen Variante lässt sich bei der Abwehr von Beutegreifern eben kein Geld verdienen. Auch im heutigen Amerika werden, wie in allen Ländern und Epochen, in denen Herdenschutzhunde eingesetzt wurden, die Hunde von denen gezüchtet, die sie benötigen – den Bauern, Farmern und Hirten.

10.3. Das Wichtigste aus dem Zuchtstandard des Anatolischen Hirtenhundes

Weitere Namen: Anatolian Shepherd Dog, ASD,
Anatolian Karabash Dog (alle USA)
Herkunftsland: Ursprünglich Türkei, heute vor allem Nordamerika
Verwendung: Herdenschutzhund, Territoriumswächter
F.C.I.-Nummer: 331, Gruppe 2.2
Standard gültig seit: 1970

Allgemeines: Gebrauchshund, der Schafherden als Herdenschutzhund beschützt. Er kann unter extremen Witterungsbedingungen (Hitze und Kälte) eingesetzt werden.

Erscheinung: Großer, aufrecht stehender Herdenschutzhund mit kräftigem Gebäude, stabilem Kopf und dichter Behaarung. Muss ausreichend Größe und Kraft besitzen, um große Fortbewegungsgeschwindigkeit erreichen zu können.

Wichtige Proportionen: Fang etwas kürzer als der Kopfschädel.

Temperament: Unabhängig, in sich ruhend, stolz und mutig. Dem Besitzer treu ergeben, aber erwachsene Tiere müssen ablehnend gegenüber Fremden sein.

Kopfschädel: Breit, in guter Proportion zum Körper. Leichter Stop. Rüden sollen einen breiteren Kopf als Hündinnen besitzen.

Fang: Von oben betrachtet nahezu rechteckig, nur leicht verjüngend zur Nase hin.

Nase: Schwarz oder dunkelbraun.

Lefzen: Schwarz, nur leicht herabhängend.

Gebiss: Kräftig entwickelte Zähne, vollständiges Gebiss. Ober- und Unterkiefer müssen im Scherenbiss schließen.

Augen: Im Verhältnis zur Größe des Kopfes eher klein, weit auseinander stehend. Die Färbung ist Goldbraun bis Dunkelbraun.

Ohren: Mittelgroß, am Kopf herabhängend, dreieckig mit gerundeter Spitze.

Körperbau: Kräftig und muskulös, ohne Übergewicht. Tiefer, bis zu Ellenbogen reichender Brustkasten.

Läufe: Kräftig, aber nicht zu muskulös. Aus der Längsachse des Hundes betrachtet erscheinen die Läufe gerade. Kräftige, breite Pfoten mit dicken Ballen.

Farben: Alle Farben sind zugelassen. Neben beigefarbenen Hunden auch beige mit schwarzer Maske, Tricolor mit Weiß und Schwarz oder mehrfarbig gestromt.

Haar: Kurzes oder mittellanges Stockhaar mit gut entwickelter Unterwolle. In Abhängigkeit von den klimatischen Bedingungen des Herkunftsgebietes sind auch deutliche Abweichungen zugelassen. Längere Behaarung während der Wintermonate ist üblich.

Widerristhöhe: Rüden 75 bis 82 Zentimeter, Hündinnen 70 bis 78 Zentimeter.

Gewicht: Rüden 50 bis 65 Kilogramm, Hündinnen 40 bis 55 Kilogramm.

Fehler: Massigkeit in der Erscheinung, Behäbigkeit, zu leichter Körperbau, flacher Kopfschädel, zu kurzer Fang, Über- oder Unterbiss.

11. Kaukasischer Owtscharka

Der Große Kaukasus ist ein 1200 km langes und rund 200 km breites, teilweise vergletschertes Hochgebirge zwischen dem Schwarzen Meer im Westen und dem Kaspischen Meer im Osten. Die nordöstlichen Randgebirge des armenischen Hochlandes werden als Kleiner Kaukasus bezeichnet. Der Kaukasische Owtscharka ist der traditionelle Herdenschutzhund des Kaukasus Gebirges (russ. Kawkas) sowie der nördlich und südlich angrenzenden Gebiete und Republiken. Sein ursprüngliches Verbreitungsgebiet umfasst Armenien, Aserbaidschan, Georgien, Daghestan, Abchasien und Tschetschenien, später auch die südlichen Landesteile Russlands und der Ukraine. Das genaue Alter der Rasse ist nicht bestimmbar, aber es kann davon ausgegangen werden, dass der Kaukasische Owtscharka eine weit über tausendjährige Geschichte haben dürfte. Im Laufe der Zeit hat diese Rasse eine Verbreitung über das gesamte Staatsgebiet der ehemaligen Sowjetunion erfahren. Selbst in der baumlosen Tundrenzone Sibiriens, den waldreichen Gebieten und der Taiga sind heute Owtscharki anzutreffen.

Die ersten Exemplare dieser Rasse tauchten außerhalb ihres Ursprungsgebiets um 1930 in Deutschland auf. Zoologen und einige Hundefreunde hatten von ihren Reisen durch Russland einige Hunde mitgebracht, die einer staunenden Öffentlichkeit präsentiert wurden. Nach dieser ersten Bekanntschaft mit dem Kaukasischen Owtscharka wurde es wieder still um diese Rasse. Die wenigen in Deutschland lebenden Individuen gingen in den Wirren der Naziherrschaft und des Zweiten Weltkrieges verloren. Während der deutschen Teilung spielte der Kaukasische Owtscharka in der DDR stets eine gewisse Rolle. Durch die staatlich verordnete Freundschaft mit der Sowjetunion gab es zahlreiche Kontakte, und eine nicht unerhebliche Zahl dieser Hunde gelangte im Laufe der Zeit nach Ostdeutschland. In den ländlichen Gemeinden zwischen Rostock und Gera werden Kaukasische Owtscharki schon seit etwa 1950 gehalten. Im Westen Deutschlands begannen Haltung und Zucht der Rasse erst deutlich später. Etwa zwischen 1970 und 1980 wurde die Hunderasse von westeuropäischen und amerikanischen Hundefreunden neu entdeckt, auch die Gründung der ersten Zuchtvereine fällt in diesen Zeitraum. Seitdem hat die Population dieser Hunde langsam, aber stetig zugenommen, und nicht wenige Hundefreunde haben ihr Herz an diesen starken Herdenschutzhund verloren. Die sehr speziellen Haltungsanforderungen für einen Kaukasischen Owtscharka stehen einer weiten Verbreitung entgegen. Wesentlich häufiger als in westlichen Ländern ist der Owtscharka heute in Osteuropa und vor allem natürlich in den ehemaligen Sowjetrepubliken anzutreffen. Relativ große Populationen leben in Ungarn und Polen, kleinere in Rumänien, der Slowakischen Republik und den baltischen

Staaten. In den USA und Kanada gibt es einige kleine Liebhaberzuchten, die Zahl der in privaten Haushalten lebenden Kaukasen dürfte in Deutschland auf wenige Hundert begrenzt sein. Hierzulande vertreten zwei Rassezuchtvereine den Kaukasischen Owtscharka. Aus dem Rassezuchtverein der ehemaligen DDR ging der KSHC (Kaukasischer Schäferhunde Club) hervor, der zur Zeit nicht dem VDH und der F.C.I. angehört. Mitte der siebziger Jahre wurde in der Bundesrepublik der KOC (Kaukasische Owtscharka Club) gegründet. Der KOC ist dem VDH angeschlossen.

Die Welpenmeldungen unterlagen in den vergangenen Jahren großen Schwankungen. Zwischen 1990 und 1996 wurden in Deutschland jährlich zwischen 110 und 200 Welpen geboren und zuchtbuchmäßig erfasst, danach sank die Zahl der Würfe drastisch ab. Viele Züchter haben in den letzten Jahren aufgegeben, und nach 1998 wurden nur noch wenige Welpen gemeldet. Eine Ursache dafür ist sicherlich in der Tatsache zu sehen, dass verantwortungsvolle Züchter nur noch selten geeignete Halter für diese schwierig zu führenden Hunde finden konnten. Ein anderer Grund ist der ständige unkontrollierte Zufluss von Hunden aus Osteuropa seit Öffnung der Grenzen zu Polen und der Tschechischen

Typischer Bergkaukasen-Rüde mit annähernd quadratischem Maß: 70 cm hoch, (fast) 70 cm breit und rund 70 kg schwer. Der melancholische Blick gehört zur „Grundausstattung" des Hundes und lässt keine Rückschlüsse auf seine Gemütslage zu.

Republik. Gewissenlose Händler schmuggeln Owtscharki-Welpen in großer Zahl nach Deutschland und verkaufen die Hunde zu einem Bruchteil des Preises, den ein seriöser Züchter berechnen muss. Diese Geschäftemacherei hat bereits zu erheblichen negativen Auswirkungen geführt. Im Gegensatz zu verantwortungsvollen Züchtern verkaufen die Hundehändler an jedermann und geben die Hunde auch in völlig ungeeignete Haltungsbedingungen ab. Viele unwissende Tierfreunde erwarben auf diese Weise einen Hund, ohne sich über dessen Eigenschaften und Besonderheiten im Klaren zu sein. Viele dieser „importierten" Hunde landeten in Tierheimen oder mussten sogar eingeschläfert werden. Hilferufe überforderter Halter bei Fachzeitschriften, Rassezuchtvereinen und im Internet haben in den vergangenen Jahren spürbar zugenommen. Viele Hunde, die unter Rassenamen wie Zentralasiatischer Hirtenhund, Germanischer Bärenhund usw. mit dem Hauch schillernder Exotik angeboten werden, sind in Wirklichkeit aus Polen oder Ungarn eingeschleppte Owtscharka-Welpen. Die meisten dieser Hunde werden unter unsäglichen Bedingungen vermehrt und im Alter von wenigen Wochen nach Deutschland geschmuggelt. Oft werden sie ahnungslosen Hundefreunden zu hohen Preisen als Familienhunde angedreht. Nicht selten sind Hunde dieser Herkunft mit Krankheiten belastet oder werden mit gefälschten Impfbüchern verkauft. Wesensauffälligkeiten können sich entwickeln, da viele Welpen schon im Alter von fünf oder sechs Wochen der Mutter weggenommen wurden. Deshalb an alle Interessenten der Rat, unbedingt einen der seriösen und erfahrenen Züchter dieser Rasse aufzusuchen.

In den Vereinigten Staaten kümmert sich vor allem der COI (Caucasian Ovtcharka International Club) um die Belange der Kaukasen. Die Präsidentin dieses Clubs, Mrs. Audrey Chalfen, verfügt über internationale Reputation und kümmert sich engagiert um die Belange dieser Hunderasse in den USA. In den vergangenen Jahren ist es ihr gelungen, aus einer begrenzten Anzahl von Hunden eine kleine Zucht aufzubauen. Der Fortgang der Owtscharka-Zucht in den USA gibt daher zu Optimismus Anlass und besitzt gute Zukunftsaussichten. Das positive Bild in den USA wird aber durch einige verantwortungslose Züchter getrübt. Seit Jahren bietet der berüchtigte Zwinger „Thunderhawk Caucasians" seine Hunde mit dem Werbeslogan an: „Dogs with the knock down power of a Colt .45", was frei übersetzt bedeutet, dass die Hunde angeblich mit der Durchschlagskraft einer großkalibrigen Waffe ausgestattet seien. Es steht außer Frage, dass sich dieser Zwinger an eine Klientel wendet, deren Eignung zur Hundehaltung mit Fug und Recht bezweifelt werden darf. Wie in Deutschland fehlen auch in den USA die juristischen Voraussetzungen, unlauteren Hundevermehrern per Gerichtsbeschluss das Handwerk zu legen.

Der Zuchtstandard vereint unter dem Oberbegriff „Kaukasischer Owtscharka" mehrere verschiedene Schläge. Bei keiner anderen Herdenschutzhundrasse ist die Anzahl der Varietäten so hoch wie bei den Kaukasen. Zwei Haupttypen sind eine nahezu unüberschaubare Zahl von regionalen oder landestypischen Schlägen untergeordnet. Die Haupttypen werden als Bergkaukasen und Steppenkaukasen bezeichnet. Der Bergkaukase, auch Transkaukasischer Owtscharka genannt, ist ein starkknochiger, massiver Hund von imposanten Maßen. Rüden erreichen Schulterhöhen zwischen 70 und 80 Zentimeter, ihr Gewicht beträgt selten weniger als 70 Kilogramm. Viel beeindruckender als die Körpergröße sind die mächtige Brust und der breite Rücken der Hunde. Die Brust eines Rüden kann selbst ein stattlicher Mann mit seinen Armen kaum umspannen, der Rücken wirkt beinahe so breit wie der eines Pferdes. Dieser Eindruck wird durch die lange, leicht vom Körper abstehende Behaarung unterstützt. Das dichte, üppig entwickelte Haarkleid ist für diese Hunde genauso typisch wie die Färbung des Kopfes, der zumeist eine grauschwarze Färbung und eine schwarze Maske zeigt. Die Farbpalette reicht dabei von sehr hellem Grau über alle Farbschattierungen bis zu tiefem Schwarz. Auch dunkle Brauntöne kommen vor. Am gesamten Körper beträgt die Haarlänge etwa 12 bis 15 Zentimeter, nur Kopf und Vorderseiten der Läufe sind mit kurzen, samtartigen Haaren bedeckt. Die Läufe sind stark befedert, und die buschige Rute erinnert an eine Federboa. Im Gegensatz zur meist dunklen Behaarung des Körpers sind die Haare an der Unterseite der Rute hellbraun, beigefarben oder nahezu weiß. Diese Färbungen bilden einen beeindruckenden Kontrast, vor allem wenn der Hund seine Rute hoch über dem Körper zu einem Ring gebogen aufstellt. Das Unterfell ist bei diesem Hundetyp sehr stark entwickelt und ermöglicht ganzjährigen Aufenthalt im rauen Klima des Hochgebirges. Der Kopf des Bergkaukasen ist groß, breit und besitzt mächtige Kieferknochen. Ein wahrer „Quadratschädel", der dem Körperbau des Hundes entspricht. Die Augen sind klein, mandelförmig, von dunkelbrauner Farbe und leicht schräg stehend im Kopf angeordnet. Im Kaukasus wurden und werden Hunden im Arbeitsdienst die Ohren schon im Welpenalter vollständig kupiert, damit bei Auseinandersetzungen mit Wölfen keine stark blutenden Wunden entstehen können. In Deutschland ist das Kupieren der Ohren seit vielen Jahren verboten, und im Gegensatz zu vielen anderen Vereinen und Verbänden haben die Owtscharka-Vereine diese Regelung akzeptiert. Alle in Deutschland gezüchteten Owtscharki dürfen ihre kleinen, dreieckigen und eng am Kopf anliegenden Ohren behalten. Der Knochenbau der Bergkaukasen ist kräftig und stabil, die Läufe besitzen starke Knochen und eine entsprechend üppig entwickelte Muskulatur. Die Pfoten haben das Maß von Suppenkellen und verfügen über stabile Nägel und dicke, weiche Ballen. Eventuell vorhandene Afterklauen sollten schon im Welpenalter entfernt werden.

Von sehr viel leichterem Körperbau ist der Typ des Steppenkaukasen, der dafür beweglicher und agiler ist und in Relation zu seiner Körpergröße ein erstaunlich hohes Fortbewegungstempo erreichen kann. Die typischen Körpermaße der Steppenkaukasen liegen um 78 Zentimeter Widerristhöhe und 60 Kilogramm

Gewicht bei Rüden, Hündinnen erreichen im Mittel etwa 74 Zentimeter Schulterhöhe und wiegen um 50 Kilogramm. Größere und kleinere Exemplare kommen aber durchaus bei beiden Geschlechtern vor. Steppenkaukasen können langes, mittellanges oder kurzes Deckhaar besitzen, und es gibt zahlreiche verschiedene Farbschläge. Die Farbpalette reicht von verschiedenen Grautönen über graubraune, braune und beigefarbene Hunde, mit jeweils schwarzen Haarspitzen. Kaukasen können nahezu einfarbig sein oder eine Vielzahl von Farbschattierungen aufweisen, es gibt Hunde mit beigefarbenem Deckhaar und schwarzer Maske, aber auch gestromte Tiere, und nicht wenige besitzen sogar weiße Abzeichen. Die Zeichnung des Deckhaars folgt keinerlei Regel, wie es bei Rottweilern, Airedale Terriern oder Deutschen Schäferhunden der Fall ist, sondern ist individuelles Merkmal des einzelnen Hundes. So besitzen die Welpen der meisten Würfe zwar die gleichen Grundfar-

Bergkaukase mit besonders ausdrucksvoller Fellzeichnung.

ben, unterscheiden sich hinsichtlich Farbverteilung sowie Größe und Anordnung der Abzeichen jedoch deutlich. Der Zuchtstandard lässt Grau- und Brauntöne in jeder Kombination zu, unerwünscht sind lediglich völlig einfarbige Hunde und solche, bei denen die Färbung des Deckhaars die typische Zeichnung der Bernhardiner aufweist. Unter dem dichten Deckhaar und der ebenfalls gut entwickelten Unterwolle verbirgt sich ein schlanker, aber sehr kräftiger Hund. Brust und Rücken sind nicht annähernd so mächtig wie bei den Bergkaukasen. Eine Besonderheit fällt bei beiden Typen des Kaukasischen Owtscharka ins Auge, die schlechte Qualität des Zahnschmelzes bei der Mehrheit der Zuchtlinien. Bei vielen Owtscharki, die in Westeuropa leben und größtenteils auch hier gezüchtet wurden, zeigt sich das Gebiss in auffällig schlechtem Zustand. Selbst bei Hunden im Alter von zwei oder drei Jahren ist eine deutliche Gelbfärbung des Zahnschmelzes, Zahnstein und manchmal sogar Karies zu entdecken. Nur der geringe Grad der Abnutzung zeigt, dass es sich um das Gebiss eines relativ jungen Hundes handelt, der sonstige Eindruck weist auf ein sehr viel älteres Tier hin. Man muss bei diesem Phänomen von einem weit verbreiteten genetischen Defekt ausgehen, da auch Hunde betroffen sind, die optimal ernährt und gepflegt werden. Selbst die im Handel erhältlichen Zahnpflegemittel für Hunde können den frühen Verfallsprozess nach meinen bisherigen Erfahrungen nicht aufhalten. Diese Eigenschaft der Kaukasen ist um so erstaunlicher, wenn man sich vor Augen hält, dass bei einer Zuchtauswahl nach Gebrauchsfähigkeit solcherlei Defekte eigentlich keine Entwicklungschance haben dürften. Tatsächlich zeichnen sich gerade Herdenschutzhunde durch besonders kräftig entwickelte Zähne und blendend weißen Zahnschmelz aus.

Nicht in allen Fällen lässt sich ein Kaukasischer Owtscharka eindeutig dem Grundtyp des Bergkaukasen oder dem des Steppenkaukasen zuordnen. Die gelegentliche Kreuzung beider Schläge während eines mehrere Jahrhunderte dauernden Zeitraumes, hat zur Entstehung zahlreicher Mischformen geführt. Ob der Hund dieses oder jenen Typs als Berg- oder als Steppenkaukase zu bewerten sei, führt unter Kennern der Rasse nicht selten zu kurzweiligen, wenn auch letztlich ergebnislosen Diskussionen. Die Übergänge zwischen beiden Gruppen sind fließend.

Die Einteilung der Owtscharka-Population in Grundtypen und Schläge wird seit vielen Jahren von der Fangemeinde dieser Hunde kontrovers diskutiert. Manche Modelle setzen bestimmte Hundetypen in Verbindung zu ihren Herkunftsgebieten. Ich stehe allen Versuchen, bestimmte Hundetypen einer Region zuordnen zu wollen, sehr misstrauisch gegenüber. Häufig spielen nationale Eitelkeiten eine Rolle, und nahezu jede Region des Herkunftsgebietes nimmt für sich in Anspruch, nicht nur die schönsten Hunde hervorzubringen, sondern auch

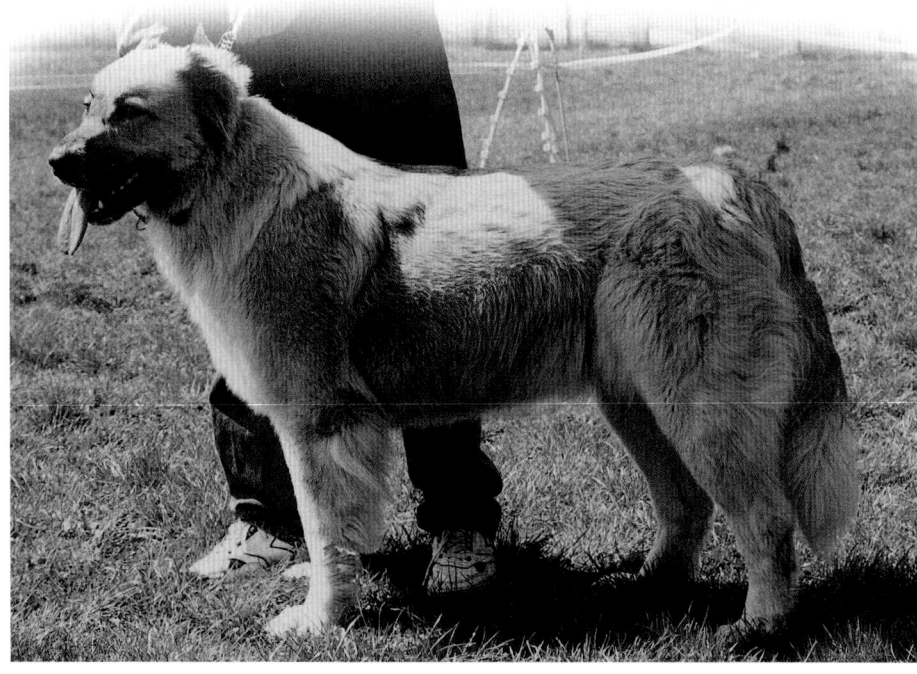

Bei den Owtscharki besitzen auch die weiblichen Tiere einen kräftigen Körperbau mit üppiger Muskulatur.

das „wahre" Ursprungsgebiet der Rasse zu sein. Die Verteilung der Hunde über die halbe Welt, die damit verbundene Durchmischung verschiedener regionaler Schläge und ihre Fortentwicklung unter züchterischem Einfluss machen seriöse Zuordnungen von Hundetypen zu Regionen heute nahezu unmöglich. Da in der Literatur aber solche Einteilungen sehr häufig erwähnt und diese immer wieder abgeschrieben werden, will ich die am meisten verbreitete Zuordnung über regionale Owtscharka-Schläge vorstellen, die auf den russischen Kynologen Mazover zurückgeht.

- Die Hunde des georgischen Schlages werden als quadratisch und starkknochig mit langem, grauschwarzem Deckhaar, buschiger Rute und starker Befederung beschrieben. Sie seien die „echten" transkaukasischen Owtscharki.
- Der armenische Schlag soll von leichterem Körperbau und ein wenig kurzhaariger als die Hunde Georgiens sein, auch er besitzt die typische Mähne im Nacken und eine buschige Rute. Neben der Hauptfarbe Grau kämen bei diesen Hunden aber auch andere Farben wie Braun, Beige und Weiß vor, und sogar gestromte Exemplare bringt der armenische Schlag hervor.
- Der dritte Grundtyp dieser Einteilung ist der aserbaidschanische Owtscharka. Er soll ebenfalls einen quadratischen, kräftigen Körperbau besitzen und an seiner typischen Zeichnung erkennbar sein. Beigefarbenes Deckhaar und eine schwarze Gesichtsmaske seien die Erkennungszeichen der aserbaidschanischen Hunde behauptet Mazover.

Gleichzeitig, und da kommen wir wohl zu den Motiven der einteilungsfreudigen Zeitgenossen, wird behauptet, der wertvollste dieser Hunde sei der georgische Typ. Mazover begründet dies mit der Einzigartigkeit dieses Schlages, der keine Nähe zu Mittelasiaten oder anderen Hunderassen erkennen lasse. Den leichteren Körperbau der Steppenkaukasen bezeichnet Mazover als schwächlich und gewährt so Einblick in die Motive seiner Wertrangfolge. Die Effektivität oder Qualität eines Herdenschutzhundes an seiner äußeren Erscheinung messen zu wollen, stellt die Jahrtausende währenden Erfahrungen der Hirten auf den Kopf und wirkt deshalb geradezu peinlich. Die Hirten aller Regionen hat die äußere Erscheinung ihrer Hunde aus nachvollziehbaren Gründen viele hundert Jahre lang nicht bekümmert, solange der Hund körperlich und mental in der Lage war, sein Territorium wirkungsvoll zu schützen. Auf Äußerlichkeiten begründete Wertrangfolgen sind ein zweifelhaftes Verdienst unserer heutigen Zeit und eine direkte Auswirkung der Kommerzialisierung des Hundewesens. Tatsächlich finden sich Kaukasische Owtscharki aller Typen und Schläge heute nahezu überall auf der Welt. Unbestritten ist, dass es in einigen entlegenen Regionen Präferenzen für den einen oder anderen Hundetyp geben kann, ein Effekt, der sich auch bei vielen anderen Hunderassen beobachten lässt.

Nach der Erkenntnis, dass die Rasse Kaukasischer Owtscharka eine Vielzahl äußerlich unterschiedlicher Hundetypen vereint, stellt sich die Frage, ob sich eine ähnliche Variabilität auch im Wesen der Hunde feststellen lässt. Zweifellos muss man dies bejahen, wenngleich alle Wesenstypen einen gemeinsamen Nenner besitzen. Die zweifellos wichtigsten Faktoren für die Entwicklung des Hundes sind jedoch nicht genetische Veranlagungen, wie oft unterstellt wird, sondern das Umfeld, in dem der Hund aufwächst, und das Engagement seines Besitzers hinsichtlich Sozialisierung und Erziehung. Gemeinsam haben alle Hunde dieser Rasse ein hohes Potential bei der Wahrnehmung von Wach- und Schutzaufgaben. Dabei gehen sie sehr selbständig zu Werke und neigen dazu, Freiräume mit eigenen Entscheidungen zu füllen. Der Wunsch, das heimische Territorium zu kontrollieren und gegenüber Eindringlingen zu verteidigen, ist bei den Owtscharki omnipräsent und muss unter westlichen Haltungsbedingungen vom Besitzer schon beim jungen Hund kontrolliert und kanalisiert werden. Bezüglich der Wesenseigenschaften gibt es keine grundsätzlichen Unterschiede zwischen Berg- und Steppenkaukasen, letztere sind allerdings mit lebhafterem Temperament und größerer Bewegungsfreude ausgestattet.

Innerhalb des Hauses und gegenüber der Familie zeigt sich der Kaukasische Owtscharka als angenehmer, unproblematischer Hausgenosse mit starker Bindung an seine Bezugspersonen. Die Hunde besitzen ein ausgeglichenes, eher ruhig zu nennendes Temperament und strahlen Gelassenheit und Souveränität aus. Hektik ist kein Lebensprinzip des Kaukasischen Owtscharka. Das Bewegungstempo der Hunde ist der jeweiligen Situation angemessen, im spannungsfreien Umfeld bewegen sich Kaukasen nur selten schneller als im Schritt. Spaziergänge absolvieren die Hunde am liebsten in ruhigem Tempo, beobachten dabei die Umgebung aufmerksam, obgleich sie dabei auf den ungeschulten Beobachter desinteressiert oder sogar gelangweilt wirken können. Daraus den Schluss zu ziehen, der Kaukase würde längere Spaziergänge nicht schätzen, ist ein Irrtum, selbst mehrstündige Unternehmungen absolvieren vor allem Steppenkaukasen freudig, moderates Tempo vorausgesetzt. Für Menschen, die in Ihrer Freizeit gerne Sport treiben, joggen oder radfahren, ist der Kaukase kein geeigneter Begleiter. Abgesehen von den rund drei Stunden Auslauf mit einer Bezugsperson, schätzt der Kaukase den Aufenthalt auf „seinem" Territorium. Nur dort fühlt er sich wirklich geborgen, nicht wenige Hunde reagieren auf dauerhafte Ortswechsel mit Verhaltensauffälligkeiten, die sowohl aggressiver als auch depressiver Natur sein können. Daher muss man bei einem Besitzerwechsel mit einer relativ langen Eingewöhnungsphase des Hundes rechnen; drei Monate sind als Mittelwert anzusetzen, bis sich der Hund in eine neue Umgebung eingewöhnt und neue Bezugspersonen in sein Herz geschlossen hat.

Das Verhalten der Kaukasischen Owtscharki im Haus ist angepasst und unauffällig, zumindest solange der latent vorhandene Wach- und Schutztrieb nicht aktiviert ist. Selbst ein im entlegensten Winkel des Hauses dösender Owtscharka registriert zuverlässig Veränderungen im Umfeld, zum Beispiel sich dem Haus nähernde Personen oder Tiere. Fremde Personen und Besucher betrachtet die Mehrzahl der Hunde misstrauisch. Nur wenige zeigen sich Fremden gegenüber grundsätzlich feindselig, genauso wenige aber zeigen undifferenzierte Freundlichkeit. Es braucht in der Regel seine Zeit, bis ein Besucher akzeptiert wird, und in dieser Phase muss der Hundehalter sorgfältig auf die Signale seines Hundes achten und Besucher davon abhalten, den Hund in gut gemeinter Absicht zu bedrängen. Die unbestrittene Tatsache, dass Begegnungen zwischen Mensch und Hund den günstigsten Verlauf nehmen, wenn man dem Hund gestattet, den Zeitpunkt der Kontaktaufnahme zu bestimmen, trifft für Herdenschutzhunde und dort wiederum für Kaukasen in besonderem Maße zu.

Sehr selten ist die Farbkombination beige mit dunkelgrauen Haarspitzen.

Ein gedeihliches Zusammenleben mit einem Owtscharka wird nur dann zustande kommen, wenn alle Familienmitglieder mit dem Wesenstyp des Hundes harmonieren. Man muss selbst eine starke Persönlichkeit besitzen, ohne in autoritäre Verhaltensweisen abzugleiten, um mit Souveränität und Würde des Hundes auf Dauer umgehen zu können. Der Besitzer eines Kaukasischen Owtscharka muss damit leben können, dass sein Hund gelegentlich durch ihn „hindurchsieht", sich unnahbar gibt oder sich angebotenen Streicheleinheiten einfach entzieht. Ein Owtscharka kann Freund, Kumpan und Partner sein, eines wird er jedoch nie – ein Diener! Wer den Wesenstyp des Deutschen Schäferhundes schätzt, wer einen Hund sucht, der seinem Besitzer gefallen möchte, wer darauf Wert legt, dass der Hund „Befehle" beflissen ausführt, wird mit einem Kaukasen niemals glücklich werden und sollte tunlichst die Finger von dieser Rasse lassen. Auch nach vielen Jahren des Zusammenlebens wird der Owtscharka eine gewisse würdevolle Distanz zu seinen Besitzern wahren, seine Freiräume suchen und diese gegebenenfalls sogar verteidigen. Nicht wenige haben mit ausbilderischen Mitteln versucht, einem Kaukasen das Verhalten eines Schäferhundes anzutrainieren. Alle sind gescheitert, und viele dieser armen Hunde landeten am Ende der fruchtlosen Ausbildungsversuche im Tierheim oder wurden eingeschläfert. Natürlich lässt sich, wie bei allen anderen Hunderassen auch, erzieherisch auf das Verhalten des Kaukasen in einem weiten Bereich einwirken. Das Wesen des Hundes selbst lässt sich dabei jedoch nicht manipulieren, und Versuche in dieser Richtung nehmen für den Hund immer einen traurigen Ausgang.

Nicht wenige Ausbildungsphilosophien zielen darauf ab, vermeintliches oder tatsächliches Fehlverhalten des Hundes mit dem Entzug von Nahrung oder Zuwendung zu bestrafen. Ersteres verkraften Kaukasen aufgrund ihrer Genügsamkeit relativ unbeeindruckt und würde zu Maßnahmen zwingen, die selbst bei großzügigster Auslegung mit dem Tierschutzgesetz unvereinbar wären. Die zweite Methode möchte psychischen Druck durch den Entzug von Zuwendung ausüben und ist weitaus gefährlicher. Die Absicht, den Hund durch Ausschluss aus seinem sozialen Umfeld leiden zu lassen und so sein Fehlverhalten zu bekämpfen, verkehrt sich unversehens ins Gegenteil, indem sich der Hund plötzlich selbst distanziert und die Bindung an seine Bezugspersonen löst. Nicht selten dauert es Monate, bis die Folgen solcher ungeeigneten Methoden gemildert werden können – manchmal sind sie sogar irreversibel. Die Gefahren, die mit einer falschen Konzeption erzieherischer Maßnahmen verbunden sein können, gelten nahezu unverändert für alle Herdenschutzhunde. Im dritten Teil des Buches ist Fragen der Ausbildung daher ein eigenes Kapitel gewidmet.

Dem Kaukasischen Owtscharka eilt der Ruf voraus, er sei überdurchschnittlich aggressiv oder sogar gefährlich. Diese Aussage hat keinen größeren Wahrheitsgehalt als für jede beliebige andere Hunderasse auch. Die Zahl der verhaltensauffälligen Hunde dürfte im gleichen Prozentbereich wie bei anderen Hunderassen liegen. Die vielen unauffällig und bestens angepasst lebenden Hunde bleiben unerwähnt, Schlagzeilen machen immer nur die Negativbeispiele, sodass sich in der Öffentlichkeit schließlich ein Zerrbild etabliert. Ich habe schon mehrfach streunende oder ausgesetzte Kaukasen aufgenommen und durchweg nur positive Erfahrungen mit diesen Hunden gemacht. Deshalb vor allem an Tierärzte und Tierpfleger die eindringliche Bitte, diesen Hunden unvoreingenommen gegenüberzutreten, anstatt sich von wohlfeilen Horrorgeschichten verunsichern zu lassen.

Im Laufe der Jahrhunderte haben sich einige Varietäten des Kaukasischen Owtscharka außerhalb des ursprünglichen Herkunftsgebietes eigenständig weiterentwickelt und zur Entstehung neuer Rassen oder Hundetypen beigetragen. Wegen ihrer Bekanntheit sollen zwei dieser Varietäten besondere Erwähnung finden. Im Grenzgebiet Georgiens mit der Türkei ist der Karshund anzutreffen, der seine Verwandtschaft mit den weiter östlich beheimateten Owtscharki nicht verleugnen kann. In Wesen und Aussehen gibt es keine gravierenden Unterschiede, von der etwas geringeren Körpergröße des Karshundes einmal abgesehen. Auch der Karshund findet als Herdenschutzhund Verwendung. Viele Hunde anderer Rassen haben sich in der Vergangenheit mit den Herdenschutzhunden Süd-Georgiens und Ost-Anatoliens vermischt und zur Entstehung des Karshundes beigetragen. Dass türkische Hundefreunde gelegentlich darauf bestehen, beim Karshund handele es sich um eine völlig eigenständige Rasse und Beziehungen zum Kaukasischen Owtscharka seien frei erfunden, müssen wir erneut nationalen Eitelkeiten zurechnen. Dem Karshund ist ein eigener Abschnitt im Kapitel 23 gewidmet.

Sehr viel größer und massiger als der Karshund ist die zweite bekannte Variation des Owtscharka: der Moskauer Wachhund. Im Gegensatz zum Karshund ist bei diesem Schlag das Zustandekommen überliefert; die Hunde gehen auf Verpaarungen von Owtscharki mit Bernhardinern zurück. Die typische Färbung des Bernhardiners – weiße Grundfarbe mit kleineren oder größeren rotbraunen Platten – kommt bei den Kaukasen nicht vor, deshalb darf man mit Fug und Recht vermuten, dass entsprechende Zeichnungen auf Beteiligung eines Bernhardiners hinweisen. Tatsächlich soll dieser Schlag im Großraum Moskaus entstanden sein und wird damit erklärt, dass man die schutzstarken Territoriumswächter der ländlichen Gebiete durch die gezielte Einkreuzung von Bernhardinern friedfertiger und leichtführiger züchten wollte, um sie in der dicht besiedelten Stadt leichter halten zu können. Gleichzeitig wollte man die kräftige, massige Erscheinung der Hunde erhalten und glaubte im Bernhardiner den geeigneten Gegenpart gefunden zu haben. Die aus solchen Kreuzungen hervorgegangenen Hunde sind nach der heute geltenden Auffassung natürlich als Mischlinge anzusehen, sind jedoch im Laufe der Zeit in sehr viele Zuchtlinien eingesickert. Auf Hundeausstellungen in Deutschland und anderen Ländern sieht man immer einen gewissen Prozentsatz von „reinrassigen" Kaukasen, bei denen der Verdacht auf Mitwirkung eines Moskauer Wachhundes zumindest nicht völlig auszuschließen ist. Nicht umsonst wurde in den Zuchtstandard des Kaukasischen Owtscharka die Bestimmung aufgenommen, das Deckhaar des Hundes dürfe nicht die typische Braun-Weiß-Zeichnung des Bernhardiners zeigen. Dass Hunde

Kaukasischer Owtscharka mit der besonders schönen Zeichnung „beige mit schwarzer Maske".

161

mit einem leichten Einschlag vom Moskauer Wachhund aber dennoch ausgestellt und im Rahmen des Zuchtstandards als rassetypisch bewertet werden, stört zumindest in Deutschland niemand. Die Einkreuzung des Bernhardiners hat das gesetzte Ziel weitgehend erreicht, sehr viele Moskauer Wachhunde haben Gemüt und Gemütlichkeit des Bernhardiners, neigen mitunter aber zu einem so massigen Körperbau, dass die Beweglichkeit der Hunde negativ beeinträchtigt wird.

11.1. Zuchtstandard des Kaukasischen Owtscharka

Weitere Namen: Caucasian Ovtcharka, Caucasian mountain dog (USA)
Kavskaskaja Ovtcharka (Rußland)
Herkunftsland: ehem. Sowjetunion
Verwendung: Herdenschutzhund, Territoriumswächter
F.C.I.-Nummer: 328, Gruppe 2.2
Standard gültig seit: März 1993

Einleitung: Der echte Kaukasische Owtscharka, auch bezeichnet als der Kaukasische Berghund, ist ein Herdenschutzhund von überdurchschnittlicher Größe und Kraft. Er ist mit einer robusten Konstitution und einem tief verwurzelten Misstrauen gegenüber Fremden ausgestattet.

Herkunft, Geschichte: Der Kaukasische Owtscharka stammt aus den Gebirgsregionen Georgiens, Armeniens, Aserbaidschans, Daghestans und den Steppen des nördlichen Kaukasus und Astrachans. Über Jahrhunderte wurde der Kaukasische Owtscharka als Wachhund und Herdenschutzhund eingesetzt. Die Treue und Ergebenheit dem Besitzer gegenüber, die unbestechliche Wachsamkeit und die Grimmigkeit, mit der Schutzbefohlene verteidigt werden, sind legendär. Die dieser Rasse innewohnende Härte, Widerstandskraft und die Fähigkeit, sich unterschiedlichsten klimatischen Bedingungen anzupassen, haben die weite Verbreitung in fast allen Regionen der früheren UdSSR ermöglicht. Im Verbreitungsgebiet gibt es viele regional verschiedene Schläge. Je nach Verwendung der Hunde in einer Region für unterschiedliche Aufgaben gibt es auch hinsichtlich der Größe und des Körperbaues deutliche Variationen.

Allgemeines: Grundsätzlich sind die Hunde des Transkaukasus sehr groß und von stämmiger Statur, jene der Steppengebiete haben einen schmaleren, leichteren Körperbau und sind hochbeiniger und behänder als die Bergkaukasen. Der moderne Zuchtstandard spricht aber trotz aller Unterschiede nur von einer Rasse. Wichtiger als bestimmte Farben oder Details des Körperbaues ist der gesunde, kräftige und harmonische Gesamteindruck des Hundes sowie Ausgewogenheit der Proportionen der einzelnen Körperpartien. Alle regionalen Schläge sollen unter diesem Standard bewertet werden, ohne einen bestimmten Typus zu bevorzugen.
Hunde, die Eigenschaften aufweisen, die als Disqualifikation gelten, sollen von der Zucht ausgeschlossen werden.

Wesen: Owtscharki haben ein hoch entwickeltes Nervensystem, ein ausgeglichenes Temperament und eine hohe Reizschwelle. Gut entwickelte Verteidigungsbereitschaft sowie Misstrauen und Aggressivität gegenüber Fremden sind typische Merkmale.

Geringe Fehler: Trägheit, Behäbigkeit. Frühes und undifferenziertes Vertrauen gegenüber Fremden, wenn der Hund als Wächter eingesetzt wird.

Schwere Fehler: Feigheit, ausgeprägtes Phlegma, Ängstlichkeit.

Anmerkung: Die typische und gewünschte Aggressivität soll durch sorgfältige Sozialisierung und gründliches Training kanalisiert werden, ohne dabei natürliche Schutz- und Wachinstinkte zu unterdrücken. Das Verhalten auf Ausstellungen soll willig, kontrolliert und angepasst sein. Der Hund muss die Berührung durch einen Zuchtrichter zulassen. Das Öffnen der Schnauze soll nur vom Besitzer des Hundes vorgenommen werden. Aggressivität gegenüber anderen Hunden während der Vorführung darf nicht negativ gewertet werden, jedoch sollen von den Zuchtrichtern alle Hunde disqualifiziert werden, die nicht zuverlässig unter der Kontrolle des Vorführenden stehen.

Erscheinung: Ungeachtet regionaler Unterschiede muss der ideale Owtscharka kraftvoll, athletisch, stämmig und starkknochig in Proportion zur Schulterhöhe sein. Die Muskulatur muss stark und gut entwickelt sein.

Geringe Fehler: Etwas zu leichter Körperbau oder nicht ausreichend entwickelte Muskulatur.

Schwere Fehler: Deutlich sichtbare Schwäche der Konstitution.

Schulterhöhe: Rüden mindestens 65 Zentimeter, Hündinnen mindestens 62 Zentimeter, üblicherweise sind beide Geschlechter deutlich größer. Die gewünschte Größe beträgt bei Rüden 69 bis 85 Zentimeter und bei Hündinnen 65 bis 75 Zentimeter.

Schwere Fehler: Unterschreiten der geforderten Mindestgröße.

Gewicht: Das Gewicht soll in guter Proportion zur Größe und zum Knochenbau stehen. Gewünscht ist eine imposante Erscheinung, ohne den Eindruck von Behäbigkeit oder Leibesfülle zu erwecken.

Knochen-Index: Gemessen wird der Umfang der Vorderpfote im Bereich der Zehen.

Formel: Umfang x 100 geteilt durch die Schulterhöhe. Für Rüden soll der Index bei 21 bis 22, für Hündinnen bei 20 bis 22 liegen.

Geringe Fehler: Leichte Abweichung von der Vorgabe.

Schwere Fehler: Deutliche Abweichung von der Vorgabe.

Anmerkung: Obwohl ein idealer Owtscharka über einen soliden Knochenbau verfügen muss, soll er nicht so starkknochig gebaut sein wie große Mastiff-Rassen.

Geschlechtstyp: Hund und Hündin müssen sich deutlich unterscheiden. Rüden müssen kräftiger und stämmiger als Hündinnen sein. Hündinnen müssen im Vergleich mit Rüden leichter und zierlicher, im Gesamteindruck femininer sein.
Geringe Fehler: Leichte Abweichung, Hündinnen mit der Statur eines Rüden.
Schwere Fehler: Deutliche Abweichung, Rüden mit der Statur einer Hündin.
Disqualifikation: Ein oder zwei fehlende oder in der Leibeshöhle verbliebene Hoden.

Haut: Dick und elastisch.
Anmerkung: Da der Kaukasische Owtscharka eine Gebrauchshunderasse ist, sollen Narben nicht zur Abwertung führen.

Fell: Das Fell besteht aus dem derben Deckhaar und einem gut entwickelten Unterfell. Das Deckhaar steht etwas vom Körper ab. An der Stirn, am Fang und an den Vorderseiten der Vorderläufe ist das Fell kurz und weich. Im Nacken und auf der Rückseite des Kopfes ist das Fell hingegen länger und ebenfalls leicht abstehend. Drei Fellvarianten sind anerkannt, es gibt keine Präferenz für eine der drei Felltypen:

- Langes Fell mit sehr langem Deckhaar, den Nacken umgibt eine stattliche Mähne, die Hinterläufe weisen starke Befederung auf, und die Rute ist mit langen Haaren dicht besetzt. Der aufgestellte Schweif ähnelt einer Federboa.
- Mittellanges Fell, wobei die Mähne, die Befederung der Hinterläufe und der Rute schwächer ausgeprägt sind.
- Kurzes Fell mit derben, kurzen Deckhaaren, deutlich kürzer als die beiden vorgenannten Varianten. Die Mähne fehlt völlig, ebenso die Befederung der Hinterläufe sowie der buschige Schweif. Das kurze Fell ist eine sehr seltene Variante.

Schwere Fehler: Weiches oder verschieden langes Deckfell, ungenügende Ausbildung entweder des Deck- oder des Unterfelles.

Farben: Folgende Farben sind zugelassen: Hellgrau, dunkelgrau, silberfarben, rötlich, gelblich, braun mit oder ohne weiße Abzeichen. Weiß, cremefarben, beige, rötlichbeige ohne weiße Abzeichen. Jede Mischung dieser Farben, auch gestromt oder gescheckt mit grauem Muster. Das Unterfell ist stets beigefarben. Am Kopf findet sich häufig eine schwarze Maske, die von der Nase bis an die Augen reicht.

Schwere Fehler: Die typische Rot/ Weiß-Zeichnung der Bernhardiner, reines Schwarz, reines Dunkelbraun oder Schwarz/ Braun sind als Disqualifikation anzusehen.

Kopf: Massiv mit breitem Schädel und kräftigen Backenknochen. Schädel und die sich zur Nase hin leicht verjüngende Schnauze sollen zusammen keilförmig wirken. Die Stirn ist breit, flach und eben, eine angedeutete Furche soll entlang der Mittellinie des Kopfes verlaufen. Der Stop soll deutlich fühlbar, aber nicht abrupt sein. Die Schnauze ist etwas kürzer als der Kopf und endet in einer großen, breiten, schwarzen Nase. Bei weißen und hellbeigefarbenen Hunden ist eine braune Nase akzeptabel. Die Lippen liegen dicht an und müssen dick und trocken sein.
Geringe Fehler: Stark vorstehende Stirn, Kopf nicht ausreichend breit oder massiv. Zu kurze oder zu lange Schnauze. Feuchte Lippen oder Speicheln des Hundes.
Schwere Fehler: Zierlicher oder zu schmaler Kopf, unproportional zur sonstigen Erscheinung des Hundes. Stupsnase.

Ohren: Hängend, hoch angesetzt, voll kupiert.
Geringe Fehler: Zu tief angesetzte Ohren.
Schwere Fehler: Nicht korrekt kupierte Ohren.
[Das Kupieren der Ohren ist in vielen Ländern verboten, und Hunde mit unkupierten Ohren dürfen nicht nachteilig bewertet werden. Anm. des Autors]

Augen: Dunkelbraun oder braun, mittelgroß, oval geformt, tief liegend, leicht mandelförmig. Die Augenlider sind schwarz pigmentiert.
Geringe Fehler: Hellbraune Augen.
Schwere Fehler: Augen sind in Form oder Größe nicht im geforderten Standard.
Disqualifikation: Blaue, grüne oder gelbliche Augen.

Zähne und Gebiss: Die Zähne des Owtscharka müssen weiß, kräftig, gut entwickelt sein und perfekt nebeneinander liegen. Die Schneidekanten müssen eine gerade Linie bilden. Das Gebiss muss den Scherenbiss aufweisen.
Geringe Fehler: Gemessen am Alter des Hundes überdurchschnittliche Abnutzung, abgebrochene Zähne, die aber den Biss nicht behindern. Fehlen eines einzelnen Prämolaren. Verfärbte Zähne.
Schwere Fehler: Jede Abweichung vom perfekten Scherenbiss. Zu kleine oder zu weit auseinander liegende Zähne. Karies. Schneidekanten der Zähne bilden keine gerade Linie. Abgebrochene oder abgenutzte Zähne mit Beeinträchtigung des Bisses.
Disqualifikation: Deutliche Abweichung vom Scherenbiss. Über- oder Unterbiss. Über einen einzelnen Prämolaren hinaus fehlende Zähne.

Hals: Der Hals muss kurz, kräftig und muskulös sein. Der Winkel zum Körper beträgt zwischen 30 und 40 Grad.
Geringe Fehler: Zu langer Hals oder zu schwach entwickelte Muskulatur.

Brust: Die Brust soll breit und tief mit elastischem, leicht gewölbtem Brustkasten sein. Die Rundung der Rippen soll in Höhe der Ellenbogen oder etwas darunter sein.
Geringe Fehler: Etwas zu flache Brust, Rundung des Brustkastens oberhalb oder zu weit unterhalb der Ellenbogen.
Schwere Fehler: Deutlich zu flache oder zu schmale Brust.

Schultern: Die Schultern des Owtscharka müssen breit und muskulös sein und sich deutlich von der Rückenlinie abheben, wenn der Hund steht oder sich bewegt. Rücken und Lenden sollen elastisch und beweglich sein. Geht der Hund im Schritt, müssen sich Schultern und Kruppe auf einem Niveau befinden.
Geringe Fehler: Schwach entwickelte Schultermuskulatur, Schultern heben sich nicht deutlich vom Rücken ab.

Rücken: Der Rücken soll breit und gerade sein. Die Arbeit der Muskeln muss erkennbar sein, wenn sich der Hund bewegt.
Geringe Fehler: Zu schmaler Rücken oder nicht ausreichend entwickelte Muskulatur.
Schwere Fehler: Nach oben (Buckel) oder nach unten (Hohlkreuz) gewölbter Rücken. Zur Rute hin abfallende Rückenlinie wie bei einem Deutschen Schäferhund.

Lenden: Die Lenden müssen kurz, aber breit und leicht gewölbt sein.
Geringe Fehler: Leichte Abweichung in Länge oder Form.
Schwere Fehler: Starke Abweichung in Länge oder Form.

Kruppe: Die Kruppe muss breit, muskulös, lang und gerade sein.
Geringe Fehler: Kruppe nicht ausreichend muskulös oder leicht zum Schwanz hin abfallend (siehe Rücken).
Schwere Fehler: Zu schmale oder zu kurze Kruppe, deutlich zum Schwanz hin abfallende Kruppe.

Rute: Die Rute des Owtscharka muss hoch am Körper angesetzt sein. Die hängende Rute soll bis zum Sprunggelenk reichen. Wenn die Rute aufgestellt ist, soll sie entweder einen sichelförmigen Haken oder einen Ring bilden.
Geringe Fehler: Etwas zu kurze Rute. Rute wird nicht korrekt aufgestellt.
Schwere Fehler: Kupierte Rute.

Vorderhand: Von vorne betrachtet müssen die Vorderläufe gerade und parallel sein. Der Winkel zwischen Schultergelenk und Oberarm soll ca. 100 Grad betragen. Die Unterschenkel der Vorderläufe sollen gerade sein und über kräftige Knochen verfügen. Die Länge der Unterschenkel bis zum Ellenbogen soll 50 % der Schulterhöhe betragen. Der Index der Beinlänge ist 50 bis 54 %.

Geringe Fehler: Geringe Abweichung des Schulterwinkels oder der Beinlänge. Leicht nach außen gebogene Ellenbogen.

Schwere Fehler: Verformungen der Gelenke oder der Gliedmaßen, gebogene Vorderläufe, deutlich nach außen gebogene Ellenbogen.

Pfoten, Läufe, Fußgelenke: Kurze, kräftige und in der Umfangslinie vorne deutlich gerundete Pfote. Afterkrallen an den Hinterläufen sollten, falls vorhanden, entfernt werden. Afterkrallen an den Vorderläufen sollen erhalten bleiben. Von der Seite gesehen zu den Zehen hin leicht abfallend. Umfang der Pfote im Bereich des Fußgelenkes bei Rüden 14 bis 17 Zentimeter, bei Hündinnen 13 bis 15 Zentimeter.

Geringe Fehler: Abweichungen von der idealen Form. Abweichungen in der Form oder nicht kräftige und feste Pfoten, etwas auseinander stehende Zehen.

Schwere Fehler: Pfoten zu flach, verformt oder deutlich auseinander stehende Zehen.

Hinterhand: Von hinten betrachtet müssen die Hinterläufe gerade und parallel sein. Die Schienbeine sind kurz, die Sprunggelenke breit und kräftig. Die Pfoten müssen starkknochig und insgesamt gerundet sein. Die Hinterläufe dürfen im geraden Stand nicht hinter der Schwanzwurzel auf dem Boden aufgesetzt werden. Hüfte, Sprunggelenk und Pfoten sollen im Stand eine möglichst senkrechte Linie bilden.

Geringe Fehler: Zu weite oder zu enge Beinstellung, gebogene Gliedmaßen, Beine stehen leicht hinter dem Hund.

Schwere Fehler: Deutliche Abweichung von der parallelen Beinstellung oder nach innen oder außen gebogene Beine. Zu lange oder zu kurze Hinterläufe; Rücken demnach zu flach oder erhöht.

Bewegungsablauf: Locker und geschmeidig, niemals hastig oder gehetzt. Der typische Gang des Hundes ist ein beschwingter Schritt mit kurzer Schrittweite. Im Galopp werden die Beine in einer geraden Linie, von den Schultern aus gesehen etwas nach innen weisend, auf dem Boden aufgesetzt.

Geringe Fehler: Alle Einschränkungen der Beweglichkeit, steifer oder plumper Gang.

Schwere Fehler: Plumper, nicht leichtfüßig wirkender Gang. Die Kruppe ragt im Schritt deutlich über die Höhe der Schultern hinaus und bewegt sich während des Gehens deutlich auf und ab.

12. Komondor

Vom Komondor wird behauptet, er stamme von den „Ur-Herdenschutzhunden" des Sumerischen Reiches ab, und dass die Rasse mithin eine Tradition von über 5000 Jahren habe. Diese These geht im Wesentlichen auf Veröffentlichungen des ungarischen Sumerologen Dr. Sandor Palfavy zurück, der auch den Namen „Komondor" in der sumerischen Keilschrift entdeckt zu haben glaubt. Bei Ausgrabungen der bereits in der Bibel erwähnten Stadt Ur in Mesopotamien fanden sich Tontäfelchen, auf denen der Besitzstand zweier wohlhabender Familien verzeichnet war. Aus diesen Lehmtafeln geht hervor, dass Familie Kuth neben 216 Pferden, 167 Rindern und anderen Tieren auch sechs Komondorok besaß. Familie Baba hingegen brachte es gar auf 72 Pferde, 436 Rinder, 840 Schafe und insgesamt zwölf Komondorok, die offensichtlich auf die verschiedenen Herden verteilt waren. Der Name Komondor erscheint in der Keilschrift als KUM-ND-R, und wurde von Palfavy als KU (Hund), MUND (Befehl) und UR (Herr), also einen „den Herren verehrenden Hund" übersetzt. Über Palfavys Thesen kann man sicherlich streiten, zumal aus den sumerischen Aufzeichnungen nicht ersichtlich wird, welche Aufgabe die erwähnten Hunde zur damaligen Zeit hatten. Verehrten sie den Herrn, indem sie sich in der Nähe der Menschen und ihrer Behausungen aufhielten, oder lebten sie sich selbst überlassen bei den Herden und nahmen eine Wach- und Schutzfunktion wahr? Wir wissen es nicht. Die Ableitung des Namens aus den Schriftzeichen für Hund, Befehl und Herr ist zumindest verwirrend. Warum erhielt der Wächter der Herden nicht einen Namen, der auf die Verwendung oder zumindest die Fähigkeiten der Rasse hindeutet, wie es in vielen anderen Kulturen geschah? Die alten Rassebezeichnungen vieler anderer Herdenschutzhunde lassen ahnen, dass die Hunde Wach- und Schutzaufgaben hatten. Es finden sich Begriffe, die mit Wächter, Sicherheitswächter, bewaffneter Wächter oder Bogenschütze übersetzt werden können. Die Bezeichnung des Komondor als ein „den Herrn verehrenden Hund" ist zudem wenig signifikant, die Eigenschaft, den Herren zu verehren, teilen sich die Hunde quer durch alle Rassen, Abstammungen und Aufgabengebiete.

Unstrittig hingegen ist, dass sich die Ungarn zwischen 900 und 1300 n. Chr. auf ausgedehnte Beutezüge durch ganz Europa begaben. Dabei erreichten sie im Westen die Iberische Halbinsel, in Richtung Osten wurde der Balkan durchquert, und selbst Konstantinopel erhielt ungarischen Besuch. Durch verschiedene Auf- zeichnungen wissen wir, dass die Ungarn von großen, zotthaarigen Hunden begleitet wurden, und es darf vermutet werden, dass es sich dabei um die Ahnen von Kuvasz und Komondor gehandelt hat. Tatsächlich wurden die Herden der ungarischen Landbevölkerung zu dieser Zeit von Herdenschutzhunden bewacht, auch in Rumänien, Bulgarien und selbst bis in die Türkei gab es die zottigen Begleiter der Herden. Irgendwann zwischen der sumerischen Kultur und den Raubzügen der Ungarn vor gut 1000 Jahren begann der Einsatz des Hundes als Wächter der Herden und Begleiter der Nomaden im östlichen Balkan. Für diese Variante spricht sogar der Name Komondor, das Wort „komor" hat im Ungarischen die Bedeutung mürrisch, düster oder furchteinflößend, eine Beschreibung, mit der die optische Erscheinung des Hundes auf Außenstehende trefflich charakterisiert ist. Eine dritte Variante der Namensentstehung geht auf Rasoni-Nagy zurück, der das Wort Komondor aus dem Türkischen ableitet. Demnach käme Komondor von dem Wort kumandur, also zum Volksstamm der Kumanen gehörig. Der Streit um die richtige Ableitung des Namens beider ungarischen Rassen (vergl. Kapitel 14, Kuvasz) dauert bereits geraume Zeit an, ist bei weitem noch nicht entschieden und wird der Gemeinde der Hundefreunde auch in Zukunft noch manchen kurzweiligen Disput bescheren. Mag sich jeder nach seinem Gusto für eine Variante entscheiden.

Ein weiterer Begriff taucht in vielen Sprachen gelegentlich als Rassebezeichnung für den Komondor, andere Hunde ähnlicher Erscheinung oder ungarische Hunde allgemein auf: Lompos. Dabei handelt es sich allerdings um keine Hunderasse oder eine Abstammungslinie; das Wort Lompos bedeutet im Ungarischen nichts weiter als zotthaarig und kann bestenfalls als Beschreibung einer bestimmten Erscheinungsform gelten.

Der Plural für Komondor im Ungarischen heißt Komondorok, eine Bezeichnung, die in Deutschland nur selten verwendet wird. Hierzulande wird meistens von Komondoren gesprochen, im englischen Sprachraum hingegen ist die Pluralform Komondorok geläufig.

Gut belegt ist die jüngere Geschichte des Komondor in seinem Abstammungsgebiet und in Deutschland. Etwa in der Mitte des 19. Jahrhunderts begann die Reinzucht der Rasse, und man bemühte sich, die Linien Komondor und Kuvasz zu definieren und getrennt weiterzuentwickeln. Lange Zeit kam es, vor allem in den dörflichen Regionen Ungarns, immer wieder zur Vermischung beider Hundetypen, was sich bei vielen Würfen in Rückschlägen auf die jeweils andere Rasse zeigte. So gab es früher in Komondor-Würfen glatthaarige Hunde und zotthaarige Individuen bei den Kuvaszok. Etwa seit 1930 sind beide Rassen jedoch weitgehend durchzüchtet und können im Vergleich mit anderen Herdenschutzhundrassen heute als ausgesprochen homogen bezeichnet werden.

In Deutschland wird der Komondor vom „Klub für Ungarische Hirtenhunde e. V." betreut, der bereits im Jahr 1922 unter dem Namen „Komondor Klub" gegründet wurde. Kein anderer Zuchtverein für eine Herdenschutzhundrasse kann in Deutschland auf eine längere Tradition zurückblicken. Die Zuchtbücher gehen teilweise bis auf das Jahr 1924 zurück, und einem Wunder gleich, sind einige dieser alten Aufzeichnungen erhalten geblieben. In den zwanziger Jahren des 19. Jahrhunderts war es vor allem der katholische Schriftsteller Werner Dunkel, der sich um den Komondor verdient gemacht hat. Er lebte unter seinem Künstlernamen Werner Mut in München und war Hundenarr und Hundezüchter aus Passion. Durch welches Erlebnis er von „seiner" Rasse, den Bordeaux-Doggen, auf den Komondor kam, ist nicht überliefert, aber irgendwann muss eine Begegnung mit dieser Rasse seine Liebe für den Komondor geweckt haben. Häufig reiste er nach Ungarn, um sich auf die Suche nach unverfälschten Komondorok zu machen, und brachte viele herausragende Exemplare von seinen Reisen mit nach Deutschland. Mit Gleichgesinnten wurde der „Klub für Ungarische Hirtenhunde e. V." gegründet; Erhalt und Fortentwicklung dieser Rasse nahmen auf diese Weise in Deutschland ihren Anfang. Als Mann mit festen Grundsätzen und mit einem unbeugsamen Willen ausgestattet, fiel Werner Dunkel jedoch im Dritten Reich in Ungnade, wurde enteignet und emigrierte 1938 in die Schweiz, wo er 1960 verstarb. Sein Erbe jedoch ist noch heute lebendig und wird von Hundefreunden in aller Welt fortgeführt

Die Mimik des Komondor bleibt unter der dichten Behaarung unergründlich.

Unter den Herdenschutzhunden ist der Komondor eine einmalige Erscheinung, und niemand, der einmal einem dieser Hunde gegenüberstand, wird die Begegnung jemals vergessen. Charakteristisch ist das zottige, zu dicken Schnüren verdrehte und verfilzte Deckhaar, das den Hund wie eine Panzerung umgibt. Am gesamten Körper hängen diese Schnüre herab, und auch Kopf und Läufe sind dicht bedeckt. Hält der Hund seinen Kopf gesenkt, kann es einen Moment in Anspruch nehmen, Vorder- und Hinterteil des Komondor zu unterscheiden. Der Blick in die Augen des Hundes wird durch den Schnürenbehang des Kopfes verhindert, und oft ragt nur der schwarze Nasenspiegel aus der üppigen Kopfbehaarung hervor. Diese Erscheinung kann von einem mit der Rasse unerfahrenen Menschen durchaus als „düster" oder „furchteinflößend" interpretiert werden. Vor allem die fehlende Kommunikation mit dem Hund durch Blickkontakte verstärkt diesen Eindruck, denn obwohl uns der Komondor durch seinen Gesichtsbehang fixieren kann, bleibt uns der Blick in seine Augen häufig verwehrt. Dass der Komondor allerdings ein ganz anderes Wesen besitzt und keinesfalls mürrisch, düster oder schwermütig ist, zeigt wieder einmal, wie leicht die Übertragung menschlicher Denkweisen und Schemata auf den Hund zu Missverständnissen und Irrtümern führt.

Nicht selten ist in Publikationen von wohlmeinenden Tierfreunden zu lesen, das dichte, zum Verfilzen neigende und zu Schnüren verdrehte Deckhaar des Komondor sei eine Defektzüchtung, die das Tier behindert oder ihm sogar Qualen bereitet. Das Gegenteil ist richtig. Kein anderer Hund ist so perfekt an seine Umwelt angepasst wie der Komondor. Unter dem Schutz seines Haarkleides lebt der Komondor wie in einer Klimakammer, weder die Hitze des Sommers noch die Kälte langer, harter Winter mit Temperaturen bis zu -30° C können sein Wohlbefinden mindern. Gleichzeitig erfüllt das Zotthaar eine weitere Funktion, die noch wichtiger ist als die Anpassung an die Temperaturschwankungen kontinentalen Klimas: Es schützt den Hund vor Verletzungen bei Auseinandersetzungen mit Beutegreifern. Ein angreifender Wolf oder Kojote hat kaum eine Chance, dem Körper des Hundes mit seinen Zähnen Verletzungen zuzufügen. Wenn ein Gegner das Deckhaar des Hundes packt, fügt er ihm damit kaum Schmerzen zu, im Gegensatz zu glatten Haarvarianten verteilt die starke Verfilzung den Zug auf einen großen Bereich und minimiert die Krafteinwirkung auf Haut und Haarwurzeln. Da der Komondor nur am Deckhaar gepackt werden kann, bleibt seine Bewegungsfähigkeit im Kampf nahezu unbeeinträchtigt, und er kann sofort zum Gegenangriff übergehen. Das urige Haarkleid der Komondorok ist also mitnichten als Defektzüchtung anzusehen, sondern eine wirkungsvolle Strategie der Natur, die *fitness* dieser Varietät zu steigern. Der Halter eines Komondors sollte jedoch darauf achten, dass die Sehfähigkeit des Hundes nicht durch vor den Augen hängendes Haar beeinträchtigt wird. Vor dem Kopf hängende Schnüre sollten mit einer Schere gekappt werden.

Das Schnürenhaar des Komondors entwickelt sich nur langsam. Es dauert rund vier Jahre, bis sich das flauschige Welpenhaar während eines langen Zwischenstadiums zu dem charakteristischen Haarkleid des erwachsenen Hundes entwickelt hat. Erst seit rund 50 Jahren ist die Farbe des Deckhaars beim Komondor überwiegend weiß. Aus früheren Zeiten kennen wir Hunde mit gelblicher oder hellbrauner Färbung des Rückens, teilweise auch mit gelblichen oder beigefarbenen Behängen. Im Laufe des Lebens neigt das Deckhaar des Komondors dazu, ein wenig nachzudunkeln, aus dem Reinweiß der Welpen wird im Erwachsenenalter ein elfenbeinfarbener Hund. Die ovalen, dunkelbraunen und leicht schräg stehenden Augen sind unter der üppigen Kopfbehaarung nur zu ahnen, genau wie der deutliche Stop und der breite Fang. Die Haut des Komondors ist deutlich pigmentiert und von schiefergrauer Farbe, Nasenspiegel, Lefzen und Augenlider zeigen dunkles Grau oder Schwarz.

Seine Körpermaße verleihen dem Komondor eine eindrucksvolle Erscheinung. Die tatsächliche Körperhöhe und -masse wirken durch die üppige Behaarung noch imposanter. Rüden erreichen Widerristhöhen zwischen 70 und 80 Zentimeter, größere Exemplare sind genauso selten wie auffällig kleinwüchsige Komondorok. Hündinnen sind mit Schulterhöhen um 67 Zentimeter deutlich kleiner als männliche Tiere; nur selten erreicht eine Hündin das Format der Rüden. Das Gewicht erwachsener Hündinnen beträgt etwa 40 bis 45 Kilogramm, Rüden werden zehn bis zwölf Kilogramm schwerer.

Die Heimat des Komondors ist die ungarische Puszta, und somit ist er einer der wenigen Herdenschutzhunde, die nicht aus einer Gebirgsregion stammen. Obwohl Ungarn allseitig von Gebirgen umgeben ist (Alpen, Dinariden, Karpaten), wird der größte Teil des Landes von einer fruchtbaren Tiefebene mit Feldern, Weideland und Wäldern gebildet. Rund 55 % der Landfläche werden agrarwirtschaftlich genutzt, wobei ein Schwerpunkt schon seit langer Zeit durch Rinder-, Schaf- und Geflügelzucht gebildet wird. Aus dieser Tradition erklärt sich der Bedarf an starken Herdenschutzhunden, denn ständig wanderten Wölfe und andere Beutegreifer aus den Gebirgsregionen in die Tiefebene ein und bedrohten die Herden.

Die topographischen Gegebenheiten seines Herkunftsgebietes haben im Laufe der Jahrhunderte einen unübersehbaren Einfluss auf die Schutztechniken des Komondors genommen. Im Gegensatz zu den Herdenschutzhunden der Gebirgsregionen bleiben Komondorok näher bei den Herden, denn die Puszta ist vergleichsweise übersichtlich und nimmt Beutegreifern die Chance, sich unbemerkt einer Herde zu nähern. Außerdem werden die Herdenschutzhunde im Flachland häufig mit einzeln jagenden Beutegreifern konfrontiert, wenn diese Tiere sich von den Rudeln abgespalten haben und auf der Suche nach neuem Lebensraum sind. Nicht selten fand man Komondorok, die sich inmitten der Herden aufhielten, wo sie sich optisch weder für Mensch noch Tier von den

Schafen unterscheiden lassen. Erst wenn sich der Beutegreifer auf Schlagdistanz genähert hat, wird er mit einem mächtigen Sprung aus der Herde heraus von den Hunden angegriffen. Das Fehlen natürlicher Deckung hat demnach zur Entwicklung einer eigenen Strategie geführt, die sich auch bei anderen Herdenschutzhunden des Flachlandes wiederfinden lässt, zum Beispiel bei den Mittelasiatischen Owtscharki. Neben der Verteidigungsstrategie sind auch bestimmte Wesensmerkmale der Hunde dieser Schutztechnik angepasst. Wie kaum ein anderer Hund zeigt der Komondor selbst unter Bedrohung eine unerschütterliche Gelassenheit und Nervenstärke. Kein Zucken, keine Hast oder Aufregung ist diesen Hunden anzumerken, wenn sie die Annäherung eines Beutegreifers bemerkt haben, im Gegenteil, auf den unkundigen Beobachter wirkt der Hund vielleicht sogar abwesend oder unbeteiligt. Diese Eigenschaft kann im Umgang mit Komondorok zu Missverständnissen führen, denn der Habitus des Hundes gibt nicht zwangsläufig Aufschluss über seine Gefühlslage. Nur ein erfahrener Herdenschutzhundbesitzer kann den bevorstehenden Angriff seines Komondors vorhersagen, denn weder Ohrenspiel noch Rutenbewegung, Mimik oder Augenausdruck geben einen verwertbaren Hinweis. Dies hat dazu geführt, dass einige mit Herdenschutzhunden unerfahrene Menschen dazu neigen, den Komondor als unberechenbar abzuqualifizieren, die Reaktion des Hundes ergibt sich hingegen aus der Situation und ist bei einiger Erfahrung problemlos vorhersagbar.

Im Gegensatz zu anderen Regionen ist bei den Hirten Ungarns neben dem Einsatz von Herdenschutzhunden auch der von Hüte- und Treibhunden üblich. Pumi, Puli und Mudi gehören zu den besten Hütehunden der Welt, und ihre Tradition steht der des Komondors in nichts nach. Das Zusammenleben mit Hütehunden einerseits und der im Vergleich zu anderen Herdenschutzhunden nahe Aufenthalt bei der Herde andererseits haben zur Entwicklung von Hütehundqualitäten beim Komondor geführt. Während andere Herdenschutzhunde keinerlei Hütefunktion wahrnehmen oder nur sporadisch auf das Verhalten der Herdentiere einwirken, zeigen Komondorok eine angeborene Fähigkeit, Herdentiere zu hüten und zu treiben. Dafür bemerkt man bei den ungarischen Hütehunden auch Tendenzen, eine Herde zu schützen; während der Jahrhunderte dauernden Zusammenarbeit übernahmen beide Hundetypen Verhaltensweisen von der jeweils anderen Gruppe.

Seit rund 30 Jahren gibt es auch in den USA und Kanada nennenswerte Komondor-Populationen. Schon vor dem Zweiten Weltkrieg wurden einige Hunde aus Ungarn importiert und bildeten den Grundstock der ersten Zuchten in Nordamerika. In den dreißiger Jahren wurde die Rasse vom AKC (American Kennel Club) anerkannt. Lange Zeit blieben Zucht und Haltung der Hunde auf einen sehr kleinen Kreis wirklicher Enthusiasten beschränkt, und die Fähigkeiten des Hundes gerieten allmählich in Vergessenheit. Im Laufe der folgenden Jahrzehnte vermehrten sich die Kojoten in Nordamerika explosionsartig, da sie nach der fast vollständigen Ausrottung der Wölfe keine natürlichen Feinde mehr besaßen. Als die Verluste an Nutztieren immer größer wurden, erinnerte man sich der Herdenschutzhunde. Weite Teile Nordamerikas besitzen ähnliche topographische und klimatische Bedingungen wie die ungarische Tiefebene, und es zeigte sich, dass die Hunde mit den örtlichen Gegebenheiten bestens zurechtkamen. In sehr vielen Fällen erbrachten die Hunde den Nachweis, dass sie Schaf- und Geflügelzuchten wirkungsvoller schützen können als moderne Technik. Folgerichtig hat in den USA und Kanada während der letzten Jahre der Einsatz von Herdenschutzhunden im Allgemeinen und des Komondor im Besonderen stetig zugenommen und der Rasse zu beträchtlicher Popularität verholfen.

Die Haltung des Komondors als Haushund erzwingt bei seinem Besitzer einige Eigenschaften, die in unserer Zeit anachronistisch wirken. Der Zeitgeist gebietet, dass der Hund seines Besitzers Untertan zu sein habe, und die Rücksicht auf die Individualität des Hundes wird mehr und mehr einer rigiden, wenn auch höchst überflüssigen Gleichmacherei geopfert. Geduld ist ein seltenes Gut geworden, aber genau diese Eigenschaft ist unerlässlich, wenn man einen Komondor zu seinem Hausgenossen wählt. Ein Begriff, der sich zur trefflichen Beschreibung des Komondors aufdrängt, ist Würde. Es sind durch und durch würdevolle Hunde, souverän und gelassen ihrer Umwelt gegenüber, in sich selbst ruhend und mit auffällig großer mentaler Stärke ausgestattet. Richtige und angemessene Behandlung vorausgesetzt, ist der Komondor für seinen Besitzer ein anhänglicher, liebevoller Hund, der sich jedoch seinen Eigenwillen bewahrt und niemals ein gefügiger Diener werden wird.

Einen negativen Verlauf nimmt das Zusammenleben mit dem Komondor, wenn die Erziehung mit Härte statt Geduld durchgeführt wird oder dem Hund durch Haltungsfehler oder untaugliche Ausbildungsmethoden die sozialen Kontakte zu Artgenossen oder Menschen entzogen werden. Wer versucht, einen Komondor mit Zwang und Gewalt gefügig zu machen, oder wer die Hundehaltung als Nebensache betrachtet und seinen Vierbeiner geistig verwahrlosen lässt, wird wenig Freude an der Hundehaltung haben. Die Bindung an den Menschen ist beim Komondor nicht so zwangsläufig wie bei der Mehrzahl unserer Hunderassen. Versteht der Mensch nicht, mit diesem Hund umzugehen, kann sich eine verhängnisvolle Eskalationsspirale in Bewegung setzen. Der Komondor geht seinem Besitzer gegenüber auf Distanz, indem er die sozialen Kontakte reduziert und sich zurückzieht. Dies führt in der Regel beim Menschen zu Frustrationen, nicht zuletzt spielt dabei auch gekränkte Eitelkeit eine Rolle, und der Mensch vertieft den Graben, wenn er versucht, genehmes Verhalten des Hundes zu erzwingen. Allmählich wird der Graben zwischen Mensch und Hund immer größer, bis die gemeinsame Basis schließlich unumkehrbar zerstört ist.

Dass Erfahrung mit anderen Rassen im Umgang mit Herdenschutzhunden nicht zwangsläufig zum Erfolg führt, zeigt das Beispiel des Kynologen und Buchautors Eberhard Trumler. Nach seiner ersten Begegnung mit einem Komondor zeigte er sich von dieser Rasse im höchsten Maß fasziniert, lobte die Rasse fortan in den höchsten Tönen und wollte einen solchen Hund selbst halten. Schließlich bekam Trumler eine junge Komondor-Hündin und war hoch erfreut. Nach einigen Monaten war – aus Gründen, die wir nicht im Einzelnen kennen – die Basis zwischen Mensch und Hund zerstört. Allmählich eskalierte die Situation, und Trumler wurde von seiner Hündin sogar bedroht und angegriffen. Eines Tages war die Situation so verfahren, dass Trumler die Eskalationsspirale offensichtlich nicht mehr unterbrechen konnte und die Hündin an eine Komondor-Expertin abgegeben werden musste. Sie konnte bei der Hündin keine Verhaltensauffälligkeiten feststellen und bescheinigte ihr ein ausgeglichenes Wesen und eine freundliche Grundhaltung gegenüber Menschen. Nachzutragen bleibt, dass Trumler fortan vor Komondoren warnte, da diese Hunde unberechenbar und gefährlich seien, die Hündin jedoch bis an ihr Lebensende nicht mehr auffällig wurde. Aus dieser Anekdote sollte man weder hinsichtlich der Person Trumlers noch der Rasse Komondor verallgemeinernde Schlüsse ziehen, aber das Beispiel zeigt eindrucksvoll, dass weder theoretische Kenntnisse über den Hund im Allgemeinen noch große Erfahrung mit Hunden anderen Wesentyps als Garanten für die erfolgreiche Haltung von Herdenschutzhunden gelten können.

An die Haltung des Komondors sind Anforderungen zu stellen, die über jene für andere Herdenschutzhundrassen hinausgehen. Das Deckhaar der Hunde macht die ausschließliche Haltung in Wohnräumen nahezu unmöglich. Optimal sind die Haltungsbedingungen, wenn der Hund sich im Freien aufhalten kann, dennoch jederzeit Zugang zum Haus hat und trotz gelegentlicher räumlicher Trennung eine enge Bindung zwischen Hund und Mensch erhalten bleibt. Wie bei allen anderen Herdenschutzhundrassen möchte ich nur der Vollständigkeit halber den Hinweis geben, dass weder Zwinger- noch Kettenhaltung in Frage kommen und der Hund auf einem Grundstück auch nicht sich selbst überlassen bleiben darf. Die Anschaffung eines Komondors will noch besser überlegt sein als die anderer großer Hunderassen. Es ist so gut wie unmöglich, den Hund auf Urlaubsreisen mitzunehmen, denn Sie werden Mühe haben, einen Hotelbesitzer zu finden, der Sie und Ihren Komondor nach einem längeren Spaziergang im Regen herzlich willkommen heißt. Tatsächlich kann es Tage dauern, bis das Deckhaar des Hundes getrocknet ist, wenn er sich längere Zeit im Regen aufgehalten oder sogar ein Bad genommen hat. Der Geruch, den feuchtes Hundehaar zwangsläufig abgibt, werden nicht alle Hundefreunde in Kauf nehmen wollen.

Sehr erfreulich ist die Tatsache, dass beim Komondor, obwohl die Rasse seit langer Zeit durchgezüchtet ist, bisher keine nennenswerten rassetypischen

Defekte auftreten und viele Hunde ein erstaunlich hohes Lebensalter erreichen. Hunde, die ein Alter von 16 Jahren erreichen und in Einzelfällen sogar noch zwei oder drei Jahre länger leben, finden sich bei keiner anderen Herdenschutzhundrasse. Einzig und allein die Hüftgelenks- oder Ellenbogendysplasie kann gelegentlich zu gesundheitlichen Beeinträchtigungen führen. In Deutschland wird seit vielen Jahren nicht mehr mit Hunden gezüchtet, deren Nachkommen zur Entwicklung schwerer HD neigen, bei Hunden aus Osteuropa ist in diesem Punkt allerdings größte Vorsicht geboten.

12.1. Das Wichtigste aus dem Zuchtstandard des Komondor

Weitere Namen:	keine
Herkunftsland:	Ungarn
Verwendung:	Herdenschutzhund
F.C.I.-Nummer:	53, Gruppe 1.1
Standard gültig seit:	März 1992

Verwendung: Der Komondor (Plural Komondorok) eignet sich zum Hüten und Beschützen von Herdenvieh und Hof.

Allgemeine Erscheinung: Von stattlichem Wuchs, anziehendem Aussehen und würdevollem Benehmen erweckt er Staunen und Bewunderung, gelegentlich auch Furcht. Sein typisches Deckhaar gibt seiner Erscheinung einen mächtigen und robusten Charakter. Sein Körper ist leicht rechteckig, nicht quadratisch. Der Kopf wirkt wie ein über dem Rücken stehendes Haarknäuel; das Deckhaar ist weiß. Im Ruhezustand wird die Rute hängend getragen, im Erregungszustand bis zur Waagerechten aufgestellt.

Maßverhältnisse:

Länge des Rumpfes:	104 %	der Widerristhöhe
Tiefe des Brustkorbes:	45 %	der Widerristhöhe
Breite des Brustkorbes:	28 %	der Widerristhöhe
Brustumfang:	116 %	der Widerristhöhe
Länge des Kopfes:	46 %	der Widerristhöhe

Wesen: Der Komondor ist ablehnend gegenüber Fremden, misstrauisch und von zäher Natur. Er neigt nicht zum Schmeicheln. Im Hüten und Beschützen legt er unerschütterlichen Mut an den Tag, sein Angriff ist lautlos und verwegen. Das geschützte Territorium darf von keinem fremden Lebewesen betreten werden. Bei Tag ruht der Komondor, wobei er sein Revier überblicken möchte, bei Nacht ist der Hund ständig in Bewegung.

Oberkopf: Von mäßiger Breite, in gutem Ebenmaß zum Körper, selbst die üppige Behaarung lässt den Kopf nicht unproportional erscheinen. Schädel etwas gewölbt. Verhältnis zwischen Länge des Schädels und Länge des Fangs 60:40. Zwischen den Jochbögen erscheint der Kopf breit, die Augenbrauenbögen sind gut entwickelt. Ausgeprägter Stop.

Nase: Breite, schwarze Nase. Schwarzer Nasenspiegel.

Fang: Sehr breit, mittellang, Nasenrücken schwarz.

Lefzen: Eng anliegend, schwarz.

Kiefer: Stark und mächtig.

Gebiss: Korrektes Scherengebiss gemäß Zahnformel, 42 Zähne.

Augen: Dunkelbraun, von ovaler Form. Lider eng anliegend.

Ohren: Mittelhoch angesetzt und gleich vom Ansatz herab hängend, u-förmig. Die Länge der Ohren soll 60 % der Schädellänge betragen. Der Hund bewegt die Ohren weder im Erregungszustand noch beim Angriff.

Hals: Mittellang, keine Kehlwamme. Winkel zum Körper ca. 35 %. In entspanntem Zustand bilden Hals und Rücken nahezu eine Linie.

Widerrist: Ziemlich lang, vorne markiert.

Lendengegend: Mittellang, breit, muskulös.

Kruppe: Breit, mittellang, leicht abfallend.

Brust: Breite Vorbrust, tiefer Brustkorb.

178

Rute: Tief angesetzt, deutlich hängend getragen, Rutenspitze leicht gebogen. Wird bei Erregung bis zur Waagerechten erhoben.

Vorderhand: Gerade, säulenartige Läufe. Massive Knochen und starke Gelenke.

Schultern: Schulterblätter etwas schräg stehend, gut mit dem Körper verankert, nicht herausstehend.

Vorderpfoten: Rund, groß und fest. Elastische und gut gepolsterte Ballen. Starke Nägel von schiefergrauer Farbe.

Hinterhand: Das verfilzte und zottige Haar lässt die Konturen von Rücken, Kruppe und Hinterläufen verschwimmen, sodass die Proportionen nur schwer beurteilt werden können. Im Stand gerade Stellung der Hinterläufe.

Oberschenkel: Sehr muskulös, breit und mit dichtem Haar besetzt.

Unterschenkel: Kräftig und stabil.

Hinterpfoten: Geringfügig länger als die Vorderpfoten. Afterkrallen müssen entfernt werden.

Gangwerk: Leichtfüßiger, majestätischer Schritt. Raumgreifende Schritte im Trab.

Haut: Die Haut ist dunkel pigmentiert und erscheint schiefergrau. Alle sichtbaren Schleimhäute von schwarzer Farbe. Rosafarbene Haut oder Schleimhäute sind unerwünscht.

Behaarung: Das Haarkleid besteht aus gut entwickelter Unterwolle und derben Deckhaaren. Der ganze Körper ist mit langem Deckhaar besetzt, das zottig und zu Schnüren verdreht am Körper herabhängt, aber nicht verfilzt sein darf. Das Deckhaar der Lendenpartie besitzt eine Länge von 20 bis 27 Zentimeter, Rücken 15 bis 20 Zentimeter, Schädel, Hals, Ohren, Läufe 10 bis 18 Zentimeter. Das Haarkleid ist weiß.

Größe:
Rüden: um 80 Zentimeter, mindestens 70 Zentimeter.
Hündinnen: um 70 Zentimeter, mindestens 65 Zentimeter.

Fehler: Jede Abweichung von den vorgenannten Punkten ist als Fehler anzusehen, dessen Bewertung im Verhältnis zum Grad der Abweichung stehen soll.

Schwere Fehler: Kleinwuchs, lose Schultern, kleine, zu leicht gebaute Pfoten, nicht parallele Hinterläufe, mangelnde Pigmentierung der Augenbrauen, Lefzen. Heller Nasenspiegel. Ringelrute. Gebissfehler, vor allem im Bereich der Schneidezähne.

Disqualifikationen: Kurze Behaarung, fleischfarbene Haut, aufrecht stehende Ohren, kupierte Rute, gescheckte Färbung des Deckhaars, schwache Muskulatur, Fettleibigkeit.

13. Kuvasz

Der Kuvasz[1] ist die zweite ungarische Herdenschutzhundrasse, und die Entstehung des Rassenamens ist nicht weniger interessant als beim Komondor. Auch für den Kuvasz soll es bereits einen Namen in der sumerischen Keilschrift gegeben haben, wie Dr. Zoltan Balassy unter Berufung auf Dr. Sandor Palfavy geschrieben hat. Demnach stünden die sumerischen Schriftzeichen KU-AS-SA für die Urahnen des heutigen Kuvasz, wobei KU mit Hund und AS-SA mit Pferd übersetzt worden ist. Diese Interpretation des Namens öffnet einer ganzen Reihe von Vermutungen Tür und Tor: Einerseits kann der Urahn des Kuvasz als Schutzhund für Pferde gezüchtet worden sein, andererseits könnte auch eine Ähnlichkeit in Färbung oder Beschaffenheit des Deckhaars zu dieser Bezeichnung geführt haben.

Der Schutz von Pferden durch Herdenschutzhunde ist sehr selten. In Freiheit gehaltene Pferde leben gesellig in Herden und sind im Gegensatz zu Schafen oder Ziegen nicht nur ständig in Bewegung, sondern können darüber hinaus ein sehr hohes Fortbewegungstempo erreichen. Pferde sind Fluchttiere, sie entziehen sich einer Gefahr durch Flucht, wobei ihre Schnelligkeit und Ausdauer sie allen potentiellen Angreifern überlegen macht. Diese Eigenschaften haben den Einsatz von Herdenschutzhunden bei in Freiheit gehaltenen Pferden sinnlos gemacht, selbst der schnellste und ausdauerndste Hund könnte einem flüchtenden Pferd nur wenige hundert Meter folgen. Ställe und Stallungen hingegen lassen sich verschließen und lassen Beutegreifern kaum eine Möglichkeit, zu den Pferden vorzudringen. Dennoch gibt es einige Haltungsmodelle, bei denen der Einsatz von Herdenschutzhunden sinnvoll sein kann, zum Beispiel, wenn die Herden auf großen Koppeln gehalten werden und die Fluchtmöglichkeiten durch Zäune oder die Geländeform beschränkt sind. Von den bereits erwähnten Familien Kuth und Baba aus der mesopotamischen Stadt Ur wird berichtet, sie hätten neben Komondorok auch einige Kuvaszok besessen. Insgesamt zehn KU-AS-SA wurden auf den Tontäfelchen erwähnt.

Eine weitere Variante der Namensentstehung leitet sich aus dem Türkischen bzw. der arabischen Sprache ab. Das türkische Wort „kawacz" bedeutet so viel wie bewaffneter Wächter oder Sicherheitswächter, das arabische „kawasz" steht für Bogenschütze, Beschützer oder Wächter. Die Bedeutungen mögen in Abhängigkeit von Ära und Region ein wenig differieren, weisen aber alle auf die Schutzfunktion der Hunde hin. Erstaunlicherweise geht keine dieser Varianten

---

[1] Die korrekte Aussprache des Namens ist nicht „Kuwatsch", wie oft zu hören ist, sondern „Kuvaß" mit scharfem „s" wie bei Fass oder Schuss.

Portrait eines zwei Jahre alten Kuvasz-Rüden.

auf die Verwendung der Hunde ein. Ein Schutz- oder Wachhund muss schließlich nicht zwangsläufig ein Herdenschutzhund sein, sondern kann Personen beschützt haben oder, wie es im alten Rom der Fall war, der Sicherheit des Hofes gedient haben.

Aus der Geschichte des Kuvasz ergibt sich eine dritte Variante der Namensentstehung. Es gibt Hinweise, dass der Kuvasz etwa um das Jahr 1200 n. Chr. von den Kumanen[2] nach Ungarn gebracht wurde und viele Exemplare des frühen Kuvasz in der ungarischen Tiefebene heimisch wurden. Einige der frühen Zuchtlinien sollen sogar als Jagdhunde Verwendung gefunden haben, von König Matyas[3] ist überliefert, dass er bei der Jagd auf Schwarzwild seine Kuvaszok mitführte. Kuvaszok galten bei den Reichen und Adligen dieser Epoche als wertvoller Besitz, häufig wurden sie Fürsten und Grafen als Zeichen der Freundschaft oder Ehrerbietung zum Geschenk gemacht. Lange Zeit war die Haltung des Kuvasz den Adligen vorbehalten, doch im Laufe der Jahrhunderte geriet die Rasse mehr und mehr in die Hände der einfachen Bevölkerung. Ebenfalls belegt ist die Rolle dieser Hunde als Beschützer der Schafherden während der folgenden Jahrhunderte. Dabei wurde der Kuvasz nicht ausschließlich als Herdenschutzhund gehalten, viele Hunde hatten eher den Status eines Hofhundes und lebten mit den Menschen in Dörfern und auf Gehöften, wo sie sich Beutegreifern entgegenstellten und gleichzeitig Landstreicher und Diebe fern hielten. Nach der fast vollständigen Ausrottung des Wolfes in Mittel- und Osteuropa verloren die Herdenschutzhunde stark an Bedeutung, und die Bereitschaft der Bauern, diese Hunde zu halten, schwand in dem Maße, in dem sich die letzten Beutegreifer in die Gebirgsregionen zurückzogen. Vor allem im 19. Jahrhundert gab es in Ungarn viele streunende Kuvaszok, die teilweise in Dörfern lebten und sich mehr schlecht als recht von den Abfällen der Menschen ernährten. In dieser Phase, als der Herdenschutzhund seinen Wert für die Bauern und Hirten weitgehend verloren hatte und der Kuvasz zu einem Dorfköter verkommen war, könnte der Name Kuvasz entstanden sein, denn

---

[2] Kumanen, auch Kiptschak, turkmenisches Steppenvolk, das zwischen 1050 und 1200 in Ungarn und der Walachei einfiel und später von den Mongolen unterworfen wurde.

[3] König Matyas (Matthias I. Corvinus), 1458 – 1490.

diese Bezeichnung bedeutet im Ungarischen nichts anderes als „Bastard". Der Plural von Kuvasz lautet im Ungarischen Kuvaszok, im Deutschen hingegen wird oft die Pluralform Kuvasze (sprich: Kuvasse) verwendet.

Erst zu Beginn des 20. Jahrhunderts begann sich das traurige Dasein des Kuvasz zu wandeln. Als um 1880 die Zeit der Kynologie begann, fanden sich ungarische Hundefreunde, die sich der Rasse annahmen und erste Zuchtversuche machten. Dabei galt es vor allem, die reinweiße Farbe des Kuvasz zu erhalten und einen Hund zu schaffen, der sich von den weißen Herdenschutzhunden Polens, Serbiens, Rumäniens und der Slowakei abheben sollte. Der erste Auftritt des Kuvasz auf der europäischen Bühne soll Graf Miksa Esterhazy zu verdanken sein, der 1883 auf der Wiener Hundeausstellung zwei Kuvaszok vorführte. In den folgenden Jahren wurden die Kriterien für die Kuvasz-Zucht festgelegt, und bereits 1905 wurde der erste Zuchtstandard veröffentlicht. Im Jahre 1934 wurde die Rasse Kuvasz von der F.C.I. anerkannt, und 1937 wurde der F.C.I.-Zuchtstandard unter der Registriernummer 54 mit einem überarbeiteten Standard eingetragen.

Ein erheblicher Teil der wirklichen Abstammung des Kuvasz bleibt ungeachtet dieser Erkenntnisse unklar. Viele Hunde, die zu Beginn des 20. Jahrhunderts importiert wurden und erste Zuchten begründeten, stammten nicht aus Ungarn, sondern aus dem Tatragebirge, der Slowakei, Polen oder sogar aus Rumänien. Es ist unumstritten, dass zwischen den dortigen weißen Hirtenhunden, Siebenbürgern, Pommern- und Goralenhunden, eine lebhafte Durchmischung stattgefunden hat, die eine Korrespondenz des heutigen Kuvasz mit Rassen des Altertums sehr fraglich erscheinen lässt. Auch die große Ähnlichkeit des Kuvasz mit seinen weiter nördlich lebenden Vettern, dem Polski Owczarek Podhalanski und dem Slovenský Čuvač sind ein Indiz für die These, dass alle drei Rassen gemeinsame Ahnen besitzen und nur regionale Varietäten des gleichen Hundes darstellen. Diese Auffassung findet allerdings bei vielen Rassezuchtvereinen und ihren Mitgliedern wenig Gegenliebe. Zu groß sind nationale und rassebezogene Eitelkeiten, die typischerweise in der Aussage gipfeln, die eigene Rasse sei „besser" und schon deshalb mit den Hunden der Nachbarn nicht vergleichbar. Viele Hundefreunde sind um wortreiche Begründungen nicht verlegen und keine Behauptung ist zu abenteuerlich, um nicht doch als „Beweis" angeführt zu werden. Ich möchte diesen endlosen Zwist nicht um ein neues Kapitel erweitern und bitte daher jeden Hundefreund, die Fakten zu bewerten und sich eine eigene Meinung zu bilden.

In Deutschland erschien der Kuvasz etwa zur gleichen Zeit wie der Komondor, und wieder war es Werner Mut, der die ersten Hunde importierte und sich um die Zucht der Rasse in Deutschland verdient machte. Auch beim Kuvasz reichen einige Zuchtbücher bis etwa 1920 zurück. Seitdem wird die Rasse vom „Klub für Ungarische Hirtenhunde e. V." betreut. Einen Rückschlag erlebte die

Zucht des Kuvasz während des Zweiten Weltkriegs. Bei der Eroberung ländlicher Gemeinden trafen die angreifenden Truppen auf die starken Hofhunde, die keinen Zweifel daran ließen, dass sie Haus und Hof mit ihrem Leben verteidigen würden. Viele, ja sogar sehr viele Kuvaszok wurden von Soldaten beider Seiten erschossen, und der Fortbestand der Rasse war nach dem Krieg ernsthaft in Gefahr. Heute ist der Kuvasz jedoch fast in der ganzen Welt anzutreffen und von allen Herdenschutzhunden mit am weitesten verbreitet. In nahezu allen westeuropäischen Ländern gibt es namhafte Zuchten, und auch in den USA und Kanada sind Kuvaszok sehr populär. Etwa um 1930 gelangten die ersten Kuvaszok aus Deutschland und Ungarn in die Vereinigten Staaten. Vor allem Mabel Marsh, die in New Jersey lebte, hat sich um die Gründung erster Zuchten in der neuen Welt bemüht. Ihr erster Zuchtrüde, „Rigoletto of Romanese", entstammte einer Verbindung der ungarischen Hündin „Futykos von Cibakhaza" mit dem deutschen Zuchtrüden „Tamar vom Wurmtal". In den folgenden Jahren wurden mehrere Dutzend Kuvaszok in die USA importiert, neben in Deutschland und Ungarn gezüchteten Hunden sogar einige aus der damaligen Tschechoslowakei und der Schweiz.

Heute ist die Rasse Kuvasz sehr homogen und weitgehend durchzüchtet. Starke Abweichungen in Wesen oder Aussehen sind sehr selten geworden. Der Kuvasz ist ein kräftiger, aber behänder Hund mit leicht gekräuseltem, stets weißem Deckhaar mittlerer Länge, einer buschigen Rute und deutlicher Befederung an den Läufen. Gelegentlich kommen auch glatthaarige Kuvasz vor, deren Ähnlichkeit mit Tatrahunden unübersehbar ist. Früher waren beide Haarvarianten anzutreffen, dabei galten die glatthaarigen Individuen als Hunde der Gebirgsregion, denen man ein erheblich schärferes Wesen als den Hunden der Tiefebene nachsagt. Heute wird die Rasse von eben diesen „Tiefländern" beherrscht, deren Deckhaar flach gewellt erscheint und unzählige Kämme, Leisten und Wirbel aufweist. Das schärfere Wesen der Gebirgshunde ist nicht nur beim Kuvasz, sondern in vergleichbarer Form bei allen Herdenschutzhundrassen anzutreffen. Die Unterschiede im Wesen beider Varianten erklären sich aus Lebensweise und Haltungsbedingungen der Hunde, die traditionell nur wenig Kontakt mit dem Menschen haben, nicht in Siedlungen leben und deshalb niemals die Eigenschaften der Hof- oder Dorfhunde entwickeln. Conrad Keller machte bei seinen Erhebungen über die Haustiere der Kaukasusländer[4] identische Erfahrungen mit den Owtscharki. Im Gegensatz zu den Gebirgshunden, deren Wesen Keller als "ausgesprochen scharf und angriffslustig" charakterisierte, fand er die Hunde im Bereich der menschlichen Siedlungen "verhältnismäßig manierlich, wenn auch dem Fremden wenig zugetan". Die Entwicklung einer eigenen Charakteristik der Gebirgshunde wird durch die weitgehende genetische Isolation einer relativ

---

[4] siehe Anhang B

kleinen Population begünstigt. Während sich in den Städten und Dörfern Hunde verschiedener Herkunft und Abstammung im Laufe der Zeit stark vermischten, spielt bei den Gebirgshunden aus Mangel an Genmaterial die Inzucht eine größere Rolle. Markante Wesenseigenschaften konnten sich durch die zwangsläufige Verpaarung enger Verwandtschaftsgrade leichter und schneller entwickeln als bei Populationen mit regem Genzufluss. Glücklicherweise sind die Gebirgshundtypen der Herdenschutzhunde aber nie so isoliert gewesen, dass inzuchtbedingte Degenerationserscheinungen aufgetreten sind.

Der Kuvasz erreicht nicht die Körpergröße eines Komondors oder eines Kaukasischen Owtscharka. Das Stockmaß der Rüden beträgt zwischen 65 und 75 Zentimetern, wobei die untere Grenze eher ein theoretischer Wert ist. Rüden mit einer Widerristhöhe unter 68 Zentimetern sind sehr selten, genau wie Hunde, die 75 Zentimeter deutlich überschreiten. Hündinnen sind zierlicher und femininer als Rüden, sie erreichen Schulterhöhen zwischen 60 und 70 Zentimeter. Das Gewicht eines Kuvasz-Rüden liegt typischerweise um 50 Kilogramm, das der Hündinnen ein wenig über 40 Kilogramm.

Die sichtbaren Schleimhäute, Augenlider, Lefzen und Nasenspiegel des Kuvasz sind von schwarzer Farbe, helle Färbungen oder fehlendes Pigment gelten als Fehler. Die Augen sind dunkelbraun und leicht schräg stehend. Das Fell des

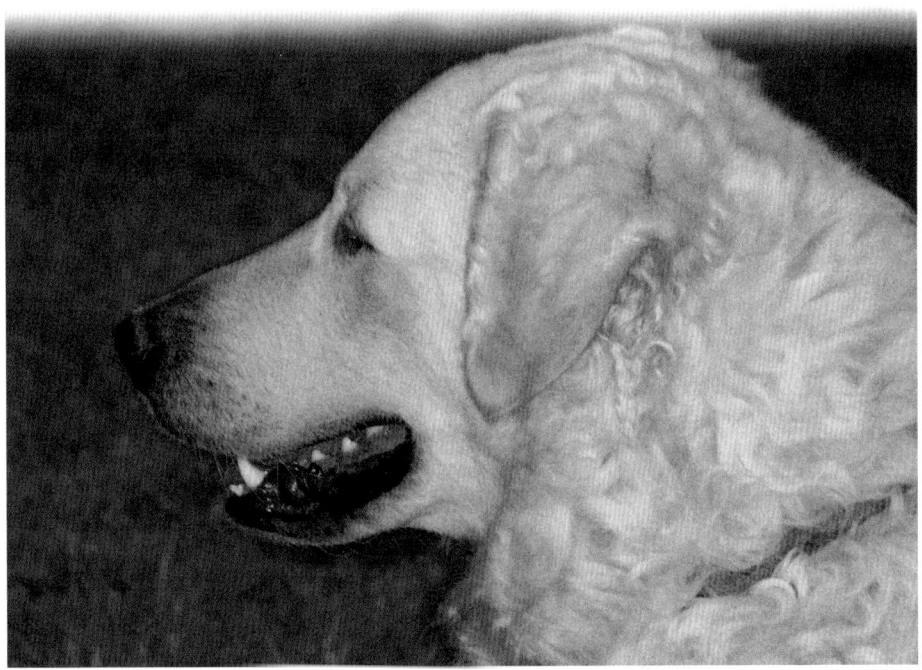

Junger Kuvasz-Rüde.

Hundes wird von dem bereits beschriebenen, gewellten und verwirbelten Deckhaar und dichter Unterwolle gebildet. Der Kuvasz ist ein wetterfester Hund, der die winterlichen Temperaturen keineswegs fürchten muss. Sein Haarkleid gestattet ihm den Aufenthalt im Freien während der Wintermonate. Als Haushund gehaltene Tiere sollen dennoch nicht ausschließlich oder überwiegend im Freien gehalten werden. Kuvaszok sind sehr auf ihre menschlichen Bezugspersonen fixiert und benötigen engen, vertrauensvollen Kontakt zu ihrer Familie. Der Zugang zum Haus soll dem Hund deshalb nicht verwehrt werden. Wie bei vielen anderen Gelegenheiten auch hier wieder einmal der Hinweis, dass Zwinger- oder Kettenhaltung nicht in Frage kommen!

Der Schädel des Kuvasz ist länglich, aber der Fang verjüngt sich zur Nase hin nur leicht. Die Ohren sind hoch am Kopf angesetzt, eng anliegend und haben die Form eines stumpfen „V". Die Rute des Kuvasz reicht bis zu den Sprunggelenken und ist üppig behaart. Bei Erregung stellt der Hund die Rute nicht zu einem Ring gebogen hoch über den Körper, wie es bei vielen anderen Herdenschutzhunden zu beobachten ist, sondern hebt die leicht gebogene Rute nur etwa auf Rückenhöhe.

Im Gegensatz zu anderen Herdenschutzhundrassen, die über eine ruhige Wesensart verfügen, besitzt der Kuvasz lebhaftes Temperament und großen Bewegungsdrang. Er gibt einen angenehmen Begleiter bei vielen Freizeitaktivitäten ab, zum Beispiel bei Wanderungen, Ausritten oder Radtouren. Dabei versteht sich von selbst, dass man einen rund 50 Kilogramm schweren Hund mit dichtem Unterfell nicht während der sommerlichen Mittagshitze neben dem Fahrrad führt. Bei angemessenen Temperaturen hingegen wird der Kuvasz diese Form des Auslaufs durchaus zu schätzen wissen. Unter den Herdenschutzhunden gilt der Kuvasz als eine der spielfreudigen Rassen, wobei der Spieltrieb aber keineswegs an den eines Boxers, Retrievers oder Schäferhundes heranreicht. Monotone Ballspiele lehnt der Kuvasz meistens ab oder verliert nach kurzer Zeit das Interesse, etwas einfallsreicher und spannender dürfen die Spiele schon sein.

Im Haus ist der Kuvasz angepasst und unauffällig. Er ist kein typischer „Ein-Personen-Hund", sondern schließt sich den Menschen seines Lebensraums an. Man könnte den Kuvasz als Familienhund bezeichnen, wenn nicht mit diesem Begriff in der Hundeliteratur so viel Schindluder getrieben würde. Die Bezeichnung „Familienhund" wird dabei häufig als Qualitätsprädikat vergeben, und dem Welpenkäufer soll suggeriert werden, die Hunde dieser bestimmten Rasse seien „gute Familienhunde" von Geburt an. So ist es allerdings nicht – auch nicht beim Kuvasz. Garantien und Zwangsläufigkeiten gibt es weder bei Menschen noch bei Hunden. Wer einen Herdenschutzhund unkritisch als Familienhund anpreist, handelt nicht nur unverantwortlich gegenüber Mensch und Hund, sondern ist ein Betrüger, der die Unkenntnis anderer schamlos ausnutzt. Dennoch – ein liebevoll in der Familie mit Sachkenntnis aufgezogener Kuvasz wird die ihm entgegengebrachte Liebe auf Lebenszeit erwidern. Viele Wesenseigenschaften des Kuvasz zeigen, dass diese Hunde zumindest teilweise den Charakter eines Hofhundes besitzen; sie sind nervenstark, souverän und können sich ihrer Umwelt flexibel anpassen.

Trotzdem zeichnet sich auch der Kuvasz durch Eigenwillen und Selbständigkeit aus, die sein Halter respektieren muss. Die Ausbildung des Hundes zu einem umweltsicheren Begleiter ist sicherlich nicht so langwierig wie bei anderen Herdenschutzhundrassen, aber sie fordert dem Hundebesitzer trotzdem einiges an Erfahrung und Einfühlungsvermögen ab. Kuvaszok besitzen eine schnelle Auffassungsgabe, und es soll Exemplare gegeben haben, die sogar zu Blindenführhunden ausgebildet werden konnten. Gesehen habe ich einen solchen Hund bisher noch nie, aber die Gerüchte halten sich hartnäckig. Für den Hundesport ist der Kuvasz ungeeignet, sofern die Ambitionen des Besitzers über eine Begleithundeprüfung hinausgehen.

Der Hofhundeinschlag des Kuvasz zeigt sich auch bei den Fähigkeiten des Hundes, eine Herde zu treiben oder einzelne Tiere zur Herde zurückzuführen. Kuvaszok scheinen diese Fähigkeiten angeboren zu sein. Viele Kuvasz-Besitzer haben unabhängig voneinander geschildert, dass ihr Hund in entsprechenden Situationen Hütehundqualitäten offenbart habe, ohne dass jemals diesbezügliches Training stattfand.

13.1. Das Wichtigste aus dem Zuchtstandard des Kuvasz

Weitere Namen: keine
Herkunftsland: Ungarn
Verwendung: Herdenschutzhund
F.C.I.-Nummer: 54, Gruppe 1.1
Standard gültig seit: 1935, seitdem aber mehrfach überarbeitet

Erscheinung: Der Kuvasz (Plural Kuvaszok) ist von großem Wuchs, und seine Erscheinung drückt gleichzeitig Kraft und Eleganz aus. Alle Körperteile sind wohl proportioniert, sodass der Hund eine harmonische Erscheinung aufweist. Der Knochenbau ist massiv, stark, aber niemals grob. Die Gelenke sind hager, der Brustkorb tief. Der Rumpf soll weder gestreckt noch gedrungen erscheinen. Seine Figur bildet eine vom Quadrat etwas abweichende Rechteckform. Auf seinem Kopf ist die Stirnfurche gut wahrnehmbar. Die Augenlider umschließen die Augäpfel straff. Die Lefzen liegen eng an. Das Gebiss muss stark und kräftig, die Kaumuskulatur gut entwickelt sein. Die Läufe müssen gut befedert sein. Hals und Brust sind mit üppigem Haar besetzt. Die Farbe des Deckhaars ist weiß, die Behaarung wellig und dicht. Die Haut ist dunkel pigmentiert. Der Schritt des Hundes ist raumgreifend.

Kopf: Länglicher, jedoch nicht spitzer Schädel mit nur leicht gewölbter Stirn und einer ausgeprägten Stirnfurche. Der Stop ist mild, nicht abrupt. Der Nasenrücken ist gerade. Der lange und breite Fang verjüngt sich leicht zur Nase hin, ohne dabei spitz zu wirken. Die Lefzen liegen fest am Gebiss an und sind im Mundwinkel gezackt. Nasenspiegel, Lider und Lefzen sind schwarz.

Augen: Die mandelförmigen, leicht schräg stehenden Augen sind von dunkelbrauner Farbe.

Ohren: Hoch angesetzt, am Ohransatz etwas vom Kopf abstehend, gerade am Kopf herabhängend. Die Ohrmuscheln haben die Form eines stumpfen Dreiecks.

Hals: Der Hals bildet mit der waagerechten Rückenlinie einen Winkel von 25 bis 30 Grad. Er ist mittellang, kräftig bemuskelt und besitzt keine Kehlwamme.

Rumpf: Der Widerrist ist etwas höher als der Rücken. Die Lendenpartie ist kurz und fest, die Kruppe üppig bemuskelt und etwas abschüssig. Durch die dichte

Beharung kann die Kruppe ein wenig erhöht wirken. Der Brustkorb ist sehr tief, lang, etwas platt gedrückt und mit kräftiger Muskulatur umgeben.

Rute: Der Rutenansatz ist tief liegend in gerader Verlängerung der etwas abschüssigen Kruppe. Die Rute soll gestreckt bis zu den Sprunggelenken reichen und wird in Ruhezuständen hängend getragen, wobei die Rutenspitze leicht angehoben wird. Bei Erregung darf die Rute nur bis zur Höhe der Lendenpartie gehoben und geringelt getragen werden.

Vorderhand: Der tiefe, nicht tonnenförmige Brustkorb bildet eine gute Unterlage für das lange, schräg gestellte Schulterblatt. Der Ellenbogen ist weder unter den Brustkorb gezwängt noch davon abstehend. Die Vorderläufe sind gerade, gut bemuskelt und stehen senkrecht unter dem Körper. Die Fessel bildet mit der Waagerechten einen Winkel von 45 Grad. Fest geschlossene Pfoten mit nur wenig Beharung zwischen den Zehen. Die Fußballen sind fest und elastisch.

Hinterhand: Die Hinterbeine sind steil gestellt und verleihen dem Hund einen sicheren Stand. Becken und Oberschenkelknochen bilden einen rechten Winkel, das Kniegelenk einen Winkel von 130 bis 140 Grad. Die Läufe sind kräftig bemuskelt mit breiten und langen Sprunggelenken. Der Mittelfuß steht senkrecht. Die Pfoten sind schmaler und länglicher als an den Vorderläufen. Ballen fest und elastisch mit starken, schiefergrauen Krallen. Afterklauen sind unerwünscht und sollen entfernt werden.

Haut: Die Haut muss stark pigmentiert und von schiefergrauer Färbung sein. Lidränder, Lefzen und Nasenspiegel sind schwarz. Der Rachen soll dunkel gefärbt sein, dunkle Flecken auf farbigem Untergrund sind akzeptabel.

Beharung: Kopf, Pfoten und Ohren sind mit kurzem, geradem und eng anliegendem Haar besetzt, ebenso die Vorderseiten der Vorderläufe und die Vorderseiten der Hinterläufe unterhalb des Oberschenkels. Rumpf, Oberarme und Oberschenkel werden von flach gewellter, mittellanger Beharung (4 bis 12 Zentimeter) bedeckt, die an verschiedenen Stellen Kämme, Leisten und Wirbel bildet. Das Deckhaar ist spröd, gewellt, aber nicht verfilzt. Unter den derben Grannenhaaren sind feine Flaumhaare zu finden. Der Hals wird von einem Haarkragen umgeben, der bis zur Vorbrust reicht. Die Hinterseiten der Läufe sind mit 5 bis 8 Zentimeter langen Haaren dicht befedert. Die Rute ist auf der gesamten Länge üppig behaart, die Haare an der Unterseite sollen 10 bis 15 Zentimeter lang sein.

Größe: Rüden 71 bis 75 Zentimeter; Hündinnen 66 bis 70 Zentimeter.

Gewicht: Rüden 40 bis 52 Kilogramm; Hündinnen 30 bis 42 Kilogramm.

Gang: Im Schritt langsam und majestätisch; im Trab schränkend, schwungvoll und raumgreifend.

Leichte Fehler: Kurzer Fang, stark gewölbter Schädel, schwach entwickelte Augenbogen, starker Stop, lose oder hängende Augenlider, hängende Lefzen. Ganz am Kopf anliegende oder nach hinten geschlagene Ohren. Langer Hals, breite Vorbrust, lose Schultern, hellgraue Haut, gelbe Augen, gelbliche Fellfärbung oder weißes Fell mit gelblichen Abzeichen. Schwache Konstitution.

Schwere Fehler (Disqualifikationen): Stehohren, Vorbiss, Unterbiss, sehr ausgeprägter Stop. Klumpiges, drahtiges oder völlig glattes Deckhaar. Lange Behaarung an den Läufen. In Ruhezuständen über die Rückenlinie erhobene Rute. Ringelrute. Alle Färbungen des Deckhaares außer Weiß. Widerristhöhe bei Rüden unter 65 Zentimeter, bei Hündinnen unter 60 Zentimeter. Überschreitung des Körpergewichtes um mehr als 15 % (60 Kilogramm max.).

14. Maremmano Abruzzese (Maremmaner Hirtenhund)

Der einzige Herdenschutzhund Italiens ist der Maremma, der in seiner Heimat den klangvollen Namen „Cane da pastore Maremmano abruzzese" trägt. Im englischen Sprachraum werden diese Hunde als „Maremma and abruzzes sheepdog" und im Deutschen als Maremmaner Hirtenhund oder schlicht als Maremma bezeichnet.

Die Entstehung des Rassenamens geht auf das Herkunftsgebiet der Hunde zurück. Die Maremmen[1] sind ein ehemals sumpfiger Küstenstreifen im westlichen Mittelitalien zwischen Livorno und Terracina am Tyrrhenischen Meer. Im Landesinneren gehen die Maremmen in ein von zahlreichen Flüssen durchzogenes Vorgebirge über, das im Norden an die Toskana und im Süden an die Ausläufer der Apenninen grenzt. Im mittleren Teil werden die Maremmen von der fruchtbaren Ebene des Tibers durchschnitten. Südöstlich des Tibers liegen die Abruzzen. Sie bilden die höchste Gebirgsgruppe innerhalb des Apennin, der sich über die gesamte italienische Halbinsel von Norden nach Süden erstreckt. Der höchste Berg der Abruzzen ist der Gran Sasso d'Italia, dessen Gipfel 2914 Meter erreicht. Bis zum Anfang des 20. Jahrhunderts waren die Maremmen nur äußerst spärlich besiedelt. Das sumpfige Land war ein Malariagebiet, das während der Sommermonate nahezu unbewohnbar blieb. Erst zwischen den beiden Weltkriegen wurde begonnen, die Sümpfe trockenzulegen und das Land nach und nach für die Zivilisation zu erschließen. Bis zu dieser Zeit diente es während der Wintermonate vielen Wanderschäfern als Rückzugsgebiet, wenn ihre Herden an den schneebedeckten Hängen der Apenninen nicht genug Nahrung finden konnten. Die Schafzucht war in Mittelitalien über viele Jahrhunderte ein wichtiger Wirtschaftsfaktor und trug wesentlich zur Versorgung der Landbevölkerung bei. Während des ganzen Jahres wurden die Wanderschäfer von ihren weißen Herdenschutzhunden begleitet, die hungrige Beutegreifer und Diebe im Gebirge oder im Flachland zuverlässig auf Distanz hielten.

Die Haltung des Maremmano Abruzzese war im Gegensatz zu anderen Herdenschutzhundrassen nie ausschließlich auf Wanderschäfer beschränkt. Viele reiche Gutsbesitzer hielten diese Hunde, die bei der einfachen Landbevölkerung gefürchtet waren, um Ihre Anwesen zu bewachen und Landstreicher fern zu halten. So kann der Maremma als einziger Herdenschutzhund auf vier Traditionen zurückblicken: Er wurde sowohl in Hoch- und Mittelgebirgen als auch in Ebenen als Herdenschutzhund gehalten und diente darüber hinaus in beiden Regionen als Hofhund und Territoriumswächter.

---

[1] Im Italienischen heißt die Region Maremma, im Deutschen aber Maremmen.

Die Geschichte der Maremmano Abruzzese reicht mit einiger Sicherheit bis zur Ära des römischen Reiches zurück. Die Bildnisse des ursprünglichen römischen Hirtenhundes gewähren leider keinen Aufschluss über die Färbung der Hunde, sodass nicht feststeht, ob es sich bei diesen Exemplaren bereits um weiße Herdenschutzhunde gehandelt hat. Varro und Columella haben allerdings schon den hell gefärbten römischen Hirtenhund erwähnt. Aus den folgenden Jahrhunderten sind so gut wie keine Aufzeichnungen überliefert. Diese Tatsache ist nicht erstaunlich und beweist das Fehlen der Hunde nicht, da die Wanderhirten keine Veranlassung hatten, ihr Wissen schriftlich statt mündlich weiterzugeben. Die Kynologen Beckmann und Strebel, die zwischen 1900 und 1910 viele Theorien über Abstammungsgeschichte und Verbreitung der Hunderassen aufgestellt haben, nahmen an, der Maremmano sei ein direkter Abkömmling des molossischen Schäferhundes, wie er von Nikias[2] um 320 v. Chr. in Stein gehauen wurde. Da sich außer dieser einen Statue, die einen Maremma-ähnlichen Hund zeigt, keinerlei Beweise für diese Theorie finden lassen, sind Zweifel durchaus berechtigt. Andere Kynologen vertraten (wieder einmal) die Meinung, der Maremma müsse von der „Tibet Dogge" abstammen. Dies würde bedeuten, dass der Urahn des Maremma erst im 11. Jahrhundert mit den Kumanen in Süditalien eingetroffen wäre, tatsächlich scheint der Urvater des Maremma jedoch mindestens 1000 Jahre früher in dieser Region gelebt zu haben. Die Existenz eines dem Maremma ähnlichen Herdenschutzhundes in Italien stärkt wieder einmal die Theorie, nach der sich die weißen Herdenschutzhunde bereits lange vor Christi Geburt über die Türkei nach Südeuropa verbreitet haben.

Eine der ersten genauen Beschreibungen des Maremma stammt aus dem Jahr 1905 und wurde von A. Keyser im 9. Band des Schweizer Hundestammbuches veröffentlicht. Keyser, der eigentlich Bewunderung für die italienischen Jagdhunde empfand, erfuhr wohl nur durch einen Zufall von den Herdenschutzhunden der Wanderhirten. Fasziniert von diesem ihm bis dahin unbekannten Hundetyp, machte er sich auf die Suche nach dem geheimnisvollen weißen Hund der Maremmen und Abruzzen. Nach einigen Jahren war Keyser in der Lage, ein ungefähres Bild dieser Hunde zu zeichnen und schrieb: *„Fährt man von Florenz nach dem Süden, sei es durch den Apennin oder durch die Maremmen, so sieht man sehr oft kleinere und größere Schaf- und Ziegenherden, die regelmäßig von solchen Hunden begleitet sind. Oft liegen sie ruhig etwas abseits von der Herde …".* An anderer Stelle nimmt Keyser auch auf die als Wächter für Gehöfte gehaltenen Maremmano Bezug und bemerkt: *„In einigen toskanischen Städten ist er auch als Haushund zu finden, aber auch da nur selten, und meistens sind es kleinere, nicht gerade typische Exemplare, die aber sehr gute und zuverlässige Wächter sein sollen."* Diese Formulierung Keysers lässt darauf schließen, dass er kaum selbst mit diesen als

---

[2]   Nikias, griechischer Maler und Bildhauer, 350 – 320 v. Chr.

Territoriumswächter gehaltenen Hunden konfrontiert war, sondern lediglich Hörensagen zum Besten gibt. Er hätte sonst zweifellos die gleiche Erfahrung gemacht wie Keller bei seinen Reisen durch den Kaukasus, nämlich, dass die als Herdenschutzhunde und Territoriumswächter gehaltenen Hunde *„dem Fremden gegenüber ausgesprochen bösartig erscheinen …"*. Ein Zeitgenosse Keysers, der Schweizer Züchter G. Fricker, wollte zur gleichen Zeit einige Maremma in die Schweiz importieren, um eine Grundlage für die „geregelte" Weiterzucht zu schaffen. In seinen Reiseaufzeichnungen schreibt er über den Maremma: *„Die Hunde werden von Hirten, rohen, verwilderten Menschen, sich fast ausnahmslos selbst überlassen. Begegnungen mit den Hunden sind für Fremde sehr gefährlich, denn hierbei zeigen die Maremmanos ihre angeborene Schärfe durch unheimlich schneidige Angriffe…"* Schließlich gelang es Fricker 1927 ein Maremma-Pärchen zu erwerben und in die Schweiz zu bringen. Diese beiden Hunde brachten in den folgenden Jahren zwei Würfe hervor. Fricker wurde mit diesen Hunden aber niemals fertig und gab die Zucht dieser Rasse nach diesem Versuch ernüchtert wieder auf.

Der Halt an einer Landstraße in Italien ließ eine ganze Gruppe von Maremma aufmerksam werden, die in der Nähe eine Herde bewachten. Kurz nach dem Klicken des Auslösers musste sich der Fotograf mit einem Sprung ins Auto retten.

193

Zu Beginn des 20. Jahrhunderts war es üblich, auf den großen Gutshöfen Maremmano Abruzzese in Gruppen bis zu 30 Tieren zu halten. Dabei kann man nicht von Hundehaltung nach unserem heutigen Verständnis sprechen, die Tiere waren weitgehend sich selbst überlassen und besaßen nur geringen Kontakt zu Menschen. In diesen halbwilden Hunderudeln konnten sich nur die aggressivsten Tiere durchsetzten, und es fand ein permanenter Ausleseprozess statt, dem alle schwachen, kränklichen oder mental instabilen Tiere zum Opfer fielen. Keyser bemerkt an einer anderen Stelle, dass die Hunde im südlichen Teil der Maremma bereits zu dieser Zeit größer und kräftiger gewesen sein sollen als die Hunde im Norden. Dies ist zweifellos damit erklärbar, dass im Süden Wanderhirten lebten, die im Rhythmus der Jahreszeiten zwischen den Gebirgs- und Flachlandregionen hin und her pendelten. Deren Hunde hatten, im Gegensatz zu den Hofhunden des Nordens, relativ häufigen Kontakt mit den Wölfen der Region, und sie wurden in natürlicher Weise auf Größe und Stärke selektiert. Bei den Wanderhirten der südlichen Maremma war es üblich, den Hunden die Ohren vollständig zu kupieren, damit sich Wölfe nicht daran festbeißen konnten; eine weitere aufschlussreiche Parallele zu den Traditionen der weit entfernt lebenden Hirten des Kaukasus. Bei der Betrachtung von Haltungsbedingungen und Wesenseigenschaften der Herdenschutzhunde in ihren ursprünglichen Herkunftsgebieten zeigen sich stets die gleichen Übereinstimmungen, obwohl diese Gebiete weit auseinander liegen und zur damaligen Zeit kein Erfahrungsaustausch stattfinden konnte. Es spielt keine Rolle, ob man die armenischen, türkischen oder ungarischen Hunde zum Vergleich heranzieht, ungeachtet ihrer Herkunft finden sich nicht nur nahezu identische Haltungsformen, sondern auch auffällige Parallelen im Verhalten der Hunde. Sie teilen die Abneigung gegen alles Fremde und zeigen stetige Bereitschaft, aktiv Abwehrhandlungen vorzunehmen. Berichte über das Verhalten der Owtscharki im Kaukasus und der Maremmanos in Mittelitalien zeigen so wenig Unterschiede, dass man sie gegeneinander austauschen könnte. Fricker schrieb in seinem Reisebericht, dass ihn in einem Hirtendorf einmal rund 20 Hunde angriffen und ihn beinahe aus dem Auto geholt hätten, während die Hirten keine Anstalten machten, ihre Hunde zurückzurufen.

Zur Zeit von Keyser, Strebel und Keller, denen wir die ersten Beschreibungen dieser Rasse verdanken, wurde noch zwischen den Hunden der Maremmen und Abruzzen unterschieden, als handele es sich um zwei Rassen. Die Hirtenhunde der Abruzzen seien größer und meist mit bräunlichen Abzeichen versehen, behauptete unter anderem Hauck. Erst Zimmermann fasste 1934 beide Hundetypen unter der Bezeichnung Maremmano Abruzzese zusammen, obwohl bis 1941 noch ein eigener Standard des Abruzzenhundes existierte. Der erste Zuchtstandard des Maremma datiert aus dem Jahr 1924, aber erst 1958 wurden beide

Schläge des italienischen Herdenschutzhundes unter einem gemeinsamen Standard zusammengefasst.

Der heutige Zuchtstandard des Maremmano Abruzzese ist ein ausführliches Werk mit sehr rigiden Bestimmungen. Die Länge fast aller Knochen des Hundes sind durch Maß- oder Verhältnisangaben bis in das kleinste Detail festgelegt. Der Standard liest sich wie die Bauanleitung für ein technisches Gerät und nicht wie die Beschreibung eines Lebewesens. Ich habe all diese Passagen für die Kurzfassung des Rassestandards in diesem Buch unberücksichtigt gelassen und will an dieser Stelle nur eine kurze Kostprobe geben: „Das Vorderbein vom Boden zum Ellenbogen misst 52,8 % der Schulterhöhe" oder an anderer Stelle: „Die Länge des Unterschenkels ist etwas geringer als die des Oberschenkels und beträgt 32,5 % der Schulterhöhe". Ein wesentlicher Teil des Rassestandards besteht aus solchen Maßangaben, die sich in dieser Ausführlichkeit bei keiner anderen Herdenschutzhundrasse finden lassen. Der Hundefreund darf sich zu Recht fragen, ob die Normierung von Knochenmaßen auf Nachkommastellen geeignet erscheint, eine Herdenschutzhundrasse gemäß ihrer Tradition zu züchten. Wanderhirten und Gutsbesitzer haben, sofern sie in die Vermehrung ihrer Hunde unter züchterischen Gesichtspunkten überhaupt eingriffen, auf derlei Charakteristika zweifellos keinen Wert gelegt und andere Prioritäten gesetzt. Erstaunlicherweise beschränkt sich die rigide Normierung auf Proportionen und lässt bei der Körpergröße eine verhältnismäßig große Bandbreite zu. Rüden dürfen Widerristhöhen zwischen 65 und 73 Zentimeter besitzen, für Hündinnen sind 60 bis 68 Zentimeter im Standard festgeschrieben. Nach meiner Erfahrung werden diese Werte in der Praxis sowohl über- als auch unterschritten. Zweifellos werden Schauzüchter nur Hunde zulassen, die innerhalb der vom Standard geforderten Spanne liegen, im „Handel" finden sich jedoch Hunde, die deutliche Abweichungen von diesen Werten aufweisen können. Ein Grund für die auffälligen Größenunterschiede ist in der Tatsache begründet, dass Maremmanos eine für Herdenschutzhundverhältnisse weite Verbreitung erfahren haben und mittlerweile auf allen fünf Kontinenten gezüchtet werden. Eine große Population dieser Rasse findet sich seit vielen Jahren in Nordamerika. Dort verdankt der Maremmano seine Popularität zu einem erheblichen Teil den Bestrebungen von Ray Coppinger, diese Hunde im aktiven Herdenschutzdienst einzusetzen. Während seiner Zeit an der Universität von Massachusetts importierte Coppinger eine größere Anzahl dieser Hunde aus Italien und setzte sie an Schafherden in Nordamerika ein. In seinen Publikationen äußerte sich Coppinger sehr zufrieden über die Resultate mit Maremmano Abruzzese und begründete so den guten Ruf der Hunde in den USA. Heute werden Maremma in vielen amerikanischen Bundesstaaten an Herden eingesetzt, ein anderer Teil dieser Rasse – und das ist die Schattenseite des Erfolges – fiel Schauzüchtern in die Hände. Beide Linien

195

dürften sich durch die unterschiedlichen Haltungs- und Zuchtbedingungen in den kommenden Jahren zwangsläufig immer weiter voneinander entfernen.

So erklärt sich, dass trotz eines rigiden Zuchtstandards Maremmano Abruzzese sehr unterschiedliche Wesenseigenschaften aufweisen können. Während die Hunde aus Arbeitszuchten eine sehr hohe Grundschärfe und hohes Aggressionspotential gegenüber Artgenossen aufweisen, lassen die Nachkommen der Schau- und Familienhundezuchten die ursprünglichen Eigenschaften eines Herdenschutzhundes manchmal nur noch ansatzweise erkennen. Ohne in diesem Punkt eine Bewertung in gut oder schlecht vornehmen zu wollen ist festzustellen, dass man beim Maremma, mehr als bei Herdenschutzhunden üblich, auf die Herkunft des Hundes achten muss, wenn man auf bestimmte Eigenschaften bei der Anschaffung eines Welpen Wert legt. Die große Variabilität der Wesenseigenschaften findet sich außer bei den Maremmano Abruzzese innerhalb der Herdenschutzhunde nur noch bei den Pyrenäenberghunden, die eine ähnliche Entwicklung in Familien- und Arbeitshundezuchten erfahren haben. Die Freunde dieser Rassen mögen meine Hinweise bitte nicht als Kritik oder gar als Abwertung der Hunde verstehen, es handelt sich um Tatsachen, die es wertfrei zu betrachten gilt und die keine Wertrangfolge begründen sollen. Der Variantenreichtum der Wesenseigenschaften bei den Maremma zeigte sich auch bei der Befragung der Besitzer von Herdenschutzhunden. Während bei Kaukase, Kuvasz und Komondor eine deutliche Schwerpunktbildung der Antworten zu finden war, deckten die beteiligten Maremma jeweils die volle Bandbreite der möglichen Antworten ab. Bei der Frage, wie sich der Hund verhalten würde, wenn während eines nächtlichen Spazierganges auf dem Territorium des Hundes ein Fremder entgegenkäme, zeigt die Verteilung der Antworten eine interessante Vielfalt. Die Besitzer gaben an, dass rund 10 % der Hunde unverzüglichen attackieren würden, rund 15 % sagten, der Hund würde überhaupt keine Reaktion zeigen. Bemerkenswert ist dieses Ergebnis insofern, als beide Antworten jeweils den Spitzenwert unter allen beteiligten Herdenschutzhunden darstellen. Die restlichen Antworten verteilen sich relativ ausgewogen auf die anderen möglichen Antworten. Leider blieb die Zahl der Antwortbögen für den Maremmano Abruzzese mit 19 knapp unter der Mindestgrenze für eine Einzelauswertung der Rasse.

Ein weiterer Grund für die Entstehung unterschiedliche Wesenstypen innerhalb der Rasse Maremmano Abruzzese kann in den verschiedenen Haltungsbedingungen begründet sein. Wie Keyser bereits festgestellt hat, lebten viele Linien auf Gutshöfen oder in Dörfern. Zweifellos haben diese Hunde in vielerlei Hinsicht andere Eigenschaften entwickelt als die ausschließlich mit Wanderhirten umherziehenden Herdenschutzhunde. Da man davon ausgehen kann, dass die Vermischung beider Linien über viele Jahrzehnte nur sporadisch stattgefunden haben kann, ist das Auftreten unterschiedlicher Größen und Wesenstypen nicht erstaunlich. So wie bei anderen Rassen eine Variantenbildung hinsichtlich „Berghundtyp" und „Steppen-" oder „Flachlandtyp" (Kuvasz, Kaukase) zu beobachten ist, finden wir beim Maremmano Herdenschutzhundtypen und Hofhundtypen. Auch diese Einteilung ist wertfrei vorzunehmen, denn die Tradition der Rasse zeigt, dass beide Varianten ihre Existenzberechtigung haben.

Die Erscheinung des Maremmanos ist die eines mittelgroßen Herdenschutzhundes mit weißem Deckhaar. Obwohl Weiß bei Maremmanos die vorherrschende Farbe ist und auch vom Zuchtstandard favorisiert wird, finden sich elfenbeinfarbene Hunde oder Exemplare mit elfenbeinfarbenen, gelblichen oder dezent orangefarbenen Tönungen an bestimmten Körperpartien. Das Deckhaar ist von mittlerer Länge, leicht gewellt oder gekräuselt und von derber, aber nicht harter Struktur. Die Behaarung an den Vorderseiten der Läufe, dem Fang und dem Schädel ist kurz und samtig. Augenlider, Lefzen und Schleimhäute der Hunde sind schwarz pigmentiert, jedoch findet man Hunde mit tiefschwarzem Nasenspiegel ausgesprochen selten. Der Großteil der Maremmanos besitzt eine sogenannte „Wechselnase", die in Abhängigkeit von Klima, Jahreszeit und anderen Faktoren manchmal fleischfarben bis rötlich, gelegentlich aber auch schwarz erscheinen kann. Der Körperbau der Maremmanos ist kräftig und stabil, alle Körperpartien sind mit gut entwickelter Muskulatur besetzt. Dabei wirkt der Hund niemals schwerfällig oder massig, seine Proportionen sind ausgewogen und schaffen einen harmonischen Gesamteindruck. Für das Körpergewicht lassen sich aufgrund der erheblichen Größenunterschiede nur Näherungswerte angeben, der Mittelwert für Rüden liegt bei etwa 40 Kilogramm, für Hündinnen bei rund 35 Kilogramm. Die Rute des Maremmano Abruzzese ist mit dichten, langen Haaren besetzt und wird stets hakenförmig getragen. Nur im Erregungszustand hebt der Hund seine Rute über die Rückenlinie.

Auf die Schwierigkeiten, den Wesenstyp des Maremmanos eindeutig zu definieren, habe ich bereits ausführlich hingewiesen. Dennoch lassen sich ein paar allgemein gültige Feststellungen treffen, die für den überwiegenden Teil der Hunde zutreffend sind. Unter den Herdenschutzhunden ist der Maremmano Abruzzese einer der etwas leichtführigeren Vertreter, dessen Lernbereitschaft relativ gut entwickelt ist. Die Lernfähigkeit dieser Hunde ist sogar sehr hoch, Maremma sind aufgeweckte Hunde und besitzen großes Interesse an ihrer Umwelt. Sie schließen sich dem Menschen eng an und sind treue, zuverlässige Gefährten in allen Lebenslagen. Dennoch, bei aller Liebe zu seinem Besitzer, bleibt der Maremmano stets ein selbstständiger und unabhängiger Hund. Ein zukünftiger Besitzer muss diese Eigenschaften akzeptieren und verstehen, seinen Hund geduldig und liebevoll zu leiten. Auf Druck, Strenge oder gar gewaltsame „Erziehungsmethoden" reagiert der Maremmano mit Sturheit bis zur Selbstaufgabe. Vor allem die Hunde aus Arbeitszuchten verfügen über beträchtliche Härte, was Walker mit den Worten kommentiert: *Der Maremma ist gewöhnlich liebens-*

würdig, wenn er guter Laune ist. Ist er schlechter Laune, nutzt alles Prügeln nichts, denn der Hund würde sich eher totschlagen lassen, als nachzugeben." Dass Schläge kein geeignetes Erziehungsmittel sind, bedarf heutzutage eigentlich keiner Erwähnung, aber „experimentierfreudige" Hundebesitzer seien trotzdem ausdrücklich gewarnt! Wie bei jedem anderen Herdenschutzhund besteht auch bei den vergleichsweise „kleinen" Maremmano Abruzzese eine gute Chance, dass er auf die Zufügung von Schmerzen aggressiv statt submissiv reagiert. Physische oder psychische Zwangsmaßnahmen sind auch als Ultima Ratio ungeeignet.

Das Temperament des Maremmanos ist für einen Herdenschutzhund durchschnittlich. Er hat keinen Hang zum Phlegma, besitzt auf der anderen Seite aber auch nicht die Agilität oder Spurtstärke der türkischen Hunde. Die Ausgewogenheit dieser Eigenschaften erleichtern seine Haltung im Haus. Ausgiebige Spaziergänge in normalem Tempo, gelegentliche Wanderungen oder Radtouren sind so recht nach dem Herzen der Hunde. Im Haus ist das Verhalten, wie bei allen anderen Herdenschutzhunden auch, angepasst und unauffällig. Bei der Haltung in Familien sind keine grundsätzlichen Probleme zu erwarten, auch Kinder werden von den Hunden gern als Sozialpartner akzeptiert. Die Maremma-Hündinnen genießen den Ruf, sich im Umgang mit Menschen und Artgenossen relativ konziliant zu geben, ein Eindruck, den ich aus der Praxis weitgehend bestätigen kann. Rüden sind deutlich aggressiver gegenüber Artgenossen, aber keineswegs problematischer im Umgang mit Menschen. Der überwiegende Teil der in Deutschland und Europa gezüchteten Hunde entstammt seit vielen Generationen traditionellen Familienhundezuchten, vor Maremma Abruzzese aus Arbeitszuchten sei als Haushund ausdrücklich gewarnt!

14.1. Das Wichtigste aus dem Zuchtstandard des Maremma

Weitere Namen:	Cane da Pastore Maremma Abruzzese (I), Maremmaner Hirtenhund, Maremmaner und Abruzzen-Schafshund, Maremma (alle D)
Herkunftsland:	Italien
Verwendung:	Herdenschutzhund, Territoriumswächter
F.C.I.-Nummer:	201, Gruppe 1
Standard gültig seit:	27.11.1989

Erscheinung: Der Maremma ist ein großer, kräftiger Hund mit rustikaler, aber gleichzeitig auch majestätischer Erscheinung. Er besitzt den Körperbau eines schweren Hundes, die Länge des Körpers ist größer als die Schulterhöhe. Das Verhältnis zwischen Länge, Höhe und Masse muss genauso ausgewogen sein wie das Verhältnis zwischen Statur und Format des Kopfes.

Wichtige Maße: Die Länge des Kopfes soll vier Zehntel der Widerristhöhe betragen. Der Fang ist etwas kürzer (ein Zehntel) als der Kopfschädel. Die Länge des Körpers ist um ein Achtzehntel größer als die Widerristhöhe. Die Tiefe des Thorax ist ein klein wenig geringer als die halbe Widerristhöhe.

Temperament: Die Funktion des Hundes als Beschützer der Herden und Verteidiger seines Territoriums erfordert aufmerksames, mutiges und entschiedenes Handeln. Der Maremma ist stolz und unabhängig, zeigt keine Neigung zur Unterwürfigkeit, verweigert seinem Herrn aber die Hingabe nicht.

Kopf: Lang und flach mit einer leicht konischen Form, ähnlich der Kopfform eines Polarbären.

Stop: Der Übergang des Fangs zum Schädel zeigt einen sehr stumpfen Winkel und ist nicht abrupt.

Nase: Ziemlich groß, schwarz, mit gut geöffneten Nüstern.

Fang: Der Fang ist etwas kürzer (ein Zehntel) als der Kopfschädel und verjüngt sich gleichmäßig zur Nase hin.

Lefzen: Schwarz gefärbt, im Mundwinkel einen Halbkreis bildend.

Gebiss: Weiße, kräftige Zähne, eindeutiger Scherenbiss.

Augen: Im Verhältnis zum Kopf des Hundes nicht groß, mit walnußbrauner Iris.

Ohren: Im Verhältnis zur Größe des Kopfes eher klein, v-förmig, am Kopf herabhängend. Die Länge der Ohren soll bei Hunden durchschnittlicher Statur nur zwölf Zentimeter betragen. Kupierte Ohren sind nur bei aktiven Herdenschutzhunden zugelassen.

Hals: Immer kürzer als der Kopf, maximale Länge des Halses acht Zehntel der Schädellänge.

Körper: Stabil gebaut, Länge ein Achtzehntel größer als die Widerristhöhe. Rücken gerade. Schultern deutlich sichtbar, gut bemuskelt, breiter Abstand zwischen den Schulterblättern. Tiefer, gut gerundeter Brustkasten, der bis auf die Höhe der Ellenbogengelenke reicht. Die Tiefe des Brustkastens muss mindestens der halben Widerristhöhe entsprechen.

Rute: Tief angesetzt, die gestreckte Rute muss bis zum Sprunggelenk reichen. Im Normalzustand hängend getragen, im Erregungszustand hakenförmig auf Höhe des Rückens erhoben. Die Rute ist üppig mit dichter Behaarung besetzt.

Läufe: Im Stand immer gerade, egal ob von vorn oder im Profil betrachtet. Alle Knochen und Gelenke kräftig und stabil ausgebildet. Große Pfoten von runder Form, Zehen gut geschlossen (keine Zwischenräume), mit kurzen, dichten Haaren besetzt. Schwarze Krallen werden bevorzugt. Afterkrallen sind zu entfernen.

Haut: An allen Körperpartien eng anliegend, dick und elastisch. Alle Schleimhäute sind schwarz pigmentiert, ebenfalls die Augenlider und Ballen.

Behaarung: Dichtes, leicht gewelltes Deckhaar am gesamten Körper. Gut entwickelte Unterwolle. Färbung weiß, ohne Abzeichen. Schattenartige Verfärbungen oder elfenbeinfarbenes Deckhaar führen zur Disqualifikation.

Widerristhöhe: Rüden 65 bis 73 Zentimeter. Hündinnen 60 bis 68 Zentimeter.

Gewicht: Rüden zwischen 35 und 45 Kilogramm. Hündinnen zwischen 30 und 40 Kilogramm.

Alle Abweichungen von diesem Standard sind als Fehler anzusehen und führen je nach ihrer Schwere zu Abwertungen. Hunde, die ihre Rute über dem Körper tragen, sind zu disqualifizieren.

15. Mastín Español

Ob der Mastín Español als Herdenschutzhund anzusehen ist oder eher den Typ des Hof- und Bauernhundes verkörpert, wird unter Hundefreunden schon lange kontrovers diskutiert. Die Tatsache, dass sich an dieser Stelle ein Kapitel über diese Rasse findet, legt meinen Standpunkt ohne viele Worte dar. Mühelos lassen sich in der Geschichte des Mastín Español umfangreiche Beweise für den Einsatz der Hunde im Herdenschutzdienst finden. Genauso unbestreitbar wie die Arbeit an der Herde ist die Rolle des Mastín Español als Wächter für Haus und Hof und sogar als Jagdhund. Das Vorhandensein verschiedener Einsatzgebiete mindert die Eignung des Mastín Español als Herdenschutzhund nicht zwangsläufig, und es gibt keinen Grund, der Rasse per se die Qualifikation abzusprechen. Auch viele andere Hunderassen, die unstrittig als Herdenschutzhunde anerkannt sind, wurden irgendwann in ihrer Geschichte auch für andere Aufgaben eingesetzt.

Bei Färbung und Zeichnung der Mastín Español gibt es großen Variantenreichtum. Hündin „Ata Laya".

Der Name Mastín Español liefert einen ersten Hinweis auf die ursprünglichen Aufgaben der Hunde. Das lateinische Wort „mastibe" heisst so viel wie Hüter der Herde. Manche Quellen möchten die Entstehung des Namens auf das ebenfalls lateinische Wort „mansuetus" zurückführen, das mit friedlich, zahm oder sanft übersetzt werden kann. Gerade diese Eigenschaften sind für frühere oder heutige Mastín Español nicht unbedingt charakteristisch, und die erste Variante der Namensentstehung ist erheblich plausibler. Der zweite Teil des Namens verrät das Herkunftsgebiet der Hunde: die Iberische Halbinsel. In Spanien und Portugal gibt es eine ganze Reihe großer, kurzhaariger Mastiff-Rassen, die aus unterschiedlichen Regionen stammen. Allein in Spanien besaß früher fast jede Provinz ihre eigene Herdenschutzhundrasse, z. B. den Mastín von Katalonien, den Mastín von Arragonien, den Mastín von Navarra und den Mastín von Leon. Als Abstammungsgebiet des Mastín Español gilt die Estremadura, eine historische Landschaft in Westspanien zwischen dem Kastilianischen Scheidegebirge und der Sierra Morena. Die Estremadura umfasst die Provinzen Badajoz und Caceres und ist ein dünn besiedeltes, hügeliges Hochland. Endlose Brachlandschaften, Heiden und Grasflächen boten ideale Weideplätze für Schaf- und Ziegenherden. Vor allem im Frühjahr und Herbst zogen viele Wanderhirten in die Estremadura, und ein Teil von ihnen verbrachte dort auch die heissen, trockenen Sommer. Begleitet wurden sie auf ihren bis zu zwei Monate dauernden Wanderungen von großen, starken Herdenschutzhunden, den Mastín Español. Bis zum Beginn des 20. Jahrhunderts war der Wolf in der Estremadura allgegenwärtig. Die dünne Besiedelung, das Fehlen natürlicher Feinde und ein ausreichendes Nahrungsangebot haben die Ansiedlung und Verbreitung des Wolfes in dieser Region gefördert. Die Estremadura war „Wolfsland", und einige hundert Jahre lang hätte kein Hirte gewagt, es ohne Begleitung seiner Herdenschutzhunde zu durchqueren.

Der älteste Hinweis auf die Rolle der Mastín Español stammt von dem römischen Schriftsteller Plinius[1], der als kaiserlicher Provinzverwalter viele entfernte Länder besucht hatte. Plinius beschrieb in seinem Werk „Naturalis Historia" unter anderem auch die großen Schutzhunde der spanischen Hirten. Auch Columella berichtet vom Urtyp des Mastín Español. Der Zusammenhang zwischen diesen ersten Erwähnungen der Hunde vor rund 2000 Jahren und heutigen Mastín Español lässt sich natürlich nicht mehr aufschlüsseln, denn aus den folgenden Jahrhunderten sind keine Berichte über diese Hunde bekannt. Wir wissen also nur, dass bereits im ersten Jahrhundert n. Chr. Schaf- und Ziegenherden von starken, kurzhaarigen Schutzhunden begleitet wurden. Ein Hinweis auf die Rolle des Mastín Español als Jagdhund findet sich in einem 1644 erschie-

---

[1] Plinius, Gaius P. Secundus der Ältere, 23 oder 24 n. Chr. bis 79 n. Chr., römischer Offizier, u. a. Provinzverwalter, Flottenkommandant und vielseitiger Schriftsteller.

nenen Buch über die Jagd in Spanien. Dort werden drei Jagdhunde aufgezählt, der Alano, der Dogo und der Mastín. Der Mastín wird als schwerer Hetzhund geschildert – Parallelen zu den in Nord- und Westeuropa vom Adel gehaltenen Saupackern sind unübersehbar. Aus dem gleichen Jahrhundert stammen Berichte, die den Mastín Español eindeutig als den Beschützer der Herden und Begleiter des Hirten darstellen. Das Einsatzgebiet dieser Hunde hat spätestens seit dem Mittelalter zwei verschiedene

Obwohl diese beiden Mastín Español gelassen und entspannt wirken, sind ihre Sinne hellwach, und ihnen entgeht auf dem bewachten Territorium nicht die kleinste Bewegung.

Bereiche umfasst: Hirten setzten ihn als Beschützer der Herden ein, wohingegen er bei Mitgliedern des Landadels sowohl die Rolle eines Wachhundes und zeitweise sogar die eines Jagdgehilfen hatte. Diese Rollenverteilung wird auch in einer spanischen Jagdzeitung aus dem Jahr 1864 ersichtlich, in der es sinngemäß heißt: *„Man pflegt den Mastín Español bei der Jagd zu verwenden, um das Wild zu hetzen, indes ist ihr Hauptzweck, die Herden zu beschützen, weil sie sich gerne mit den Wölfen herumschlagen und diese auch töten...“*

Über viele Jahrhunderte gab es beim Mastín Español bei der Zuchtauswahl keine einheitlichen Kriterien, und zwangsläufig entstanden viele regionale Schläge. Im Besitz der Hirten befindliche Hunde vermehrten sich hauptsächlich untereinander, und frisches Blut floss nur relativ selten in diese Zuchtlinien ein. Durch die permanente Inzucht entstanden und verstärkten sich Defekte zwangsläufig, ein Beispiel dafür ist die häufig auftretende Stummelrute des Mastín Español. Bei manchen Hirten standen die Hunde mit verkürzter Rute im Ruf, besonders gute Arbeitsleistungen zu erbringen, und sie ließen nur die Welpen am Leben, deren Rute deutlich verkürzt war. Andere selektierten auf Masse oder eine bestimmte Kopfform, für wieder andere war das Vorhandensein einer üppigen Kehlwamme oder von Wolfskrallen das entscheidende Kriterium. Diese

Praxis hat dazu geführt, dass lange Zeit innerhalb der Rasse Mastín Español mehrere sehr unterschiedliche Hundetypen vereint waren.

Erst mit Entstehung der modernen Kynologie zu Beginn des 20. Jahrhunderts wurde allmählich begonnen, die verschiedenen Schläge unter dem Oberbegriff einer gemeinsamen Rasse zu vereinen. Dies gestaltete sich aber erheblich schwieriger, als es klingt. Der erste Rassestandard aus dem Jahr 1946 favorisierte einen eher untypischen Schlag des Mastín Español. Dieser relativ leicht gebaute Hundetyp entsprach im Wesentlichen den Mastín-Podenco-Mischlingen, die vor allem in der Gegend um Toledo anzutreffen waren. Viele Jahrzehnte lang lagen die spanischen Hundefreunde wegen der Eigenschaften des typischen Mastín Español völlig über Kreuz. Für die höchst unterschiedlichen Ansichten der Züchter, Besitzer und Zuchtrichter gibt es viele Beispiele. Einem Hund, der auf einer Zuchtschau mit „vorzüglich" bewertet wurde, drohte auf der nächsten Zuchtschau von einem anderen Richter die Disqualifikation wegen schwerer Mängel. Der Dissens hätte größer nicht sein können, und die verschiedenen Lager innerhalb der Anhänger dieser Rasse bekriegten sich erbittert. Diese Phase dauerte bis zur Gründung der „Asociacion Espanola del Perro Mastín Español" im Jahr 1981. Dieser neue Verband hatte sich den Erhalt des alten, typischen Mastín Español mit schwerem Körperbau zur Aufgabe gesetzt. Ein Jahr später wurde der heute noch gültige Zuchtstandard erarbeitet, und alle Zuchtrichter mussten sich fortan einer Ausbildung unterziehen, um die Gefahr eines Rückfalls in die Streitigkeiten der Vergangenheit zu bannen.

Mitglieder des neuen spanischen Verbandes durchstreiften die Estremadura, um Hunde zu finden, die dem neuen Ideal des schweren, massigen Mastín Español entsprachen. Nicht wenige dieser Hunde erreichten ein Körpergewicht über 100 Kilogramm und schon bald orientierte sich der Preis für einen Welpen am Körpergewicht der Elterntiere. Dieser Hang zum Gigantismus führte nach einer Welle der Euphorie und ständig steigenden Preisen für Welpen in eine Sackgasse. Die Hunde waren so groß und massig geworden, dass sich nur wenige Hundehalter finden ließen, die einen Hund

Eine achtjährige Hündin mit braun-weißer Zeichnung.

dieser Größe halten mochten und gleichzeitig die Unterhaltskosten aufbringen konnten. So gewannen allmählich die Züchter an Einfluss, die sich seit jeher für einen Hund mit ausgewogenen Proportionen und Körpergewichten um 75 Kilogramm ausgesprochen hatten. Bis heute ist die Rasse Mastín Español bei weitem nicht so durchgezüchtet, wie der Großteil der anderen Hunderassen in Westeuropa. Die fehlende Homogenität macht die Zucht von gesunden Hunden mit den gewünschten typischen Eigenschaften zu einem schwierigen Unterfangen. Mehr als bei den meisten anderen Hunderassen muss der Welpenkäufer bei Mastín Español besonders sorgfältig auf die Herkunft seines Hundes achten. Hunde aus Zuchten, in denen auf Gesundheit und unverfälschtes Wesen Wert gelegt wird, sind daher nur zu hohen Preisen zu bekommen. Vor „Schnäppchen" ist generell zu warnen, vor allem, wenn ein Hund einem Touristen „zum Sonderpreis" angeboten wird. Eventuell vorhandene Papiere sollten bei Hunden aus Spanien nicht überbewertet werden, denn sie geben über die tatsächlichen Eltern nicht in allen Fällen Aufschluss. Dies soll die Integrität spanischer Züchter nicht grundsätzlich in Frage stellen, aber ohne jeden Zweifel gibt es Zeitgenossen, die gutgläubigen Touristen Hunde zweifelhafter Herkunft andrehen möchten.

Noch heute ist trotz aller entgegengesetzten Bemühungen innerhalb der Rasse Mastín Español eine große Vielfalt von Größen, Formen und Farben zu finden. Die Farbpalette reicht von Schwarz über alle denkbaren Brauntöne bis zu Grau und Weiß. Es gibt Mastín Español mit der Farbkombination beige-schwarze Maske, die an einen überdimensionalen Kangal erinnern. Einfarbige Hunde sind zwar sehr selten, kommen aber vor. Das Gros der Mastín Español besitzt Abzeichen an Kopf und Körper, wobei ebenfalls alle Farbkombinationen auftreten können. Auch gestromte Exemplare kommen in verschiedenen Farbvarianten vor. Der breite, schwere Kopf des Mastín Español wird geprägt von einem nahezu quadratischen Fang und den herabhängenden Lefzen des Oberkiefers. Die Oberseite des Fangs ist auffällig gerade; der Stop ist nicht sehr scharf ausgeprägt. Beim Mastín Español sieht man verschiedene Schädelformen, ein Indikator für die noch nicht erreichte Homogenität der Rasse. Bei manchen Hunden ist die Schädeldecke flach und fällt erst hinter dem Ohransatz ab. Bei diesem Typ des Mastín Español ist hinsichtlich der Kopfform eine deutliche Ähnlichkeit mit dem Mittelasiatischen Owtscharka erkennbar. Eine weitere Gruppe innerhalb der Rasse besitzt eine über die gesamte Länge des Kopfes gleichmäßig gebogene Schädeldecke, zwischen beiden Typen kommen alle Zwischenstufen vor. Ein sehr charakteristisches Merkmal, das bei beiden Kopfformen zu beobachten ist, sind die auffällig hoch und weit hinten am Kopf angesetzten Ohren. Die Form der Ohren gleicht einem schmalen „V" mit deutlich gerundeter Spitze. Die Ohren hängen eng am Kopf herab, wobei sie ein wenig nach hinten weisen. Den Hals des Mastín Español ziert an der Vorderseite eine doppelte Kehlwamme. Auch seitlich und an der Oberseite liegt die Haut nur lose an, sodass ein Beutegreifer kaum eine Chance hat, den Hund am Hals zu packen. Auf dieses Merkmal wird im Zuchtstandard noch heute großer Wert gelegt.

Der gesamte Körperbau des Mastín Español ist solide, sehr kräftig und verleiht dem Hund eine wuchtige Erscheinung. Alle Körperpartien, vor allem Hals-, Schulter- und Lendenbereich sind mit üppigen Muskeln versehen. Durch das kurze Deckhaar zeichnet sich die Muskulatur gut ab und lässt Beweglichkeit und Kraft der Hunde erahnen. Die Übergänge vom Kopf zum Hals und weiter zum Rumpf sind weich, ohne deutliche Abstufungen. Der Brustkasten ist breit, aber nicht sehr tief; der Bauch ist nur wenig aufgezogen. Die Vorderläufe des Mastín Español sind gerade und parallel, sie besitzen massive Knochen und wirken im Stand säulenartig. Die Läufe der Hinterhand werden im Stand zumeist nicht parallel, sondern ein wenig nach außen weisend gesetzt. Die Oberschenkel sind breit und sehr muskulös. Der Rutenansatz ist auffällig breit, selbst eine Männerhand kann ihn kaum umfassen. Die Stummelruten der frühen Mastín Español sind bei Hunden aus F.C.I.-Zuchten kaum noch zu finden. Der Mastín trägt seine Rute hängend, wobei das letzte Drittel hakenförmig gebogen zur Seite weist. Niemals wird die Rute über dem Rücken getragen, bei Erregung hebt sie der Hund bis knapp unter die Höhe des Rückens. Das Deckhaar ist kurz, derb und liegt glatt am Körper an. Läufe und Rute zeigen keine Befederung.

Über Jahrhunderte wurden der Hündin von den Hirten nur die stärksten Mastín-Espanol-Welpen zur Aufzucht überlassen. Es war üblich, den größten Teil eines Wurfes zu ersäufen und nur die kräftigsten und widerstandsfähigsten Welpen am Leben zu lassen. Die Auswahl erfolgte dabei willkürlich je nach persönlicher Vorliebe des Besitzers. Manche bevorzugten bestimmte Farbschläge, andere ließen nur Hunde mit angeborener Stummelrute am Leben. Wieder andere prüften die „Qualität" der Welpen, indem sie die wenige Wochen alten Hunde an den Ohren hochhoben. Alle Welpen, die dabei vor Schmerz aufheulten, galten als „minderwertig" und wurden getötet. Im Laufe der Zeit schlug sich die Selektion auf Schmerzunempfindlichkeit und Aggressivität natürlich in den Eigenschaften der Hunde nieder. Im 19. Jahrhundert waren die Hunde der Hirten und Bauern aus der Estremadura im ganzen Land gefürchtet. Nicht wenige Mastín Español wurden von der Guardia Civil kurzerhand erschossen, weil die Hunde auch Polizeipatrouillen angriffen, wenn diese ihr Territorium durchquerten. Die Konsequenz und Verteidigungsbereitschaft der Hunde war einerseits erklärtes Zuchtziel, hat ihnen andererseits aber einen denkbar schlechten Ruf eingetragen. Obwohl der Mastín Español in Deutschland noch nie auffällig geworden ist, steht diese Rasse in mehreren Bundesländern auf den Bannlisten der Hundeverordnungen. Der Hundefreund sollte aus dieser Einteilung keine vorschnellen Schlüsse ziehen; sie würden dem tatsächlichen Wesen der Hunde nicht gerecht. Tatsächlich taucht in keiner einzigen Statistik über Beißunfälle der Name des Mastín Español auf, bis heute ist kein einziger Fall bekannt,

in dem ein Hund dieser Rasse in Deutschland einen Menschen angegriffen hat.

Verständlich werden diese Widersprüche erst, wenn man sich vor Augen hält, wie diese unsäglichen „Kampfhund"-Listen entstanden sind. Anstatt erfahrene Kynologen zu konsultieren, haben sich in den Bundesländern Brandenburg und Bayern Kommunalpolitiker selbst als Hundefachleute betätigt. Von keinerlei Fachwis-

Fünfjährige Hündin, weiß mit grauer Decke.

sen getrübt, begannen sie, die einschlägige Hundeliteratur auf Hinweise „erblicher Gefährlichkeit" zu durchstöbern. Dabei wurden kritiklos alle Rassen auf die schwarze Liste gesetzt, in deren Vergangenheit sich Anzeichen auf eine wie auch immer geartete Kampfhundtradition fanden. Besonders leicht machten es diesen Leuten die Züchter der Bordeaux Dogge, in deren früherem Rassestandard das Wort „Kampfhund" gleich fünfmal auftauchte. Vom Rhodesian Ridgeback kann man lesen, er habe früher in Afrika gegen Löwen gekämpft. Über den Tosa Inu fanden die Rassesektierer heraus, dass er vor Jahrzehnten in Japan für Hundekämpfe missbraucht worden war. Nach Logik der deutschen Volksvertreter ist ergo auch der heute in Deutschland geborene Tosa Inu-Welpe ein Kampfhund. Dass es in Deutschland keine Hand voll Tosa Inu gibt, tut der Sache freilich keinen Abbruch. Auf die gleiche Weise geriet der Mastín Español in die Fänge der Feierabend-Kynologen. Ein Hund, so schloss man messerscharf, der früher schon Polizisten angegriffen habe, müsse auch heute ein äußerst gefährlicher „Kampfhund" sein. Die schwarzen Listen aus Bayern und Brandenburg, die zwischen 1995 und 1996 entstanden, wurden nach und nach von fast allen anderen Bundesländern abgeschrieben, ohne dass der Inhalt ernsthaft hinterfragt worden wäre; ein schönes Beispiel für die normative Kraft des Faktischen. Nur der Deutsche Schäferhund, der jede Statistik über Beißunfälle einsam anführt und dessen Nervenschwäche mittlerweile sprichwörtlich ist, taucht auf keiner schwarzen Liste auf. Er hat, was dem Mastín Español fehlt – eine starke Lobby bei Polizei, Bundeswehr und Grenzschutz, eine über jeden Zweifel erhabene

Mastín Español-Welpe

arische Vergangenheit und hinter sich einen straff organisierten, mitgliederstarken und vor allem finanzkräftigen Verein.

Zurück zum Mastín Español, der nicht mehr oder weniger gefährlich ist als alle anderen Hunderassen auch. Die heutigen Hunde aus F.C.I.-Zuchten besitzen bei Weitem nicht mehr die Schärfe und Aggressionsbereitschaft ihrer Vorfahren mit Gebrauchshundedasein. Im Gegenteil. Der Mastín Español ist seinem Besitzer stark verbunden und liebevoll zugewandt. Größe und Masse dieser Hunde mögen Aussenstehende zwar abschrecken, eine Neigung zu unmotivierten Attacken gegen Menschen lässt sich daraus jedoch nicht konstruieren. Fremden gegenüber bleibt der Mastín Español zurückhaltend und reserviert, aber stets freundlich. Fälle, in denen der Hund grundlos eine drohende Haltung eingenommen hat, sind mir nicht bekannt. Der Mastín Español lässt sich mit durchschnittlichem Aufwand ausbilden, benötigt aber eine Lebensumfeld, in dem Rang- und Rudelordnung eindeutig geklärt sind. Mit den Begriffen ruhig, nervenstark und ausgeglichen lässt sich das Temperament des Mastín Español am besten beschreiben.

Beim Mastín Español gibt es wegen der schweren Körpermasse überdurchschnittlich viele Probleme mit dem Bewegungsapparat. Hüftgelenks- und Ellenbogendysplasie treten häufig auf, und auch deshalb ist es bei dieser Rasse sehr wichtig, die Herkunft des Hundes und den Gesundheitszustand der Zuchtlinie zu kennen. Das kurze Deckhaar macht den Mastín Español pflegeleicht und ermöglicht ihm, sich auch während des mitteleuropäischen Sommers wohl zu fühlen. Die Unterhaltskosten für diese Rasse liegen unzweifelhaft am oberen Ende der Skala. Obwohl der Mastín Español gemessen an seiner Körpermasse ein vergleichsweise genügsamer Esser ist, benötigt er nicht nur qualitativ hochwertiges Futter, sondern auch Mengen, die einem 70, 80 oder 90 Kilogramm schweren Hund angemessen sind. Die Mastín Español-Welpen werden Ihnen während der Wachstumsphase schier die Haare vom Kopf fressen. Bis zu fünf Pfund hochwertiges Aufzuchtfutter nebst Gemüseflocken, Kalzium und allen sonstigen notwendigen Beimengungen darf man im vierten und fünften Lebensmonat pro Tag bereitstellen. Dafür entschädigt der Anblick der Welpen allemal, die mit ihren kleinen Quadratschädeln und dem durch die üppigen Lefzen stets verknautschten Gesichtsausdruck das Herz jedes Hundefreundes höher schlagen lassen.

15.1. Das Wichtigste aus dem Zuchtstandard des Mastín Español

Weitere Namen: Spanish Mastiff (USA, GB)
Herkunftsland: Spanien
Verwendung: Herdenschutzhund, Territoriumswächter, Wachhund
F.C.I.-Nummer: 91, Gruppe 2.2
Standard gültig seit: 26.05.1982

Einsatzgebiet: Wach- und Schutzhund für Nutztiere und Gelände. Ängstliche, unausgeglichene oder träge Hunde sind von der Zucht auszuschließen.

Allgemeine Erscheinung: Der Mastín Español ist ein groß gewachsener, kraftvoller und muskulöser Hund mit ausgewogenen Proportionen. Der Körperbau ist starkknochig mit massigem Kopf. Das Wesen des Mastín Español ist ausgeglichen, dem vertrauten Menschen gegenüber ist er anhänglich, hingebungsvoll und freundlich. Sein Handeln ist selbstsicher, er ist sich seiner Größe und Kraft bewusst. Fremde wecken sein Misstrauen, der Hund bleibt distanziert. Auf Bedrohungen reagiert der Mastín Español entschlossen, vor allem, wenn er sein Territorium verteidigt. Sein Gebell ist tief, volltönend und noch aus großer Entfernung hörbar.

Widerristhöhe: Es gibt keine obere Grenze, die Mindestgröße beträgt 77 Zentimeter für Rüden und 72 Zentimeter für Hündinnen. Es ist erwünscht, dass diese Mindestwerte deutlich überschritten werden. Rüden sollten über 80 Zentimeter groß sein, Hündinnen sollten 75 Zentimeter erreichen.

Gebäude: Körperbau länger als hoch. Besonders wichtig sind harmonische Proportionen des Hundes im Stand und in der Bewegung.

Kopf: Groß, solide, von der Form einer stumpfen Pyramide mit breiter Basis. Das Verhältnis zwischen Länge des Schädels und des Fangs ist 6:4. Von oben betrachtet, müssen Schädel und Fang eine wohl verbundene, quadratisch erscheinende Einheit bilden. Die Breite des Schädels soll mindestens seiner Länge entsprechen. Der Stop ist weich und nicht übermäßig ausgeprägt. Im Profil betrachtet, ist der Fang gerade, von oben betrachtet ist er annähernd rechteckig und verjüngt sich nur wenig zur Nase hin. Der Fang darf keinesfalls spitz zulaufen. Die Nase ist breit, groß, von schwarzer Färbung und stets feucht. Der Gaumen ist ebenfalls schwarz gefärbt.

Lefzen: Die Lefzen des Oberkiefers hängen locker herab und bedecken den größten Teil der Lefzen des Unterkiefers. Die Schleimhaut ist sichtbar und muss schwarz gefärbt sein.

Gebiss: Weiße, starke Zähne mit großen Canini, die dem Hund sicheres Festhalten eines Gegners erlauben. Die Schneidezähne sind eher klein. Die Kiefer müssen im Scherenbiss schließen. Die Backenzähne müssen vollständig vorhanden sein.

Augen: Im Verhältnis zur Größe des Kopfes sind die Augen klein. Sie sind mandelförmig, dunkle Augenfarben werden vorgezogen. Die Lider sind dick und schwarz pigmentiert. Die unteren Augenlider hängen leicht herab, sodass ein Teil der Bindehaut sichtbar ist.

Ohren: Mittelgroß, dreieckig, flach am Kopf herabhängend. Die Ohren sind oberhalb der Augenlinie angesetzt. Wenn der Hund lauscht, hebt sich das obere Drittel der Ohren, und sie liegen nicht mehr direkt am Kopf an. Die Ohren dürfen nicht kupiert werden.

Hals: Breit, stabil, muskulös und beweglich. Die Haut ist dick und liegt nur locker an. Eine doppelte, üppige Kehlwamme muss vorhanden sein.

Körper: Insgesamt gesehen rechteckig. Stabiler Körperbau, der große Kraft, aber auch Beweglichkeit verrät. Der Rücken ist mit kraftvollen Muskeln besetzt. Breiter, gut gerundeter Brustkasten. Lenden lang, breit und muskulös. Die Rückenlinie ist im Stand und während des Schritts oder Trabs horizontal. Die Höhe des Rumpfes darf nicht höher sein als die Widerristhöhe.

Rute: Mittelhoch angesetzt und am Rutenansatz sehr breit. Die Rute ist mit längeren Haaren besetzt als der Körper. Im Ruhezustand wird die Rute hängend getragen, sie darf im unteren Viertel eine hakenförmige Biegung zeigen. In Bewegung und bei Erregung hebt der Hund die Rute, aber sie darf weder zu einem Ring gebogen noch so hoch gehoben werden, dass sie sich oberhalb der Rückenlinie befindet.

Vorderhand: Absolut gerade Läufe, die von vorne gesehen parallel zueinander gesetzt werden, wenn der Hund steht. Kräftiger Knochenbau mit soliden Gelenken.

Hinterhand: Insgesamt betrachtet: kraftvoll und muskulös. Keine Fehlstellungen der Gliedmaßen, keine krankhaften Veränderungen der Sprunggelenke.

Pfoten: Katzenpfoten, leicht ovale Form, eng geschlossene Zehen. Krallen schwarz und sehr stabil. Feste Ballen. Einfache oder doppelte Afterklauen dürfen vorhanden sein, ihre Entfernung ist freigestellt.

Gangwerk: Der bevorzugte Gang ist der Trab. Die Bewegungen müssen harmonisch und kraftvoll sein.

Haut: Elastisch, dick, rosa gefärbt und locker am Körper sitzend. Nicht straff gespannt. Alle sichtbaren Schleimhäute müssen schwarz pigmentiert sein.

Deckhaar: Mittellanges, dichtes und weiches Deckhaar bedeckt den ganzen Körper. Kürzere Haare an Kopf und an den Vorderseiten der Läufe; längeres, seidiges Haar an der Rute.

Farben: Beige, gelblich, rot, schwarz, wolfsgrau jeweils einfarbig oder in beliebiger Kombination.

Fehler: Jede Abweichung von den vorangegangenen Punkten ist als Fehler zu werten. Die Schwere des Fehlers hängt vom Grad der Abweichung ab.

16. Mittelasiatischer Owtscharka

Das Herkunftsgebiet des Mittelasiatischen Owtscharka umfasst eine sehr große Landfläche, die fast den gesamten mittleren Teil der ehemaligen Sowjetunion einschließt. Vor allem die heutigen Republiken Kasachstan, Tadschikistan, Turkmenien, Usbekistan gelten als Herkunftsgebiete der Mittelasiaten, aber ihr Verbreitungsgebiet erstreckt sich schon seit langem auch auf die Ukraine und westliche Teile der Mongolei. Über die Geschichte der Mittelasiatischen Owtscharki sind so gut wie keine Tatsachen überliefert, fast alle diesbezüglichen Publikationen kommen über Vermutungen oder bestenfalls einige Allgemeinplätze nicht hinaus. Über keine andere Herdenschutzhundrasse wissen wir so wenig wie über die Mittelasiaten, und es hat keinen Sinn, die übliche Mischung aus Wahrheit und Dichtung hier nochmals zum Besten zu geben. Selbst die großen Enzyklopädien der Kynologie müssen passen, wenn die Rede auf den Mittelasiaten kommt. Natürlich gibt es Zeitgenossen, die keine Chance verstreichen lassen, weiße Flecken der kynologischen Geschichte mit Halbwahrheiten und „eigenen" Erkenntnissen zu füllen. Beweise oder beweiskräftige Dokumente konnten bisher kaum vorgelegt werden, und selbst für das 20. Jahrhundert gilt, dass gesicherte Erkenntnisse über Lebensweise und Abstammung dieser Hunde nur bruchstückhaft bekannt sind. Der Name Mittelasiatischer Owtscharka ist noch nicht sehr alt, lange Zeit wurden die Hunde als Turkmenische Owtscharki bezeichnet. Erst der russische Kynologe Mazover, dem wir einen wesentlichen Teil der wenigen Aufzeichnungen über die russischen Herdenschutzhunde verdanken, führte den Rassenamen anlässlich einer 1935 stattfindenden Hundeausstellung ein. Während der folgenden drei Jahrzehnte waren beide Rassebezeichnungen in Benutzung. Mazover war bestrebt, die beiden Hundetypen des Mittelasiatischen und des Kaukasischen Owtscharka durch eindeutige Namensgebung erkennbar zu trennen. Auf der anderen Seite vertrat auch Mazover die Auffassung, dass sich das Abstammungsgebiet des Mittelasiaten nicht auf eine klar zu definierende Region beschränkt, und er wollte möglichen Missverständnissen aufgrund des Namens der Rasse vorbeugen. Schließlich verschwand die Bezeichnung „Turkmenischer Owtscharka", und die Rasse wurde als Mittelasiatischer Owtscharka von der F.C.I. anerkannt.

Hinsichtlich der genauen Herkunft tappen wir also ebenso im Dunkeln wie hinsichtlich des ungefähren Alters der Rasse. Wir müssen daher Mut zu dem Eingeständnis aufbringen, dass ein großer Teil der Geschichte des Mittelasiatischen Owtscharka für immer verloren gegangen ist. Die wenigen halbwegs gesicherten Erkenntnisse lesen sich wie folgt. Für den Mittelasiatischen Owtscharka ist keine andere Verwendung als die eines Herdenschutzhundes oder

213

Territoriumswächters erwiesen. Aufgrund der Lebensweise der Turkvölker kann man davon ausgehen, dass die Hunde traditionell mit den Familien und deren Nutztieren umherzogen und dabei Wach- und Schutzaufgaben hatten. Es ist möglich, dass die Mittelasiaten früher hauptsächlich in der Nähe der Lagerplätze lebten, genauso gut können sie bevorzugt mit den Schafherden gehalten worden sein. Obwohl dieser Punkt noch ungeklärt ist, muss der Bezeichnung „Lagerhund" widersprochen werden, auf die man mit schöner Regelmäßigkeit in der einschlägigen Literatur stößt. Die Charakterisierung als „Lagerhund" soll den Eindruck vermitteln, diese Hunde hätten hauptsächlich oder ausschließlich die Lagerplätze der Menschen bewacht. Auch von den Kaukasischen Owtscharki wird dies gelegentlich behauptet. Hinsichtlich beider Rassen hat diese Hypothese keinen größeren Wahrheitsgehalt als für drei Viertel der anderen Hunderassen auch. Wo immer auf der nördlichen Halbkugel Hirten oder Nomaden umherzogen, waren sie von Hunden begleitet, die selbstverständlich nicht nur ihre Herden, sondern auch ihre Lager bewachten. Diese Wach- und Schutzfunktion würde jeder Hund wahrnehmen, deshalb ist der Umkehrschluss unzulässig, dass dies die Hauptaufgabe dieser Hunde gewesen sein müsse. Auch der Alaskan Malamute ist kein „Lagerhund", obwohl diese Hunde traditionell die Lager der Inuit bewachen. Der Alaskan Malamute ist zu Recht als Schlittenhund eingruppiert – die künstliche Schaffung des „Lagerhunde-Typs" ist irreführend und lenkt von den wirklichen Aufgaben der Hunde ab.

So schwer es ist, über Herkunft und Abstammung des Mittelasiaten zu berichten, so schwer ist es auch, die äußerliche Erscheinung der Hunde treffend zu beschreiben. Wie sich aus dem Rassestandard ersehen lässt, gibt es eine große Bandbreite möglicher Staturen und Färbungen. Ohne jede Präferenz sind Weiß, Schwarz, Grau, Braun, Beige sowie gelbliche und rötliche Färbungen in jeder Kombination zugelassen. Die Farbverteilung reicht von einfarbig über Hunde mit Platten, Marken und Abzeichen bis zu gestromten oder gescheckten Tieren. Eine bekannte finnische Zucht bringt seit Jahren Mittelasiaten mit weißer Grundfarbe und großen schwarzen Platten hervor, deren weibliche Tiere kaum kleiner als 80 Zentimeter sind. Eine andere renommierte Zucht nahe Moskau erzeugt beigefarbene Hunde, bei denen die Schulterhöhe der Rüden etwa 70 Zentimeter beträgt. Hinsichtlich der Körpergröße ist der Variantenreichtum also keineswegs geringer. Der Zuchtstandard definiert nur untere Grenzwerte, die in der Praxis fast immer deutlich überschritten werden. Daher können männliche Mittelasiaten mit 67 Zentimeter Schulterhöhe genauso typische Vertreter ihrer Rasse sein wie Rüden mit 90 Zentimeter Widerristhöhe. Natürlich gibt es eine Schwerpunktbildung im Mittelfeld; bei Rüden sieht man häufig Schulterhöhen zwischen 75 und 78 Zentimetern, für Hündinnen gibt es eine Häufung im Bereich um 73 Zentimeter. Selbst auf den Zuchtschauen in und um Budapest, wo jedes Jahr eine größere Zahl dieser Hunde zu sehen ist, zeigen sich höchst unterschiedliche Typen, die keinen Rückschluss auf „den" typischen Mittelasiaten zulassen. Dieser durchaus nicht negativ zu bewertende Variantenreichtum führt dazu, dass in bestimmten Regionen Hunde des einen oder anderen Typs favorisiert werden. Sehr oft kann man von Besitzern und Züchtern dieser Rasse hören, nur der eigene Hund sei ein wirklich „typischer" Mittelasiat, und jeder hat für seine Sicht der Dinge natürlich wortreiche Begründungen zur Hand. Mit einer gewissen Häufigkeit wird dies von den überwiegend schwarz und braun gezeichneten Hunden behauptet, die angeblich den turkmenischen Urtyp darstellen. Obwohl die angeführten Argumente nicht grundsätzlich falsch sein müssen, sind die daraus abgeleiteten Schlussfolgerungen zu verwerfen. Angesichts der großen Varietäten und des Mangels jeder Homogenität müsste man den Mittelasiatischen Owtscharka eigentlich als einen Hundetyp und weniger als eine Hunderasse bezeichnen. Dass die F.C.I. den Mittelasiatischen Owtscharka als Rasse anerkannt hat, hilft der Wahrheitsfindung nicht – man denke in diesem Zusammenhang nur an den Anatolischen Hirtenhund.

Es ist nahezu unmöglich, einen Hund ohne Kenntnis seiner Abstammung als reinrassigen Mittelasiaten zu erkennen, dennoch gibt es einige signifikante Merk-

Beim Mittelasiatischen Owtscharka gibt es eine Vielzahl teilweise sehr unterschiedlicher Farbschläge.

male, die bei der Einschätzung des Hundes helfen können. Von den türkischen Herdenschutzhundrassen und einem bestimmten Schlag des Tibetanischen Mastiff einmal abgesehen, finden sich in Asien keine weiteren kurzhaarigen Herdenschutzhunde. Selbst das Deckhaar eines als kurzhaarig einzustufenden Owtscharka ist deutlich länger als das eines Mittelasiaten. Auch die Läufe dieser Hunde sind kaum oder gar nicht befedert. Dieses Merkmal ist unter Herdenschutzhunden ebenfalls relativ selten. Besonders markant aber ist die Kopfform der Hunde. Im Gegensatz zu Owtscharka und Südrussen wirkt der Schädel des Mittelasiaten flach. Der Stop ist nur gering ausgeprägt und unterstützt den Eindruck der abgeflachten Schädeldecke. Die Augen vieler Herdenschutzhunde sind im Verhältnis zur Kopfform klein und leicht schräg stehend. Nahezu jeder Rassestandard macht eine entsprechende Angabe. Beim Mittelasiatischen Owtscharka hingegen sind die Augen nicht nur größer als bei Kaukasen oder Kangal, sondern sie sind gerade ausgerichtet. Darüber hinaus stehen die Augen relativ weit auseinander, und auch diese Eigenschaft verstärkt den Eindruck des flachen Schädels, vor allem, wenn die Ohren des Hundes kupiert sind. Früher war es allgemein üblich, die Ohren des Mittelasiaten direkt am Kopf zu kupieren, in seiner Heimat hat sich bis heute daran nichts geändert. In Deutschland und anderen europäischen Staaten sind jedoch mittlerweile sehr häufig Hunde mit unkupierten Ohren anzutreffen, eine Folge des seit einigen Jahren gültigen Tierschutzgesetzes, das die Verstümmelung der Hunde verbietet. Die Zahl der in Deutschland lebenden Mittelasiaten ist mit Sicherheit sehr gering, es werden sich kaum 50 Hunde finden lassen. Mir selbst sind zur Zeit nur rund 15 Mittelasiatische Owtscharki in Deutschland bekannt, wobei bei einigen Hunden nicht ausgeschlossen werden kann, dass auch ein Hund anderer Rasse an ihrer Entstehung beteiligt war.

Das Wesen der Mittelasiatischen Owtscharki unterscheidet sich nicht maßgeblich von dem anderer Herdenschutzhunde. Die Grundschärfe der Hunde liegt auf dem bei Territoriumswächtern erforderlichen Niveau, ohne dass Mittelasiaten durch übermäßig aggressives Verhalten auffallen. Schutz- und Wachtrieb zeigen sich besonders intensiv während der Dämmerung und der Nachtstunden, über den Tag sind die Hunde relativ zurückhaltend und klären Unbekanntes zunächst erst einmal ab. In einem Punkt gibt es im Verhalten vieler Mittelasiaten verglichen mit anderen Herdenschutzhunden eine Besonderheit: Die absolut stoische Gelassenheit, mit der die Hunde Gefahren gegenübertreten. Selbstverständlich bewegen wir uns jetzt hart an der Grenze zu fragwürdigen Verallgemeinerungen, aber nahezu jeder Besitzer eines Mittelasiatischen Owtscharka hat mir die besonders starke Ausprägung dieser Eigenschaft bestätigt. Wenn andere Hunde drohend oder bellend einem Beutegreifer entgegengehen und diesen umgehend verjagen möchten, wäre für einen Mittelasiaten typisch, zunächst ruhig stehen zu bleiben – geradewegs als ginge ihn die ganze Sache nichts an.

Oft verhält sich der Hund völlig ruhig und lässt den Beutegreifer sehr nah an sich herankommen, bevor er zu einer aktiven Handlung übergeht. Dabei entsteht häufig der Eindruck, der Mittelasiat habe seinem Kontrahenten einen Hinterhalt gelegt. Während er wartet, bis der Beutegreifer eine Position erreicht hat, die ihm einen erfolgreichen Angriff verspricht, bleibt der Hund so regungslos, als wäre er zur Salzsäule erstarrt. Der Grund für dieses Verhalten ist aber keinesfalls ein Mangel an Mut, Entschlossenheit oder Entscheidungsfreude, sondern eher Selbstsicherheit und eine erfolgsorientierte Besonnenheit. Wenn es eine Hunderasse auf der Welt gibt, die mit dem Modewort „cool" treffend charakterisiert werden kann, ist das zweifellos der Mittelasiatischen Owtscharka!

Die sprichwörtliche Gelassenheit der Mittelasiaten zeigt sich auf vielfältige Weise auch im Alltag, wenn der Hund als Haustier gehalten wird. Bei echten oder vermeintlichen Bedrohungen durch Menschen oder Artgenossen neigen Mittelasiaten zu zurückhaltenden bis defensiven Reaktionen, ohne dabei auch nur einen Schritt zurückzuweichen. Unprovozierte Beißangriffe von Mittelasiaten sind ausgesprochen selten, mir ist während der langen Recherchen zu diesem Buch kein einziger solcher Fall bekannt geworden. Wie gesagt, viele Faktoren können während des Reifeprozesses des Hundes Einfluss auf die Entwicklung seiner agonistischen Verhaltensweisen nehmen; eine gewisse Variantenbildung ist unausweichlich. Auch im Verhalten gegenüber Artgenossen zeigt sich beim Mittelasiatischen Owtscharka eine für Herdenschutzhunde überdurchschnittliche Verträglichkeit. Damit soll nicht gesagt sein, dass Mittelasiaten lammfromm durch die Welt schreiten, aber ihre innerartliche Aggression erreicht nur in Ausnahmefällen das Niveau der Kaukasen oder Šarplaniči. Die Haltung dieser Rasse als Haushunde ist von keinen besonderen Schwierigkeiten gekennzeichnet, in Familie und Haushalt fügen sich Mittelasiaten weitgehend problemlos ein. Ihr Verhalten im Haus ist unauffällig, und sie lieben es, einen großen Teil des Tages dösend zu verbringen. Während der Phasen, die nicht der Erholung dienen, möchte der Mittelasiat etwas erleben und seinen Bewegungsdrang befriedigen. Wie für nahezu alle anderen Herdenschutzhunde auch, sollten mindestens drei Stunden pro Tag für gemeinsame Spaziergänge eingeplant werden. Mittelasiaten besitzen eine stabile Konstitution, gesundheitliche Probleme bleiben auf die bei allen groß wachsenden Hunderassen bekannten Erkrankungen beschränkt. Das durchschnittliche Lebensalter des Mittelasiatischen Owtscharka liegt bei 11 bis 13 Jahren.

16.1. Das Wichtigste aus dem Zuchtstandard des Mittelasiatischen Owtscharka

Weitere Namen:	Middle Asian Ovtcharka (GB, USA)
Herkunftsland:	Asiatische Landesteile der ehem. Sowjetunion
Verwendung:	Herdenschutzhund, Territoriumswächter
F.C.I.-Nummer:	335, Gruppe 2.2
Standard gültig seit:	1989

Erscheinung: Der Mittelasiatische Owtscharka ist ein Hund überdurchschnittlicher Größe mit derbem, kräftigem Knochenbau und starker Muskulatur. Die Hunde besitzen eine auffällig dicke Haut mit elastischem Bindegewebe, die in der Halsgegend häufig Falten bildet.
Fehler: Fettleibigkeit.
Schwere Fehler: Schwächliche Konstitution, Rachitis, Muskelschwäche.

Größe: Rüden nicht unter 65 Zentimeter, Hündinnen nicht unter 60 Zentimeter.
Fehler: Widerristhöhe bei Rüden unter 65 Zentimeter, bei Hündinnen unter 60 Zentimeter.
Schwere Fehler: Widerristhöhe bei Rüden unter 60 Zentimeter, bei Hündinnen unter 58 Zentimeter.

Haar: Grobes, gerades Haar mit gut entwickelter Unterwolle. Hunde mit Haarlängen von 7 bis 8 Zentimeter werden als langhaarig bezeichnet, kurzhaarige Hunde zeigen Haarlängen zwischen 3 und 5 Zentimetern.
Schwere Fehler: Zu kurzes, zu langes, gewelltes oder gekräuseltes Deckhaar, fehlende oder schwach entwickelte Unterwolle.

Farben: Weiß, Schwarz, Grau, Beige, Braun in jeder Kombination, auch gescheckt oder mit Abzeichen.

Kopf: Breiter, massiger Kopfschädel mit stark entwickelten Jochbeinen, flache Stirn, nur wenig betonter Stop. Der Nasenrücken ist ein wenig kürzer als der Schädel. Der Fang verjüngt sich kaum. Von vorne und von oben betrachtet erscheint der Fang nahezu rechteckig, im Profil zeigt er die Form eines Kegelstumpfes. Die Lefzen sind dick und im Mundwinkel etwas hängend. Schwarzer Nasenschwamm wird vorgezogen, Brauntöne sind für Hunde mit hellem Deckhaar jedoch zugelassen.

Fehler: Kleiner Kopf, stark ausgeprägter Stop, deutlich verjüngter Fang, hervortretende Augenbrauen.

Schwere Fehler: Spitz zulaufender Fang, schmaler, sehr kleiner oder leichter Kopf.

Ohren: Klein, tief angesetzt, dreieckig und eng am Kopf herabhängend.

Fehler: Hoch angesetzte Ohren.

Augen: Weit auseinander stehend, rundliche Form, nicht schräg stehend. Dunkle Augenfarben werden bevorzugt.

Fehler: Helle oder schräg stehende Augen.

Gebiss: Alle Zähne stark entwickelt, weißer, unverfärbter Zahnschmelz, Scherenbiss.

Fehler: Nicht altersgemäße Abnutzung der Zähne. Gelblich oder bräunlich verfärbter Zahnschmelz. Mehr als ein fehlender Prämolar oder Molar.

Schwere Fehler: Kleine oder schwach entwickelte Zähne. Unregelmäßig angeordnete Schneidezähne. Abweichungen vom Scherenbiss. Fehlen eines oder mehrerer Incisivi oder Canini. Deutlich verfärbter Zahnschmelz sowie alle weiteren nicht durch normale Abnutzung hervorgerufenen Zahnschäden.

Brust: Breit und tief mit gerundeten Rippen. Der Brustkorb reicht mindestens bis auf die Höhe der Ellenbogen.

Fehler: Flache Brust. Hängende Haut im Brustbereich.

Schwere Fehler: Schmächtiger Brustkörper.

Bauch: Leicht aufgezogen.

Fehler: Übermäßig aufgezogener Bauch (Windhund), zu wenig oder gar nicht aufgezogener Bauch (Rottweiler).

Rücken: Kräftig, gerade und breit mit deutlich hervortretendem Widerrist. Die Widerristhöhe liegt geringfügig über der Schulterhöhe.

Fehler: Leicht gewölbter Rücken oder zu gering hervortretender Widerrist.

Schwere Fehler: Sattel- oder Karpfenrücken. Abfallende Rückenlinie wie beim Deutschen Schäferhund.

Kruppe: Breit, muskulös, gerade.

Fehler: Etwas schräge Kruppe.

Schwere Fehler: Schmale, kurze oder stark abfallende Kruppe.

Rute: Hoch am Körper angesetzt, sichelförmig.

Läufe: Vorderläufe von vorne gesehen gerade und parallel mit kräftigen, ovalen Pfoten. Hinterläufe gerade, parallel mit weitem Stand. Die Hinterhand besitzt kurze Unterschenkel, der Mittelfuß ist kräftig ausgebildet.
Fehler: Leicht gebogene Läufe, Pfoten ein- oder ausgedreht. Nicht parallele Stellung der Läufe, etwas zu steile Hinterhand.
Schwere Fehler: Deutliche Abweichung von der parallelen Stellung der Läufe, gebogene Läufe, deformierte Knochen oder Gelenke, weiche Fußwurzeln.

Geschlechtstyp: Rüden sind deutlich größer und muskulöser als Hündinnen, insgesamt sehr maskulin in der Erscheinung. Der Geschlechtstyp muss deutlich ausgeprägt sein.
Fehler: Hündinnen mit der Statur eines Rüden.
Schwere Fehler: Rüden mit der Statur einer Hündin. Hängende Augenlider. Helle Farbflecken auf der Hornhaut.

Wesenstyp: Starker Bewegungsdrang, dabei aber niemals hektisch oder nervös, sondern ruhig und nervenstark. Die vorherrschende Reaktion ist aktive Verteidigung. Fremden gegenüber ist der Hund misstrauisch und zurückhaltend.
Fehler: Ängstliches oder scheues Wesen, undifferenzierte Freundlichkeit gegenüber Fremden.
Schwere Fehler: Leichte Reizbarkeit, Nervosität, Feigheit.

Anmerkung des Autors: Der Zuchtstandard verlangt sowohl kupierte Ruten als auch kupierte Ohren. Da das Kupieren in Deutschland nicht mehr erlaubt ist, habe ich die entsprechenden Vorschriften nicht erwähnt.

17. Polski Owczarek Podhalanski und Slovenský Čuvač

Der aus Polen stammende Owczarek Podhalanski und der in der Slowakei behei-
matete Slovenský Čuvač entstammen demselben Herkunftsgebiet: dem nordwestlichen Teil des Karpatenbogens. Die Grenze zwischen dem südlichen Teil
Polens und dem Norden der Slowakei verläuft mitten durch diesen Gebirgszug.
Die nördlich des Flusses Waag gelegenen Hoch- und Mittelgebirge bilden die
Liptauer Tatra, die Westliche Tatra, die Hohe Tatra und die Belaer Tatra (von
Westen nach Osten). Die südlich der Waag gelegene Niedere Tatra liegt vollständig auf dem Staatsgebiet der Slowakei und bildet ein waldreiches Vorgebirge, das
allmählich in die slowakisch-ungarische Tiefebene übergeht. Der Name des Polski Owczarek Podhalanski leitet sich sowohl von dem in allen slawischen Sprachen vorkommenden Wort „owzar" (Schaf), als auch von der Landschaft Podhale
ab. Übersetzt bedeutet der Name etwa „Polnischer Schafhund der Podhale".
Der Gebirgszug seines Herkunftsgebietes hat dem Polski Owczarek Podhalanski
einen zweiten Namen beschert, unter dem er vor allem im englischen Sprachraum bekannt ist: Tatra Sheepdog. Im Deutschen ist auch die Bezeichnung
Tatrahund oder schlicht Tatra gebräuchlich. Die Rassebezeichnung Slovenský
Čuvač gibt es erst seit 1965, dem Zeitpunkt, als die F.C.I.- Anerkennung dieser
Rasse erfolgte. Bis dahin wurden diese Hunde von den Slowaken „Tatra Tschuwatsch" genannt. Das Wort „Tschuwatsch" kann von zwei Wortstämmen abge-
leitet sein; einerseits dem Wort „Tschuwy" (die Sinne), andererseits aber auch
von „potschuwat" (aufpassen, bewachen). Um Verwechslungen mit dem als
Tatrahund bekannten Podhalaner zu vermeiden, bestand die F.C.I. vor der Registrierung der Rasse auf einer Namensänderung. Schließlich einigte man sich auf
die Bezeichnung Slovenský Čuvač. Im Slowakischen bedeutet „Cuvac" so viel
wie hören, demnach handelt es sich um einen Hund, der alles hört, was in seiner
Umgebung geschieht. Legt man die große Aufmerksamkeit zugrunde, die Herdenschutzhunde ihrem Umfeld widmen, ist diese Charakterisierung berechtigt
und sinnvoll.

Ein Blick auf die Geschichte der Herdenschutzhunde des polnisch-slowakischen Grenzgebietes zeigt leider nur ein diffuses Bild. Völlig unstrittig ist, dass
seit mehreren Jahrhunderten sowohl auf der slowakischen als auch auf der polnischen Seite der Tatra Herdenschutzhunde gehalten werden. Selbstverständlich
haben sich im Laufe der Zeit viele regionale Schläge entwickelt. Neben rein weißen Hunden gab und gibt es einige Farbschläge, die zwar alle Weiß als Grundfarbe haben, aber bräunliche, graue oder rötliche Marken unterschiedlicher
Intensität zeigen. Vor allem im Bereich des Kopfes kommen bei den ursprüng-

lichen tschechischen Gebirgshunden dunkle Zeichnungen vor; Ähnlichkeiten mit bestimmten Schlägen des Owtscharka oder Tornjak sind unübersehbar. Die Tradition der weißen Hunde ist davon aber nicht beeinträchtigt, schon die ältesten Hinweise deuten darauf hin, dass viele Hirten weiße Herdenschutzhunde bevorzugten. Zwei weitere Rassebezeichnungen tauchen in diesem Zusammenhang häufig auf: Liptak oder Liptauer Hirtenhunde und Goralenhunde. Die Goralen sind ein slawisches Hirtenvolk, das den Hauptkamm der Westkarpaten bewohnt und seit Menschengedenken weiße Herdenschutzhunde einsetzt. Die Goralen bezeichnen ihre Hunde als Liptak, daher ist erklärbar, dass beide Begriffe für ein und denselben Hund entstehen konnten. Ein weiterer Schlag, der die Entwicklung der heutigen Rassen mitbestimmt haben kann, ist der sogenannte Siebenbürger Hirtenhund, der für einen Gebirgshund aber entschieden zu kurzhaarig war und in enger Beziehung zu rumänischen Herdenschutzhunden stehen dürfte. Genauso unbestreitbar wie das Vorhandensein verschiedener regionaler Schläge ist die Tatsache, dass sich Goralenhunde, Siebenbürger, Kuvasz und alle weißen oder farbigen Herdenschutzhunde der Nord- und Westkarpaten über lange Zeit munter vermischt haben. Es ist völlig unmöglich, Entstehung und Zusammenhänge der heutigen Rassen auch nur halbwegs nachvollziehbar aufzuschlüsseln. Fest steht nur, dass sich schließlich im polnisch-slowakischen Grenzgebiet ein weißer Herdenschutzhund entwickelt hat.

Die Teilung des Verbreitungsgebietes dieser weißen Herdenschutzhunde durch eine politische Grenze hat die Entstehung von zwei eigenständigen Rassen ermöglicht. Sowohl der Owczarek Podhalanski als auch der Slovenský Čuvač sind von der F.C.I. anerkannt, ersterer unter der Registriernummer 252, letzterer unter der Nummer 142, beide in der Gruppe 1, Hüte- und Treibhunde. Zwischen beiden Rassen gibt es sowohl hinsichtlich des Körperbaus und der Farbe, ja sogar der gesamten Erscheinung und des Wesens nur marginale Unterschiede, die so gering sind, dass weder der Laie noch der Zuchtrichter eine Möglichkeit hat, einen solchen Hund zuverlässig der einen oder anderen Rasse zuzuordnen. Hans Räber, dem wir die bisher wohl ausführlichsten Betrachtungen über europäische Herdenschutzhunde verdanken, schrieb zu diesem Thema vor einigen Jahren: *„... so kann dies nicht darüber hinwegtäuschen, dass es sich beiderseits der Grenze um die gleichen Hunde handelt, eine Trennung in zwei Rassen entspricht keineswegs den tatsächlichen Verhältnissen."* Dass die Unterteilung dieses Herdenschutzhundes in zwei Rassen biologisch und kynologisch unsinnig ist, hat der Anerkennung durch die F.C.I. nicht geschadet. Fatal wäre lediglich der Umkehrschluss, die Aufteilung in zwei Rassen sei aus welchen Gründen auch immer notwendig, weil sie schließlich beide von der F.C.I. anerkannt seien.

Polski Owczarek Podhalanski und Slovenský Čuvač sind ein beredtes Beispiel für die Erkenntnis, dass, genügend Geld und Einfallsreichtum vorausgesetzt, die offizielle Zulassung „neuer" Hunderassen ohne Vorhandensein nachvollziehbarer

Gründe jederzeit möglich ist. Ein Blick auf Geschichte und Werdegang beider Rassen zeigt, dass ihre Entstehung im Wesentlichen auf nationale Eitelkeiten zurückzuführen ist. Auch der in der Hundeszene weit verbreitete Chauvinismus, dass der eigene Hund ist immer der Beste ist, hat sicherlich seinen Anteil an dieser Entwicklung gehabt. Bei der Auseinandersetzung um Owczarek Podhalanski und Slovenský Čuvač gibt es unübersehbare Parallelen zu jener, die seit langem um Anatolischen Hirtenhund und Kangal geführt wird. Auf beiden Seiten finden sich Hardliner, die um kein Argument verlegen sind, wenn es darum geht, die von ihnen vertretenen Hunde gegenüber anderen Rassen abzugrenzen. Sachliche Erwägungen bleiben dabei genauso auf der Strecke wie kynologischer Sinn und Zweck. Die Debatte um beide Rassen nahm und nimmt gelegentlich die Züge eines Glaubenskrieges an, der von beiden Seiten mit viel Ideologie und wenig Sachlichkeit geführt wird. Niemals war die Auseinandersetzung um die Anerkennung des Podhalaners und des Slovenský Čuvač nur auf die beteiligten Länder beschränkt. Die Ungarn haben die Registrierung beider Rassen durch die F.C.I. seinerzeit scharf kritisiert, handelt es sich doch nach Auffassung einiger ungarischer Hundefreunde sowohl beim Podhalaner als auch beim Slovenský Čuvač nur um Mischlinge oder bestenfalls Schläge des Kuvasz. Auch diese Darstellung muss man in der Rubrik „nationale Eitelkeit" abheften. Zwar ist die

Polski Owczarek Podhalanski-Hündin

Mitwirkung des Kuvasz an der Entstehung beider Rassen nicht zu widerlegen, auf der anderen Seite rechtfertigt die lange Geschichte dieser Hunde fernab des Herkunftsgebietes des Kuvasz ohne jeden Zweifel die Einstufung als eigenständige Rasse(n).

Über Jahrhunderte wurden die Gebirgshunde der Tatra ausschließlich von Hirten und der Landbevölkerung gehalten. Eine Zucht nach unserem heutigen Verständnis fand nicht statt. Erst zwischen 1920 und 1930 begann man sich auf polnischer und damals tschechoslowakischer Seite um die einheimischen Herdenschutzhunde zu kümmern, und just zu diesem Zeitpunkt begann der Streit, wer berechtigt sei, den „einzig wahren" weißen Hirtenhund der Tatra für sich in Anspruch zu nehmen. Gleichzeitig wurden von engagierten Verfechtern beider Seiten aufwendige Versuche unternommen, die eigenen Hunde von der jeweiligen Gegenseite abzugrenzen. Nach dem Zweiten Weltkrieg begann Anton Hruza, der als Professor für Zoologie an der Tierärztlichen Hochschule von Brno angestellt war, in den Bergregionen nach besonders typischen „Tschuwatsch" Ausschau zu halten. Er orientierte sich bei seiner Klassifizierung der Hunde vor allem an Darstellungen auf alten Zeichnungen und definierte schließlich die Urform des Rassestandards. Im Zuge der Begeisterung für die nationale Hunderasse ging Professor Hruza – ungeachtet seiner fachlichen Qualifikation – dabei gelegentlich der Gaul durch. Mehrfach bezeichnete er den ungarischen Kuvasz als Abkömmling des slowakischen Tschuwatsch, der seiner Meinung nach den ursprünglicheren Typ darstelle. Außer bei der eingeschworenen Gemeinde der Verfechter des Slovenský Čuvač traf Prof. Hruza mit dieser Darstellung auf wenig Gegenliebe, setzte mit seiner Auffassung aber einen Eckpfeiler für alle zukünftigen Dispute mit ungarischen und polnischen Kollegen. Parallel zu den Bestrebungen Hruzas in der Slowakei hatten vereinzelte polnische Hundefreunde mit der Reinzucht des Tatrahundes begonnen. Der erste Zuchtstandard des Polski Owczarek Podhalanski wurde 1937 veröffentlicht. Zu dieser Zeit wurden noch vom reinen Weiß abweichende Farbschläge in die Zuchtbücher eingetragen, was auf slowakischer Seite mit der Bemerkung gekontert wurde, in Polen züchte man neuerdings Mischlinge. Der Zweite Weltkrieg beendete alle Zuchtbemühungen auf polnischer Seite, bevor sie richtig begonnen hatten. Erst um 1950 konnte langsam mit dem Aufbau einer Reinzucht des Polski Owczarek Podhalanski begonnen werden.

Die Unterschiede bei äußerlichen Merkmalen beider Rassen sind, wie bereits erwähnt, sehr gering bis nahezu nicht feststellbar. Zwar machen die Rassestandards viel Aufhebens um bestimmte Merkmale, die aber in der Realität kaum vorhanden sind. Das beste Beispiel dafür findet sich im Standard des Podhalaners, der angeblich einen kurzen, breiten Fang besitzen soll, um sich damit gegen den Slovenský Čuvač abzugrenzen, dessen Fang mindestens die halbe Länge des Kopfes besitzen muss. In der Praxis ist dieser Unterschied nicht feststellbar. Auch bei Form und Stellung der Augen sowie der Kopfform gibt es in beiden Standards kleine Unterschiede, die sich in der Realität jedoch ebenfalls kaum nachvollziehen lassen. Umfassender und leichter als Unterschiede lassen sich die Gemeinsamkeiten beider Rassen darlegen. Das weiße Deckhaar liegt gut am Körper an und ist im Wesentlichen glatt, nicht gekräuselt oder deutlich gewellt. Die Unterwolle ist wie bei allen Gebirgshunden üppig entwickelt und schützt die Hunde vor den Temperaturen kalter Winter. Farbschläge kommen in F.C.I.-Zuchten heutzutage nicht mehr vor, einzig beigefarbene Ränder an den Ohren

Polski Owczarek Podhalanski-Rüde

sind beim Slovenský Čuvač erlaubt, wenn auch unerwünscht. Allerdings darf man nicht vergessen, dass Hunde in Arbeitszuchten nicht nach diesen Kriterien ausgewählt werden und deshalb in den Gebirgsregionen der Tatra durchaus Hunde mit beigefarbenen, gelblichen oder rötlichen Schattierungen auftauchen können. Beim Podhalaner wird auf reines Weiß besonderer Wert gelegt. Die Ohren sind dreieckig, mittelgroß, herabhängend und dabei eng am Kopf liegend. Augenlider, Nasenschwamm, Lefzen und Ballen sind schwarz. Beide Hunde tragen die Rute auch im Erregungszustand nur leicht über den Rücken erhoben, ohne sie haken- oder ringförmig über dem Körper aufzustellen. Auch hinsichtlich Größe und Gewicht gibt es keine Unterschiede. Podhalaner-Rüden erreichen zwischen 65 und 70 Zentimeter Schulterhöhe, Slovenský Čuvač-Rüden 62 bis 70 Zentimeter. Die Hündinnen bleiben jeweils etwa fünf Zentimeter unter diesen Werten. Das Gewicht beider Rassen liegt um 40 Kilogramm bei Rüden und um 34 Kilogramm bei Hündinnen. Das Fazit muss daher lauten, dass letztlich nur die Papiere eines Hundes darüber entscheiden, ob er Polski Owczarek Podhalanski oder Slovenský Čuvač heißen darf.

So wie es kaum grundsätzliche Unterschiede bei den körperlichen Merkmalen gibt, lässt sich auch beim Wesen der Hunde eine Verschiedenheit nicht nachweisen. Beide sind mit dem gleichen hohen Wach- und Schutztrieb ausgestattet, der für Herdenschutzhunde nun einmal typisch ist. Dennoch besitzen Podhalaner und Slovenský Čuvač nicht die Schärfe der Kaukasen oder Šarplaninač, beide sind insgesamt etwas leichtführiger und umgänglicher als die Herdenschutzhunde des Kaukasus oder der Sar Planina. Von beiden Rassen ist bekannt, dass sie keine „Ein-Personen-Hunde" sind und sich sehr gut als Familienhunde halten lassen. Zu allen Familienmitgliedern unterhalten sie intensive und liebevolle Beziehungen, sind anpassungsfähig und ausgesprochen lernbegabt. Das Verhalten gegenüber Artgenossen ist weitgehend unproblematisch, im Hinblick auf die Gesamtheit der Herdenschutzhunde liegt das innerartliche Aggressionspotential beider Rassen im Mittelfeld. Trotzdem finden sich in beiden Rassen auch Individuen, deren innerartliche Aggression sehr ausgeprägt ist. Im Umgang mit Menschen ist von beiden Rassen nichts Nachteiliges bekannt.

Über dem nutzlosen Streit um die Wahrhaftigkeit des „echten" Herdenschutzhundes der Tatra und dem unsäglichen Rassedünkel mancher Züchter und Zuchtvereine darf man nicht aus den Augen verlieren, dass die Mitglieder beider Rassen nicht nur hervorragende Arbeitsleistungen erbringen, sondern auch prächtige Gefährten für den Menschen sind.

17.1. Das Wichtigste aus dem Zuchtstandard des Polski Owczarek Podhalanski

Weitere Namen: Podhalaner, Tatrahund (D), Tatra Mountain Dog, Polish Tatra Sheepdog (USA, GB)
Herkunftsland: Polen
Verwendung: Herdenschutzhund, Territoriumswächter, Hofhund
F.C.I.-Nummer: 252, Gruppe 1.1
Standard gültig seit: 1937, mehrfach verändert, seit 1967 F.C.I anerkannt.

Geschichte: Der Polski Owczarek Podhalanski stammt aus der Podhale, einer kleinen, bergigen Region im Süden Polens. Er wurde als Herdenschutzhund gezüchtet, hat aber ebenfalls eine lange Tradition als Schutzhund, als Wächter für Höfe und als Polizeihund.

Allgemeine Erscheinung: Der Owczarek Podhalanski ist eine kräftiger wohl proportionierter Hund. Sein Körperbau verrät gleichzeitig Kraft und Beweglichkeit. Sein Temperament ist ruhig und ernsthaft. Die Rasse ist intelligent und aufgeweckt. Diese Eigenschaften machen den Hund zu einem wertvollen Begleiter. Die Silhouette des Hundes ist weitgehend rechteckig. Rüden erscheinen im Vergleich zur Widerristhöhe ein wenig kürzer als Hündinnen.

Kopf: Der Kopf ist schlank, seine Größe ist in guter Proportion zur Körpergröße des Hundes. Im Profil betrachtet ist der Schädel deutlich gerundet. Der Stop ist deutlich ausgeprägt, aber der Übergang von Fang zum Schädel ist nicht scharf. Der kurze, kräftige und breite Fang verjüngt sich nur leicht zur Nase hin. Die Länge des Fangs ist geringer als die Länge des Kopfschädels. Die Lefzen liegen eng an den Kiefern an und sind schwarz gefärbt.

Gebiss: Vollständiges Gebiss mit 42 Zähnen und makellosem, weißen Zahnschmelz. Scherenbiss ist bevorzugt, Zangenbiss ist akzeptabel.

Augen: Ausdrucksvolle, mittelgroße und leicht schräg stehende Augen von dunkelbrauner Farbe. Die Augenlider sind schwarz.

Nase: Die Nase ist breit und schwarz. Helle, rötliche oder graue Pigmentierung der Nase ist als Fehler zu werten.

Ohren: Die Ohren sind mindestens auf der Höhe des äußeren Augenwinkels angesetzt. Sie sind von mittlerer Länge, ziemlich dick, dreieckig und mit dichter Behaarung besetzt. Die Ohren liegen eng am Kopf an.

Hals: Der Hals ist muskulös ohne Anzeichen einer Kehlwamme. Die Behaarung bildet eine üppige Mähne.

Körper: Der Körper ist lang und kräftig. Die breiten Schultern sind deutlich sichtbar. Der Rücken ist breit und gerade. Die Lenden sind breit und gut gerundet. Die Kruppe fällt nur leicht ab. Die Brust ist tief. Steigt der Rücken zur Kruppe hin an, ist dies als Fehler zu werten.

Vorderhand: Die muskulösen, starkknochigen Vorderläufe sind nicht zu massiv. Von vorne gesehen sind die Läufe im Stand gerade. Die Schulterblätter bilden eine sanfte Rundung. Fehlende Afterkrallen sind als Fehler zu werten.

Hinterhand: Von hinten betrachtet sind die Läufe im Stand gerade. Von der Seite betrachtet sind sie ein wenig schräg nach hinten gerichtet und leicht gewinkelt. Fehlende Afterkrallen sind als Fehler zu werten.

Pfoten: Die großen Pfoten der Vorder- und Hinterläufe sind von ovaler Form. Der Bereich zwischen den Zehen ist behaart. Die Ballen sind kräftig, hart und von dunkler Farbe. Die Zehennägel sind stabil, nicht spitz zulaufend. Dunkle Zehennägel sind wünschenswert.

Rute: Die Rute ist nicht sehr hoch angesetzt und verlängert die Linie der Kruppe. Sie wird unterhalb der Rückenlinie getragen. Bei Erregung wird die Rute bis über die Höhe des Rückens erhoben, aber nicht bogenförmig über dem Körper aufgestellt. Trägt der Hund die Rute hakenförmig über dem Rücken, ist dies als Fehler zu werten.

Behaarung: An Kopf, Fang und den Vorderseiten der Vorderläufe ist das Haar kurz und liegt eng an. Hals und Körper sind mit langen, dicken, gerade oder leicht gewellten Haaren besetzt. Die Unterwolle ist üppig entwickelt. Im Halsbereich findet sich eine üppige Mähne. Die Vorderläufe sind mäßig, die Hinterläufe stark befedert. Die Rute ist buschig.

Farbe: Reines Weiß ohne Marken oder Abzeichen. Cremefarbene Tönungen sind unerwünscht.

Größe: Rüden erreichen Widerristhöhen zwischen 65 und 70 Zentimeter. Die Widerristhöhe der Hündinnen liegen zwischen 60 und 65 Zentimeter.

Disqualifikationen: Fehlende Hoden beim Rüden. Ängstlichkeit, Feigheit oder Scheu. Über- oder Unterbiss, fehlende Zähne. Stark gewelltes oder gekräuseltes Deckhaar. Seidenartige Struktur des Deckhaars. Fehlende oder schwach entwickelte Unterwolle. Spitz zulaufender Fang. Scheckige Färbung des Deckhaars.

17.2. Das Wichtigste aus dem Zuchtstandard des Slovenský Čuvač

Weitere Namen:	Slovakian Chuvach (USA), Slowakischer Tschuwatsch, Tatra Tschuwatsch (D, alter Begriff)
Herkunftsland:	Slowakei
Verwendung:	Herdenschutzhund, Territoriumswächter, Hofhund
F.C.I.-Nummer:	142, Gruppe 1.1
Standard gültig seit:	1965

Geschichte: Die Zuchtbücher dieser Rasse reichen rund 30 Jahre zurück, obwohl diese Hunde in der Slowakei schon sehr viel länger gehalten und gezüchtet werden. Vor allem Prof. Anton Hruza hat sich um die Entstehung einer modernen Zucht des Slovenský Čuvač verdient gemacht.

Allgemeine Erscheinung: Der Slovenský Čuvač besitzt die für Berghunde typische kräftige Gestalt und eine robuste Konstitution. Seine Erscheinung ist eindrucksvoll; sein dichtes Deckhaar üppig entwickelt. Er besitzt einen stabilen Knochenbau, lebhaftes Temperament und ist furchtlos und wachsam. Während vieler Jahrhunderte passte sich diese Rasse dem rauen Klima der slowakischen Bergregionen an. Der Körperumriss der Hunde ist annähernd rechteckig, der Körper ruht auf eher stabilen als hochbeinigen Läufen.

Kopf: Kräftig, von länglicher Form, mit breitem, flachem Schädeldach. Von der Seite betrachtet erscheint der Schädel leicht gerundet, mit mittelstark ausgeprägtem Stop. Im Profil betrachtet ist der Fang gerade, ziemlich breit und verjüngt sich zur Nase hin leicht. Die Länge des Fangs beträgt mindestens die halbe Länge des Kopfes.

Lefzen: Eng anliegend mit geschlossenen Mundwinkeln. Die Schleimhäute sind schwarz, hängen nicht herab, sondern bilden einen engen Rahmen um die Schnauze.

Kiefer: Kräftig, mit perfektem Scherenbiss.

Augen: Dunkelbraun, von ovaler Form, gerade im Kopf liegend. Die Augenlider sind eng anliegend und von schwarzer Färbung.

Nase: Die Nase ist schwarz, vor allem im Sommer.

Ohren: Hoch angesetzt, von mittlerer Länge, eng am Kopf herabhängend. In der unteren Hälfte mit feinerem Haar bedeckt, bis in Höhe der Lefzen reichend.

Hals: Gerade am Körper angesetzt, bei Erregung emporgereckt.

Körper: Gerader, kräftiger Rücken mittlerer Länge. Lenden leicht gewölbt und muskulös. Breite Brust. Tiefer, bis unter die Ellenbogen reichender Brustkasten. Auch leicht aufgezogen.

Rute: Tief angesetzt. Die gestreckte Rute muss bis an die Sprunggelenke reichen. In Bewegung trägt der Hund die Rute leicht gebogen in Höhe der Lenden.

Vorderhand: Die Vorderläufe sind gerade und besitzen kräftige, feste Pfoten. Zehen eng geschlossen. Die Vorderläufe sind stets ziemlich lang, vor allem bei Rüden.

Hinterhand: Hüften, Ober- und Unterschenkel sind kräftig und bilden eine harmonische Einheit. Die hinteren Pfoten sind etwas größer und stärker gerundet als an den Vorderläufen. Afterkrallen sind unerwünscht.

Gangwerk: Für einen Hund dieser Größe und Masse erstaunlich leichtfüßig, schnell und beweglich. Der Hund läuft bevorzugt im Trab.

Behaarung: Außer Kopf und Gliedmaßen ist der gesamte Körper mit dichtem Haar besetzt. Kein Scheitel auf dem Rücken. Rute und Hinterläufe sind nicht befedert. Rüden besitzen eine dichte Mähne. An Kopf und Gliedmaßen liegt das kurze Haar eng an. Die Unterwolle ist unter dem Deckhaar nicht sichtbar. Die Länge des Deckhaars am Körper beträgt 5 bis 15 Zentimeter. Die Haarlänge der Unterwolle beträgt die Hälfte oder zwei Drittel der Haarlänge des Deckhaars.

Farbe: Weiß. Gelbliche, rötliche oder beigefarbene Tönungen sind unerwünscht. Keine Marken oder Abzeichen.

Haut: Locker am Körper, aber eng anliegend an den Gliedmaßen. Die Farbe der Haut ist rosa, schwarze Pigmentierung findet sich nur im Bereich der Augen, des Fangs und des Halses. Die Fußballen sind ebenfalls schwarz.

Widerristhöhe: Rüden 62 bis 70 Zentimeter. Hündinnen 59 bis 65 Zentimeter.

Gewicht: Rüden 36 bis 44 Kilogramm, Hündinnen 31 bis 37 Kilogramm.

Fehler: Jede Abweichung von den vorgenannten Punkten ist als Fehler anzusehen. Je nach Grad der Abweichung ist der Fehler als mehr oder weniger schwerwiegend einzustufen.

18. Pyrenäenberghund und Mastín de los Pirineos

Die Pyrenäen[1] sind ein 440 Kilometer langer und rund 130 Kilometer breiter Gebirgszug, der wie eine natürliche Barriere die Iberische Halbinsel von Frankreich und dem Rest Europas abtrennt. Wie bei vielen anderen Herdenschutzhundrassen auch, hat die Bezeichnung für ein Gebirge den dort eingesetzten Herdenschutzhunden ihren Namen gegeben. In Deutschland kennen wir die großen, weißen Beschützer der Herden als Pyrenäenberghunde, in Frankreich nennt man sie „Chien de Montagne des Pyrénées" und im englischen Sprachraum heißt die Rasse „Great Pyrenee", was übersetzt soviel wie „der große Hund der Pyrenäen" bedeutet. Die Unterscheidung im Namen zwischen „groß" und „klein" ist durchaus nicht unsinnig, denn in den Pyrenäen findet sich noch eine zweite Hunderasse mit ähnlicher Erscheinung, der Pyrenäenschäferhund oder „Berger des Pyrénées". Der Pyrenäenschäferhund ist ein traditioneller Hütehund der Region. Er verfügt daher nicht nur über geringere Schulterhöhe und Körpermasse als der Pyrenäenberghund, sondern unterscheidet sich von den Herdenschutzhunden vor allem durch Wesen und Temperament. Der Pyrenäenberghund trägt in seiner Heimat noch einen weiteren Namen, der außerhalb Frankreichs kaum bekannt ist: Patou. Dabei handelt es sich weniger um eine kynologische Bezeichnung als vielmehr um einen Kosenamen, der seit Jahrhunderten Zuneigung und Wertschätzung für diese Hunde ausdrückt.

Die Pyrenäen bilden die Grenze zwischen Frankreich im Norden und Spanien im Süden, nicht unerwähnt bleiben darf der im östlichen Teil liegende Zwergstaat Andorra. Das hauptsächlich aus Schiefer, Gneis und Granit bestehende Faltengebirge besitzt eine ungleichmäßige Abdachung. Die französische Seite der Pyrenäen, die etwa ein Drittel der Fläche umfasst, ist waldreich und fruchtbar, steigt aber relativ steil an. Auf der spanischen Seite ist die Erhebung des Gebirges sanfter. Weitläufiges Macchiengestrüpp und Heidelandschaften bestimmen das Bild, die seit Jahrhunderten ideale Sommerweiden für Schaf- und Ziegenherden abgeben. Der westliche Teil der Pyrenäen besitzt eher Mittelgebirgscharakter, diese Region wurde früher beinahe ganzjährig von Wanderhirten durchstreift. Heute sind die Pyrenäen gut erschlossen und dementsprechend dicht besiedelt. Neben vielen kleinen Dörfern haben sich auch zahlreiche Industriebetriebe angesiedelt, die Eisen, Kupfer und Silber abbauen oder weiterverarbeiten. Die fortschreitende Besiedlung einerseits und starke Bejagung andererseits haben Beutegreifer in den Pyrenäen selten werden lassen. Eine wirkliche Bedrohung der

---

[1] Spanisch: Pirineos, Französisch: Pyrénées

233

Schaf- und Ziegenherden durch Wölfe, Raubkatzen und Bären liegt heute nicht mehr vor. So hat sich der Herdenschutzhund der Region allmählich von einem Gebrauchs- zu einem Familienhund entwickelt. In Frankreich und Spanien sind Pyrenäenberghunde heute nur noch vereinzelt im Herdenschutzdienst anzutreffen, der Patou besitzt zunehmend Haustierstatus und lebt in Familien oder auf Bauernhöfen.

Die Veränderung der Lebens- und Haltungsbedingungen hat die Rasse Pyrenäenberghund in zwei sehr unterschiedliche Gruppen gespalten: die Arbeitshunde auf der einen und die Hunde der Schauzüchter und Familienhundezuchten auf der anderen Seite. Bei keiner anderen Herdenschutzhundrasse ist der Unterschied zwischen beiden Gruppen so augenfällig wie beim Pyrenäenberghund. Die wenigen aktiven Herdenschutzhunde französischer und amerikanischer Zuchten besitzen eine sehr hohe Grundschärfe, die der eines Kaukasischen Owtscharka oder Šarplaninač nicht im Geringsten nachsteht. Auch die territoriale Bindung der Hunde und ihre Abneigung gegen fremde Menschen sind ebenfalls sehr stark ausgeprägt. Anders verhält es sich bei Hunden aus Zuchtlinien, die bereits seit vielen Generationen nicht mehr im Herdenschutzdienst eingesetzt werden. Diese Pyrenäenberghunde zeichnen sich durch eine

Pyrenäenberghund mit dunkelgrauen, nahezu schwarzen Abzeichen an Kopf und Körper.

stark reduzierte Aggressionsbereitschaft, unproblematisches Verhalten
bei fremden Menschen und insgesamt
eine deutlich erhöhte Umgänglichkeit
in allen Lebenssituationen aus. Durch
die uneinheitliche Entwicklung der
Rasse in den vergangenen Jahrzehnten
ist eine große Bandbreite bei den
Wesenstypen des Pyrenäenberghundes
entstanden. Aussagen über typische
Merkmale und Verhaltensweisen der
Hunde werden dadurch erschwert, ja
teilweise sogar völlig unmöglich
gemacht. Ich habe Pyrenäenberghunde kennen gelernt, die ausgesprochen friedlich, zugänglich und freundlich zu jedermann waren, regelrechte

Durch ihre Unterwolle sind Pyrenäenberghunde
bestens an das Leben im Gebirge angepasst.

„Schäfchen" mit dem Gemüt eines Bernhardiners oder Neufundländers. Andere
hingegen besaßen die Eigenschaften eines typischen Herdenschutzhundes, mit
auf höchstem Niveau angesiedelter Verteidigungs- und Aggressionsbereitschaft.
Menschen traten diese Hunde ebenfalls sehr ablehnend entgegen – Eigenschaften,
die für das Gros der Pyrenäenberghunde wirklich nicht typisch sind.

Auch die Untersuchung über das Verhalten von Herdenschutzhunden hat
diese Erfahrungen bestätigt. Pyrenäenberghunde finden sich bei Aggressions-
und Verteidigungsbereitschaft sowohl am oberen als auch am unteren Ende. Um
eine objektive Bewertung der Ergebnisse vornehmen zu können, habe ich die
Antworten der Hundebesitzer bei den Fragen, die auf die Aggressivität ihres
Hundes abzielten, in ein Punktesystem übernommen. Dabei wurde bei den Fragen 9 bis 15 den Antworten jeweils eine Punktzahl zugeordnet, die desto höher
ist, je aggressiver der Hund in der gegebenen Situation reagiert hat. Die Ergebnisse der einzelnen Fragen wurden schließlich addiert. Der höchste Wert von
215 Punkten wurde jeweils von einem Pyrenäenberghund und einem Komon-
dor-Rüden erreicht, gefolgt von zwei weiteren Pyrenäenberghunden mit 195
und 190 Punkten. Auch am unteren Ende der Punkteskala findet sich eine deutliche Häufung der Pyrenäenberghunde, gleich sieben Exemplare erreichten zwischen 25 und 60 Punkte, ein für Herdenschutzhunde ungewöhnlich niedriger
Wert, der von der Mehrheit der Deutschen Schäferhunde deutlich übertroffen
würde. Zwei weitere interessante Ergebnisse hat die Befragung der Hundehalter
der Pyrenäenberghunde zutage gefördert. Einerlei wie hoch das Aggressionspotential der untersuchten Hunde war, mit Artgenossen kommen beide
Geschlechter offensichtlich bestens zurecht. Selbst wenn fremde Hunde das

Der Farbschlag „rein weiß" ist begehrt, aber selten.

bewachte Territorium betraten, reagierte die deutliche Mehrheit der Pyrenäenberghunde bei weitem nicht so abweisend wie der Durchschnitt der Herdenschutzhunde. Genau umgekehrt verhielten sich die Antworten bei der Frage, wie der Hund auf Territoriumsverletzungen fremder Nutztiere reagieren würde (Frage 14). Hier erreichten die Pyrenäenberghunde unter allen Rassen die höchsten Aggressionswerte und griffen erstaunlich oft ohne Vorwarnung an. Dies ist vor allem deshalb bemerkenswert, weil man dieses Verhalten häufig dem Kaukasischen Owtscharka, allenfalls noch dem Kangal unterstellt und niemand vermutet hätte, dass Pyrenäenberghunde in dieser Disziplin fast die Werte der Spitzenreiter erreichen würden.

Es geht bei diesen Betrachtungen über Wesenseigenschaften und Verhalten nicht darum, die eine oder andere Gruppe innerhalb der Rasse Pyrenäenberghund zu favorisieren, es geht lediglich darum, die erstaunliche Bandbreite aufzuzeigen. Wird man mit einem fremden Pyrenäenberghund konfrontiert, muss man zunächst einmal herausfinden, welcher der beiden Gruppen dieser spezielle Hund zuzurechnen ist. Das Wissen um die Bandbreite dieser Rasse ist nicht nur für Hundeausbilder und Tierärzte wichtig, sondern vor allem für diejenigen, die den Einsatz von Herdenschutzhunden planen und mit der Auswahl geeigneter Hunde betraut sind. Anhand von Äußerlichkeiten lassen sich Einteilungen in eine der beiden Gruppen nicht zuverlässig vornehmen, obwohl man häufig beobachten kann, dass die Hunde der Arbeitszuchten einen schlankeren, leichteren Körperbau aufweisen als die Hunde der Schauzuchten. Betrachtet man die rund 100 Jahre alten Zeichnungen des Pyrenäenberghundes von Strebel, Himburg oder Bylandt, sieht man durchweg einen schlanken, groß gewachsenen und sogar etwas hochbeinigen Hund. Der Unterschied zu Kuvasz, Podhalaner und Slovenský Čuvač scheint zu dieser Zeit noch marginal gewesen zu sein. Der erste Zuchtstandard für den Pyrenäenberghund stammt aus dem Jahr 1907, wurde aber bereits 1923 überarbeitet und erheblich modifiziert. Schon seit etwa 1860 gab es erste Rassebeschreibungen und Zuchtversuche, die aber keine gemeinsame Zielsetzung erkennen ließen und lediglich zur Entstehung regionaler Schläge geführt haben dürften.

In den letzten Jahrzehnten erfolgt die Zucht des Pyrenäenberghundes unter dem Standard der F.C.I., die diese Rasse unter der Nummer 137 in der Gruppe 2 registriert hat. Unübersehbar ist die jahrelange Tendenz, immer größere und massigere Hunde zu züchten. Vor allem bei Schauzüchtern scheint die Maxime „Masse statt Klasse" zu heißen. Der französische Kynologe Douillard hat schon vor Jahren in seinem Werk „Chiens 2000" auf die gefährliche Fehlentwicklung bei der Zuchtauswahl der Pyrenäenberghunde aufmerksam gemacht. Wörtlich schreibt Douillard: *„Züchter, verwechselt die Hunde nicht mit Mastochsen"* und mahnt an, die Rasse durch Gigantomanie nicht noch weiter von ihrer Ursprünglichkeit zu entfernen. Hunde mit 90 Kilogramm sind eindeutig zu schwer, befindet der französische Kenner und spricht vielen Freunden der Pyrenäenberghunde damit aus dem Herzen. Nicht wenige Hunde der heutigen Zuchten schleppen sich mit ihrem massigen Körper ab, der Gang dieser Tiere ist selbst für einen erklärten Hundefreund nur noch als „watschelnd" zu bezeichnen. Genauso unverständlich wie die fatale Steigerung der Körpermasse ist die Forderung des Zuchtstandards nach doppelten Afterkrallen. Sie sind nur überflüssig, weil sie keine Funktion besitzen, und können den Hund behindern. Afterkrallen reißen oft ein und verursachen dem Hund Schmerzen, zum Beispiel, wenn sich die Klauen der Hinterläufe ineinander verhaken oder beim Spielen an Sträuchern und Ästen hängen bleiben. Frühzeitig lernt der Hund, seine Hinterläufe so zu

Neun Monate alter Pyrenäenberghund-Rüde mit weit über 80 cm Widerristhöhe aus einer Arbeitszucht. Der Vergleich mit der liegenden Kangal Mischlingshündin mit immerhin 65 cm Schulterhöhe und 35 kg Gewicht zeigt das Größenverhältnis.

237

setzen, dass er sich mit den Afterkrallen keine Verletzungen zufügt. Die Folgen sind eine wenig ästhetische, kuhhessige Stellung der Hinterläufe und nach außen weisende Hinterpfoten. Das Gangwerk der Hunde wird dadurch spürbar in Mitleidenschaft gezogen und die Entwicklung des „Watschelgangs" zusätzlich gefördert. Etwas Schönes ist weder am so erzeugten Bewegungsablauf noch an den doppelten Afterkrallen selbst erkennbar. Im Sinne der Tiere und der ganzen Rasse ist zu wünschen, dass die entsprechenden Passagen im Zuchtstandard alsbald revidiert werden, im Einzelfall entschieden werden darf, ob die Krallen entfernt werden, und Hunde mit entfernten Afterkrallen keine Abwertungen mehr hinnehmen müssen.

Im 19. Jahrhundert gab es den Namen Pyrenäenberghund noch nicht, zu dieser Zeit bezeichnete man die Herdenschutzhunde der Region noch als Pyrenäen-Wolfshunde [Dalziel, 1888; Albrecht, 1903]. Diese Bezeichnung ist ein Hinweis auf ihre Aufgaben, nämlich den Kampf gegen die Wölfe und die Verteidigung der Herden. In manchen Publikationen wird der Ausdruck „Wolfshund" als Fingerzeig gedeutet, der Pyrenäenberghund könne vielleicht in direkter Linie von den Wölfen der Region abstammen. Dass dem nicht so ist, dürfte heute unstrittig sein, aber ganz verschwunden sind die Märchen rund um den Pyrenäenberghund noch immer nicht. Etwa um 1905 taucht der Name Pyrenäenberghund fast gleichzeitig in Veröffentlichungen von Strebel und Studer auf. Eine andere Variante über die Abstammung des Pyrenäenberghundes, die freilich auch keinen größeren Wahrheitsgehalt besitzt, bezeichnet die Rasse als direkte Abkömmlinge der Tibet-Dogge. Vor allem in französischen Publikationen ist diese Version noch heute häufig zu finden, obwohl schon Studer, Strebel und Hilzheimer, jeweils für sich, diese Version vor über 70 Jahren mit unterschiedlichen Argumenten und Betrachtungsweisen widerlegt haben. Hilzheimer hat die noch immer gültige These aufgestellt, dass die Ausbreitung der weißen Herdenschutzhunde entlang des Mittelmeeres hauptsächlich den Römern zu verdanken sei. Dass die Abstammung der Herdenschutzhunde von der ominösen Tibet-Dogge unwahrscheinlich ist, habe ich bereits am Beginn des Buches geschildert. Gerade am Beispiel der Pyrenäenberghundes lässt sich ein weiteres Argument ins Feld führen: Wenn der Pyrenäenberghund ein direkter Nachkomme dieser antiken Rasse wäre, wie könnte die Entstehung der weißen Färbung erklärt werden? Alle Beschreibungen der Herdenschutzhunde Tibets weisen auf schwarze und bräunlich gefärbte Hunde hin; nirgendwo ist bisher ein Hinweis auf helle Hunde molosoiden Typs in Tibet oder Nepal gefunden worden. Völlig absurd ist in diesem Zusammenhang die These, das schwarze Deckhaar der Tibet-Dogge habe sich unter dem Einfluss des milden Mittelmeerklimas hell gefärbt, wie einige Autoren behaupten. Zum Einen lassen sich keinerlei Beweise für Farbveränderungen des Deckhaars durch klimatische Einflüsse finden, zum Anderen dürften die Hunde in den Gebirgsregionen der Pyrenäen vom milden Mittelmeerklima weitgehend verschont geblieben sein.

Die ältesten Erwähnungen, bei denen es sich unzweifelhaft um Vorfahren der heutigen Pyrenäenberghunde handelt, stammen aus dem 17. Jahrhundert. In den Geschichtsbüchern ist nachzulesen, dass König Ludwig XIV. im Jahr 1675 von einer Kur in Barège einen acht Monate alten „Patou" nach Paris mitnahm. Dort erregte der große, weiße Hund beträchtliches Aufsehen, und von Stund an galt es unter den Pariser Adligen als schick, die Wolfshunde der Pyrenäen zu halten. Viele Adlige, Reiche und Leute, die einfach „dazugehören" wollten, beschafften sich in den folgenden Jahren Herdenschutzhunde aus den Pyrenäen und brachten sie in die Metropolen des Landes. Bis zur Französischen Revolution wurden Pyrenäenberghunde an den Höfen der Mächtigen gehalten. Die Trennung zwischen Arbeitszuchten und Familienhundezuchten hat bei dieser Rasse also sehr viel früher begonnen als bei allen anderen Herdenschutzhundrassen und kann als Erklärung für das Auftreten völlig unterschiedlicher Wesenstypen dienen.

Betrachtet man das in Hundebüchern veröffentlichte Bildmaterial über den Pyrenäenberghund, könnte man zu dem Schluss kommen, die Rasse sei weitgehend homogen und alle Hunde besäßen nahezu identisches Aussehen. Tatsächlich wird ein Typ des Pyrenäenberghundes fast überall in den Vordergrund gerückt und die Variabilität der Rasse kann sich dem Betrachter nicht erschließen. Natürlich handelt es sich dabei um den Hundetyp mit schwerem Körperbau und langem Deckhaar, der von den in der F.C.I. organisierten Verbänden

Pyrenäenberghündin mit Welpen.

und deren Zuchtstandard favorisiert wird. Dies darf aber nicht darüber hinwegtäuschen, dass Arbeitszuchten auch heute noch Hunde mit anderem Erscheinungsbild hervorbringen. Dieser Typ des Pyrenäenberghundes ist hochbeinig,
schlank und geschmeidig, aber überaus kräftig und mit üppigen Muskeln versehen. Viele dieser Hunde besitzen breite, kräftige Schädel, die ihnen unübersehbare Ähnlichkeit mit Eisbären verleihen. In Abhängigkeit von den klimatischen
Bedingungen kommen auch kurze Fellvarianten vor. Alle diese Merkmale sind
durch den Zuchtstandard der F.C.I. nicht gedeckt, der „Deckhaar mittlerer
Länge" und einen schmaleren Kopf vorschreibt. Der augenfälligste Unterschied
ist jedoch der Körperbau der Hunde, vor allem bei Betrachtung der Silhouette
wird die Verschiedenheit beider Typen deutlich. Es gibt keinen Zweifel daran,
dass ein Pyrenäenberghund aus einer solchen Arbeitszucht bei einer Hundeausstellung „wegen schwerer Mängel" selbst dann disqualifiziert werden würde,
wenn man gültige Papiere für diesen Hund vorlegen könnte.

Werfen wir einen Blick auf den Patou, sowie er gemäß des F.C.I.-Zuchtstandards
heute gezüchtet wird. Das Deckhaar der Hunde ist von weißer Grundfarbe,
einige graue oder gelbliche Abzeichen an Kopf, Ohren und Rutenansatz sind
erwünscht. Vor allem Hunde mit grauen Marken sind sehr begehrt – der Zuchtstandard spricht von dachsgrauer Farbe. Einige weitere Abzeichen gleicher Farbe
am Körper gelten nicht als Fehler. Das Haar ist dicht, glatt und von mittlerer
Länge. Rute, Hals und die Hinterseiten der Oberschenkel sind mit längeren
Haaren besetzt, die im Gegensatz zur glatten Körperbehaarung wellig liegen dürfen. Nasenspiegel und alle sichtbaren Schleimhäute müssen schwarz pigmentiert
sein – fehlende oder zu schwache Pigmentierung der Nase, der Augenlieder oder
des Gaumens gilt als Fehler. Der Kopf, so ist im Rassestandard und jeder inter-
pretierten Version nachzulesen, solle dem eines Bären ähneln. Weiterhin schreibt
der Rassestandard vor, die Augen der Hunde sollen eher klein erscheinen, bern-
steinfarbene bis dunkelbraune Färbung besitzen und *„im Ausdruck klug und
nachdenklich sein"* [Eisenschmidt, 1995]. Schönheit, wie gesagt, liegt immer im
Auge des Betrachters. Die Größe der Hunde gemäß Zuchtstandard liegt zwischen 70 und 80 Zentimeter für Rüden und zwischen 65 und 72 Zentimeter für
Hündinnen. Sogar Gewichtsangaben werden gemacht, die allerdings mit 45 bis
55 Kilogramm erstaunlich niedrig angesetzt sind und von vielen Rüden deutlich
überboten werden. Realistischerweise kann man für eine Hündin etwa einen
Zentner veranschlagen, für einen kräftigen Rüden ungefähr 60 Kilogramm.
Obwohl heute nicht mehr versucht wird, Pyrenäenberghunde mit Statur und
Gewicht der Mastín Español zu züchten, kommen auch deutlich größere und
schwerere Exemplare vor.

Das Temperament der Pyrenäenberghunde ist weder träge noch übermäßig
lebhaft. Die Hunde vermitteln den Eindruck gelassen und selbstsicher in sich zu
ruhen. Bei Freude oder im Spiel können sie ausgelassen toben, zumeist bewegen

sie sich aber gemächlich (der Zuchtstandard nennt es majestätisch). Über das Wesen der Pyrenäenberghunde lässt sich nur Gutes berichten. Von allen Herdenschutzhunden besitzt er zweifellos das geringste Aggressionspotential, tritt Fremden mit freundlicher Zurückhaltung, aber niemals grundlos aggressiv gegenüber. Pyrenäenberghunde sind überdurchschnittlich verträglich mit Artgenossen und anderen Haustieren. Ihren Bezugspersonen sind sie liebevoll ergeben und auch in einen Familienverband fügt sich der Hund in der Regel gut ein. Von allen Herdenschutzhunden hat der Pyrenäenberghund nicht zuletzt aufgrund dieser Eigenschaften mit die weiteste Verbreitung erreicht. In Deutschland gibt es bereits seit vielen Jahrzehnten eine eingeschworene Gruppe von Haltern und Züchtern dieser Rasse, die Tendenz ist weiterhin leicht steigend. In den letzten Jahren sind die Populationen dieser Hunde vor allem in den Niederlanden und in Nordamerika kräftig gewachsen. Betreut wird der Pyrenäenberghund in Deutschland vom Klub für Ungarische Hirtenhunde e.V., was auf den ersten Blick befremdlich erscheinen mag, aber seine Wurzeln in den Vorlieben der Gründer dieses Klubs vor immerhin rund 80 Jahren hat. Der Klub für Ungarische Hirtenhunde hat den Pyrenäenberghund in dieser Zeit engagiert und kompetent vertreten und der Rasse ein durchweg positives Image verschafft.

Viele Hundefreunde kommen aufgrund der gefälligen Erscheinung und des liebenswerten Wesens zu einem Pyrenäenberghund, ohne sich über die traditionellen Aufgaben dieser Hunde im Klaren zu sein. Allen züchterischen Eingriffen zum Trotz kann auch der Pyrenäenberghund aus einer Familienhundezucht die Eigenschaften eines Herdenschutzhundes nicht völlig verhehlen. Selbständigkeit und Eigensinn dieser Hunde ragen noch immer weit über den Durchschnitt hinaus und können unerfahrene Hundebesitzer vor Probleme stellen. Es ist nicht negativ gemeint, wenn ich sage, dass gerade Pyrenäenberghunde „bockstur" sein können und nichts unversucht lassen, um ihren Kopf durchzusetzen. Mein Rüde „Cosmo", der allerdings aus einer Arbeitszucht stammte und bei einer Zuchtschau noch nicht einmal auf dem Parkplatz geduldet worden wäre, hat mir gerade in Sachen „Sturheit" einige aufschlussreiche Lektionen erteilt. Auf Spaziergängen blieb Cosmo unvermittelt stehen oder legte sich hin und war weder mit gutem Zureden, Locken, Meckern oder Schimpfen zum Weitergehen zu bewegen. Angebotene Leckerchen strafte Cosmo mit aller Verachtung, zu der ein Hund fähig ist, und drehte seinen Kopf demonstrativ in die andere Richtung. Anfänglich hatte ich die Befürchtung, es könne einen klinischen Befund geben, und der Hund würde nur versuchen, Schmerzen zu vermeiden oder sich zu schonen. Nachdem alle diese Möglichkeiten ausgeschlossen waren und einige Hundertmarkscheine beim Tierarzt den Besitzer gewechselt hatten, stand fest, dass Cosmo mit mir eine Rangordnungsdebatte führte. „Chef ist, wer festlegen darf, wann eine Pause gemacht wird und wann nicht", muss wohl die Überlegung des Hundes gewesen sein. Nun war guter Rat teuer, denn auf jede Form von Gewaltanwendung wollte ich unter allen Umständen verzichten. Bei der nächsten Gelegenheit, Cosmo hatte es sich bei einem Waldspaziergang wieder einmal „gemütlich" gemacht, hob ich den Hund kommentarlos auf den Arm und trug ihn wie ein Schoßhündchen durch die Gegend. Bei einem zehn Monate alten Pyrenäenberghund-Rüden mit immerhin schon 58 Kilogramm Körpergewicht kein leichtes Unterfangen. Unter Aufbietung der letzten Willensreserven trug ich den Hund über eine Strecke von gut 200 Metern. Schweißgebadet, versteht sich. Die Wirkung indes war geradezu dramatisch. Niemals zuvor und nie wieder danach habe ich einen dermaßen verblüfften Hund gesehen. Cosmo war verunsichert, wusste nicht, wie er mit dieser Situation umgehen sollte und blieb völlig passiv. Lange Rede, kurzer Sinn: Nie wieder blieb Cosmo demonstrativ liegen, wenn ich ihn zu mir rief. Die einmalige Erfahrung, von „Herrchen" auf den Armen getragen werden zu können, hatte ihn ein für alle Mal von sämtlichen Rangordnungsdebatten geheilt. Zur Nachahmung sei diese „Erziehungsmethode" dennoch nicht empfohlen, und ich übernehme ausdrücklich keine Verantwortung für Bandscheibenschäden oder einen deftigen Hexenschuss!

Selbstverständlich beschränkt sich die Verbreitung des Herdenschutzhundes der Pyrenäen nicht auf den französischen Teil. Die Herdenschutzhunde der spanischen Seite der Pyrenäen heißen „Mastín de los Pirineos" und sind unter der Registriernummer 91, Gruppe 2.2 ebenfalls von der F.C.I. als eigenständige Rasse anerkannt. Beide Hunde besitzen auch heute noch große Ähnlichkeit, und sind, wenn sie aus Arbeitszuchten stammen, meist nicht auf den ersten Blick der einen oder anderen Rasse zuzuordnen. Viele Mastín de los Pirineos haben mehr und größere dunkelgraue Abzeichen als Pyrenäenberghunde, einen etwas massigeren Schädel und eine ausgeprägtere Kehlwamme. Als verlässliches Unterscheidungsmerkmal taugt freilich keine dieser Eigenschaften, da sie bei regionalen Schlägen beider Rassen mehr oder weniger akzentuiert auftreten können und die Übergänge fließend sind. Die Frage, welcher der beiden Hunde mehr und welcher weniger dunkle Abzeichen besitzen solle oder tatsächlich besitzt, hat schon zu manchem Streit unter Kynologen geführt. Objektive Kriterien lassen sich kaum definieren und allgemeingültige Aussagen über Rassezugehörigkeit aufgrund von Fellzeichnungen sind ohnehin höchst problematisch.

Körperbau, Größe, Masse und die Länge des Deckhaars sind bei beiden Rassen in etwa gleich. Der Mastín de los Pirineos zeigt in einigen Punkten gewisse Ähnlichkeiten mit dem Mastín Español, zum Beispiel bei den stärker hängenden Lefzen des Oberkiefers und bei den im Vergleich zum Pyrenäenberghund nicht so eng anliegenden Augenlidern. Auch die Haltung der Rute kann unterschiedlich sein. Viele Pyrenäenberghunde stellen die Rute bei Erregung haken- oder ringförmig über dem Rücken auf, der Mastín de los Pirineos hebt seine leicht gebogene Rute nur wenig über Rückenhöhe und zeigt auch in diesem Punkt Ähnlichkeit mit dem Mastín Español. Im Gegensatz zum Pyrenäenberghund kann der Mastín de los Pirineos nicht auf eine Vergangenheit als „Hund der Adligen" zurückblicken, sondern war stets Begleiter der Hirten und Beschützer der Herden. Die Anpassung dieser Hunde an haustiertypische Haltungsbedingungen ist daher zweifellos geringer, obwohl Mastín de los Pirineos zwar in geringer Zahl, aber mit zunehmender Tendenz auch für Schauzwecke gezüchtet werden.

18.1. Das Wichtigste aus dem Zuchtstandard des Pyrenäenberghundes

Weitere Namen:	Great Pyrenee (USA, GB), Patou (F)
Herkunftsland:	Frankreich
Verwendung:	Herdenschutzhund, Territoriumswächter
F.C.I.-Nummer:	137, Gruppe 2.2
Standard gültig seit:	1907, mehrfach verändert, letzte Fassung 1989

Erscheinung: Die Gesamterscheinung zeigt einen Hund von bedeutender Größe und majestätischer Haltung. Er ist stark gebaut und von kräftiger Statur, besitzt aber gleichzeitig eine gewisse Eleganz.

Kopf: Nicht zu groß im Verhältnis zum Körper. Die Seiten des Kopfes sind ziemlich flach, die Schädelkapsel oval und nicht zu deutlich gerundet, mit mäßig tiefer Mittelfurche. Die Profillinien des Kopfes gehen allmählich in den breiten, kräftigen Fang über. Der Fang soll von guter Länge sein und sich zur Nase hin nur leicht verjüngen. Die Lefzen des Oberkiefers sind nur so weit überhängend, dass sie gerade noch den Unterkiefer bedecken. Die Lefzen sollen, wie alle anderen sichtbaren Schleimhäute auch, dunkel pigmentiert sein und schwarz oder zumindest gefleckt erscheinen. Gaumen und Nasenspiegel müssen schwarz sein. Der gesamte Schädel soll dem eines Bären ähneln.

Ohren: Die Ohren sind klein, dreieckig, in Augenhöhe angesetzt und am Kopf herabhängend. Sie sollen sich von der weißen Grundfarbe des Hundes durch eine dunkelbraune bis schwarze Tönung eindeutig abheben.

Augen: Klein, leicht schräg stehend mit lebhaftem Ausdruck, dunkelbraun bis bernsteinfarben. Schwarze, eng anliegende Augenlider.

Hals: Kräftig und stabil, von mittlerer Länge, mit nur gering entwickelter Kehlwamme.

Schulter: Mittelmäßig schräg, Widerrist stark entwickelt und sehr muskulös.

Rumpf: Breite und tiefe Brust. Die Seiten des Brustkorbes sollen nur mäßige Wölbung aufweisen. Breiter, straffer Rücken guter Länge. Die Kruppe etwas schräg, mit leicht gewölbten Lenden. Die Flanken nur geringfügig aufgezogen.

Läufe: Die geraden, kräftigen Vorderläufe müssen deutliche Befederung zeigen. Hinterläufe ebenfalls stark befedert. Die Schenkel sollen harmonisch gerundet sein und nicht zu weit herabreichen. An den Hinterläufen doppelte Afterklauen, die nicht entfernt werden sollen.

Pfoten: Kurz, geschlossen, mit ein wenig gewölbten Zehen.

Rute: Über die gesamte Länge mit dichtem Haar besetzt. Im Ruhezustand niedrig getragen, dabei im letzten Drittel hakenförmig. In Erregungszuständen wird die Rute als Ring über dem Rücken getragen.

Haar: Gerades, dichtes Deckhaar mittlerer Länge. Im Bereich von Hals und Rute üppiger als am Körper. Unterfell dicht und gut entwickelt.

Farben: Weiß, auch mit grauen oder fahlgelben Abzeichen oder gänzlich dachsgrau. Fahlgelbe und/oder eisengraue bis schwarze Abzeichen an Kopf, Ohren und Rutenansatz. Abzeichen auf dem Rumpf gelten nicht als Fehler.

Größe: Hündinnen 65 bis 72 Zentimeter, Rüden 70 bis 80 Zentimeter.

Gewicht: Zwischen 45 und 55 Kilogramm.

Fehler: Plumper oder zu großer Schädel, runde Stirn, zu ausgeprägter Stop. Zahnschmelzdefekte, verfärbte Zähne, Über- oder Unterbiss. Runde, zu helle oder hervorstehende Augen, Entropium, Ektropium. Nicht oder nicht ausreichend pigmentierte Augenlider, helle oder fleckige Nase, unzureichende Pigmentierung der Schleimhäute. Zu weite, hängende Lefzen. Nicht glatt am Kopf anliegende Ohren. Schüttere Behaarung oder schwach entwickeltes Unterfell. Dünn behaarte oder falsch getragene Rute. Zu kurzes, zu welliges oder gekräuseltes Deckhaar. Abweichende Farben. Alle Merkmale, die auf Einkreuzung anderer Rassen schließen lassen. Unterschreiten der Mindestgrößen oder Mindestgewichte. Fehlen der Afterklauen an den Hinterläufen.

19. Šarplaninač

Der Šarplaninač (Plural: Šarplaniči) ist schon als jugoslawischer Herdenschutzhund bekannt geworden, bevor dieser Vielvölkerstaat in zahlreiche Teilrepubliken zerfallen ist. Tatsächlich jedoch ist der Šarplaninač niemals ein Hund der ganzen Republik Jugoslawien gewesen, sondern wurde und wird fast ausschließlich von Serben, Kosovaren, Makedoniern und Montenegrinern gehalten. Das ursprüngliche Verbreitungsgebiet dieser Rasse ist das Šar-Planina-Gebirge im Süden Ex-Jugoslawiens, das einen Teil der Grenze zwischen Serbien und Makedonien bildet. Im Norden und Nordosten erstrecken sich Ausläufer des Šar-Planina-Gebirges durch den Kosovo und streifen Montenegro und Albanien. Diese Bergregion, die der Hunderasse auch ihren Namen gegeben hat, ist die Heimat des bekanntesten Herdenschutzhundes der Balkanhalbinsel: des Šarplaninač.

Seit Jahrhunderten werden von der Bevölkerung dieser Regionen Schaf- und Ziegenherden gehalten. Das Šar-Planina-Gebirge bietet dafür ideale Bedingungen. An den zahllosen sanft ansteigenden Berghängen findet sich eine üppige Vegetation mit saftigen Wiesen und ausgedehnten Wäldern. Aus den Tälern ziehen die Hirten im Frühjahr mit ihren Herden in die Berge und suchen mit ihren Schaf- und Ziegenherden fruchtbare Weideplätze auf. Nicht selten finden sich in der Šar-Planina-Region von Bergketten gesäumte Hochplateaus, auf denen die Schafherden das ganze Jahr über gehalten werden können. Die Zahl einheimischer Beutegreifer ist nicht eben gering, außer Wölfen und kleinen Schleichkatzen bedrohen auch Füchse, Marder und Bären die Herden. Der Einsatz von Herdenschutzhunden ist im Šar-Planina-Gebirge also nahe liegend, und seit unzähligen menschlichen Generationen werden die Hirten von starken und wachsamen Hunden begleitet. In den Wintermonaten, wenn sich räuberische Tierarten vom Hunger getrieben in die Nähe menschlicher Siedlungen wagen, schützen Šarplaniči Haus, Hof und Herden. In den Dörfern konnten sich die Hunde früher nur selten frei bewegen, zumeist wurden sie vor den Häusern an lange Ketten gelegt.

Ein ungefährer Zeitpunkt, wann Hunde in dieser Region erstmals zum Schutz der Herden eingesetzt wurden, lässt sich leider noch nicht einmal ansatzweise bestimmen. Der größte Teil der Geschichte des Šarplaninač ist nicht überliefert, und unsere Kenntnisse beschränken sich auf einige Jahrzehnte der jüngsten Vergangenheit. In Büchern und Artikeln über die Rasse ist gelegentlich zu lesen, der Šarplaninač stamme vom Wolf ab und lebe seit Zehntausenden von Jahren auf dem Balkan. Dem ersten Teil der Aussage ist im Grunde nicht zu widersprechen, da unzweifelhaft alle Hunde vom Wolf abstammen. Energisch zu widersprechen ist allerdings der Hypothese des österreichischen Kynologen Laska, der Šarplaninač würde in direkter Linie vom Wolf abstammen und habe sich eigenständig, also ohne jeden Austausch von Genen mit Hunden anderer Gebiete entwickelt. Diese gewagte These ist seit ihrer Veröffentlichung immer wieder abgeschrieben worden und findet sich leicht abgewandelt sogar noch in Büchern, die erst vor einigen Jahren erschienen sind. Natürlich ist auch die Zeitangabe „seit zehntausend Jahren" zurückzuweisen. Wenn wir die wenigen bekannten Daten über die Entstehung und Verbreitung von Herdenschutzhunden zugrunde legen und die Entwicklung in den benachbarten Gebieten berücksichtigen, dürfte die Geschichte der Šarplaniči zwischen 2000 und 3000 Jahre alt sein. Eine genauere Zeitangabe lässt sich beim besten Willen nicht machen.

Natürlich war der Šarplaninač den großen Kynologen des 20. Jahrhunderts nicht gänzlich entgangen. Wieder einmal war es Richard Strebel, der eine der ersten Beschreibungen dieser Rasse lieferte. Die Rassebezeichnung Šarplaninač existierte zur Zeit Strebels noch nicht, und er spricht 1905 noch vom „Istrianischen Schäferhund". Trotz aller Ausführlichkeit in den Beschreibungen Strebels wird nicht klar, ob er tatsächlich vom Typ des heutigen Šarplaninač spricht oder eher die etwas kleinere Variante des Kraški Ovčar (vgl. Kapitel 23) vor Augen hatte. Eine weitere Ungereimtheit ist die Aussage Strebels, der „Istrianer" besitze kurzes Deckhaar, sie offenbart eine weitere Diskrepanz zum Šarplaninač . Die erste offizielle Erwähnung der Rasse datiert aus dem Jahr 1939, als bei der F.C.I. ein „Illyrischer Schäferhund" registriert wurde. Ein Rassestandard wurde bei dieser Gelegenheit noch nicht hinterlegt, und wiederum ist unklar, ob sich die Registrierung auf den Šarplaninač oder den Kraški Ovčar bezogen hatte. In den Wirren des Zweiten Weltkrieges ging neben zahlreichen Dokumenten auch eine große Anzahl von Hunden verloren. Erst im Jahr 1956 wurde die Anerkennung der Rasse durch die F.C.I. erneut betrieben, und der große Herdenschutzhund des Balkans wurde ein Jahr später schließlich mit dem Namen „Jugoslawischer Hirtenhund – Šarplaninač" vom Weltverband unter der Registriernummer 41 anerkannt. Lange Zeit war die Ausfuhr von Šarplaniči aus Ex-Jugoslawien verboten, erst ab 1970 gestattete die jugoslawische Regierung in Einzelfällen den Verkauf der Hunde nach Westeuropa oder Amerika. Gegen harte Devisen versteht sich. In den folgenden Jahren schafften sich einige Enthusiasten aus Jugoslawien stammende Šarplaniči an. Sechs Jahre später schlossen sich die Freunde dieser Hunderasse im „Jugoslawischen Hirtenhunde Klub" zusammen und nahmen die Zucht dieser Rasse in Deutschland auf. Parallel zur Entwicklung in Deutschland begann die Verbreitung des Šarplaninač auch in anderen europäischen Ländern. Vor allem in Österreich, der Schweiz und den Niederlanden gibt es heute kleine Liebhaberzuchten.

Šarplaninač-Rüden erreichen mit durchschnittlich 70 Zentimeter Widerristhöhe nicht das Maß der groß wachsenden Herdenschutzhundrassen. Bezüglich der durchschnittlichen Größe macht der Zuchtstandard eine abweichende Angabe, was darauf zurückzuführen ist, dass diese Größenangabe aus älteren Versionen des Standards übernommen wurde, die Hunde im Laufe der Zeit aber etwas an Höhe zulegten. Die Steigerung des Größenwachstums war durchaus erwünscht, wie sich ebenfalls im Zuchtstandard nachlesen lässt. Die bereits angesprochenen 70 Zentimeter bei Rüden und etwa 66 Zentimeter bei Hündinnen sind gute Mittelwerte, die eine Mehrzahl der Hunde relativ genau erreicht. Größere Tiere kommen jedoch durchaus vor, wesentlich kleinere Hunde werden heutzutage zur Zucht so gut wie nie eingesetzt. Fast alle Fotos von Šarplaniči

Im Portrait dieses Rüden offenbart sich die ganze Schönheit dieser Hunderasse.

zeigen Hunde mit langem, eisengrauen Deckhaar, das von hellbeige bis schwarz alle denkbaren Grauschattierungen zeigt. Dabei gibt es zwischen den Farben kaum scharfe Abgrenzungen, sondern die Farbtöne gehen diffus und facettenreich ineinander über. Der Ausdruck „marmoriert" beschreibt die Farbverteilung an Kopf und Körper des Hundes am besten. Nur Unterschenkel und die Unterseite der Rute sind mit beigefarbenen Haaren besetzt. Über diesem sehr populären Typ des Šarplaninač wird eine zweite Farbvariante fast immer übersehen. Dieser zweite Farbschlag besitzt am gesamten Körper beigefarbenes Deckhaar mit schwarzen Haarspitzen, einige dunkel gefärbte Körperpartien und in der Regel auch eine schwarze Gesichtsmaske. Bei diesem Farbschlag können graue und schwarze, scharf oder unscharf abgegrenzte Abzeichen an Körper und Kopf vorhanden sein. Die Existenz dieser Farbvariante liefert einen Hinweis auf die Abstammung der Rasse, denn beide Farbschläge kommen unter allen anderen Herdenschutzhunden nur bei den Kaukasischen Owtscharki vor. Es ist kein Geheimnis, dass man sich in der Hundebranche keine Freunde mit dem Hinweis machen kann, die Rasse stamme von einer anderen, älteren und somit vielleicht sogar traditionsreicheren Hunderasse ab. Ich sehe das ärgerliche Stirnrunzeln der Šarplaninač-Freunde beim Schreiben dieser Zeilen geradewegs vor mir. Dennoch, und da besteht für mich kein Zweifel, gibt es neben der Existenz ähnlicher Farbschläge noch weitere Hinweise darauf, dass der Kaukasische Owtscharka einen Beitrag zum Genpool des Šarplaninač geleistet hat. Die räumliche Nähe beider Abstammungsgebiete lässt sowohl eine allmähliche Ausbreitung des Owtscharka nach Westen wie auch die Möglichkeit der wiederholten Kreuzung beider Hundetypen plausibel erscheinen. Keinesfalls ist der Šarplaninač jedoch aus einer Kreuzung des Kraški Ovčar mit dem Kaukasischen Owtscharka hervorgegangen! Die vorhandenen Farbschläge und die in der Mitte liegende Körpergröße geben dieser Theorie zwar eine durchaus plausible Komponente, aber alles spricht dafür, dass die Geschichte des Šarplaninač um einiges älter ist als die des Kraški Ovčar .

Die Ähnlichkeit zwischen Šarplaninač und manchen Kaukasischen Owtscharka beschränkt sich nicht auf die Färbung des Deckhaars. In manchen Fällen sind Šarplaninač aus allerbesten Zuchtlinien von einem bestimmten Typ des Steppenkaukasen selbst für Fachleute nicht unterscheidbar. Ein Blick in die Standards beider Rassen zeigt weitgehende Übereinstimmungen, wobei allerdings für Šarplaniči bei weitem nicht der Variantenreichtum zugelassen ist wie für die Owtscharki. Damit keine Missverständnisse entstehen, will ich nochmals betonen, dass wie auch immer geartete Gemeinsamkeiten zweier Rassen keinen der beteiligten Hunde „entwerten" – im Gegenteil.

Einen weiteren Hinweis auf Übereinstimmungen zwischen beiden Rassen erhielt ich durch Gespräche mit emigrierten Serben, Albanern und Kosovaren. Viele ehemalige Bauern des Šar-Planina-Gebirges sind mittlerweile ausgewandert und leben in Deutschland. Von diesen Menschen, die den Šarplaninač noch aus ihrer Heimat kennen, habe ich immer wieder gehört, die in Deutschland gezüchteten Hunde „würden nichts taugen", da sie zu klein, zu leicht und viel zu schmächtig seien. Unabhängig voneinander beschrieb dieser Personenkreises einen Hund, dessen Schulterhöhe ebenfalls rund 70 Zentimeter misst, aber eine mächtige Brust und einen breiten Rücken hat. Dadurch besitzen diese Hunde mehr Ähnlichkeit mit einem Bergkaukasen als mit dem hierzulande bekannten Typ des Šarplaninač. 70 Kilogramm, so versicherten die Bauern, bringe ein Rüde mindestens auf die Waage. Einige der Auswanderer präsentierten stolz alte Fotos ihrer Hunde. Spontan hätte ich den dort abgebildeten Hundetyp als Bergkaukasen angesprochen, aber meine Gesprächspartner bestanden darauf, dass die Fotos den „wirklichen", „echten" Šarplaninač der Gebirgsregionen zeigen. Leider befanden sich die über Jahre in Brieftaschen und Portemonnaies getragenen Bilder in einem Zustand, der einen Abdruck unmöglich macht. Nebenbei bemerkt: Ich teile die Auffassung nicht, dass ein Hund „nichts tauge", weil er eine andere Körperform oder Haarfarbe besitzt! Jedoch zeigt die Regelmäßigkeit, mit der diese Formulierung gebraucht wurde, dass es im Šar-Planina-Gebirge einen weiteren Schlag des Šarplaninač gibt, der dort hoch im Kurs steht und hierzulande so gut wie nie zu sehen ist.

Tatsächlich sind der grau-schwarz gezeichnete Typ des Kaukasischen Owtscharka und der Šarplaninač nicht leicht zu unterscheiden, und ich verweise wegen der Äußerlichkeiten auf die auszugsweise abgedruckten Rassestandards. Wenn man aufgrund der Erscheinung keine Möglichkeit hat, bei einem unbekannten Hund zu bestimmen, ob es sich um einen Kaukasen oder einen Šarplaninač handelt, hilft das Studium der Rassestandards oder das Vermessen des Kopfes und der Gliedmaßen in der Regel nicht. Ich würde daher empfehlen, einen Blick in den Fang des Hundes zu werfen. Anschließend sollte man die Stellung der Hinterläufe in Augenschein nehmen. Owtscharki besitzen in der Regel gerade, säulenartige Hinterläufe, die im Stand nahezu senkrecht stehen und keine erkennbaren Winkel aufweisen. Bei Šarplaniči hingegen ist im Stand ein deutlicher Winkel im Kniegelenk erkennbar. Besitzt der Hund also gerade Hinterläufe, aber für sein vermutetes Alter miserablen Zahnschmelz, stehen Sie mit hoher Wahrscheinlichkeit nicht vor einem Šarplaninač, sondern vor einem Kaukasischen Owtscharka. Letzte Sicherheit gewährt diese Methode freilich nicht.

Die etwas geringere Körpergröße des Šarplaninač gegenüber anderen Herdenschutzhundrassen darf nicht zu dem Schluss verleiten, den Hunden könne es an der notwendigen Qualifikation mangeln. Eher das Gegenteil ist richtig. Nach meinen Erfahrungen sind Šarplaninač von allen Herdenschutzhunden die kompromisslosesten und entschlossensten Bewacher ihres Territoriums. Fremde Menschen werden von diesen Hunden häufig eine Spur entschiedener abgelehnt

Šarplaninač-Hündin mit der seltenen Färbung „beige mit schwarzer Maske".

als von Mitgliedern anderer Herdenschutzhundrassen. Eindringlinge in das bewachte Territorium stellt der Šarplaninač mit großer Zuverlässigkeit, er gilt dabei als wenig ablenkbar und absolut unbestechlich. Wie bei allen Hunden sind die Stärken beim Šarplaninač auch gleichzeitig seine Schwächen. Mehr als bei anderen Herdenschutzhunden muss der Šarplaninač-Besitzer mit Abwehrhandlungen gegenüber Menschen rechnen, wenn diese das Misstrauen des Hundes erregt haben. Der Hundehalter muss bei Sozialisierung und Ausbildung dieser Rasse besondere Sorgfalt walten lassen, damit die Integration des erwachsenen Hundes in sein Lebensumfeld gewährleistet werden kann. Der auf höchstem Niveau entwickelte Schutztrieb muss bereits vom Welpenalter an kontrolliert werden. Verhaltensweisen, die sich im frühen Lebensabschnitt nur ansatzweise zeigen, werden deutlich hervortreten, wenn der Hund das Erwachsenenalter erreicht hat. Der Schutztrieb ist in vielen Fällen beim Junghund kaum feststellbar und wird bei Rüden manchmal erst im Alter von 18 Monaten erkennbar. Plötzlich ändert der Hund seine Verhaltensweisen, vor allem seine Position gegenüber Fremden. Hundebesitzer, die darauf nicht vorbereitet sind, können in dieser Lebensphase des Hundes ein paar Überraschungen erleben. Die Einübung defensiver Strategien ist für den Besitzer eines Šarplaninač-Welpen unverzichtbarer Teil der Ausbildung, dies gilt auch dann, wenn der Hund noch keinen ausgeprägten Schutztrieb erkennen lässt.

Neben dem Herdenschutzdienst war der Schutz seiner Familie seit jeher erklärte Aufgabe der Šarplaniči. Fast immer führten die Frauen in Makedonien oder dem Kosovo einen Šarplaninač mit sich, wenn sie zur Arbeit aufs Feld gingen. Mussten Kinder allein oder in Obhut der Großeltern auf dem Hof zurückbleiben, wurde auch ihre Sicherheit einem oder mehreren Hunden anvertraut. Jeder Fremde, der sich den Feldarbeitern oder gar dem bewachten Haus nähern wollte, wurde von den Šarplaniči schon in großer Entfernung gestellt und ohne Wenn und Aber vertrieben. Für seinen Besitzer ist der Šarplaninač ein zuverlässiger Gefährte, dessen Loyalität niemals in Frage steht. Ungeachtet aller Zuneigung möchte sich der Hund aber eine gewisse Distanz und Eigenständigkeit bewahren, die man ihm auch innerhalb akzeptabler Grenzen gewähren muss. Bereitwillige Unterordnung zeigt der Šarplaninač gegenüber seinen Bezugspersonen nicht, seine Einordnung in den Familienverband braucht viel Zeit und Geduld. Dabei soll für den Hund eine klare Hierarchie erkennbar sein, die auf natürlicher Autorität beruhen muss und nicht durch Schärfe oder Härte erzeugt werden darf. Ausbildungsmethoden, die Zwang ausüben, anstatt den Hund zum „Mitmachen" zu veranlassen, setzt der Šarplaninač seinen unbeugsamen Willen entgegen. Hat ein Hundebesitzer seinen Šarplaninač erst einmal zur Sturheit veranlasst oder diese geduldet, wird sich die weitere Einflussnahme auf den Hund immer schwieriger gestalten. Deshalb gilt für den Šarplaninač im Besonderen was für alle Herdenschutzhunde im Allgemeinen gilt: Erzeugen Sie schon mit dem Welpen tiefe Verbundenheit und Vertrautheit, integrieren Sie den Hund vollständig in Ihre Familie, aber stellen Sie dabei niemals Ihren Führungsanspruch zur Disposition. Aus dem Gesagten darf man nicht den Umkehrschluss ziehen, der Šarplaninač sei nicht oder im Verhältnis zu anderen Herdenschutzhunden nur schwer auszubilden. Lernwille und Lernbereitschaft dieser Hunde liegen im guten Mittelfeld, die Lernfähigkeit dagegen eindeutig im oberen Drittel. Jahrzehntelang wurden Šarplaniči in Ex-Jugoslawien bei Polizei und Militär als Diensthunde eingesetzt.

Als dieses Buch geschrieben wurde, war der Krieg im Kosovo schon lange beendet, und viele aus dem Kosovo vertriebene Menschen sind in ihre Heimat zurückgekehrt. Die Zerstörungen im Kosovo haben die schlimmsten Erwartungen übertroffen und auch vor Nutztierbeständen und Haustieren nicht Halt gemacht. Der größte Teil der als Herdenschutzhunde gehaltenen Šarplaniči im Kosovo wurde während des Krieges von der serbischen Armee oder von Mitgliedern der so genannten Sonderpolizei erschossen. Heute wissen wir, dass viele Herden geraubt wurden, nachdem man den Hirten und seine Hunde getötet hatte. War ein Abtransport des Nutzviehs nicht möglich, wurden oft auch Schafe, Rinder und Ziegen getötet, um die Lebensgrundlage der Kosovaren zu zerstören. Im Juli 1999 gab die Londoner Welt-Gemeinschaft zum Schutz der Tiere in Zusammenarbeit mit dem UNHCR erste Zahlen bekannt. Demnach gab es vor dem Ausbruch der Gewalt im Kosovo rund 700 000 Stück Vieh und etwa 150 000 Hunde. Die Verlustrate bei Nutztieren liegt nach ersten Schätzungen bei rund 60 %, bei Hunden sollen die Verluste bei mindestens 75 % liegen. Viele Herdenschutzhunde wurden tot aufgefunden; andere siechten mit Knochenbrüchen oder Schussverletzungen vor sich hin und mussten von ihrem Schicksal erlöst werden. Die Auswirkungen des Krieges auf die Gesamtpopulation der Šarplaniči in ihrem Abstammungsgebiet waren fatal. Viele alte Zuchtlinien sind vollständig verloren gegangen, und diese Verluste können auf Jahre nicht kompensiert werden. Es wird Jahrzehnte dauern, bis sich der Bestand von Herdenschutzhunden in dieser Region wieder einigermaßen erholt hat. Durch die Verbreitung des Šarplaninač über die halbe Welt und die zahlreichen Zuchten in Westeuropa und Amerika ist der Fortbestand der Rasse jedoch nicht in Gefahr.

Von Šarplaniči erzählt man sich das Märchen, die Hündinnen würden pro Wurf nur zwei oder drei Welpen gebären. Das ist falsch! Die Würfe können zahlenmäßig den gleichen Umfang besitzen wie bei allen anderen Hunderassen auch. Der Ursprung dieses Irrtums liegt in der Zuchtauswahl der Hirten begründet, die von jedem Wurf nur die zwei oder drei kräftigsten und gesündesten Welpen am Leben ließen. Mehr Hunde groß zu ziehen, als sie für den eigenen Bedarf benötigten, hätte für die Hirten einen unverhältnismäßigen Aufwand bedeutet und kostbare Ressourcen verschlungen.

Im Umgang mit Artgenossen unterscheidet sich der Šarplaninač nicht vom Gros der übrigen Herdenschutzhunde. Er ist weder besonders aggressiv oder dominant noch besonders zurückhaltend. Viele Züchter besitzen eine größere Gruppe dieser Hunde, ohne dass es zu ständigen Auseinandersetzungen kommt. Einzelne Tiere hingegen können miteinander dauerhaft unverträglich sein, sodass sie getrennt gehalten werden müssen. Bei Begegnungen mit fremden Hunden auf neutralem Gebiet ist der Šarplaninač in der Regel eher zurückhaltend und distanziert. Einige Rüden und Hündinnen sind allerdings unverbesserliche Raufer und müssen stets an der Leine geführt werden.

19.1. Das Wichtigste aus dem Zuchtstandard des Šarplaninač

Weitere Namen:	Illyrischer Schäferhund
Herkunftsland:	Ex-Jugoslawien
Verwendung:	Herdenschutzhund, Territoriumswächter, Schutzhund
F.C.I.-Nummer:	41, Gruppe 2.2
Standard gültig seit:	1998

Geschichte: Der Hirtenhund der Šar Planina ist eine alte jugoslawische Hunderasse und hauptsächlich in der südöstlichen Bergregion (Šar Planina) beheimatet. Heute wird diese Rasse im gesamten Gebiet Ex-Jugoslawiens gezüchtet. Unter dem Namen Illyrischer Schäferhund ist der Šarplaninač (Plural Šarplaniči) seit 1939 bei der F.C.I. registriert (Reg.-Nr. 41). Auf Antrag des jugoslawischen Hundeverbandes wurde der Name 1957 von der F.C.I. in „Jugoslawischer Hirtenhund – Šarplaninač" geändert. Über seine ursprüngliche Abstammung kann nur spekuliert werden. Höchstwahrscheinlich führten Völker auf der Wanderung von Asien nach Europa Hunde dieses Typs bei ihren Herden mit sich. Wie auch immer, im vorgenannten Gebiet ist der Hund unverändert erhalten geblieben.

Da die Herdenhaltung von Schafen noch immer eine große Rolle spielt, ist der Šarplaninač nach wie vor ein unverzichtbarer Beschützer vor Angriffen wilder Tiere.

Allgemeines: Kräftiger, muskelstarker Hund von überdurchschnittlicher Größe und harmonischem Körperbau. Das lange, dicke und derbe Deckfell verstärkt den kompakten Eindruck zusätzlich. Die Hunde müssen über eine widerstandsfähige Konstitution verfügen. Sie sind von ruhigem Temperament und ausgeglichen, aber mit einem starken Schutz- und Wachtrieb ausgestattet. Die Hinwendung zu ihrem Besitzer ist unverbrüchlich.

Körperhöhe: Die durchschnittliche Widerristhöhe beträgt bei Rüden 62 Zentimeter, bei Hündinnen 58 Zentimeter. Größere Hunde sind wünschenswert. Rüden unter 56 Zentimeter und Hündinnen unter 54 Zentimeter Körpergröße sollen negativ bewertet werden. Das Durchschnittsgewicht eines Hundes mit guter Kondition beträgt bei Rüden zwischen 35 und 45 Kilogramm, bei Hündinnen zwischen 30 und 40 Kilogramm.

Körperlänge: Die Länge des Körpers soll etwas größer sein als die Widerristhöhe (8 bis 10 % bei Rüden, 10 bis 12 % bei Hündinnen).

Kopf: Die Größe des Kopfes muss proportional zur Größe des Körpers sein. Die Länge beträgt etwa 25 Zentimeter oder rund 40 % der Widerristhöhe. Der Schädel ist etwas länger als der Fang, das Verhältnis Schädel – Kopf soll 58 zu 42 % betragen. Bei Hündinnen ist das Verhältnis 57 zu 43 %. Das Profil des Kopfes soll eine leicht konvexe Stirn und eine gerade Oberseite des Fangs zeigen.

Schädel: Die Stirn ist gerade, breit und mit einer deutlichen Mittellinie versehen. Von der Seite und von oben betrachtet soll der Kopf leicht gewölbt mit abgerundeten Ecken erscheinen.

Stop: Der Übergang zwischen Fang und Schädel soll weich, aber deutlich ausgeprägt sein.

Fang: Der Fang ist kürzer als der Schädel und im Ansatz breit. Er soll sich zur Nase hin gleichmäßig etwas verjüngen. Die Nasenlöcher sind gerade und breit. Das Profil von Unter- und Oberkiefer ist zur Nase hin keilförmig zulaufend.

Nase: Breit und schwarz.

Lefzen: Die Lefzen sind von mittlerer Dicke, straff und anliegend. Bei geschlossenem Fang liegen die Lefzen des Oberkiefers etwas über denen des Unterkiefers. Auch in den Mundwinkeln sollen die Lefzen perfekt schließen.

Zähne: Das Gebiss muss einen Scherenbiss aufweisen. Alle Zähne müssen vorhanden sein.

Augen: Die Augen sind mandelförmig und von hell- oder dunkelbrauner Farbe. Sie dürfen weder hervorstehen noch tief in den Augenhöhlen liegen. Der Blick des Hundes soll durchdringend sein und gleichzeitig Ruhe und Furchtlosigkeit ausstrahlen. Die Augenlider sollen, wie alle anderen sichtbaren Schleimhäute auch, schwarz pigmentiert sein.

Ohren: Das obere Ende der Ohren soll in der Position am Kopf sitzen, die durch eine imaginäre Linie von der Oberseite des Nasenschwamms zu den inneren Augenwinkeln gebildet wird (oder etwas darunter). Die Ohren sollen V-Form aufweisen, mit dichtem, kurzem Fell besetzt und so lang sein, dass die Ohrspitze bis zum inneren Augenwinkel reicht.

Hals: Der Hals ist von mittlerer Länge und bildet mit dem Rücken eine leicht gebogene oder gerade Linie. Der Übergang zu Kopf und Körper soll keine scharfen Übergänge zeigen. Die Muskulatur im Halsbereich muss kräftig sein. Durch das dichte Deckhaar kann der Hals kürzer und kräftiger erscheinen. Die Haut muss im Halsbereich straff sein und soll keine Falten oder Wülste aufweisen. Das lange, dichte Fell bildet am Übergang von Kopf und Nacken eine deutlich erkennbare Mähne, die den Kopf breiter und tiefer erscheinen lässt.

Rücken: Die obere Rückenlinie ist gerade oder fällt nur geringfügig vom Nacken zur Kruppe ab. Bei Hunden aus den Bergregionen ist auch eine leicht ansteigende Rückenlinie akzeptabel. Die Länge des Körpers ist etwas größer als die Schulterhöhe des Hundes. Der Rücken soll gerade und breit sein.

Schultern: Die Schultern des Hundes müssen deutlich fühlbar sein.

Kruppe: Die Kruppe muss breit und muskulös sein.

Hüfte: Die Hüften sollen von mittlerer Länge, leicht nach hinten verlaufend und stark bemuskelt sein.

Brust: Die Brust soll breit und tief sein, die untere Linie des Brustkastens soll in Höhe der Ellenbogengelenke der Vorderläufe liegen. Die Breite der Brust soll etwa 20 % größer als ihre Höhe sein. Der Rippenbogen soll eine leichte Rundung aufweisen.   .

Hinterhand: Die gesamte Hinterhand muss einen festen, muskulösen Eindruck machen. Der Übergang zur Kruppe muss erkennbar sein.

Rute: Der Ansatz der Rute soll mit dem Körper eine Linie bilden. Die Rute soll so lang sein, dass sie bis zum Sprunggelenk reicht. Der Rutenansatz soll kräftig und breit sein, zur Spitze hin soll sie sich gleichmäßig verjüngen. Rundherum muss die Rute dicht behaart sein, wobei die Behaarung der Unterseite länger als die der Oberseite ist. In Erregung soll die Rute haken- oder kreisförmig gebogen hoch über dem Körper getragen werden.

Vorderläufe: Die generelle Erscheinung der Vorderläufe muss in Proportion zum Körper harmonisch sein. Die Höhe der Ellenbogen soll 55 % der Schulterhöhe betragen. Die Vorderläufe müssen gerade sein und dem Hund einen sicheren Stand ermöglichen. Die Schulterblätter sollen lang und breit mit guter Verbindung zum Körper sein. Mit der horizontalen Achse des Körpers bilden sie einen Winkel von 65 Grad.

Pfoten: Die Pfoten müssen kräftig, mit deutlich gerundeten Zehen sein. Die Zehen dürfen keinen Zwischenraum aufweisen. Die Krallen sind dick, stabil und stets von dunkler bis schwarzer Färbung. Die Ballen sollen kräftig, aber flexibel sein.

Hinterläufe: Von hinten betrachtet sollen die Hinterläufe etwas weiter auseinander stehen als die Vorderläufe. Im Stand müssen die Beine gerade aufgesetzt werden. Kräftig bemuskelte Oberschenkel.

Gang: Im Trab muss der Schritt des Hundes weit und raumgreifend sein, aber dabei unangestrengt und leichtfüßig wirken. Im Galopp kann die Bewegung ein wenig schwerer sein, muss aber weite, raumgreifende Sprünge zeigen.

Haut: Die Haut ist von mittlerer Stärke, elastisch und am ganzen Körper eng anliegend ohne Wammen und Falten. Alle sichtbaren Schleimhäute sollen schwarze Färbung aufweisen.

Haar: Kopf, Ohren und die Vorderseiten der Läufe sind mit dickem, kurzem Fell besetzt. Hals, Körper, Rute und die Hinterseiten der Läufe besitzen längere, kräftige Haare. Die Unterwolle muss am gesamten Körper dicht und üppig sein.

Im Schulterbereich soll die Haarlänge etwa 12 Zentimeter betragen, 7 Zentimeter dürfen nicht unterschritten werden.

Farben: Das Deckhaar kann alle Färbungen zwischen hellgrau und schwarz aufweisen. Am häufigsten sind grau-schwarz gestromte Hunde. Mehrfarbige Zeichnungen (weiß/grau/schwarz) sind nicht zugelassen. Kleine weiße Abzeichen auf Brust und Pfoten sind zugelassen, aber nicht erwünscht. In der unteren Körperregion darf die Färbung allmählich heller werden und hellgrau oder beige erscheinen, ohne harte Übergänge zur Grundfarbe zu bilden. Kopf und Ohren sollen intensiv die Grundfärbung des Hundes aufweisen.

Gewicht: Das Gewicht eines Hundes mit guter Kondition und Konstitution soll bei Rüden 35 bis 45 Kilogramm, bei Hündinnen 30 bis 40 Kilogramm betragen.

Leichte Fehler: Zu schmaler Kopf, überlange Schnauze, schwach entwickelte Kieferknochen, zu schmaler oder zu flacher Brustkasten, zu gerade oder zu stark gebogene Rippen, schlechte Beinstellung, etwas zu kurzes Deckhaar, weiße Abzeichen auf Brust oder Pfoten, zu kurze Rute.

Schwere Fehler: Zu lange oder spitz zulaufende Schnauze, zu starker Stop, zu hoch angesetzte oder nicht korrekt geformte Ohren, Zangenbiss, hoch über den Körper ragende Kruppe, unkorrekte Haltung der Rute, unharmonischer Gesamteindruck des Körperbaus.

Disqualifikationen: Fehlen eines oder mehrerer Prämolaren, deutliches Missverhältnis von Körperlänge und Schulterhöhe, zu kurzes Deckhaar (unter 7 Zentimeter), vielfarbiges Deckhaar, tigerähnliche Farbverteilung auf dem Deckhaar, fehlende schwarze Pigmentierung der Schleimhäute, Über- oder Unterbiss, nach innen oder außen gebogene Läufe, eindeutig zu kurze Rute, permanent hängend getragene Rute, abfallende Rückenlinie oder Sattelrücken, in der Leibeshöhle verbliebene Hoden.

20. Südrussischer Owtscharka

Die Heimat des Südrussischen Owtscharka ist nicht der Süden des heutigen Russland, sondern die Ukraine. In ihrer Heimat wird die Rasse Jousnorusskaja Ovtcharka (dt. Südrussischer Owtscharka) oder kurz Jousnak genannt. Im englischen Sprachraum hat sich mit der Bezeichnung „South Russian Ovtcharka" ebenfalls die Übersetzung des russischen Namens durchgesetzt. Der Affinität der Amerikaner für Abkürzungen verdanken wir die heute auch in Europa gebräuchliche Kurzform „SRO". Über die Entstehung der Südrussischen Owtscharki gibt es verschiedene Thesen. Am wahrscheinlichsten ist, dass der Südrusse eine Kreuzung aus dem Kaukasischen Owtscharka, dem Komondor und verschiedenen Hütehunden ist. Etwa zu Beginn des 18. Jahrhunderts verkauften die Spanier Tausende von Merinoschafen an Russland, das Ausfuhrverbot für diese Schafsrasse hatte Spanien bereits einige Jahrzehnte vorher aufgehoben. Mangels geeigneter Transportmöglichkeiten mussten diese großen Herden auf dem Landweg nach Russland gebracht werden. Die Wanderung mit einer Herde quer durch Europa bis in die Ukraine konnte bis zu zwei Jahre dauern. Jede dieser Schafherden zählte zwischen 2000 und 7000 Tiere und wurde von zahlreichen Hütehun-

Großmutter Oona Nortonia, Enkel Sarisin's Snezhnaya Baba Youghor, Vater Sarisin's Demon Bikerey, Mutter Debora Taurapilis (v. l. n. r.)   (fotografiert von Hieke Dijkstra)

den begleitet. Ob Herdenschutzhunde zum Schutz der Schafe eingesetzt wurden, ist nicht überliefert, auch die Rasse der Hütehunde steht nicht mit letzter Sicherheit fest. Einige Quellen sprechen von Katalanischen Schafshunden, die als Treib- und Hütehunde eingesetzt wurden, andere geben den Deutschen Schafpudel als hauptsächlich verwendeten Hütehund an. Zweifellos wurden die Hirten auf den langen Wanderungen nicht nur von einem einzigen Hütehundtyp begleitet, wahrscheinlich ist, dass verschiedene Herden nicht nur von verschiedenen Hütehunden getrieben wurden, sondern auch einige Hunde im Verlauf der langen Wanderung ausgetauscht oder ergänzt werden mussten. In der Ukraine angekommen verblieben diese Hunde bei den Herden und vermischten sich mit der einheimischen Hundepopulation, unter anderem auch mit den dort gebräuchlichen Herdenschutzhunden, dem Kaukasischen Owtscharka und dem aus Ungarn stammenden Komondor. In einem mehrere Jahrzehnte dauernden Ausleseprozess verschwanden die leicht gebauten Hütehundtypen, und es entwickelte sich ein großer Herdenschutzhund, in dem sich die Eigenschaften der ursprünglich beteiligten Hundetypen vereinte – der Südrussische Owtscharka.

Für rund 100 Jahre sind über Entwicklung und Aufgaben des Südrussischen Owtscharka keine Aufzeichnungen erhalten geblieben, und wir wissen nicht, ob und in welcher Form der durch Kreuzung entstandene Hund von den Hirten eingesetzt wurde. Es war wieder einmal der Kynologe Richard Strebel, der in der ersten Dekade des 20. Jahrhunderts als erster die Herdenschutzhunde der Ukraine erwähnt und seiner Beschreibung eine selbst erstellte Zeichnung beigefügt hat. Strebel charakterisiert diese Hunde als groß, von weißer bis hellgelber Färbung, mit langem, zottigem und abstehendem Haar und einer über dem Rücken aufgestellten, buschigen Rute. Eine weitere Erwähnung des Südrussischen Owtscharka findet sich bei Zimmermann, der 1934 im „Lexikon für Hundefreunde" den „Südgeorgischen Hirtenhund" erwähnt und dabei zweifellos über den Südrussischen Owtscharka spricht. Dass es sich beim Südrussischen Owtscharka um eine eigenständige Rasse handelt, findet sich in der deutschsprachigen Literatur erstmals bei Schneider-Leyer, der in seinem 1960 erschienenen Buch „Die Hunde der Welt" von vier Rassen russischer Hirtenhunde spricht. Neben zwei Schlägen des Kaukasischen Owtscharka erwähnt Schneider-Leyer auch Mittelasiaten und den Südrussischen Owtscharka.

Der Südrussische Owtscharka ist unter den Herdenschutzhunden insofern eine Besonderheit, als für ihn keine mehrtausendjährige Geschichte geltend gemacht wird. Sowohl Ort als auch Zeit lassen sich mit einiger Sicherheit festlegen. Der Zeitpunkt der größten Verbreitung dieser Hunderasse in der Ukraine lag etwa um das Jahr 1870. Vier bis fünf Südrussen waren zur damaligen Zeit an vielen Schafherden der Region zu finden. Die weitgehende Ausrottung der Beutegreifer, die beginnende Industrialisierung, der Niedergang des Zarenreiches und die später stattfindende Bodenreform ließen die Bedeutung der Herdenschutzhunde in der Region sinken. Während der russischen Revolution ging der größte Teil der Hunde verloren, sie wurden gestohlen oder erschossen, wenn sie Plünderern im Weg waren. Zwischen 1923 und 1939 gab es wieder einige Zuchten von Südrussischen Owtscharki, von denen uns Berichte überliefert sind. Sowohl staatliche Stellen als auch Privatleute züchteten in kleinem Umfang, 1930 wurden einige dieser Hunde auf einer Zuchtausstellung in Deutschland gezeigt. Neun Jahre später fand in Russland die erste Spezialzuchtschau dieser Rasse statt. Danach wurde es ruhig um die Südrussischen Owtscharki. Nach einer kurzen Blütezeit nahmen Bedeutung und Zahl der Südrussen wieder stark ab, und die Rasse führt seitdem ein Schattendasein. Der wirtschaftliche Zusammenbruch in den Republiken der ehemaligen Sowjetunion und die damit verbundenen, tief greifenden gesellschaftlichen Veränderungen haben den Einsatz von Herdenschutzhunden heute zusätzlich reduziert. Die großen Herden genossenschaftlicher Betriebe sind in der Ukraine nach dem Zusammenbruch der Absatzmärkte weitestgehend verschwunden. Nutztierhaltung findet in großen Teilen Russlands und der Ukraine heute wieder auf Basis der Eigenversorgung statt, also mit Herdengrößen, die bequem in Vorgärten oder Ställen gehalten werden können. Der Einsatz von Herdenschutzhunden ist dadurch beinahe überflüssig geworden, und die wirtschaftliche Situation der Menschen tut ein Übriges – kaum ein Bauer kann es sich heutzutage leisten, einen oder mehrere große Hunde mit Futter zu versorgen.

Lange Zeit wurden die Südrussischen Owtscharki zwar im Arbeitsdienst vermehrt, von einer Zucht nach unserem Verständnis kann man hingegen nicht sprechen. Eine der ersten Eintragungen in die Zuchtbücher der Rasse bezieht sich auf zwei Hunde einer Frau Stuppan, die 1972 eine Hündin aus der Ukraine und einen Rüden aus Moskau importiert hatte. Bis heute hat der Südrussische Owtscharka nur eine sehr geringe Verbreitung erreicht, in Westeuropa dürfte es zur Zeit nur wenige Dutzend dieser Hunde geben. Über die Größe der Population in Russland, der Ukraine und Ungarn kann man keine genauen Angaben machen, und nicht wenige Hundefreunde befürchten, dass der Südrusse in seinem ursprünglichen Herkunftsgebiet akut vom Aussterben bedroht ist. In Westeuropa gibt es nur in den Niederlanden erwähnenswerte Zuchtbestrebungen, vor allem die holländische Züchterin Diane Sari macht sich mit einer Gruppe Gleichgesinnter seit Jahren um den Erhalt der Südrussischen Owtscharki verdient.

Aus der ehemaligen Sowjetunion liegen Berichte vor, dass Südrussen von staatlichen Zwingern vor allem für das Militär und die Geheimdienste gezüchtet wurden. Niemand konnte bisher in Erfahrung bringen, für welche Aufgaben die Hunde des Zwingers „Roter Stern" vorgesehen waren, zumindest sind – so weit bekannt – keine schriftlichen Aufzeichnungen erhalten geblieben. Dissidenten, Aussiedler und Russlanddeutsche haben berichtet, dass nicht wenige dieser

Südrussischer Owtscharka-Rüde mit
16 Wochen altem Welpen.

Hunde zur Bewachung von Straflagern eingesetzt wurden. Dabei soll das Straflager von einer inneren und einer äußeren Sicherheitszone umgeben gewesen sein, der Zwischenraum war mittels quer angeordneter Zäune in viele Parzellen unterteilt. In jedem dieser Abschnitte war ein Hund eingesperrt und bewachte den ihm zugeteilten Bereich. Die in diesen „Großzwingern" eingesperrten Südrussen sollen so scharf gewesen sein, dass sie erschossen werden mussten, wenn Reparaturtrupps den bewachten Abschnitt betreten wollten, um Zäune oder andere Sicherheitseinrichtungen instand zu setzen. All jene, die solche traurigen Auswüchse für unmöglich halten, seien daran erinnert, dass bis vor kurzem im Herzen Europas nichts anderes geschehen ist. Über zwei Jahrzehnte lang wurde auch die innerdeutsche Grenze auf die gleiche Weise mit Hunden „gesichert". Im Gegensatz zu den abgelegenen Straflagern der UdSSR wurden in der ehemaligen DDR aber hauptsächlich Deutsche Schäferhunde zur Bewachung der Grenzanlagen eingesetzt. Ein zweites Einsatzgebiet der Südrussischen Owtscharka war der Schutz militärischer Sperrgebiete und Anlagen. Hundeführer mit jeweils einem Südrussischen Owtscharka sollen im Umfeld solcher Objekte permanent auf Streife gewesen sein, jederzeit bereit, ihren Hund auf unerwünschte Besucher zu hetzen. Auch an der innerdeutschen Grenze hat es Hundeführer gegeben, deren Diensthund ein Kaukasischer oder ein Südrussischer Owtscharka war. Bis heute konnten weder Bürgerrechtler der ehemaligen DDR noch die Gauck-Behörde ermitteln, welche Aufgaben dieses dem Ministerium für Staatssicherheit angehörende Wachpersonal wirklich hatte. Der einzige Hundeführer der Grenztruppen der ehemaligen DDR, den ich ermitteln konnte, war auch fast zehn Jahre nach der Wiedervereinigung nicht bereit, sein Schweigen zu brechen und Auskunft zu geben, welche Aufgabe er und sein Südrussischer Owtscharka zu erfüllen hatten.

Unter den weißen Herdenschutzhunden besitzt der Südrussische Owtscharka eine einmalige und unverwechselbare Erscheinung. Sein langes, weißes Deckhaar steht leicht vom Körper ab und verbirgt weitgehend den Körperumriss des Hundes. Im Bereich des Körpers und an den Läufen ist das Deckhaar leicht wellig, an Kopf und Hals sind die Haare etwas weniger gewellt und hängen fast gerade herab. Die Unterwolle ist üppig entwickelt und schützt den Hund vor der Kälte der langen Winter seiner Heimat. Die meisten Südrussen sind von reinweißer Farbe, früher gab es auch gelblich gefärbte Tiere, und sogar graue oder rötliche Abzeichen kommen gelegentlich vor. Der Rassestandard erlaubt beigefarbene und hellgraue Tönungen des Deckhaars. Nur die Unterseite des Fangs und ein Teil der Kehle ist bei vielen Südrussen mit etwas dunkleren Haaren besetzt. Die Augen des Südrussischen Owtscharka sind unter dem dichten Haarbesatz des Kopfes nur zu ahnen, sie sind von dunkelbrauner bis nahezu schwarzer Farbe, mit eng anliegenden, schwarzen Lidern. Auch die kleinen, dreieckigen Ohren heben sich nicht vom Kopf ab und werden von der dichten Behaarung verborgen. Einzig der schwarze Nasenspiegel ragt aus der Haarpracht hervor. Der Kopf ist relativ breit, der Stop ist deutlich ausgeprägt, aber mit weichen Übergängen. Die kräftigen Kiefer schließen im Scherenbiss.

Wie bei allen langhaarigen Hunden zeigen sich die wirklichen Körperformen nur, wenn der Hund triefnass aus dem Wasser steigt. Dann offenbart der Südrussische Owtscharka dem Betrachter sein kräftiges Gebäude. Der Körper ist eindeutig länger als hoch, die gerade Rückenlinie unterstreicht den rechteckigen Umriss des Körpers. Für die erlaubte Widerristhöhe gibt der Zuchtstandard nur eine untere Grenze an: 65 Zentimeter für Rüden und 62 Zentimeter für Hündinnen. Diese Werte werden in der Regel mühelos übertroffen. Gute Durchschnittswerte für die Schulterhöhe sind bei Rüden ca. 74 Zentimeter und bei Hündinnen etwa 70 Zentimeter. Widerristhöhen um oder über 80 Zentimeter, die viele andere Herdenschutzhunde mühelos erreichen, kommen bei dieser Rasse normalerweise nicht vor. Der Geschlechtstyp ist bei den Südrussen gut definiert, Rüden sind deutlich größer und kräftiger als Hündinnen, deren Erscheinung eindeutig feminin ist. Die Brust des Hundes reicht bis auf Höhe der Ellenbogen hinab. Der Brustkorb ist massiv, aber nicht so breit, dass der Hund unharmonisch wirkt. Vorder- und Hinterläufe sind gerade, die breite Stellung der Hinterläufe gewährt den Hunden sicheren Stand.

Das Wesen des Südrussischen Owtscharka wird bestimmt von den typischen Eigenschaften eines Herdenschutzhundes. Dabei scheint es, als würden in seiner Brust zwei Herzen schlagen, denn das Verhalten des Hundes wird maßgeblich von der Einteilung in „fremd" und „vertraut" bestimmt. Allem Vertrauten gegenüber zeigt sich der Südrusse freundlich zugetan, und er ist ein verlässlicher und höchst angenehmer Hausgenosse für seine Bezugspersonen. Dem Fremden gegenüber ist er ablehnend, misstrauisch und latent aggressiv, wobei es bei Letzterem starke individuelle Unterschiede gibt. Wie alle anderen Herdenschutzhunde ist auch der Südrussische Owtscharka unabhängig, entscheidungsfreudig, starrköpfig und selbstbewusst, aber gegenüber seinem Besitzer stets loyal. Neben seinen Fähigkeiten als Herdenschutzhund zeigt der Südrusse auch eine unüberschbare Begabung, eine Schafherde zu hüten und zu treiben. Vor dem Hintergrund seiner Abstammung von den besten Hütehunden einer 200 Jahre zurück-

261

liegenden Epoche ist dieses Talent keine Überraschung. Südrussische Owtscharki ordnen sich nach Aussage ihrer Besitzer gut in eine Familie oder Mensch-Hund-Beziehungen ein, vorausgesetzt, der oder die Besitzer verstehen es, dem Hund eindeutig die eigene Führungsposition zu vermitteln. Spürt der Südrusse Unsicherheit, Ängstlichkeit oder wird seinen Expansionstendenzen uneingeschränkter Freiraum gewährt, wird er versuchen, die Führungsrolle in seinem Lebensumfeld zu übernehmen. Diese Eigenschaft ist bei weitem nicht so charakteristisch für einen Herdenschutzhund, wie es auf den ersten Blick scheinen mag. Viele Hunde, auch kleinwüchsige wie der Teckel oder der West Highland White Terrier, haben in „ihrem Rudel" die Führungsrolle ohne viel Federlesens an sich gerissen. Da eine solche Entwicklung jedoch bei großen Hunderassen zu ernsthaften Problemen führen kann, sei auf diesen Punkt nochmals in aller Deutlichkeit hingewiesen. Bei sachgerechter und umfassender Integration in das Lebensumfeld macht die Haltung eines Südrussischen Owtscharka nicht mehr oder weniger Schwierigkeiten als die aller anderen in diesem Buch angesprochenen Hunderassen auch. Vor allem die Hunde der holländischen Zuchten stehen in dem Ruf, ein nur durchschnittliches Aggressionspotential zu besitzen und angenehme Familienhunde abzugeben. Bei Hunden aus Russland, der Ukraine, Polen oder Ungarn ist ein wenig mehr Vorsicht geboten. Es ist kein Geheimnis, dass nicht wenige Zuchten in der ehemaligen Sowjetunion überscharfe und höchst aggressive Tiere hervorbrachten. Ganze Würfe mussten im Alter weniger Monate erschossen werden, weil die Hunde den Menschen als Sozialpartner nicht annehmen wollten und selbst bekannte Personen massiv angriffen. Diese traurigen Auswüchse dürfen aber nicht für die gesamte Rasse verallgemeinert werden, glücklicherweise handelt es sich um Einzelfälle, deren Ursachen nicht zuletzt in völlig unangemessenen Zucht- und Haltungsbedingungen zu suchen sind.

Die innerartliche Aggression ist bei den Südrussen aus westeuropäischen Zuchten als durchschnittlich anzusehen. Fast ausnahmslos haben diese Tiere eine umfangreiche Sozialisierungsphase unter Artgenossen erlebt, und viele Besitzer dieser Hunde haben zusätzlich Welpenspielgruppen besucht. Hündinnen sind deutlich umgänglicher als die sehr dominant auftretenden Rüden, letztere sollten nicht in Gruppen gehalten werden. Gesundheitsprobleme sind bei dieser Rasse nicht bekannt, auch bei älteren Tieren zeigt sich keine Häufung im Auftreten bestimmter Krankheiten. Die Lebenserwartung der Südrussischen Owtscharki liegt bei 12 bis 14 Jahren.

Der Südrussische Owtscharka besitzt beachtliches Temperament und braucht viel Bewegung. Obwohl die Hunde freiwillig einen großen Teil des Tages dösend verbringen, brauchen sie einen Ausgleich in Form von Spiel und Auslauf. Bei schlechten Witterungsverhältnissen kann das lange Deckhaar der Südrussen sehr viel Feuchtigkeit und Schmutz aufnehmen, die Eignung dieser Rasse für die Wohnungshaltung muss unter diesem Blickwinkel eindeutig verneint werden.

Ausdrücklich abzuraten ist bei dieser Rasse von der Zwingerhaltung, denn auch der Südrussische Owtscharka kann die Bindung an seine Bezugspersonen verlieren, wenn er häufig sich selbst überlassen bleibt. Diese unabdingbaren Anforderungen an die Haltungsbedingungen werden der weiteren Verbreitung dieser Rasse auch in der Zukunft entgegenwirken und die Haltung der Hunde wird im Wesentlichen auf einen kleinen Kreis von Spezialisten beschränkt bleiben.

20.1. Das Wichtigste aus dem Zuchtstandard des Südrussischen Owtscharka

Weitere Namen:	South Russian Ovtcharka (GB, USA), Jousnorusskaja Owtcharka (Russischer Sprachraum)
Herkunftsland:	Ukraine
Verwendung:	Herdenschutzhund, Territoriumswächter
F.C.I.-Nummer:	326, Gruppe 1.1
Standard gültig seit:	1981

Einleitung: Der Südrussische Owtscharka ist ein beweglicher, agiler Hund von überdurchschnittlicher Größe mit gut entwickelter Muskulatur. Niemals ist er schwächlich oder grazil. Er besitzt ein ausgesprochen starkes Misstrauen gegenüber Fremden. Seine Anpassungsfähigkeit an unterschiedliche klimatische Bedingungen ist hoch.

Größe: Rüden mindestens 65 Zentimeter, Hündinnen mindestens 62 Zentimeter. Obere Grenzwerte sind nicht definiert.
Geringe Fehler: Unterschreiten der Mindestgröße um bis zu vier Zentimeter.
Schwere Fehler: Unterschreiten der Mindestgröße um mehr als vier Zentimeter.

Erscheinung: Die Länge des Körpers, vom Schulteransatz bis zum Ende der Kruppe, soll die Widerristhöhe des Hundes um 8 bis 10 % übersteigen. Der Geschlechtstyp des Hundes muss deutlich ausgeprägt sein. Rüden müssen immer größer und kräftiger sein als Hündinnen.
Geringe Fehler: Hündinnen mit der Statur eines Rüden.
Schwere Fehler: Rüden mit der Statur einer Hündin.

Haar: Die Länge des derben Deckhaares soll am gesamten Körper 10 bis 15 Zentimeter betragen. Das Deckhaar muss wellig, niemals gerade sein. Die Unterwolle ist gut entwickelt.
Geringe Fehler: Gerades (glattes) statt welliges Deckhaar.
Schwere Fehler: Weiches oder zu kurzes Haar.

Farbe: Die am weitesten verbreitete Farbe ist weiß. Zugelassen sind außerdem: helles Beige und helles Grau, jeweils mit oder ohne Weiß.

Kopf: Lang, recht breite Stirn und massive Backenknochen. Der Stop ist deutlich, aber nicht abrupt. Die Nase ist breit und schwarz.
Geringe Fehler: Zu scharfer Stop, deutlich hervortretende Augenbrauen; dicke, schwere Lefzen, graue oder mehrfarbige Nase.
Schwere Fehler: Rosa farbene Nase.

Ohren: Klein, dreieckig und eng am Kopf anliegend.

Augen: Ausdrucksvoll, dunkelbraun bis schwarz, mit eng anliegenden Lidern.
Geringe Fehler: Helle Augenfarbe und unterschiedliche Färbung der Augen.

Zähne: Weiß, groß, eng beieinander stehend. Gerade Schneidezähne. Scherengebiss ist zu bevorzugen.
Geringe Fehler: Kleine Zähne, leichte Fehlstellungen, abgebrochene oder fehlende Zähne. Gelblich gefärbte Zähne.
Schwere Fehler: Alle deutlichen Fehlstellungen der Zähne. Über- oder Unterbiss.

Hals: Schlank, kräftig und von mittlerer Länge.

Brust: Mehr tief als breit, muss mindestens bis an die Ellenbogen reichen. Gerundete Rippen.

Rumpf: Gerade, leicht gestreckt.

Lenden: Kurz, breit, leicht gewölbt.

Rücken: Gerade, nahezu horizontal. Die Kruppe soll nicht höher oder niedriger sein als die Schultern.

Rute: Im Ruhezustand hängend getragen, Rutenspitze dabei leicht nach oben gebogen. Die Rute soll so lang sein, dass sie gestreckt bis zum Sprunggelenk reicht.

Schwere Fehler: Ringförmige Rute, zu kurze oder kupierte Rute.

Vorderhand: Lange, gerade, parallel stehende Vorderläufe. Der Winkel zwischen dem Schulterknochen und dem Oberarm soll ungefähr 100 Grad betragen. Die Läufe sollen stabile Knochen und kräftige Muskulatur aufweisen.

Hinterhand: Hinterläufe im Stand gerade und parallel mit breitem, sicherem Stand. Stabiler Knochenbau und alle Partien gut bemuskelt, vor allem die Oberschenkel.

Pfoten: Kräftig, von ovaler Form, mit langen, gebogenen Zehen und stark behaart.

Gang: Kraftvolle, raumgreifende Schritte in Trab und Galopp. Geschmeidige Bewegungen. Vorder- und Hinterläufe werden gerade unter den Körper gesetzt.

Schlussbemerkung: Rüden müssen zwei normal entwickelte Hoden besitzen, die sich vollständig im Skrotum befinden. Jede Abweichung vom Standard soll in Abhängigkeit zum Ausmaß der Abweichung zur Abwertung führen.

Disqualifikationen

Über- oder Unterbiss, zu kurzes oder glattes Deckhaar, alle nicht ausdrücklich zugelassenen Farbvarianten, fehlende oder in der Leibeshöhle verbliebene Hoden.

21. Tibet Mastiff/ Do Khyi

Aus der Region um das Himalaja-Gebirge, aus den Ländern Tibet und Nepal, stammt eine der rätselhaftesten, aber auch beeindruckendsten Herdenschutz-hundrassen der Welt: der Tibet Mastiff. In seiner Heimat trägt die Hunderasse den Namen Do Khyi. Im englischen Sprachraum wurden diese Hunde früher schlicht als "Tibetian Dogs" bezeichnet, und die Übersetzung dieses Begriffes ins Deutsche hat zu der sehr fragwürdigen Bezeichnung "Tibet Dogge" geführt. Fragwürdig ist die unbeabsichtigte Nähe zu europäischen Doggen deshalb, weil zwar beide Hundetypen einen molossoiden Vorfahren besessen haben, die Ent-wicklung der Do Khyis und der europäischen Doggen aber seit Tausenden von Jahren in getrennten Bahnen verläuft. Bis in die siebziger Jahre des 20. Jahrhun-derts gelangten nur wenige Do Khyis nach Europa, und vor 100 Jahren war die Existenz dieser Rasse den meisten Kynologen noch nicht bekannt.

Auch an der See macht der Herdenschutzhund der Himalaja-Region eine gute Figur. Der mächtige Schädel ist charakteristisch für diese Rasse.

Eine wirklich einleuchtende Ursprungsthese für den Tibet Mastiff konnte bisher von keinem Kynologen vorgelegt werden. Wilde Theorien wurden gleich dutzendweise aufgestellt und verschwanden meist genau so schnell, wie sie entstanden waren. Der deutsche Kynologe Studer glaubte zum Beispiel, durch Messungen an Schädeln einiger Do Khyis eine Verwandtschaft mit dem australischen Dingo nachweisen zu können. Die kynologische Gemeinde betrachtete diese These zu Recht mit Argwohn und hielt Studer entgegen, dass es bei den Tibet Mastiffs verschiedene Schädelformen gebe und seine Rückschlüsse jeder Grundlage entbehren. Conrad Keller hingegen vertrat die These der gemeinsamen Abstammung aller doggenartigen Hunde und bezog dabei auch den Tibet Mastiff ein. Keller stützte seine Sichtweise hauptsächlich auf die Darstellungen assyrischer Reliefs und wurde 1905 von Strebel in diesem Punkt nachhaltig widerlegt. Auch die Bezeichnung „Mastiff" dient einer Zuordnung der Do Khyis zu einer bestimmten Hundegruppe nicht. Zu Beginn der 20. Jahrhunderts war es durchaus üblich, jeden großen Hund als Mastiff oder sogar als Dogge anzusprechen. Die Namensgebung wirkt also mehr verschleiernd als erhellend.

Um keine andere Herdenschutzhundrasse ranken sich so viele Mythen und Legenden wie um den Tibet Mastiff. Die Abgeschiedenheit seines Herkunftsgebietes und die Ferne zu den kynologischen Zentren in Westeuropa haben die Legendenbildung zweifellos genauso gefördert wie die Rolle der Hunde in ihrer Heimat. Nepal war aufgrund der geographischen Lage schon immer ein weitgehend abgeschlossenes Land, das von Europa aus nur mit großen Mühen und unter Aufwendung erheblicher finanzieller Mittel erreichbar war. Alle alten Berichte über diese Hunde verdanken wir daher Reisenden, die diese Region durchquerten und die Hunde des Himalaja-Gebirges meist nur nebenbei erwähnten. Sie berichteten von langhaarigen, schwarzen Hunden unglaublicher Größe, die Herden bewachten und die Lager der Menschen vor Fremden schützten. Schärfe und Wachsamkeit des Tibet Mastiff waren bei den Besuchern Nepals durchweg gefürchtet, nicht wenige mussten fluchtartig das Weite suchen, wenn sie das Territorium eines solchen Hundes verletzt hatten. Die Eigenschaft, sich an steinigen Hängen lautlos und geschmeidig wie Bergziegen zu bewegen und unvermittelt aus dem Nichts aufzutauchen, hat die Faszination, die vom Tibet Mastiff ausgeht, zweifellos noch gesteigert. Dem englischen Schriftsteller Sir Arthur Conan Doyle, dem geistigen Vater des Meisterdetektivs Sherlock Holmes, wird eine Begegnung mit einem Tibet Mastiff auf der Londoner Hundeausstellung "Crufts Dog Show" nachgesagt. Der Anblick dieses großen, schwarzen Hundes soll Sir Arthur so beeindruckt haben, dass er zu der Jahre später entstandenen Detektivgeschichte "The Hound of the Baskervilles"[1] (Der Hund von Baskerville) inspiriert wurde.

Die Geschichte des Tibet Mastiff ist nicht weniger lückenhaft als bei der Mehrheit der anderen Herdenschutzhundrassen. Wahrheit und Dichtung sind eng miteinander verwoben und lassen sich nicht mehr sauber trennen. Angeblich leben diese Hunde schon seit vielen tausend Jahren am Fuße des Himalaja, archäologische Beweise für diese Theorie stehen bisher allerdings aus. Aus verschiedenen Jahrhunderten liegen Erwähnungen über die Herdenschutzhunde der Region vor, wobei aber nicht in allen Fällen zweifelsfrei zu klären ist, ob sich die Berichte tatsächlich auf den Hundetyp beziehen, den wir heute Tibet Mastiff nennen. Im Jahr 1121 v. Chr. soll dem chinesischen Kaiser Wu Wang vom Volk der Liu ein schwarzer Hund zum Geschenk gemacht worden sein, der auf die Jagd nach Menschen aller Hautfarben abgerichtet war und eine Schulterhöhe von deutlich über 120 Zentimeter besessen haben soll. Dieser Hund mit Namen „Ngao" geistert seit Jahren durch die Literatur, und kaum eine Abhandlung über die Herdenschutzhunde Tibets bleibt seine Erwähnung schuldig. Dass es vor über 3000 Jahren bereits Hunde dieser Größe gab, darf bezweifelt werden, und es ist zu vermuten, dass Ngao im Laufe der mündlichen Überlieferungen allmählich immer mehr an Größe zulegte. Reduziert man die Sage von Ngao auf das Wesentliche, erfahren wir, dass es westlich von China vor 3000 Jahren große, schwarze Hunde gab, die fremden Menschen nicht unbedingt wohl gesonnen waren. Da auch in anderen Kulturen der Einsatz von Herdenschutzhunden etwa zu dieser Zeit begann oder schon begonnen hatte und diese Hunde sehr ähnliche Eigenschaften besaßen, wirkt die Geschichte aus dieser Sichtweise weit weniger mythisch. Alle Hundefeinde seien daran erinnert, dass Ngao, sofern er überhaupt existiert hat, bereits seit über 3000 Jahren tot ist und nicht dazu taugt, für die heute lebenden Tibet Mastiffs ein „Kampfhund"-Image zu konstruieren. Weitere Berichte aus der Zeit vor Christi Geburt erwähnen Fabelwesen, halb Hund, halb Vogel, oder beziehen sich recht allgemein auf „indische" Hunde. Selbst unter Aufbietung aller Phantasie kann man keine Verbindung mit den Herdenschutzhunden der Himalaja-Region herstellen.

Die älteste, gesicherte Beschreibung des Tibet Mastiff ist rund 800 Jahre alt und geht auf Marco Polo[2] oder einen seiner Begleiter zurück. Auf seiner berühmten Reise nach China überquerte er mit seiner Gruppe den Pamir und bereiste Zentralasien von Westen nach Osten. Im Jahr 1271 n. Chr. erreichte er schließlich China, wo er eine Zeit lang Statthalter der Provinz Kiangnan war. Später kehrte er auf dem Seeweg nach Europa zurück. Die Reiseberichte Marco Polos sind eine der bedeutendsten Quellen über das mittelalterliche Asien. Über die Herdenschutzhunde Tibets wusste Marco Polo Folgendes zu berichten (sinngemäß übersetzt):

---

[1]   Die Geschichte „Der Hund von Baskerville" entstand zwischen 1901 und 1902 und wurde erstmals 1903 ins Deutsche übersetzt.

[2]   Marco Polo, 1254 – 1325, venezianischer Kaufmann und Weltreisender

„Ich muss auch erzählen, dass in Tibet viele der Tiere vorkommen, die Moschus liefern. Das Volk dieses Landes besitzt eine Anzahl mächtiger und edler Hunde, die große Dienste beim Fang der Moschustiere leisten. Die Tibeter halten Hunde von der Größe eines Esels, die vorzüglich zur Jagd wilder und bösartiger Tiere geeignet sind."

Aus dem Bericht Marco Polos ist nicht ersichtlich, ob der hauptsächliche Verwendungszweck der Hunde in der Jagd oder in der Verteidigung gegen „bösartige Tiere" lag. Zweifellos gehört der Tibet Mastiff aber zu den Herdenschutzhundrassen, die phasenweise auch zur Jagd eingesetzt wurden. Noch heute ist bei den Hunden dieser Rasse ein für Herdenschutzhunde hoher Jagdtrieb zu beobachten. Vielen Besitzern von Do Khyis wird diese Seite ihrer Hunde erst bewusst, wenn der Jagdtrieb in einer unerwarteten Situation durchbricht und für eine Überraschung sorgt. Größe und Geschwindigkeit, aber vor allem auch die Furchtlosigkeit der Tibet Mastiff machen sie zu erfolgreichen Jägern, sie können Rehwild über weite Distanzen hetzen und greifen manchmal sogar Schwarzwild frontal an. Natürlich ist der Jagdtrieb des Tibet Mastiff in seiner Ausprägung nicht mit dem einer seit Jahrhunderten auf Jagdeigenschaften selektierten Rasse vergleichbar – die Anlagen sind jedoch vorhanden und warten nur darauf, geweckt zu werden.

Der mit Abstand bekannteste Typ der Tibet Mastiffs ist ein Hund mit schwarzem Deckhaar mittlerer Länge und einigen hellbraunen Abzeichen an Fang, Kopf, Läufen und Rute. Diese Art der Zeichnung findet man unter der Bezeichnung „Schwarzmarken" unter anderem bei Hovawart, Dobermann und Rottweiler, bei anderen Rassen (z. B. Cocker Spaniel) wird sie „Black & Tan" genannt. Laut D. A. Messerschmidt werden Hunde mit rein schwarzem Deckhaar oder mit „Black-&-Tan"-Zeichnung vor allem an der nordwestlichen Flanke des Annapurna-Gebirges bevorzugt. Weiter östlich überwiegen hingegen die Hundetypen, deren Deckhaar hellbraun, beige oder cremefarben ist. Beide Farbschläge kommen jeweils in einer langhaarigen und einer kurzhaarigen Variante vor. Um die Verwirrung komplett zu machen, gibt es alle Zwischenstufen bei der Haarlänge, das Spektrum reicht also von Stockhaar bis Langhaar. Diese Vielfalt hat zwei Gründe. Einerseits ist das Herkunftsgebiet sehr groß und die einzelnen Abschnitte sind aufgrund topographischer Gegebenheiten nicht leicht erreichbar, sodass sich mehrere regionale Schläge bilden konnten. Andererseits haben die Bewohner Tibets ihre Hunde in erster Linie nach Arbeitsleistung und Wesenseigenschaften und nur sekundär nach äußerlichen Merkmalen gezüchtet. Die Augen der Do Khyis sind mittelgroß, oval, stehen leicht schräg und besitzen einen lebhaften Ausdruck. Nicht zuletzt deshalb ist der Tibet Mastiff in der Lage, sein Gegenüber mit einem Blick zu fixieren, der bei ängstlichen Gemütern ein Gefühl der Beklommenheit hervorrufen kann.

Alle Tibet Mastiffs zeigen deutliche Übereinstimmungen bei anderen physischen Eigenschaften und unterscheiden sich auch kaum in ihrer Eignung als

Herdenschutzhund. Sie besitzen einen breiten, sehr massiv gebauten Schädel mit kräftigen Kiefern. Der Stop ist deutlich ausgeprägt, die Länge des Schädels entspricht in etwa der Länge des Fangs. Die Körpergröße der erwachsenen Tiere ist beeindruckend; Rüden erreichen Widerristhöhen bis über 90 Zentimeter, das Gros der männlichen Tiere liegt allerdings zwischen 80 und 90 Zentimetern. Hündinnen sind deutlich kleiner und leichter, und eine Widerristhöhe von 75 Zentimetern gilt als guter Mittelwert. Der Zuchtstandard beschränkt die Widerristhöhe der Hunde nicht, sondern gibt nur Minimalwerte an. Diese liegen für Rüden bei 66 Zentimetern, für Hündinnen bei 61 Zentimetern, werden in der Regel aber von allen Hunden mühelos übertroffen. Auch hinsichtlich der Färbung lässt der Standard alle Varianten als gleichberechtigt zu, weiße Abzeichen müssen jedoch kleinflächig sein und dürfen nur an Brust oder Pfoten auftreten.

Die Wachstums- und Reifephase ist bei den Tibet Mastiffs selbst für Herdenschutzhunde auffällig lang, und man betrachtet Rüden erst mit Vollendung des vierten Lebensjahres als völlig ausgereift. Hündinnen schließen ihre körperliche und geistige Entwicklung im letzten Drittel des dritten Lebensjahres ab. Die sehr lange Reifephase, die wir bei allen Herdenschutzhunden beobachten können, zeigt sich bei den Do Khyis mit besonderer Intensität. So ist es nichts Besonderes, wenn ein Tibet Mastiff im Alter von einem Jahr etwa die Körperhöhe und Masse eines kräftigen Hovawarts besitzt, im Laufe der folgenden zwei Jahre aber noch rund 10 bis 15 Zentimeter Widerristhöhe zulegt. Auch Kraft und Muskulatur, deren Entwicklung die Hunde deutlich breiter werden lässt, entwickeln sich erst in diesem Lebensabschnitt. Nur bei erwachsenen Hunden findet sich der typische Körperbau mit extrem starken Knochen und einer entsprechend großzügig entwickelten Muskulatur. Das Gewicht eines ausgewachsenen Rüden kann bis über 80 Kilogramm betragen, der Mittelwert dieser Rasse dürfte etwa bei 70 Kilogramm für Rüden und 60 Kilogramm für Hündinnen zu suchen sein. Der Riesenwuchs einiger Tibet Mastiffs ist eher als Ausnahme, denn als Regel anzusehen. Zwar hört man allenthalben von Hunden, welche die Ein-Meter-Marke erreicht oder gar übertroffen haben sollen, die Mehrzahl der Tiere bleibt jedoch deutlich unter diesem Wert. In manchen Publikationen wird behauptet, die Nomaden der Himalaja-Region hätten ihre Rüden schon im Welpenalter kastriert, damit sie eine noch größere Widerristhöhe erreichten. Ob diese viel zitierte These der Wahrheit entspricht oder nur eine weitere Legende rund um die Do Khyis darstellt, ist nicht geklärt. Lassen wir diese Behauptung also mit einem Fragezeichen versehen im Raum stehen ...

Genauso langsam wie die körperliche Entwicklung vollzieht sich die geistige Reife der Hunde. Do Khyis sind mindestens bei zum Alter von zwei Jahren als Junghunde anzusehen, auch wenn der optische Eindruck einen weitgehend erwachsenen Hund suggerieren möchte. So tritt in der Phase zwischen dem ersten und dritten Lebensjahr ein reizvoller Kontrast auf: Der körperlich bereits sehr große und kräftige Hund besitzt noch die Wesensart eines Junghundes, und sein Verhalten ist in vielen Punkten unübersehbar welpenhaft. Ein Preisboxer mit Kindergemüt sozusagen. Die Hündinnen der Do Khyis werden normalerweise nur einmal pro Jahr läufig, obwohl es vorkommen kann, dass einige weibliche Tiere in bestimmten Jahren den normalen Zyklus von zwei Läufigkeiten zeigen. Die Angaben über Häufigkeit und Intensität der Läufigkeiten sind bei dieser Rasse widersprüchlich, und es ist zu vermuten, dass in der Praxis beide Varianten vorkommen.

Noch ein anderes Merkmal soll die Do Khyis von allen anderen Hunderassen unterscheiden: Beschaffenheit und Eigenschaften des Deckhaars. Seit langem sagt man den Tibet Mastiffs nach, dass ihr Haar keinen unangenehmen Geruch annimmt, wenn es feucht geworden ist. Selbst ein vom Regen vollständig durchfeuchteter Hund soll geruchsneutral bleiben und nicht den typischen, unangenehmen „Hundegeruch" entwickeln. Die wohl erstaunlichste Besonderheit des Deckhaars der Do Khyis soll die geringe Wirkung auf Personen mit Tierhaarallergie sein. Angeblich sollen diese Hunde selbst bei sensiblen Personen keine allergischen Reaktionen auslösen. Fast alle Publikationen über die Do Khyis erwähnen dieses Phänomen, das ich bisher ebenfalls in der Praxis mangels Gelegenheit nicht nachprüfen konnte. So weit mir bekannt ist, hat sich auch bisher niemand die Mühe gemacht, die Wirkung der Haare auf Allergiker nach wissenschaftlichen Maßstäben zu untersuchen. Daher kann die Möglichkeit nicht ausgeschlossen werden, dass in diesem Punkt stets das gleiche Märchen abgeschrieben und ohne konkrete Prüfung weiterverbreitet wird.

Bei allen Herdenschutzhunden mussten wir bisher feststellen, dass ihre Eigenschaften zwar geschätzt und ihre Dienste benötigt werden, die Hirten jedoch einen recht nachlässigen Umgang mit ihren Schutzhunden pflegen und kaum eine emotionale Bindung zwischen Mensch und Hund erkennbar wird. In diesem Punkt haben es die Do Khyi traditionell besser, denn im Hinduismus und Buddhismus werden Tieren im Allgemeinen und Nutztieren im Besonderen Respekt und Achtung entgegengebracht. Vor allem im Buddhismus ist die Achtung der Würde und Unversehrtheit eines Hundes selbstverständlich, da die Anhänger dieses Glaubens gehalten sind, in Einklang mit der gesamten Natur zu leben. Darüber hinaus besteht nach dem Glauben der Tibeter die Möglichkeit, dass die Seele eines Verstorbenen auf einen Hund übergeht. Der Hund nimmt als Gefährte und Beschützer des Menschen unter allen Tieren zweifellos eine Sonderrolle ein, und die Bewohner der Himalaja-Region ehren ihre Hunde einmal pro Jahr mit einem Fest, dem Kukur Tihar. An diesem Tag wollen sich die Menschen für die Dienste des treuen Hundes bedanken und zelebrieren ein Festessen, bei dem sich zunächst die Hunde mit ausgesuchten Leckereien satt fressen können, bevor sich die Menschen an die Tafel begeben. Niemand darf an diesem Tag Nahrung zu sich nehmen, bevor er nicht seine Hunde versorgt hat. Die Verbundenheit der Tibeter mit ihren Tieren zeigt sich auch im Aufbau des Kalenders. Der tibetische Kalender besitzt einen Rhythmus von zwölf Jahren, jedes Jahr ist einer Tierart gewidmet. Hundejahre gelten als Zeit guter Ernten und unbeschwerten Daseins, und nicht nur deshalb ist der Hund insgesamt positiv besetzt. Das nächste Jahr des Hundes wird nach unserer Zeitrechnung 2006 sein. „Es tut gut, einen Hund um sich zu haben", ist ein geflügeltes Wort bei den Bewohnern des Himalaja, und es ist eine erfreuliche Fügung, dass zwei so unterschiedliche Kulturen wie die Buddhisten des Himalaja und die Christen des Abendlandes an der Schwelle zum zweiten Jahrtausend hinsichtlich des Hundes einen tief gehenden Konsens gefunden haben.

Der Wert des Hundes ist freilich nicht nur ideeller Natur, sondern er hat für seine Besitzer großen praktischen Nutzen. Schafe und Ziegen sind Familienbesitz und werden in kleinen Gruppen gehalten. Große Schafherden wie in der Türkei, Spanien oder Mittelitalien findet man am Fuße des Himalaja nicht. Nutztiere dienen hauptsächlich der eigenen Versorgung, und deshalb spielt „Massentierhaltung" in diesem Kulturkreis traditionell keine Rolle. Mensch und Tier werden durch zahlreiche, räuberisch lebende Tierarten bedroht. Viel wichtiger jedoch ist die Abwehr von Räubern und Dieben, die einzeln oder in kleinen Banden das Land unsicher machen. Seit vielen Jahrzehnten führt die chinesische Regierung einen erbitterten, wenn auch unerklärten Krieg gegen die Bevölkerung Tibets mit dem Ziel, weite Teile der Himalaja-Region als chinesische Provinz zu annektieren. Die wirtschaftliche und kulturelle Unterdrückung der einheimischen Bevölkerung hat nach dem Tode Maos zwar etwas nachgelassen, dauert aber bis in unsere Tage an. Viele Do Khyis wurden vom chinesischen Militär erschossen, um die Lebensgrundlage der Tibeter zu zerstören und aufkeimenden Widerstand zu ersticken. Dies hat vor allem in der Zeit zwischen 1950 und 1970 zu einer starken Dezimierung, ja teilweise sogar zu einer Ausrottung dieser Hunde geführt. Heute hat sich die Zahl der Hunde wieder leicht erholt, aber der Verlust vieler wertvoller Blutlinien hat der Rasse einen nicht wieder gutzumachenden Schaden zugefügt.

Wesen und Wesenseigenschaften der Do Khyis erklären sich aus ihren traditionellen Lebens- und Haltungsbedingungen. Ein Großteil der Hunde wurde und wird von Nomaden gehalten, die im Familienverband umherziehen und ihr Zelt dort aufschlagen, wo Schafe und Ziegen brauchbare Weidegründe vorfinden. Sowie sich die Menschen zur Rast begeben oder ihr Zelt aufschlagen, beginnen die Hunde ihre Schutzfunktion wahrzunehmen. Besonders gefährlich sind die Do Khyis in ihrer Heimat, wenn sie neben dem Zelt mit bis zu 30 Meter langen Ketten festgebunden sind. Diese Situation zeigt Nachbarn, dass die Eigentümer des Hundes nicht gestört werden wollen, und der Hund würde auch bekannte Personen aus dem Radius seiner Kette vertreiben. Laufen die Hunde jedoch frei umher, dürfen sich andere Mitglieder der Sippe gefahrlos nähern, und auf Wan-

273

derungen laufen Menschen, Nutztiere und Hunde bunt gemischt, ohne dass es zu Zwischenfällen kommt. Fremde hingegen werden sofort gestellt, und erst die Intervention einer Bezugsperson beendet die Abwehrhaltung des Hundes. Der Tibet Mastiff ist insgesamt ein ruhiger, ausgeglichener, nervenstarker Hund mit wachen Sinnen. Seinen Besitzern ist er zugeneigt und voller Ergebenheit, er benötigt engen Kontakt zu „seinen" Menschen, um sich wohl zu fühlen. Für seine Bezugspersonen ist der Do Khyi ein liebevoller, anhänglicher und sehr freundlicher Hund, größere Kinder im Haushalt sind für die Haltung dieser Rasse kein Hinderungsgrund. Die Unabhängigkeit, die charakteristisch für die meisten Herdenschutzhunde ist, zeigt sich beim Do Khyi nicht ganz so ausgeprägt, dennoch ist er ein Hund, der aufgrund eigener Entscheidungen handelt und auf Bedrohungen unverzüglich reagiert. In unseren Lebensraum fügen sich Do Khyi willig ein und sind für die Erfordernisse des Alltags gut auszubilden. Ein sehr angenehmer Wesenszug der Tibet Mastiffs ist ihre vergleichsweise geringe Aggression gegenüber Artgenossen. Hunde beiderlei Geschlechts sind nicht mehr oder weniger verträglich oder unverträglich mit Artgenossen als das Gros der anderen Hunderassen auch. Traditionell ist das Umherziehen mit der eigenen „Sippe" unverrückbarer Bestandteil im Leben der Hunde, und auch in unseren heutigen Haltungsbedingungen zeigt der Do Khyi einen hohen Bewegungsdrang. Nicht kurze Sprints oder hektisches Herumlaufen entsprechen seinem Typus, sondern ausgiebige Wanderungen und Spaziergänge bei jedem Wetter. Halbtägige Wanderungen mit gelegentlicher Rast sind so recht nach dem Herzen des Tibet Mastiff.

Vor allem in Deutschland und der Schweiz, aber auch in anderen europäischen Staaten hat sich im Laufe der letzten 30 Jahre eine eingeschworene Fangemeinde dieser Hunde entwickelt. In vielen Ländern gibt es kleine Liebhaberzuchten, die verschiedene Varianten hervorbringen. Bisher haben die Züchter und Freunde dieser Rasse keine große Popularität für ihre Hunde erzeugt, und der Tibet Mastiff gehört deshalb nicht zu den „Modehunden" der Herdenschutzhundszene. Sehr viel populärer sind die Do Khyi in den USA, wo es mehrere Vereine und Dutzende Züchter für diese Rasse gibt.

21.1. Das Wichtigste aus dem Zuchtstandard des Tibet Mastiff

Weitere Namen: Tibetian Mastiff (GB, USA), Do Khyi
Herkunftsland: Tibet & Himalaja Region
Verwendung: Herdenschutzhund, Territoriumswächter, Wachhund
F.C.I.-Nummer: 230, Gruppe 2.2
Standard gültig seit: 1994

Allgemeine Erscheinung: Kräftig, schwer, gut gebaut, stabile Knochen. Eindrucksvolle, würdevolle, aber freundliche Erscheinung.

Besonderheiten: Begleiter, Wach- und Schutzhund. Reift nur langsam, Hündinnen erlangen die Erwachsenenreife mit zwei bis drei Jahren, Rüden erst gegen Ende des vierten Lebensjahres.

Temperament: Zurückhaltend, reserviert und wachsam.

Kopf: Ziemlich breit, schwer und stark gebaut. Massiver Schädel mit deutlich ausgeprägtem Stop. Die Länge des Kopfschädels entspricht der Länge des Fangs. Wenn der Fang geringfügig kürzer ist als der Schädel, gilt dies nicht als Fehler. Der Fang ist ziemlich breit und aus jedem Betrachtungswinkel von rechteckiger Form. Breite, stark pigmentierte Nase mit weit geöffneten Nasenlöchern. Die Lefzen sind gut entwickelt. Ältere Hunde besitzen einige Gesichtsfalten, die vom Bereich der Augenbrauen bis zu den Mundwinkeln reichen.

Augen: Sehr ausdrucksvoll, mittelgroß, von ovaler Form, weit auseinander und etwas schräg stehend. Alle Schattierungen von Braun sind zugelassen.

Ohren: Mittelgroß, dreieckig, eng am Kopf herabhängend, niedrig angesetzt.

Gebiss: Starke Kiefer und Jochbeine, mit perfektem Scherenbiss. Gerade Stellung der Schneidezähne; Backenzähne in einer Linie angeordnet. Zangenbiss ist akzeptabel, solange die rechteckige Form des Fangs nicht beeinflusst wird.

Hals: Stark und kräftig, mit üppigen Muskeln versehen. Keine übermäßige Ausprägung der Kehlwamme; eingerahmt von einer dichten, abstehenden Mähne.

Vorderhand: Gut eingepasste Schultern, starke Knochen und Muskeln. Die Läufe sind gerade, mit starken Gelenken. Läufe an allen Seiten mit dichter, gleichmäßiger Beharrung versehen.

Körper: Kräftig, gerader Rücken, muskulös, kaum wahrnehmbarer Übergang zur Kruppe. Brust ziemlich tief bis zu den Ellenbogen reichend und nicht zu breit. Deutliche Biegung der Rippen, die einen herzförmigen Brustkasten bilden. Die Länge des Körpers ist größer als die Schulterhöhe.

Hinterhand: Kraftvoller, muskulöser Bau. Von hinten betrachtet, gerade Anordnung der Läufe im Stand. Die Entfernung von Afterklauen ist freigestellt.

Pfoten: Ziemlich groß, kräftig und kompakt. Dichte Behaarung an den Oberseiten und zwischen den Zehen.

Rute: Mittellang bis lang, aber nicht tiefer als bis zum Sprunggelenk reichend. Die Rute ist weit oben, etwa auf Höhe der Rückenlinie angesetzt, stark befedert und wird gebogen, leicht zur Seite weisend, über dem Rücken getragen.

Gang – Bewegung: Der Gang ist kraftvoll, frei, leichtfüßig und elastisch. Bei höherer Geschwindigkeit setzt der Hund die Pfoten in einer Spur. Bei Gang im Schritttempo bewegt sich der Hund langsam und wirkt bedächtig.

Haarkleid: Rüden tragen eine deutlich üppigere Behaarung als Hündinnen. Die Qualität der Behaarung ist höher einzuschätzen als die Länge des Deckhaars. Sehr dichte Unterwolle bei kaltem Klima, in warmen Sommern wird die Unterwolle dünn. Feines, aber stabiles Haar, das gerade vom Körper absteht. Das Deckhaar darf weder seidig noch gewellt oder gekräuselt sein. Hals und Schulterregion mit einer dichten Mähne besetzt. Buschige, üppig behaarte Rute und starke Befederung an den Rückseiten der Hinterläufe, vor allem im oberen Bereich.

Farben: Tiefes Schwarz, Black & Tan, Braun, Goldtöne, alle Grautöne, auch Grau mit goldfarbenen Abzeichen. Ein weißes Abzeichen auf der Brust ist zulässig, ebenso kleinflächige weiße Abzeichen im Bereich der Pfoten. Bei Hunden mit Black-&-Tan-Färbung zeigen sich goldfarbene Abzeichen oberhalb der Augen, an den Unterschenkeln und an der Spitze der Rute.

Größe: Rüden mindestens 66 Zentimeter; Hündinnen mindestens 61 Zentimeter.

Fehler: Jede Abweichung von den vorgenannten Punkten ist als Fehler anzusehen. Die Schwere des Fehlers richtet sich nach dem Grad der Abweichung.

Disqualifikationen: Blau gefärbte Augen oder ein blau gefärbtes Auge.

22. Tornjak

Der Tornjak (sprich: Torniak) ist eine der seltensten Herdenschutzhundrassen und in Deutschland nahezu unbekannt. Er stammt aus Kroatien und Bosnien-Herzegowina, konnte sich aber selbst in den anderen jugoslawischen Teilstaaten in der Vergangenheit kaum verbreiten. Außerhalb Kroatiens und Bosnien-Herzegowinas gibt es nur sehr kleine Populationen dieser Hunde, die überwiegend von emigrierten Kroaten und Bosniern gehalten werden. In allen anderen Regionen Ex-Jugoslawiens ist der Šarplaninac sehr viel populärer als der Tornjak. Der Grund dafür ist keinesfalls eine reduzierte Eignung des Tornjak für den Herdenschutzdienst, sondern die Ursache liegt in den traditionellen ethnischen Konflikten des Balkans. Das ehemalige Jugoslawien war sehr stark vom serbischen Bevölkerungsteil dominiert, der nicht nur Regierung, Polizei und Armee kontrollierte, sondern auch alle Schlüsselpositionen innerhalb der staatlichen Zuchtverbände innehatte. Vor diesem Hintergrund ist nicht erstaunlich, dass der Šarplaninac, als traditioneller Herdenschutzhund der Serben, Montenegriner und Kosovaren, die Rolle des klassischen jugoslawischen Herdenschutzhundes bekam und als einzige Herdenschutzhundrasse gefördert wurde. Der Popularität des Tornjak in Kroatien und Bosnien hat dies freilich keinen Abbruch getan, im Gegenteil, nach der Unabhängigkeit Kroatiens von Rest-Jugoslawien im Mai 1991 gilt der Tornjak als nationales Gut und besitzt heute einen beinahe folkloristischen Status. Sogar eine Briefmarke mit dem Abbild zweier Tornjak ist in Bosnien-Herzegowina erschienen. Ähnlich hoher Wertschätzung bei der eigenen Bevölkerung erfreut sich nur noch der Karabash in der Türkei. Vor allem von den Bergbauern und Wanderhirten in den nördlichen Ausläufern des Dinarischen Gebirges wird der Tornjak seit Menschengedenken als Wächter und Beschützer der Schafherden eingesetzt. Das genaue Herkunftsgebiet des Tornjak ist nicht präzise einzugrenzen. Für die Kroaten ist der Tornjak eine alte kroatische Rasse, für die Bosnier besteht kein Zweifel, dass der Tornjak ursprünglich aus Bosnien stammt.

Bei vielen Tornjak ist Weiß die dominierende Farbe des Deckhaars, trotzdem ist er nicht zu den weißen Herdenschutzhundrassen zu zählen. Alle Hunde besitzen vor allem im Bereich von Kopf und Hals schwarze, graue, hell- und dunkelbraune Abzeichen unterschiedlicher Größe und Farbkombination. Regelmäßigkeiten gibt es hinsichtlich der Färbung kaum, bei manchen Hunden ist der Körper rein weiß, Läufe und Kopf zeigen hingegen viele Variationen von Brauntönen und vielleicht ein paar kleine schwarze Marken. Andere Hunde sind am ganzen Körper mit verschiedenfarbigen Abzeichen versehen, besitzen aber möglicherweise einen weiß gefärbten Fang. Am Körper liegt der Weißanteil jedoch fast nie unter 50 %; einfarbig weiße, schwarze oder braune Tornjak gibt es nicht. Die große Zahl der Farbvarianten ist ein Hinweis darauf, dass diese Hunde ausschließlich als Gebrauchshunde gezüchtet wurden und schauzüchterische Einflüsse bisher nur eine untergeordnete Rolle gespielt haben. Das Deckhaar des Tornjak ist von mittlerer Länge, der ganze Körper ist mit dichtem, leicht gewelltem Haar besetzt. Hinterläufe und Rute sind gut befedert, aber nicht so buschig, wie wir es von Owtscharki kennen. Tornjak besitzen gut entwickelte Unterwolle, die sie gegen die raue Witterung des Gebirges schützt.

Wenn man die Erscheinung des Tornjak beschreiben will, drängt sich das Wort „robust" geradezu auf. Der Körperbau des Tornjak ist der eines kräftigen, breit gebauten Herdenschutzhundes mit mächtiger Brust. Der Umfang des Brustkorbes dieser Hunde misst selbst bei mittelgroßen Rüden einen Meter oder mehr, dabei reicht der Brustkorb mindestens bis zur Höhe der Ellenbogen, oft aber sogar deutlich darunter. Rücken und Kruppe sind auffällig breit und sehr muskulös. Der Körperbau liegt, um einen anschaulichen Vergleich zu geben, etwa in der Mitte zwischen Berg- und Steppenkaukasen mit leichter Tendenz in Richtung der schweren Gebirgshunde. Rüden erreichen Widerristhöhen von mindestens 70 Zentimetern, in seltenen Fällen sogar über 80 Zentimeter. Hün-

Sehr ausdrucksvoll ist die lebhafte Zeichnung des Kopfes.

dinnen sind etwas kleiner, leichter und schmaler gebaut als Rüden und im Gesamteindruck femininer. Im normalen Gang bilden Kopf und Rücken des Tornjak eine gerade Linie, nur wenn etwas die Aufmerksamkeit des Hundes erregt, hebt er den Kopf. Der Kopf des Tornjak ist breit und massiv, ohne dabei massig zu wirken. Die Ohren sind dreieckig und hängen eng am Kopf herab. Augenlider und Lefzen sind schwarz pigmentiert, in Kroatien gelten Hunde mit zusätzlich dunkel oder schwarz pigmentiertem Gaumen als besonders wertvoll. Das Gebiss des Tornjak ist sehr kräftig ausgebildet, es zeigt große Zähne mit blendend weißem Zahnschmelz. Die Kiefer sind ebenfalls kräftig, aber die Jochbeine treten nicht sehr stark hervor. Gerade Zahnstellung und perfekter Scherenbiss sind bei fast allen Hunden zu beobachten.

Das Wesen des Tornjak unterscheidet sich kaum von dem anderer Herdenschutzhunde aus Arbeitszuchten. Wache Sinne, Selbstständigkeit, Unabhängigkeit und Entscheidungsfreude gehen mit stoischer Gelassenheit und starker territorialer Bindung die bekannte Mischung ein. Das Temperament des Tornjak ist durchschnittlich, es sind ruhige, gelassene Hunde mit solidem Nervenkostüm und durchschnittlicher Bewegungsfreude. Obwohl der Tornjak sein Territorium kompromisslos schützt und sich Beutegreifern entschlossen entgegenstellt, ist seine Aggressionsbereitschaft in vielen Situationen erstaunlich niedrig. Fremden gegenüber bleibt der Tornjak zwar reserviert, zeigt dabei allerdings keine massive Ablehnung und bedroht Menschen so gut wie nie. Auf neutralem Terrain sind diese Hunde ausgesprochen umgänglich und friedfertig. Mit Artgenossen kommen Tornjak beiderlei Geschlechts relativ gut aus, zumindest solange der andere Hund akzeptiert, dass der Tornjak in der Rangordnung ganz weit oben steht. Bei der Anpassung des Tornjak an mitteleuropäische Lebens- und Haltungsbedingungen kollidiert der Hundehalter mit der Ursprünglichkeit der Rasse. Tornjak besitzen keinerlei natürlichen Appell und folgen Lautzeichen wenn überhaupt nur widerwillig und mit erheblicher Verzögerung. Eine große Portion Geduld und Erfahrung im Umgang mit Herdenschutzhunden ist für die Haltung dieser Rasse unabdingbar. Die Ausbildung dieser Hunde zu verkehrssicheren Begleitern ist zeitaufwendig und erfordert viel Geduld.

Die Zucht dieser Rasse liegt noch fast ausschließlich in den Händen der Landbevölkerung, die Hunde für ihren eigenen Bedarf züchtet. Vor allem in Rijeka und rund um Zagreb gibt es einige Liebhaberzuchten, die dem nationalen Verband angeschlossen sind.

In Deutschland dürfte die Zahl der Hunde zur Zeit ein Dutzend kaum übersteigen; die wenigen Tornjak werden hierzulande fast ausnahmslos von Kroaten und Bosniern gehalten, die ihre Hunde aus der Heimat mitgebracht haben. Zuchten außerhalb Kroatiens und Bosnien-Herzegowinas entstehen zur Zeit in einigen Ländern Westeuropas.

23. Hütehunde und Herdenschutzhunde mit regionaler Verbreitung

Mit Ausnahme von Carpatin, Mioritic und Tornjak werden alle in den vorangegangenen Kapiteln beschriebenen Herdenschutzhunde in zahlreichen Ländern gehalten. Die meisten Rassen sind sogar auf allen fünf Kontinenten anzutreffen, und selbst in Australien werden heute Herdenschutzhunde eingesetzt. Überregionale Verbände organisieren Hundeausstellungen und versuchen den Fortbestand der Rassen zu sichern. Auf der anderen Seite gibt es eine nicht zu vernachlässigende Zahl von Herdenschutzhundrassen, die außerhalb ihres ursprünglichen Verbreitungsgebietes bisher nicht Fuß fassen konnten und deren Bekanntheitsgrad sehr gering ist. Obwohl ein Teil dieser Rassen von der F.C.I. anerkannt ist, wissen wir über diese Hunde kaum mehr als ihren Namen und können bestenfalls noch die Gegend nennen, in der sie traditionell gehalten wurden. Nicht behandelt werden Hundetypen oder regionale Schläge, über deren Existenz, Haltungsform und Erscheinungsbild keine unabhängigen und nachprüfbaren Informationen vorliegen.

Bei einigen anderen Hunderassen ist der Übergang vom Herdenschutzhund zum Hütehund oder Wachhund fließend. Nur schwerlich lässt sich bestimmen, welcher Gruppe man die Hunde letztlich zurechnen soll. Aus den Rassegeschichten ergibt sich, dass einige traditionelle Hütehunde im Laufe der Zeit begannen, zusätzlich die Aufgaben eines Herdenschutzhundes teilweise zu übernehmen. Andere wurde nach Wegfall des Herdenschutzdienstes als Wach- und Schutzhunde gehalten. Allen drei Gruppen, den seltenen Herdenschutzhundrassen, den Wachhunden mit Herdenschutzhundvergangenheit und den Grenzgängern zwischen Hüte- und Herdenschutzhunddasein, ist dieses Kapitel gewidmet.

23.1. Berger de Brie (Briard) und Berger de Beauce (Beauceron)

Der Briard ist ein französischer Schäferhund, der aus der Brie, einem Gebiet westlich von Paris zwischen Marne im Norden und Seine im Süden stammt. Die älteste schriftliche Erwähnung der Rasse datiert aus dem Jahr 1809 und findet sich in einem landwirtschaftlichen Lexikon, wo eine für die damalige Zeit recht ausführliche Beschreibung der Rasse gegeben wird. Anfänglich führte die große morphologische Ähnlichkeit zwischen Briard (Berger de Brie) und Beauceron (Berger de Beauce) dazu, dass beide Rassen noch nicht getrennt aufgeführt wurden. Erst 1896, anlässlich eines Kongresses über Hütehunde, wurde festgelegt, dass beide Hunde fortan als zwei unabhängige Rassen anzusprechen seien. Wie

Fauver Briard-Rüde

bei allen in Westeuropa populären Rassen ist die Geschichte der letzten 100 Jahre vergleichsweise gut dokumentiert. Die Zuchtbücher des Briard reichen bis in das Jahr 1885 zurück, und schon 1888 wurden die besten Hütehunde des Landes vom französischen Landwirtschaftsministerium mit Medaillen ausgezeichnet.

Die Geschichte des Briard als Hütehund ist somit unzweifelhaft, dennoch besitzen diese Hunde fraglos einige Eigenschaften eines Herdenschutzhundes und nehmen in gewissem Umfang Schutzaufgaben gegenüber einer Herde wahr. Andererseits fehlen ihnen typische Wesensmerkmale der Herdenschutzhunde oder sind deutlich geringer ausgeprägt. Anschauliche Beispiele für gering entwickelte Herdenschutzhundeigenschaften sind Selbstständigkeit und Eigensinn. Zwar ist der Briard für seine Unabhängigkeit, seine Sturheit und sein Durchsetzungsvermögen bekannt, aber in allen diesen Disziplinen reicht er nicht annähernd an Kaukasen, Sarplaniči oder Komondorok heran. Nicht anders verhält es sich mit der Härte der Hunde. Briard sind zwar bestrebt, Beutegreifer zu verjagen oder attackieren sie sogar, aber es gibt in dieser Rasse nur wenige Hunde, die sich einem ebenbürtigen oder gar überlegenen Gegner ein zweites Mal zum Kampf stellen. Kein Vergleich mit der unbeirrbaren Territorialität der Kangal oder Sarplaniči, die sich den Wölfen jeden Tag aufs Neue entgegenstellen, obwohl sie beinahe nie ohne Blessuren aus diesen Konfrontationen zurückkehren. Hier soll nicht der Stab über den Briard gebrochen werden, es geht nicht darum, eine Wertrangfolge verschiedener Hunderassen und -typen zu begründen, sondern nur um die objektive Betrachtung der Eigenschaften. Das Fehlen typischer Eigenschaften eines Herdenschutzhundes ist kein Manko, nur eine Tatsache!

In einem anderen Punkt erreicht und übertrifft der Briard einen guten Teil der Herdenschutzhunde: der Aggressivität gegenüber Artgenossen. Fremde Hunde duldet ein Briard auf seinem Territorium niemals, und auch ungebetene Besucher müssen sich vor diesen Hunden sehr in Acht nehmen. Raufereien mit Artgenossen sind beim Briard nichts Ungewöhnliches, und diese Tendenz zeigt sich gleichermaßen bei Rüde und Hündin. Als wachsamer Hofhund ist der Briard geradezu eine Idealbesetzung, zumal er nicht dazu neigt, sein Territorium so weit auszudehnen wie viele Herdenschutzhunde. Akbas, Kangal oder Kuvasz würden, sofern keine anderen Faktoren dämpfend wirken, im Laufe mehrerer Jahre rund um den bewachten Hof ein immer größeres Territorium beanspruchen. Briards hingegen beschränken ihre Wach- und Schutzaufgaben eher auf das unmittelbare Lebensumfeld. Auch im Hinblick auf Selbstständigkeit und Entscheidungsfreude zeigt der Briard deutliche Unterschiede zu den Herdenschutzhundrassen, denn er besitzt natürlichen Appell und neigt dazu, den Lautzeichen seines Besitzers Gehör zu schenken. Deshalb lässt sich der Briard vergleichsweise gut ausbilden und wird sogar im Bereich des Hundesports in verschiedenen Disziplinen eingesetzt. Bei Agility-Veranstaltungen kann man den Briard wieselflink über Hindernisse springen und Slalom durch Torstangen laufen sehen – schier undenkbare Verhaltensweisen für das Gros der Herdenschutzhunde.

Der Körperbau des Briard ist deutlich leichter als bei Herdenschutzhunden. Rüden erreichen bei einer Widerristhöhe zwischen 62 und 68 Zentimeter ein Körpergewicht um 40 Kilogramm, Hündinnen haben Schulterhöhen um 60 Zentimeter und bleiben leichter und deutlich femininer als Rüden. Vor allem beim Brustumfang zeigt sich der Unterschied des Körperbaus eindrucksvoll; an den guten Meter Brustumfang, den ein Herdenschutzhund vergleichbarer Körpergröße (z. B. Tornjak) besitzt, reichen Briard-Rüden nicht annähernd heran.

23.2. Karakatschan

Der Karakatschan ist der Herdenschutzhund der bulgarischen Bauern und Wanderschäfer. Der Karakatschan ist ein großer, relativ hochbeiniger und verhältnismäßig leicht gebauter Herdenschutzhund. Gängige Schulterhöhen liegen um 75 Zentimeter bei Rüden und 72 Zentimeter bei Hündinnen. Von einer Rasse nach unserem Verständnis kann man bei diesem Hundetyp nicht sprechen, obwohl bestimmte Varietäten dieses Hundes in einigen Regionen quasi den Status eines Rassehundes haben können. Ein gemeinsamer Standard für die Varietäten dieses Hundetyps existiert nicht.

Karakatschan kommen in vielen Farbschlägen vor, sehr häufig sieht man schwarz-weiß gefärbte Exemplare. Das Deckhaar ist etwa 3 bis 4 Zentimeter lang, von derber, harscher Struktur und steht leicht vom Körper ab. Für detaillierte Aussagen zu diesem Hundetyp fehlt es sowohl an Bildmaterial als auch an schriftlichen Aufzeichnungen. Nach allem, was wir über den Karakatschan wissen, kann er als Abkömmling des alten Siebenbürger Hirtenhundes gelten und eine Verwandtschaft mit dem rumänischen Carpatin ist wahrscheinlich, wenn auch bis heute unbewiesen.

23.3. Karshund

Der Karshund stammt aus dem Grenzgebiet zwischen der Türkei, Georgien und Syrien. Die Rasse ist nicht bei der F.C.I. registriert, und lange Zeit existierte weder ein Zuchtstandard noch eine halbwegs aussagekräftige Beschreibung dieser Hunde. Erst in den letzten Jahren begannen einige türkische Hundefreunde sich um diese Varietät zu kümmern. Von einer Rasse kann man beim Karshund nicht sprechen, da man keinen Überblick über die vorhandenen Varietäten besitzt und es auch keinen halbwegs verbindlichen Standard gibt. Die unter dem Begriff „Karshund" geführten Hunde verschiedener Regionen können sich in ihren äußerlichen Merkmalen stark unterscheiden. Der Variantenreichtum des Karshundes zeigt sich unter anderem in vielen sehr unterschiedlichen Beschreibungen der Erscheinung. Dessen ungeachtet gibt es vornehmlich türkische Publikationen, die den Karshund als alte türkische Rasse bezeichnen. Dem ist nur insofern zuzustimmen, als der Typ des Karshundes seit längerer Zeit im Osten Anatoliens als Gebrauchshund gehalten wird. Beweise für eine Rassehaftigkeit liegen nicht vor, und ich bezeichne, sehr zum Ärger einiger türkischer Hundefreunde, den Karshund als regionale Varietät des Kaukasischen Owtscharka. Ohne jeden Zweifel durchmischen sich die als Bauern- oder Herdenschutzhunde gehaltenen Karshunde seit vielen Generationen mit anderen Hunden der Region, sodass im Laufe der Zeit viele Ähnlichkeiten mit Karabas und Kaukasen entstanden sind.

Das Gros der Karshunde erreicht eine Widerristhöhe von 70 bis 75 Zentimetern, obwohl es zweifelsfrei einige größere Rüden und einige kleinere Hündinnen gibt. Der Körperbau ist stabil und kräftig, und die ganze Erscheinung der Hunde unterscheidet sich nur unwesentlich von der der Steppenkaukasen. Die Länge der Körperbehaarung beträgt fünf bis zehn Zentimeter; die Rückseiten der Läufe und die Rute sind mit dichten, langen Haaren besetzt. Beim Karshund treten die gleichen Farbschläge wie beim Kaukasischen Owtscharka auf, allerdings ist die Zahl der braun oder beige-braun gefärbten Tiere größer und die der grauschwarz gezeichneten Tiere geringer als beim Kaukasischen Owtscharka. Sehr häufig besitzen die Karshunde eine schwarze Maske, welche den Fang bedeckt und über die Augen bis zum Ansatz der Ohren reicht. Wie der Owtscharka stellt der Karshund bei Erregung seine Rute hakenförmig gebogen über dem Körper auf. In Anatolien ist es üblich, die Ohren des Hundes im Welpenalter vollständig zu kupieren.

Im Siedlungsgebiet der Kurden werden Karshunde als Herdenschutzhunde eingesetzt. Je nach Ausprägung individueller Merkmale kann das Wesen des Hundes einem Owtscharka oder einem Kangal entsprechen.

23.4. Kraški Ovčar

Wie der Šarplaninač stammt auch der Kraški Ovčar aus dem ehemaligen Jugoslawien und dort hauptsächlich aus der Region Slowenien. Dieser Hund wird im Deutschen auch als Karstschäferhund bezeichnet, was leicht zu Verwechslungen mit dem bereits erwähnten türkischen Karshund führen kann. Erst seit rund 40 Jahren gilt der Kraški Ovčar als eigenständige Rasse, obwohl Berichte über diese Hunde bis ins 17. Jahrhundert zurückreichen. Erst sehr spät erfolgte die Trennung von Kraški Ovčar und Šarplaninač in zwei unabhängige Rassen. Inzwischen ist der Kraški Ovčar von der F.C.I. anerkannt und wird unter der Registriernummer 278 in der Gruppe 2.2 geführt. Die Erscheinung des Kraški Ovčar gleicht der des Šarplaninač mit der Ausnahme, dass die Hunde bei weitem nicht die Widerristhöhen der Sarplaniči erreichen und auch einen leichteren Körperbau besitzen. Rüden erreichen typischerweise Widerristhöhen um 58 Zentimeter; Hündinnen etwa fünf Zentimeter weniger. Auch beim Körpergewicht werden die Unterschiede zum schwer gebauten Typ des Šarplaninač offensichtlich. Das Idealgewicht der Rüden beträgt etwa 40 Kilogramm, Hündinnen wiegen im Mittel etwa 30 Kilogramm.

Der Kraški Ovčar ist, trotz der großen Ähnlichkeit, deutlich kleiner als der Šarplaninač Er wird als Hofhund gehalten oder im Herdenschutzdienst eingesetzt.

Der Kraški Ovčar „Zoran" wurde 1998 niederländischer Champion.

Die für einen Herdenschutzhund relativ geringe Körpergröße soll nicht darüber hinwegtäuschen, dass der Karstschäferhund ein wirkungsvoller Beschützer der Herden ist und sich Beutegreifern furchtlos entgegenstellt. Hinsichtlich territorialer Verhaltensweisen unterscheidet sich der Kraški Ovčar nicht wesentlich von anderen Herdenschutzhunden. Auf dem Karst haben diese Hunde eine lange Tradition, und sie werden ebenso häufig als Haus- und Hofhunde gehalten wie im Herdenschutzdienst. Dies hat im Laufe der Zeit dazu geführt, dass sich der Kraški Ovčar an den engen Anschluss an Menschen gewöhnt hat und viele Hunde in der Tradition eines Familienhundes stehen. In ihrer Heimat besitzen sie den Ruf, hervorragende Beschützer des ihnen anvertrauten Territoriums zu sein, ohne dabei das hohe Aggressionspotential des Šarplaninac zu besitzen. Im Umgang mit Menschen gilt der Kraški Ovčar als weitgehend unproblematisch.

Färbung, Länge und Struktur des Deckhaares entsprechen im Großen und Ganzen der Erscheinung des Šarplaninac. Eisengraues Fell mit schwarzen Haarspitzen und Aufhellungen an Brust und Läufen sowie dichte Unterwolle am gesamten Körper sind für den Kraški Ovčar typisch. Obwohl seine Hauptaufgabe fraglos der Schutz des Territoriums ist, muss der Kraški Ovčar als Grenzfall zwischen Hüte- und Herdenschutzhund angesehen werden. Verbleiben diese Hunde an einer Schaf- oder Ziegenherde, zeigen sie eine deutlich Tendenz, die Herde zusammenzuhalten und gegebenenfalls auch zu treiben. Für die Landbevölkerung des Karst ist der Kraški Ovčar ein universell einsetzbarer Hund mit zahlreichen Qualitäten. Manche Quellen sagen dieser Rasse sogar eine überdurchschnittliche Gelehrigkeit und Lernfreude nach, die dazu geführt hat, dass der Kraški Ovčar in seiner Heimat sowohl vom Militär als auch von der Polizei eingesetzt wird.

23.5. Liptak (Goralenhund)

Der Liptak oder Liptauer Hirtenhund stammt aus dem Gebiet südlich der Tatra und wird als Urahn des Polski Owczarek Podhalanski angesehen. In alten Schriften wird der Liptak auch als Goralenhund bezeichnet. Die Goralen sind ein slawisches Hirtenvolk, das seine Heimat in den Nordkarpaten hat. Ihr Siedlungsgebiet erstreckt sich vom südlichen Polen bis in die Ukraine. Der Liptak hat sich als einer der Urtypen der weißen Herdenschutzhunde Osteuropas im Laufe der Jahrhunderte mit Kuvasz und anderen Herdenschutzhunden der Region vermischt. Einige dieser Hunde gelangten nach Pommern, andere bis nach Rumänien. Überall vermischten sie sich mit der einheimischen Hundepopulation. Der genaue Verlauf der Abstammung und gegenseitigen Beeinflussung lassen sich heute nicht mehr aufschlüsseln.

Der Liptak wird zu den weißen Herdenschutzhunden gezählt, obwohl überliefert ist, dass es in Polen und der Tschechoslowakei früher auch Liptak mit grauen Abzeichen am Körper und dunkel gefärbten Behängen gegeben hat. Die einzige in deutscher Sprache erschienene Beschreibung des Liptak verdanken wir Erna Mohr, die sich sehr intensiv mit den weißen Herdenschutzhunden Osteuropas auseinander gesetzt hat. Sie beschrieb den Liptak als einen etwas leichteren, höheren Schlag mit langen Beinen, der dem Maremma Abruzzese sehr ähnlich sehen soll. An einer anderen Stelle erwähnt Erna Mohr auch einen kräftigeren Typ mit schwerem Körperbau, der nicht hochbeinig wirkt und längeres Deckhaar besitzt. Soweit bekannt, wurde später ein Teil der Liptak den Kuvaszok zugerechnet, die nördlich in Pommern lebenden Hunde begründeten den Tatrahund.

23.6. Raffeiro do Alentejo

Der große, aus der portugiesischen Provinz Alentejo stammende Wachhund ist nicht den Herdenschutzhunden zuzurechnen, obwohl es zweifellos immer wieder Exemplare gegeben hat, die Schafherden bewachten. Hauptaufgabe dieser Hunde war jedoch der Schutz von Gehöften und Ländereien portugiesischer Großgrundbesitzer, die meist mehrere dieser Hunde hielten. So kam der Raffeiro in den Ruf, der Hund der Reichen und ein Statussymbol der Mächtigen des Landes zu sein. Der Raffeiro do Alentejo soll vor langer Zeit aus Kreuzungen des Estrela-Berghundes mit Mastín Español hervorgegangen sein. So entstand ein stockhaariger Wach- und Schutzhund mit stämmigem Körperbau, der kleiner als der Mastín Español bleibt, aber deutlich schwerer wird wie der Cão da Serra da Estrela. Da diese Rasse nicht in den Bergen lebte und auch keine Herden auf langen Wanderungen begleitete, konnten sich allmählich immer schwerere und massigere Hunde entwickeln. Rüden erreichen Widerristhöhen um 70 Zentimeter, Hündinnen bleiben nur geringfügig kleiner. Bei einem Rüden mit gut 70 Zentimeter Schulterhöhe kann man ein Gewicht um 60 Kilogramm erwarten. Beim Raffeiro do Alentejo sind zahlreiche Farbschläge erlaubt; neben einfarbigen Hunden gibt es von hellem Beige bis zu Schwarz zahllose Variationen einschließlich gestromter und gescheckter Tiere. Weiße Abzeichen an Fang und Brust kommen häufig vor. Die hoch angesetzten, dreieckigen Ohren hängen am Kopf herab, wobei sie leicht nach vorn ins Gesicht fallen. Der Fang verjüngt sich leicht zur schwarzen Nase hin und besitzt dicke, etwas herabhängende Lefzen. Der kurze, kräftige Hals besitzt eine deutlich ausgeprägte Kehlwamme. Die Länge der glatt anliegenden Körperbehaarung beträgt etwa vier Zentimeter. Die Läufe sind nicht befedert.

Das Wesen des Raffeiro do Alentejo ist von hoher Grundschärfe und starkem Wach- und Schutztrieb geprägt. Er ist eigensinnig, selbstsicher und unbeugsam und daher nur für erfahrene Hundefreunde geeignet. Trotzdem ist er für seine Bezugspersonen ein liebevoller und sehr anhänglicher Hund. Der Raffeiro do Alentejo ist von der F.C.I. anerkannt; er wird unter der Registriernummer 96 in der Gruppe 2.2 geführt. In Portugal versucht heute wieder ein Zuchtverein, den Fortbestand der Rasse zu sichern, dennoch ist nicht auszuschließen, dass der Raffeiro do Alentejo eines nicht allzu fernen Tages verschwunden sein wird. In Deutschland wird sich zur Zeit kaum ein ganzes Dutzend Hunde dieser Rasse finden lassen.

Akbaş

Herkunftsland: Türkei
Verwendung: Herdenschutzhund,
Territoriumswächter
F.C.I. Nummer:
Von der F.C.I. nicht als Rasse
anerkannt, trotzdem hat der Akbash
in vielen Ländern den Status eines
Rassehundes.
Standard gültig seit:
Einigen Jahrzehnten, genaues
Datum unbekannt.

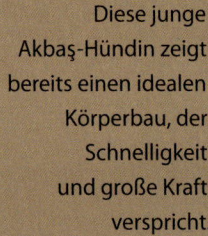

Portrait eines
18 Monate alten
Akbaş-Rüden.

Diese junge
Akbaş-Hündin zeigt
bereits einen idealen
Körperbau, der
Schnelligkeit
und große Kraft
verspricht.

Carpatin-Rüde.

Ciobanescul Românesc Carpatin und Ciobanescul Românesc Mioritic

Mioritic.

Einen schönen, ausdrucksvollen Charakterkopf besitzt dieser Estrela Berghund mit dem Namen Flecha do Rio Zerere.

Cão da Serra da Estrela
(Estrela Berghund)

Estrela-Rüde und -Hündin.

Weitere Namen:
Cão da Serra da Estrela (Portugal),
Estrela Sheepdog (GB)
Herkunftsland: Portugal
Verwendung: Herdenschutzhund,
Territoriumswächter
F.C.I.-Nummer: 173, Gruppe 2.2
Standard gültig seit: August 1995

Kangal

Weitere Namen: Karabaş (Türkei), Karabash (USA, GB)
Herkunftsland: Türkei
Verwendung: Herdenschutzhund, Territoriumswächter
F.C.I.-Nummer: Von der F.C.I. nicht anerkannt. Trotzdem besitzt der Kangal in der Türkei den Status eines Rassehundes.
Standard gültig seit: Einigen Jahrzehnten, genaues Datum unbekannt.

Gut erkennbar ist der leichte und trotzdem muskulöse Körperbau der Rasse bei diesem Kangal-Rüden.

Kaukasischer Owtscharka

Weitere Namen:
Caucasian Ovtcharka,
Caucasian mountain dog (USA)
Kavskaskaja Ovtcharka (Russland)
Herkunftsland: ehem. Sowjetunion
Verwendung: Herdenschutzhund,
Territoriumswächter
F.C.I.-Nummer: 328, Gruppe 2.2
Standard gültig seit: März 1993

Kaukasischer
Owtscharka.

Steppenkaukase,
kurzhaarig mit
den Farben schwarz,
grau und braun.

Das dichte, zu Schnüren verdrehte Deckhaar verleiht dem Komondor eine einzigartige Erscheinung.

Komondor

Herkunftsland: Ungarn
Verwendung: Herdenschutzhund
F.C.I.-Nummer: 53, Gruppe 1.1
Standard gültig seit: März 1992

Die Mimik des Komondor bleibt unter der dichten Behaarung unergründlich.

Das dichte, gewellte und gekräuselte Deckhaar schützt den Kuvasz bei kalten Temperaturen.

Herkunftsland: Ungarn
Verwendung: Herdenschutzhund
F.C.I.-Nummer: 54, Gruppe 1.1
Standard gültig seit: 1935, seitdem aber mehrfach überarbeitet

Kuvasz

Portrait eines zwei Jahre alten Kuvasz-Rüden.

Ein drei Jahre alter Maremmano Abruzzese-Rüde aus Mailand.

Maremmano Abruzzese

Weitere Namen: Cane da Pastore Maremma Abruzzese (I), Maremmaner Hirtenhund, Maremmaner und Abruzzen-Schafshund, Maremma (alle D)
Herkunftsland: Italien
Verwendung: Herdenschutzhund, Territoriumswächter
F.C.I.-Nummer: 201, Gruppe 1
Standard gültig seit: 27.11.1989

Eine Gruppe von Maremma an einer Landstraße in Italien.

Dieser Rüde zeigt eindrucksvoll die üppig entwickelte Muskulatur dieser Hunde.

Mastín Español

Weitere Namen: Spanish Mastiff (USA, GB)
Herkunftsland: Spanien
Verwendung: Herdenschutzhund, Territoriumswächter, Wachhund
F.C.I.-Nummer: 91, Gruppe 2.2
Standard gültig seit: 26.05.1982

Eine achtjährige Hündin mit braun-weißer Zeichnung.

Mittelasiatischer Owtscharka

Weitere Namen: Middle Asian Ovtcharka (GB, USA)
Herkunftsland: Asiatische Landesteile der ehem. Sowjetunion
Verwendung: Herdenschutzhund, Territoriumswächter
F.C.I.-Nummer: 335, Gruppe 2.2
Standard gültig seit: 1989

Beim Mittelasiatischen Owtscharka gibt es eine Vielzahl teilweise sehr unterschiedlicher Farbschläge.

Tornjak

Acht Monate alter Tornjak-Rüde.

Polski Owczarek Podhalanski

Weitere Namen: Podhalaner,
Tatrahund (D), Tatra Mountain Dog,
Polish Tatra Sheepdog (USA, GB)
Herkunftsland: Polen
Verwendung: Herdenschutzhund,
Territoriumswächter, Hofhund
F.C.I.-Nummer: 252, Gruppe 1.1
Standard gültig seit: 1937,
mehrfach verändert, seit 1967
F.C.I anerkannt.

Pyrenäenberghund mit dunkelgrauen, nahezu schwarzen Abzeichen an Kopf und Körper.

Pyrenäenberghund/ Mastín de los Pirineos

Weitere Namen: Great Pyrenee (USA, GB), Patou (F)
Herkunftsland: Frankreich
Verwendung: Herdenschutzhund, Territoriumswächter
F.C.I.-Nummer: 137, Gruppe 2.2
Standard gültig seit: 1907, mehrfach verändert, letzte Fassung 1989

Pyrenäenberghund mit hellgrauen Abzeichen.

Šarplaninač

Weitere Namen:
Illyrischer Schäferhund
Herkunftsland: Ex-Jugoslawien
Verwendung: Herdenschutzhund, Territoriumswächter, Schutzhund
F.C.I.-Nummer: 41, Gruppe 2.2
Standard gültig seit: 1998

Im Portrait dieses Rüden offenbart sich die ganze Schönheit dieser Hunderasse.

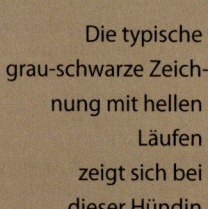

Die typische grau-schwarze Zeichnung mit hellen Läufen zeigt sich bei dieser Hündin.

Der Südrussische
Owtscharka-Rüde
„Sarisin's Demon
Bikrey" aus der
Zucht von Diane Sari
besitzt eine ideale
Erscheinung und
zeigt die ganze
Schönheit der Rasse.

Südrussischer Owtscharka

Weitere Namen: South Russian
Ovtcharka (GB, USA),
Jousnorusskaja Owtcharka
(Russischer Sprachraum)
Herkunftsland: Ukraine
Verwendung: Herdenschutzhund,
Territoriumswächter
F.C.I.-Nummer: 326, Gruppe 1.1
Standard gültig seit: 1981

Südrussischer
Owtscharka-Rüde
mit 16 Wochen
altem Welpen.

Der Tibet Mastiff
„Samson".

Weitere Namen: Tibetian Mastiff
(GB, USA), Do Khyi
Herkunftsland:
Tibet & Himalaja Region
Verwendung: Herdenschutzhund,
Territoriumswächter, Wachhund
F.C.I.-Nummer: 230, Gruppe 2.2
Standard gültig seit: 1994

Tibet Mastiff/ Do Khyi

Der mächtige
Schädel ist
charakteristisch
für diese Rasse.

TEIL III – AUSWAHL, AUSBILDUNG UND HALTUNG DES HERDENSCHUTZHUNDES

24. Anschaffung und Haltung eines Herdenschutzhundes

24.1. Der Herdenschutzhund als Familienhund

Viele Mitglieder der Herdenschutzhundrassen leben weltweit abseits der Weiden bei Einzelpersonen, in Familien oder als Wachhunde auf Landgütern und Gehöften. Die Haltung dieser Hunde bereitet ihren Besitzern keine Schwierigkeiten, und mehrheitlich haben sich liebevolle, vertrauensvolle Mensch-Hund-Beziehungen entwickelt. In anderen Fällen sind diese Beziehungen gescheitert, häufig sogar bevor sie richtig begonnen haben. Herdenschutzhunde werden an Tierheime abgegeben, im Alter von wenigen Monaten wieder verkauft oder sogar mittels einer Giftspritze vom Leben zum Tode befördert. Gelegentlich gehen Hilferufe entnervter Herdenschutzhundbesitzer, denen ihre Hunde vollständig aus dem Ruder gelaufen sind, bei Vereinen, Verbänden, Hundetrainern, Tierärzten und Hundezeitschriften ein. Üblicherweise aber immer erst dann, wenn das Kind bereits in den Brunnen gefallen ist und schwerwiegende Folgen aufgetreten sind.

Keinesfalls kann die Haltung eines Herdenschutzhundes mit der Haltung eines Retrievers, Dackels oder Schäferhundes verglichen werden. Hundehalter, deren Kenntnisse und Fähigkeiten sich auf den Besitz dieser und ähnlicher Rassen gründen, werden nach der Anschaffung eines Herdenschutzhundes eine neue Welt kennen lernen und sich mit einem ganz anderen Hundetyp auseinander setzen müssen. Die Eigenschaften der Herdenschutzhunde, die in den Kapiteln am Anfang dieses Buches detailliert beschrieben wurden, treten viel ursprünglicher und elementarer zutage, als sich viele Hundefreunde träumen lassen. Obwohl der Welpe noch ein freundliches Kuscheltier und der Junghund ein umgänglicher und aufgeschlossener Zeitgenosse war, offenbart der gereifte Hund wenige Monate später die ganze Bandbreite seiner Fähigkeiten und Eigenschaften.

Bereits im ersten Kapitel habe ich an alle interessierten Hundefreunde eine eindringliche Warnung ausgesprochen, und ich wiederhole sie hier nochmals in aller Deutlichkeit:

Herdenschutzhunde sind kompromisslose Wächter und Beschützer der Viehherden, sie wachen mit Argusaugen über ihr Territorium, handeln aufgrund eigener Entscheidungen und widersetzen sich erfolgreich halbherzigen Erziehungsversuchen unqualifizierter Ausbilder. Sie sind keine Kuscheltiere, keine Spielkameraden, keine Begleiter bei Freizeit und Sport und auch keine preiswerten Bewacher für Haus und Garten. Natürlich können Herdenschutzhunde für einen engagierten und umsichtigen Hundefreund all dies sein, eine Automatik oder gar eine Zwangsläufigkeit gibt es jedoch nicht. Der Wunsch nach einem verlässlichen Beschützer für das eigene Grundstück ist, ohne Vorhandensein einer ehrlichen Zuneigung zum Hund, nicht als rechtschaffenes Motiv zur Tierhaltung zu akzeptieren! Wer darüber hinaus meint, durch den Besitz eines Herdenschutzhundes sein Image aufpolieren zu können, wird Schiffbruch erleiden und feststellen, dass die Hunde zu unbekannt, zu schwer zu führen und zu eigensinnig sind, um dem angestrebten Ziel zu dienen.

Natürlich ist es nicht meine Absicht, Ihnen die Haltung eines Herdenschutzhundes grundsätzlich ausreden zu wollen oder die Hunde in irgendeiner Form schlecht zu machen. Tatsächlich sind gescheiterte Haltungsversuche aber fast ausschließlich auf Missverständnisse und falsche Vorstellungen des Welpenkäufers zurückzuführen. Alle Irrtümer, Vorurteile und Nachlässigkeiten des Hundebesitzers muss letztlich der Hund ausbaden, und nicht selten büßt er die Ignoranz der Besitzer mit seinem Leben. Prüfen Sie daher bitte gewissenhaft, ob Sie die Bedingungen für die Haltung eines solchen Hundes erfüllen, ob sie seinen artgemäßen Bedürfnissen Raum geben können und ob Sie bereit sind, einschneidende Veränderungen Ihres Tagesablaufes und lieb gewordener Gewohnheiten hinzunehmen. Für einen ersten Überblick ist die Beantwortung einiger Kernfragen, vor allem die Bestandsaufnahme Ihrer Motive zur Hundehaltung und Ihrer Erwartungen an den zukünftigen vierbeinigen Hausgenossen hilfreich. Wenn Sie eine der folgenden Fragen oder Aussagen mit „Nein" beantworten müssen, besteht die Gefahr, dass Ihre Ansprüche und Erwartungen von dem Hund nicht erfüllt werden oder seine art- und rassegemäßen Bedürfnisse im Widerspruch zu Ihren Haltungsbedingungen stehen.

- Habe ich und haben alle Familienmitglieder die körperlichen Voraussetzungen, einen großen, starken Hund jederzeit sicher zu führen?
- Bieten meine Wohnung und mein Auto genügend Platz für einen großen Hund?
- Bin ich bereit und befähigt, einen schwierigen Charakter auszubilden, bin ich geduldig genug, auf Lernfortschritte langfristig hinzuarbeiten, und bin ich bereit, mich gegebenenfalls mit den Grundlagen der Hundeausbildung intensiv auseinander zu setzen?
- Bin ich bereit, diesem Hund mehr Zeit zu widmen als Hunden, die ich früher einmal besessen habe?
- Ich möchte keinen Hundesport betreiben!
- Kann ich dem Hund durchschnittlich zwei bis drei Stunden Auslauf pro Tag gewähren, ihn dabei wenn nötig an der Leine führen und habe ich Zugang zu einem Auslaufgebiet, in dem sich der Hund regelmäßig ohne Leine bewegen kann?
- Ich habe keine Kinder, die dem Herdenschutzhund körperlich oder geistig noch nicht gewachsen sind.
- Meine Kinder sind verständig und einsichtig genug, mit einem Herdenschutzhund verantwortungsbewusst umgehen zu können, seine Bedürfnisse zu akzeptieren und seine Eigenschaften zu achten.
- Ich bin bereit, meinem Hund vollen Familienanschluss zu gewähren, und möchte ihn nicht zeitweise in einen Zwinger sperren oder ihn auf einem Grundstück sich selbst überlassen.
- Mein Freundes- und Verwandtenkreis ist überschaubar und stabil, Fremde kommen niemals ohne Begleitung durch Bezugspersonen des Hundes ins Haus.
- Haus und Garten können nicht irrtümlich von Fremden betreten werden, die Grundstückseinfriedung ist so hoch, dass sie der Hund nicht überspringen kann, und so stabil, dass sie einem 60 Kilogramm schweren Hund sicher standhält.
- Ich habe weder einen Beruf noch ein Hobby, bei dem mein Hund in der Öffentlichkeit unbeaufsichtigt bleibt, noch häufig länger als vier Stunden allein zurückgelassen werden muss.
- Ich bin bereit, meine Urlaubsgewohnheiten insoweit zu verändern, dass ich den Hund mitnehmen und jederzeit beaufsichtigen kann.
- Ich schaffe mir einen Hund nicht deshalb an, weil ich mich bedroht fühle oder einen Weg suche, Haus oder Wohnung während meiner Abwesenheit vor Einbrechern zu schützen.

Nehmen wir uns einen Moment Zeit, um die einzelnen Punkte etwas näher zu betrachten. Dass die körperliche Eignung aller Familienmitglieder des Hundebesitzers unabdingbare Voraussetzung für ein gedeihliches Zusammenleben ist, versteht sich von selbst. Hunde, die nur deshalb ohne Leine geführt werden, weil ihre Besitzer nicht in der Lage sind, ihren Hund gegebenenfalls festzuhalten, gefährden ihre Umwelt, sind ein Ärgernis für Hundefreunde und willkommene Fallbeispiele für erklärte Hundefeinde. Ein ausgewogenes Verhältnis zwischen Hund und Halter hinsichtlich ihrer körperlichen Fähigkeiten ist eine Grundlage erbaulicher Hundehaltung.

Genauso selbstverständlich sind die Anforderungen an Wohnung, Haus und Auto. Viele Hundefreunde stehen auf dem Standpunkt, ein Herdenschutzhund habe in einer Wohnung grundsätzlich nichts zu suchen und ein Haus mit Garten sei zwingend erforderlich. So weit möchte ich nicht gehen. Alle Herdenschutzhunde lassen sich gut in einer ausreichend großen Wohnung halten, sofern einige Bedingungen erfüllt werden. Zunächst ist wichtig, dass der Hund als Welpe angeschafft wird oder bereits früher in einer Wohnung oder einem Haus gelebt hat. Ein Hund, der bei einer Herde aufgewachsen ist, hat einen so stark entwickelten Freiheitsdrang, dass er sich der Wohnungshaltung nicht oder nur ungenügend anpassen kann. Selbst in einem Haus mit großem Garten wäre dieser Hund völlig deplaziert, und beide Varianten können den Anspruch einer art- und rassegerechten Haltung nicht erfüllen. Der Welpe hingegen wächst in seine Lebensumstände hinein und vermisst weder Herde noch Weide. Haus oder Wohnung müssen so groß sein, dass sie dem Hund ausreichend Platz zur Verfügung stellen. Treppen sind für Herdenschutzhunde, wie für alle anderen groß wachsenden Hunderassen auch, ein erhebliches Gesundheitsrisiko. Die hundeuntypische Fortbewegung auf Treppen kann zu einer Überlastung der Hüft- und Ellenbogengelenke führen. Vor allem in der Wachstumsphase kann das Laufen auf Treppen die Entwicklung krankhafter Veränderungen der Gelenke fördern. Bei ebenerdig gelegenen Häusern und Wohnungen ergibt sich diese Gefahr nicht. Völlig falsch wäre es, ungeeignete Bedingungen im Haus durch die Haltung des Hundes in einem Zwinger im Garten kompensieren zu wollen. Wer Meißner Porzellan sammelt, einen Hang zu alten Meistern besitzt, gern auf Seidenteppichen läuft und deshalb seinem Hund den Zugang zu einigen Räumen seines Hauses verwehren möchte, muss grundsätzlich von der Hundehaltung Abstand nehmen. Auch das Argument, der Hund bringe zu viel „Dreck" in die Wohnung, ist ein Ausschlussfaktor für die Hundehaltung.

Der Ausbildung eines Herdenschutzhundes ist ein eigenes Kapitel gewidmet, und an dieser Stelle soll nur der Hinweis erfolgen, dass diese Hunde erheblich schwerer auszubilden sind als Rottweiler, Dobermann und Schäferhund. Herdenschutzhunde sind etwas für die geduldigen Gemüter unter den Hundebesitzern. Wer in die Erziehung seines Vierbeiners nur wenig Zeit investieren kann oder möchte, wer einen Hund sucht, der willig allen Lautzeichen folgt und einen natürlichen Appell besitzt, sollte sich für eine andere Hunderasse entscheiden. Die unausweichlichen Dissonanzen, die zwischen dieser Personengruppe und einem Herdenschutzhund auftreten, werden beiden die Freude am Zusammenleben rauben. Als wahre Spezialisten in ihrem „Fachgebiet" sind Herdenschutzhunde für jede Form des Hundesports ungeeignet. Auf den „Exerzierplätzen der Eitelkeiten" können sie ihre erfolgshungrigen Besitzer durch stoische Gelassenheit und Desinteresse an den Übungen in tiefe Frustration stürzen und dem Gespött der anderen Hundebesitzer preisgeben.

Der Zeitaufwand für die Haltung eines Herdenschutzhundes ist größer als für einen Teckel, Retriever oder Irish Setter. Drei Stunden Auslauf pro Tag dürfen es schon sein, und nach oben ist die Grenze offen. Im Herdenschutzdienst legen die Hunde täglich Entfernungen zwischen 15 und 30 Kilometern zurück. Dabei bewegen sich die Hunde in gemächlichem Tempo, deshalb sollen sie nicht über längere Strecken oder in hohem Tempo neben dem Fahrrad geführt werden. Lange Spaziergänge in freier Natur sind so recht nach dem Herzen der Herdenschutzhunde, dabei spielt keine Rolle, ob es stürmt, regnet oder schneit. Alle Herdenschutzhundrassen sind durch ihr dichtes Unterfell bestens an frostiges Klima angepasst und lieben den europäischen Winter – zukünftige Hundehalter sollten also ausreichend wetterfest sein.

Bei kleinen Kindern im Haushalt muss von der Anschaffung eines Owtscharka, Šarplaninac, Akbas oder Komondor abgeraten werden. Kraft und Größe der Hunde – Rüden wiegen immerhin 50 bis 80 Kilogramm – können zu Unfällen mit kleinen Kindern führen und traumatische Erfahrungen auslösen. Ein spielender Herdenschutzhund reißt selbst Erwachsene mühelos von den Füßen, und obwohl es niemals in der Absicht des Hundes liegt, seinen Spielkameraden zu schädigen oder gar zu verletzen, wird das Vertrauensverhältnis zwischen Kind und Hund empfindlich gestört. Fast alle Herdenschutzhunde reduzieren instinktiv ihren Krafteinsatz im Spiel mit Kindern, dennoch ist dem Hund sein Verhalten nicht wirklich bewusst, und selbst eine zufällige Richtungsänderung kann genügen, um ein kleines Kind zu Boden zu schleudern. Ein weiteres Problem sind die Spaziergänge. Keinesfalls darf ein 50 oder 60 Kilogramm schwerer Hund von einem Kind an der Leine geführt werden. Es wäre völlig chancenlos bei dem Versuch, den Herdenschutzhund von der Annäherung an einen fremden Hund oder vielleicht sogar von einer Rauferei abzuhalten. Außerdem stellt ein Hund, der nicht zuverlässig unter der Kontrolle des Ausführenden steht, immer eine Gefahr für seine Umwelt dar, selbst dann, wenn der Hund keineswegs zu aggressiven Handlungen neigt und seine Reizschwellen gegenüber alltäglichen Reizen ausgesprochen hoch liegen. Das Missverhältnis zwischen der Kraft des Hundes und der des Kindes führt letztendlich zu einer Entfremdung und kann das gedeihliche Miteinander in der Familie trüben.

Ein weiterer Faktor für Probleme mit Kindern liegt darin, dass Kinder Spielkameraden mit nach Hause bringen und somit Fremde das Territorium des Hundes betreten. Einige Hunde werden schon an der Grundstücksgrenze eine drohende Haltung einnehmen, andere werden die „Eindringlinge" sorgfältig und misstrauisch im Auge behalten. Es besteht die Gefahr, dass der Hund sich schützend vor die eigenen Kinder stellt, wenn spielerische Auseinandersetzungen oder sogar ein Streit den Eindruck vermitteln, die Kinder der Familie seien in irgendeiner Form bedroht. Obwohl ernsthafte Angriffe auf Kinder praktisch nie vorkommen, gilt es in diesem Fall, einer potentiellen und nicht erst einer realen Gefahr entgegenzuwirken. Kinder und vor allem deren Eltern können durch die Größe Ihres Hundes erschreckt und verunsichert werden. Schnell können Sie in den Ruf geraten, einen „gefährlichen" Hund zu besitzen. Eine Isolation ihrer Kinder von den Altersgenossen der Nachbarschaft ist deshalb nicht auszuschließen.

Die Aufnahme sozialer Kontakte fremder Kinder mit einem Herdenschutzhund kann zu Missverständnissen führen. Kinder sehen in Hunden hauptsächlich Kuscheltiere und möchten den Hund streicheln und liebkosen. Nicht alle Herdenschutzhunde lassen die Berührung durch fremde Personen zu, manchmal weicht der Hund der Berührung aus oder gibt sein Missfallen durch warnendes Knurren unzweideutig zu verstehen. Solche Erfahrungen können der Entwicklung einer spannungsfreien Kind-Hund-Beziehung schaden oder Besorgnis in der Nachbarschaft auslösen. Dennoch müssen auch Eltern nicht zwangsläufig auf die Haltung eines Herdenschutzhundes verzichten. Vor allem bei Pyrenäenberghunden, Maremma, Podhalander und Estrela gibt es traditionelle Familienhundezuchten, die ausgesprochen menschenfreundliche und umgängliche Tiere hervorbringen. Einerseits sind die Reizschwellen dieser Hunde durch entsprechende Zuchtauswahl höher als im Durchschnitt der Rasse, andererseits werden die Welpen schon ab der Geburt an Kinder und fremde Menschen gewöhnt. Die aufwendige Prägung auf Erwachsene und Kinder ist sehr wirkungsvoll und lässt sie zu geduldigen und verträglichen Familienhunden werden.

Jeder Hund braucht engen Anschluss an seine Familie oder Bezugsperson und intensiven Austausch von Sozialkontakten zur Entwicklung eines vertrauensvollen Verhältnisses zu Menschen. Herdenschutzhunde bilden hier keine Ausnahme. Im Gegenteil. Mehr als die Hunde anderer Rassen ist der enge Familienanschluss eine Grundbedingung für die Haltung eines Herdenschutzhundes. Begünstigt durch ihr ursprüngliches Wesen kann sich bei Herdenschutzhunden als Folge von Zwingerhaltung ein unerwünschter und in höchstem Maße problematischer Wandel einstellen: Werden diese Hunde sich selbst überlassen, nimmt ihre Fixierung auf das heimatliche Territorium sehr stark zu und ihre Bindung an Menschen im gleichen Umfang ab. In Zwingerhaft gehaltene Herdenschutzhunde können nach einiger Zeit ihre Bindung an Menschen weitgehend aufgeben. Im Extremfall führt dies dazu, dass der Hund sogar Bezugspersonen angreift oder sich ihrem Einfluss durch massiven Widerstand entzieht. Ganz abgesehen davon ist Zwingerhaltung weder in Einklang mit dem Tierschutzgesetz noch im Hinblick auf eine artgerechte Haltung zu billigen.

Sehr häufig werde ich mit der Frage konfrontiert, ob man sich einen Herdenschutzhund anschaffen soll, wenn man sein Haus vor Einbrechern schützen möchte. Die einzige Antwort auf diese Frage kann nur lauten: „Nein! Kaufen Sie keinesfalls einen Hund und schon gar keinen Herdenschutzhund." Hundehaltung muss aus dem Herzen kommen, und wer nur eine preiswerte Alarmanlage für sein Grundstück sucht, ist besser beraten, den Anschaffungspreis für den Hund und die Unterhaltskosten für die ersten beiden Jahre in Sicherheitstechnik zu investieren. Mit den eingesparten 2000 bis 3000 Euro lässt sich jedes Grundstück mit professioneller Technik sichern. Der Hausbesitzer und Hundefreund wider Willen übernimmt keine Verantwortung für ein Lebewesen und entzieht sich zum Wohl aller Beteiligten der Verantwortung und den Einschränkungen, die eine Hundehaltung zwangsläufig mit sich bringt.

24.2. Rudelhaltung

Sehr oft werde ich gefragt, ob man mehrere Herdenschutzhunde halten kann. Meine Antwort lautet, dass man diese Hunde nicht nur im Rudel halten kann, sondern sie sogar im Rudel halten sollte. Herdenschutzhunde aller Rassen oder der gleichen Rasse sind miteinander gut verträglich, Ausnahmen bestätigen die Regel. Natürlich wird man mehrere unkastrierte Tiere des gleichen Geschlechts im Regelfall nicht zusammen halten können, ohne dass es gelegentliche Auseinandersetzungen im Rahmen der sexuellen Selektion geben wird. Die Haltung eines Rüden und einer Hündin ist problemlos möglich, allerdings sind zwei Hunde noch nicht als Rudel zu bezeichnen, und rudeltypische Entwicklungen finden bestenfalls ansatzweise statt. Ab drei Hunden beginnt die Rudelhaltung, mit vier oder fünf Hunden wird es richtig spannend. Wie Sie im ersten Abschnitt des Buches erfahren haben, entwickeln sich viele Eigenschaften (z. B. Altruismus) und Fähigkeiten (z. B. Koordination und Aufgabenverteilung) erst im Rudelverband zur vollen Blüte. Diese Entwicklungen selbst jeden Tag beobachten zu können ist einer der interessantesten Aspekte bei der Haltung von Herdenschutzhunden.

Die gemeinsame Haltung mehrerer Herdenschutzhunde ist für die Tiere eine sichtbare Wohltat. Herdenschutzhunde pflegen untereinander eine eigene Spielkultur, die von Hunden anderer Rassen nicht verstanden wird. Rauf- und Rempelspiele sind dabei genauso typisch wie das Festhalten an der Rute, wenn die Hunde Rennspiele veranstalten. In einer gemischten Gruppe von Hunden, also Herdenschutzhunden und Hunden anderer Rassen, werden Sie feststellen, dass immer die Herdenschutzhunde miteinander spielen und alle anderen Hunde außen vor bleiben. Die Rasse der Herdenschutzhunde spielt dabei nur eine untergeordnete Rolle. Es hat den Anschein, als gäbe es bei Herdenschutzhunden eine besondere Form der Kommunikation und eine gemeinsame Basis für das Spiel. Daher würde ich die Möglichkeit zum Spiel mit Hunden des gleichen Typs als Voraussetzung für die typgerechte Haltung bezeichnen.

Das Spiel mit Gleichgesinnten sowie die Möglichkeit, alle kommunikativen Fähigkeiten anzuwenden und weiterzuentwickeln, ist nach meiner Auffassung für eine positive Wesensentwicklung des Herdenschutzhundes unerlässlich. In Rudeln gehaltene Hunde besitzen nicht nur eine höhere Sozialkompetenz als Einzelgänger, sie sind in der Regel auch souveräner und gelassener. Rudelhaltung ermöglicht uns, Herdenschutzhunden eine weitgehend natürliche Lebensweise zu gewähren.

24.3. Spaziergänge mit dem Herdenschutzhund

Das Ausführen eines Herdenschutzhundes ist mit genauso viel Freude und Spaß möglich wie mit einem Hund einer beliebigen anderen Rasse, dennoch gibt es einige Besonderheiten, die sich der zukünftige Hundebesitzer bewusst machen muss.

Ein großer Teil der Unterschiede liegt im vergleichsweise stark ausgeprägten Territorialverhalten der Hunde begründet. Den Bereich um ihr Wohnhaus betrachten Herdenschutzhunde als „ihr" Territorium, und folgerichtig werden fremde Hunde als Eindringlinge betrachtet. Wie bei der Verteidigung des eigenen Territoriums im Herdenschutzdienst versucht der Herdenschutzhund revierfremde Tiere zu verjagen. Daraus können Konfrontationen mit anderen Hunden und deren Besitzern entstehen. Allerdings ist das Revierverhalten nicht auf Artgenossen beschränkt und findet sich gleichermaßen gegenüber Füchsen, Wildschweinen, Katzen und nicht selten auch gegenüber fremden Nutztieren. Mit aller Nachdrücklichkeit ist davon abzuraten, einen Herdenschutzhund in der Nähe seiner Wohnung oder seines Hauses ohne Leine laufen zu lassen. Schutz- und Wachtrieb der Hunde zeigen sich in der Nähe der eigenen Behausung auf höchstem Niveau. Dadurch kann eine paradoxe Situation eintreten: Der Hund akzeptiert Fremde, die von seinen Besitzern ins Haus gelassen werden ohne jedes Problem, duldet aber keine fremden Personen im Garten oder auf dem Straßenstück vor dem Haus. Ich möchte jedem Herdenschutzhundbesitzer deshalb ausdrücklich ans Herz legen, den eigenen Hund selbst dann im Nahbereich des Hauses nicht frei laufen zu lassen, wenn es noch nie einen Zwischenfall gegeben hat. Die Frage ist nicht, ob es einen Zwischenfall geben wird oder nicht, sondern wann und mit welchen Folgen!

Ein anderes Bild gibt der Herdenschutzhund ab, wenn er auf „neutralem" Terrain ausgeführt wird und Revierverteidigung keine Rolle spielt. Hier zeigt die überwiegende Mehrzahl der Herdenschutzhunde freundliche Zurückhaltung gegenüber Artgenossen und anderen Tieren. Sogar etwas unsicher kann ein Herdenschutzhund auf neutralem oder fremdem Territorium wirken, denn für ihn ist selbstverständlich, dass es einen rechtmäßigen Reviereigentümer geben muss, der ihn bei einer zufälligen Begegnung unter Umständen angreifen wird. Manche Autoren neigen dazu, diese Vorsicht und Zurückhaltung der Herdenschutzhunde auf fremdem Terrain als Wesensschwäche zu deuten und beweisen mit dieser Behauptung nur, dass sie vom Wesen der Herdenschutzhunde nichts verstanden haben. Nicht selten missdeuten aber auch Artgenossen das Verhalten des Herdenschutzhundes. Besonders die Mitglieder der Rassen, die eine hohe intraspezifische Aggression aufweisen, unter anderem Deutscher Schäferhund, Briard, Boxer oder Hovawart, schließen aus dem zurückhaltend-vorsichtigen Verhalten eines Herdenschutzhundes auf geringe Verteidigungsbereitschaft und können dies zum Anlass nehmen, gegenüber einem vermeintlich Unterlegenen Dominanzsignale oder Drohgebärden zu zeigen. Selbst der mit geringer innerartlicher Aggression ausgestattete Pyrenäenberghund reagiert auf Bedrohung oder Dominanzgesten ausgesprochen unwirsch. Ein Kaukase, Kangal oder Šarplaninac kann in solchen Situationen mit sofortigem Angriff reagieren. Um Konfrontationen zu vermeiden, muss der Hundehalter sich nicht nur über die Zusammenhänge des Verhaltens seines Hundes im Klaren sein, er muss darüber hinaus defensives Verhalten seines Hundes ausbilderisch fördern und vielleicht sogar Gebiete mit hoher Hundepopulation meiden.

Ein Kapitel für sich ist das Ausführen eines Herdenschutzhundes bei Dunkelheit. Nun sind die Sinne des Hundes besonders geschärft, und er zeigt stark erhöhte Wachsamkeit. Viele Herdenschutzhunde beobachten ihre Umgebung intensiv und hinsichtlich der Beobachtungsintensität drängt sich der Vergleich mit einem Radargerät geradezu auf. Die unmittelbare Umgebung wird ständig auf verdächtige Geräusche und Erscheinungen überwacht, und selbst Bewegungen in großer Entfernung entgehen dem Hund nicht. Jedes Knacken eines Zweiges zieht die Aufmerksamkeit des Hundes magisch auf sich, und er wird überprüfen wollen, ob das Geräusch mit einer Gefahr verbunden ist oder nicht. Jede entgegenkommende Person lenkt das Interesse des Hundes auf sich und wird misstrauisch beäugt. Ungewöhnliche Vorkommnisse, zum Beispiel das Hervortreten eines Menschen aus einem Gebüsch, aktivieren den Schutztrieb des Hundes sofort. Er wird bestrebt sein, die weitere Annäherung des Verdächtigen an seinen Besitzer zu verhindern. Die Entfernung, die ein Herdenschutzhund zulässt, ohne offensive oder defensive Reaktionen zu zeigen, ist höchst unterschiedlich und hängt weitgehend von den Erfahrungen des Hundes und den Besonderheiten seines vertrauten Lebensraums ab. Rasse und Abstammung des

Hundes spielen hinsichtlich der „kritischen Distanzen" nur eine untergeordnete Rolle. Arbeitende Herdenschutzhunde reagieren bereits auf Bewegungen in mehreren hundert Metern Entfernung; bei Hunden, die an das Leben in der Stadt gewöhnt sind, liegt die kritische Distanz bei Dunkelheit in der Regel zwischen 10 und 20 Metern. Aber auch das Umfeld, in dem die Begegnung stattfindet spielt eine wichtige Rolle. Grundsätzlich wird die kritische Distanz umso größer, je seltener Begegnungen stattfinden bzw. zu erwarten sind. Bei Spaziergängen in einsamen Wäldern kann der Hundebesitzer also mit erheblich größeren „kritischen Distanzen" rechnen als bei einem Gang durch die Innenstadt.

Ein anderer Faktor ist die Erlebnisbereitschaft des Herdenschutzhundes – der Begriff Neugier drängt sich nahezu auf. Jedes unbekannte Objekt möchte der Hund untersuchen und überprüfen, ob es ein Gefahrenpotential beinhaltet oder nicht. In der Praxis bedeutet dies, dass sich der frei laufende Herdenschutzhund von allen unbekannten Objekten und natürlich auch von jedem fremden Hund magisch angezogen fühlt. Zielstrebig, wenn auch in moderatem Tempo, wird er sich nun von seinem Besitzer entfernen, um das wahrgenommene Objekt zu untersuchen. Auf neutralem Boden ist er einem Spiel mit seinem Artgenossen üblicherweise nicht abgeneigt, wenn er sich von dessen Harmlosigkeit überzeugt hat. Den Rufen seines Besitzers folgt er in solchen Situationen zumeist nicht, zu stark ist der ihm innewohnende Trieb, seine Umgebung zu erforschen und seine Erfahrungen zu erweitern. Nur nach langfristigem und geduldigem Training wird es möglich sein, einen Herdenschutzhund ohne Leine ausführen zu können, ohne ihm ständig lauthals – aber leider zumeist vergeblich – hinterherrufen zu müssen. Nicht wenige Hundebesitzer, die in der Kindheits- und Jugendphase ihres Hundes kein entsprechendes Training durchgeführt haben, verzweifeln an dieser Eigenschaft ihres Hundes, wenn er das Erwachsenenalter erreicht hat. Training von „Komm!" und „Folgen!" sind unverzichtbare Bestandteile des Übungsprogramms für einen als Haushund gehaltenen Herdenschutzhund.

24.4. Sicherung des Grundstücks

Die Sicherung des Hauses oder Grundstücks ist eine weitere unabdingbare Voraussetzung für die Haltung eines Herdenschutzhundes. Durch die Betrachtung und Analyse typischer Verhaltensweisen haben wir erkannt, dass Herdenschutzhunde in erster Linie Territoriumswächter sind. Folgerichtig wird der Hund auch unter westeuropäischen Haltungsbedingungen sein Territorium – Ihr Grundstück – vor dem Eindringen Fremder schützen. Dabei muss man sich immer vergegenwärtigen, dass der Hund nicht nur bis zur Grundstücksgrenze schützt, sondern so weit, wie er Bewegungen wahrnehmen kann. Unter optimalen Bedingungen kann es sich um Entfernungen von über einem Kilometer handeln.

Nimmt der Herdenschutzhund eine verdächtige Bewegung wahr, möchte er die Sachlage erforschen und wird auf den vermuteten „Eindringling" zugehen. Zäune stören ihn auf diesem Weg nicht, vor allem dann nicht, wenn er sie mühelos überspringen kann. Hunde mit Schulterhöhen um 80 Zentimeter können ohne weiteres einen Zaun der doppelten Höhe überwinden. In solchen Fällen besteht die Gefahr, dass der Hund einen Fremden, der sich ohne böse Absicht nähert, durch eindeutige Drohgebärden zum Stehen bringen will. Auch ein Besucher, der sich auf dem Nachbargrundstück aufhält, kann ähnliche Reaktionen des Hundes auslösen. Um solche Vorfälle zu verhindern, muss ein verantwortungsvoller Hundehalter Vorkehrungen treffen. Durch optische Barrieren, zum Beispiel entlang den Zäunen gepflanzte, dichte Sträucher, kann dem Hund die Sicht genommen werden. Auch eine am Zaun befestigte, undurchsichtige Plastikfolie erfüllt den gleichen Zweck. Der Zaun selbst kann durch einige einfache Veränderungen so umgestaltet werden, dass ihn der Hund nicht mehr überwinden kann. Sehr wirkungsvoll sind Maschendrahtzäune, deren oberes Fünftel um etwa 30 Grad nach innen geneigt ist. An solchen Zäunen kann ein Hund nicht klettern, da seine Hinterpfoten ab einer gewissen Höhe keinen Halt finden. Ist der Zaun gleichzeitig so hoch (ca. 200 Zentimeter), dass ihn der Hund nicht mit einem Satz überspringen kann, ist das Grundstück weitgehend ausbruchssicher.

Nicht nur dem vom Besitzer nicht gewollten Verlassen des Grundstücks ist vorzubeugen, sondern auch dem irrtümlichen Betreten durch fremde Personen. Ein plötzlich auf dem Grundstück auftauchender Fremder löst eine Abwehrhandlung des Hundes aus, die unter Umständen zu Verletzungen des Eindringlings führen kann. Privatgrundstück oder nicht – den Hundebesitzer trifft auf jeden Fall eine Mitschuld, wenn Menschen durch den Angriff seines Hundes zu Schaden kommen. Daher sollten alle Zugänge verschlossen gehalten und gleichzeitig Warnschilder aufgestellt werden. Obwohl der Gesetzgeber dies nicht fordert, rate ich allen Betroffenen, diese Warnschilder bei Dunkelheit zu beleuchten. Nur so kann der Hundehalter im Fall des Falles den Nachweis erbringen, dass er alles Menschenmögliche getan hat, um eine Schädigung Dritter auszuschließen. In manchen Regionen kann es sinnvoll sein, die Warnschilder mehrsprachig zu beschriften.

Eine Person, die sich trotz gut sichtbarer Warnhinweise und einer verschlossenen Gartentür Zutritt zum Grundstück verschafft, handelt nach gültiger Rechtsprechung vorsätzlich oder zumindest grob fahrlässig. Der Hundehalter hat in solchen Fällen gute Aussichten, weder bestraft zu werden noch Schadensersatzforderungen befriedigen zu müssen. Keine falsche Bescheidenheit! Lassen Sie ihre Warnschilder eine deutliche Sprache sprechen und vermeiden Sie irreführende Angaben. Ein Schildchen, auf dem ein Dackel abgebildet ist („Hier wache ich...“), sollte aus einleuchtenden Gründen nicht an einem Grundstück angebracht werden, auf dem ein Rudel Herdenschutzhunde lebt. Besser ist es, keine Zweifel aufkommen zu lassen: „Achtung, frei laufende Wachhunde!“. Ein Gutes hatte die öffentliche Debatte der letzten Jahre um tatsächlich oder vermeintlich gefährliche Hunde: Die Warnschilder werden neuerdings wieder beachtet!

Wir haben die Sicherung unseres Grundstückes folgendermaßen vorgenommen. Der Garten ist auf allen Seiten mit einem zwei Meter hohen Zaun umgeben. An allen von außen zugänglichen Stellen hängen Hinweisschilder in deutscher und französischer Sprache, da Frankreich nur wenige Kilometer entfernt ist. Zwischen der Straße und dem Bereich des Gartens, in dem sich die Hunde aufhalten können, stehen im Abstand von neun Metern zwei massive Tore, die von den Hunden nicht und von Menschen zumindest nicht ohne Hilfsmittel überwunden werden können. Beide Tore sind natürlich verschlossen und zusätzlich mit Ketten gesichert. Die Hunde können sich zwischen Haus und Garten frei bewegen, ohne dass ungewollte Kontakte zu Fremden entstehen. So ist das Menschenmögliche dafür getan, dass alle dort bleiben, wo sie hingehören: die Hunde innerhalb des Grundstücks und alle anderen draußen.

24.5. Begrüßung von Besuchern

Herdenschutzhunde treten allem Unbekannten, mithin also auch fremden Personen, misstrauisch und ablehnend gegenüber. Auf eigenem Territorium zeigt sich diese Eigenschaft mit besonderer Deutlichkeit und zwingt den Hundebesitzer, sein eigenes Verhalten auf das des Hundes abzustimmen. Dass das irrtümliche oder zufällige Betreten des Grundstücks durch geeignete Sicherungsmaßnahmen verhindert werden muss, wurde bereits ausführlich besprochen und begründet. Die gleiche Situation entsteht für den Hund aber auch dann, wenn Besucher einer Einladung folgen und plötzlich an der Haustür erscheinen.

Um Missverständnisse oder unliebsame Zwischenfälle zu vermeiden, ist es unausweichlich, die Begrüßung fremder Personen zu ritualisieren. Die Errichtung eines Begrüßungsrituals hilft dem Hund, sich in einer gelegentlich wiederholenden Situation leichter zurechtzufinden, und frühere Erfahrungen werden zwangsläufig Einfluss auf sein Verhalten nehmen.

Der größte Fehler, den ein Herdenschutzhundbesitzer machen könnte, wäre, von der Haustür aus die elektrische Verriegelung des Gartentors zu lösen und den Besuch mit einem Zuruf zum Haus zu bitten, während sich der Hund oder die Hunde im Außenbereich aufhalten. Es steht außer Frage, dass selbst ein mit überdurchschnittlichem Gleichmut ausgestatteter Herdenschutzhund auf diese

Form einer Territoriumsverletzung unwirsch reagieren würde. Richtig und erfolgversprechender ist hingegen folgende Vorgehensweise: Rufen Sie Ihren Hund zu sich, wenn der Besuch sich dem Gartentor nähert. Es ist günstig, wenn Sie sich mit dem Hund bereits am Gartentor einfinden, bevor die Personen ihr Fahrzeug verlassen haben. Treten Sie mit dem Hund vor das Gartentor und sprechen Sie Ihre Besucher freundlich an. Dieser erste Wortwechsel ist entscheidend, denn er zeigt dem Hund, dass es sich um eine spannungsfreie Situation handelt. Begrüßen Sie die Besucher mit Handschlag und führen Sie mit ihnen vor dem Betreten des Grundstücks eine kurze Unterhaltung. In dieser Zeit wird der Hund die Neuankömmlinge beschnüffeln und sich ihre Geruchsmuster einprägen. Nach der ersten kurzen Kontaktaufnahme bitten Sie die Besucher herein und gehen mit ihnen zum Haus. Dabei wenden Sie bitte weder den Besuchern noch Ihrem Hund den Rücken zu!

Es ist sinnvoll, die Besucher im Vorfeld auf die Anwesenheit des Hundes und seine Eigenschaften hinzuweisen. Erklären Sie, dass die Gäste keine Angst zeigen dürfen und einige Verhaltensweisen unbedingt unterlassen müssen. Forsches Auftreten eines Fremden gegenüber dem Herdenschutzhund kann zu einer Abwehrhandlung führen. Keinesfalls soll der Besuch hastig am Hund vorbeigehen und dabei vielleicht noch eine Bemerkung der Art machen: „Na, mein Kleiner... Du wirst mir schon nichts tun...“ Dann tut der „Kleine“ meistens erst recht etwas, denn bei Sätzen wie diesem gleitet der Ton zwangsläufig ins Geringschätzige ab oder wirkt widersprüchlich, wenn die Person gleichzeitig unsicher ist. Jeder Widerspruch zwischen Gefühlslage und Tonlage des Sprechers erhöht das Misstrauen des Hundes. Personen, die den Umgang mit großen Hunden nicht gewöhnt sind und ihre Beklommenheit überwinden möchten, machen in solch einer Situation meistens einen Kardinalfehler. Anstatt gelassen abzuwarten, gehen sie überzogen freundlich und herzlich auf den Hund zu und möchten ihn streicheln, um das Eis zu brechen. Bei Herdenschutzhunden eine absolute Todsünde! Der Hund, misstrauisch, weiß nicht, was er von den Neuankömmlingen halten soll, fühlt sich bedrängt und wehrt deshalb den Annäherungsversuch möglicherweise ab. Schärfen Sie Ihrem Besuch daher ein, sich dem Hund gegenüber freundlich distanziert zu geben, sich beschnüffeln zu lassen und Berührungen in der ersten Phase des Kennenlernens auf jeden Fall zu unterlassen.

Die hier geschilderte Form des Begrüßungsrituals soll bereits mit dem Welpen praktiziert werden. Je früher der Hund lernt, dass es völlig normal ist, Besuch zu bekommen, desto besser. Geben Sie sich niemals dem Irrglauben hin, der Hund werde zeitlebens jeden Besucher akzeptieren, nur weil er es als Welpe eine Zeit lang getan hat. Spätestens mit Erreichen der Erwachsenenreife wird der Hund seine Disposition gegenüber Fremden verändern und Reaktionen zeigen, die beim jungen Tier noch nicht zu beobachten waren.

24.6. Haftpflichtversicherung

Der Abschluss einer Haftpflichtversicherung ist für jeden Hund obligatorisch, denn im Schadensfall haftet der Tierhalter nach § 833 BGB mit seinem Privatvermögen in unbegrenzter Höhe. Wenn der Hund zum Beispiel auf die Straße läuft und einen Unfall verursacht, können schnell Regressforderungen in sechsstelliger Höhe auf den Hundehalter zukommen.

Bei Abschluss einer Hundehaftpflichtversicherung sind jedoch einige Punkte zu bedenken. Die Deckungssumme sollte auf keinen Fall weniger als zwei Millionen Euro betragen, und auch Vermögensschäden sollten abgesichert sein. Selbstbeteiligungen sind Geschmackssache. Viele Versicherungsgesellschaften erkundigen sich nach der Rasse des Hundes. Achten Sie peinlich darauf, wahrheitsgemäße und vollständige Angaben zu machen, denn im Schadensfall wird die Versicherung die kleinste Ungenauigkeit zum Anlass nehmen, die Zahlung zu verweigern. Geben Sie aber niemals zusätzliche Auskünfte, solange nicht explizit gefragt wird. Vermeiden Sie Formulierungen wie Wachhund, Schutzhund oder Herdenschutzhund, es sei denn, Sie zahlen gerne Risikozuschläge. Einige Versicherungen lassen sich neuerdings Erklärungen unterzeichnen, dass der versicherte Hund weder einer sogenannten „Kampfhundrasse" angehört noch ein Mischling einer solchen Rasse ist. Von der Abgabe solcher Erklärungen rate ich dringlichst ab, denn der Begriff „Kampfhund" ist juristisch nicht definiert und lässt weiten Raum für Interpretationen. Zudem ist die Zusammensetzung der Hunderassen, die zu den „Kampfhunden" gezählt werden, in den Bundesländern unterschiedlich und wird permanent auf neue Rassen erweitert. Genau genommen sind auch Dackel, Cairn Terrier, West Highland White Terrier und viele andere Rassen „Kampfhunde", denn ihre traditionelle Aufgabe lautet, gegen Fuchs, Marder und Dachs zu kämpfen. Als „Jagdgehilfen" treiben sie diese Tiere aus ihrem Bau und haben sich dabei selbstverständlich auch auf Beschädigungskämpfe einzulassen.

Nachdem ich Ihnen alle Nachteile der Haltung eines Herdenschutzhundes ausführlich erläutert, Sie gewarnt und vielleicht sogar verunsichert habe, möchte ich eines nochmals deutlich machen: Die überwiegende Mehrzahl der Herdenschutzhunde lebt angepasst und verträglich in Familien, sie sind liebevolle Hausgenossen, treue Begleiter und besitzen eine enge, vertrauensvolle Bindung an ihre Besitzer. Jeder Hundehalter, der sich der hier angesprochenen Problematiken bewusst ist, besitzt das Rüstzeug, ein gedeihliches Zusammenleben mit seinem Hund zu gewährleisten!

24.7. Cave Canem – Wächter für Haus und Hof

Im Abschnitt zur Anschaffung eines Herdenschutzhundes habe ich ausdrücklich darauf hingewiesen, dass der Wunsch, sein Haus oder Grundstück besser gesichert zu wissen, keinesfalls das Motiv zur Anschaffung eines Hundes sein darf. Diese Aussage soll im Folgenden auch nicht relativiert werden, aber ein Hundehalter aus Passion wird sicherlich keine Einwände erheben, wenn seine vierbeinigen Hausgenossen über das Heim wachen und zwielichtiges Gesindel auf Distanz gehalten wird. Der Volksmund behauptet zu Recht: *„Der Hund ist die einzige Alarmanlage, die den Täter nicht nur meldet, sondern auch gleich verhaftet.“* Dennoch hat es Fälle gegeben, in denen trotz eines vorhandenen Hundes die Sicherheit des Hauses nicht gewährleistet werden konnte. Deshalb wollen wir uns in diesem Kapitel Gedanken über ein optimales Schutzkonzept und die Vermeidung von Standardfehlern machen. Den wesentlichen Punkt, der im Folgenden noch ausführlich angesprochen wird, soll bereits am Anfang dieses Kapitels deutlich herausgestellt werden:

> **Wachhunde gehören weder an die Kette noch in einen Zwinger,**
> **Wachhunde gehören ins Haus!**

Damit die Hunde ihre Wachaufgaben erfüllen können und Einbrecher sich der Hunde nicht mit einfachen Mitteln entledigen können, gilt es, einige Grundregeln zu beherzigen. Die ersten und wichtigsten Faktoren haben Sie sicherlich schon durch die Verwendung des Plurals erkannt: Die Anzahl der Hunde. Ein einzelner Wachhund, welcher Rasse auch immer, kann nicht besonders effektiv sein. Zwei Hunde sind etwa fünfmal so wirkungsvoll wie einer, und drei sind schon eine fast unbezwingbare Macht!

Der überproportionalen Effektivitätssteigerung liegen eine ganze Reihe von Ursachen zugrunde. Zunächst gilt die Binsenweisheit, dass sechs Augen und Ohren mehr sehen und hören als zwei. Ein erheblicher Gewinn ergibt sich aus der Mischung der Geschlechter. Ein Rüde, Herdenschutzhund oder nicht, kann durch eine mitgebrachte läufige Hündin leicht abgelenkt und beschäftigt werden. Der Einbrecher kann sich mit einer Hündin durchaus auf das Grundstück begeben, wenn der Hormonspiegel des Rüden in einen Bereich gestiegen ist, in dem er nur noch den Vollzug der Paarung anstrebt. Zwei gleichzeitig auf dem Grundstück anwesende Hündinnen werden durch den Geruch einer paarungsbereiten Artgenossin hingegen dermaßen provoziert, dass auf die Mithilfe des Rüden bequem verzichtet werden kann. Tatsächlich gab es in Deutschland vor Jahren einen Serieneinbrecher, dem es gelang, als Wachhunde gehaltene Rüden auszuschalten, indem er Hände und Hosenaufschläge mit dem Sekret läufiger Hündinnen benetzte oder sogar seine eigene Hündin bei den Raubzügen mitführte.

Ein weiterer nicht zu unterschätzender Vorteil ergibt sich aus dem erhöhtem Abschreckungsfaktor. Selbst ein hundeerfahrener Einbrecher, der sich zutraut, mit einem einzelnen Hund fertig zu werden, wird vor einer Übermacht kapitulieren und ein geringer gesichertes Objekt aufsuchen. Kommt es dennoch zu einer Konfrontation zwischen Eindringling und Hunden, können die Täter, selbst wenn sie bewaffnet sind, keinesfalls mehrere Hunde ausschalten, ohne selbst erheblich verletzt zu werden.

Zurück zu unserem Leitsatz vom Anfang dieses Kapitels: Wachhunde gehören weder an die Kette noch in einen Zwinger, Wachhunde gehören ins Haus! Nicht ständig im Außenbereich gehaltene Hunde sind die wirkungsvollsten Wächter, sondern Familienhunde mit Zugang zu allen Räumen des Hauses. Die ausschließliche Haltung der Hunde im Freien oder gar in einer Zwingeranlage ist weder mit dem Tierschutzgesetz noch mit dem Anspruch der artgerechten Haltung vereinbar und reduziert gleichzeitig die Effektivität der Schutzfunktion. Selbstverständlich müssen die Hunde jederzeit die Möglichkeit haben, die Freiflächen des Grundstücks aufzusuchen. Am besten geeignet sind sogenannte „Hundetüren", die Bestandteil einer Hinter- oder Gartentür sein können. Durch diese niedrigen Zugänge sollen die Hunde das Haus jederzeit betreten und verlassen können. Der Raum mit der Hundetür kann zusätzlich mit Lichtschranken geschützt werden, die optimalerweise in etwa 150 Zentimeter Höhe ange-bracht sein sollten (Richtwert: Hund mit aufgestellter Rute plus 15 Zentimeter). Selbst wenn einem Menschen gelingen sollte, an den Hunden vorbei in diesen Raum zu gelangen, wird sofort Alarm ausgelöst.

Im Normalfall werden sich die Hunde, vor allem des Nachts, im Haus aufhal-ten und sich nur ins Freie begeben, wenn sie eine Gefahr wittern oder verdäch-tige Geräusche ihr Mißtrauen erregt haben. Einbrecher werden in solchen Fällen zumeist von den Hunden gestellt, bevor sie das Haus erreicht haben, und die Hunde haben den Überraschungsmoment auf ihrer Seite. Im Gegensatz dazu verschafft ein ständig im Außenbereich des Hauses gehaltener Hund dem Ein-brecher einen Vorteil. Bei dieser Haltung neigen alle Hunde dazu, schon bei der Wahrnehmung von Bewegungen auf der Straße oder Zufahrt zu bellen. Dadurch können sich Straftäter auf die Anwesenheit eines Hundes vorbereiten und Vor-kehrungen treffen. Für einen gewieften Einbrecher ist ein Hund so lange kein Problem, wie er die Möglichkeit hat, dem Hund durch einen Zaun geschützt gegenüberzutreten. Die Methoden, einen Wachhund auszuschalten, möchte ich aus verständlichen Gründen hier nicht näher diskutieren, aber es ist keine Über-treibung zu behaupten, dass das gefahrlose Ausschalten eines einzelnen Hundes in der Praxis keine dreißig Sekunden dauert.

Daraus lässt sich eine weitere Grundregel ableiten: Das Grundstück soll mög-lichst im Dunkeln liegen und keinesfalls künstlich beleuchtet werden! Helles Licht mag Einbrecher in manchen Fällen abschrecken, wird das Grundstück jedoch von Hunden bewacht, nützt gute Sicht dem Straftäter und benachteiligt die Hunde. Sie können sich auf eigenem Territorium auch im Dunkeln hervor-ragend orientieren und verlassen sich auf ihre scharfen Sinne. Der Mensch ist jedoch von seiner Sehfähigkeit abhängig und kann bei fehlendem Licht weder Anzahl noch Rasse oder Größe der Hunde abschätzen. Ebenfalls dem Sichtschutz dient der Bewuchs auf dem Grundstück. Einige in unregelmäßiger Anordnung gepflanzte Büsche und Bäume geben den Hunden Sichtschutz und verschaffen ihnen die Möglichkeit, Eindringlinge aus einem Hinterhalt heraus zu stellen. Bäume bieten darüber hinaus den Vorteil, zusätzlich Schatten und diffuse Sicht-verhältnisse zu erzeugen. Ein kahles oder mit weiten Freiflächen versehenes Grundstück hingegen macht es den Hunden unmöglich, ihre natürlichen Tech-niken einzusetzen, und hilft durch seine Übersichtlichkeit den Tätern.

Es hat bisher zwei Fälle gegeben, in denen Einbrecher auf von mir gehaltene Hunde trafen. Im ersten Fall waren die Täter gerade dabei, die Terrassentür des Nachbarhauses aufzubrechen, als mir die Hunde durch Knurren zu verstehen gaben, dass Ungewöhnliches vorging. Im Freien angekommen, zeigten die Hunde lautlos an, in welcher Richtung die Gefahr zu suchen war. Nach Öffnen der Verbindungstür zwischen beiden Grundstücken – der Nachbar war verreist – stellten die Hunde zwei Personen. Beide trugen keinen Kratzer davon. Die

Hunde hatten die Täter in eine Ecke der Terrasse gedrängt und durch deutlich demonstrierte Angriffsbereitschaft jede weitere Aktion der Täter unterbunden. Im zweiten Fall wurden die Täter gestört, als sie gerade die Grundstückseinfriedung überklettern wollten. Das drohende Gebell mehrerer in der Dunkelheit unsichtbarer Hunde ließ sie von ihrem Vorhaben Abstand nehmen.

Entwerfen wir ein optimales Szenario: Ein Haus steht inmitten eines mit vielen Büschen und Bäumen bewachsenen Grundstücks. Hinter dem Zaun steht eine dichte Hecke, die keine oder nur stark eingeschränkte Sicht auf das Areal zulässt. Haus und Grundstück liegen in völliger Dunkelheit. Drei oder mehr Herdenschutzhunde mit starker Bindung an das Heim und seine Bewohner befinden sich irgendwo im Haus oder auf dem Freigelände. Die Besitzer schlafen auch bei offenen Türen und Fenstern so sicher wie in Abrahams Schoß und wissen, dass alle Wertsachen am nächsten Morgen noch an ihrem Platz liegen werden ...

25. Auswahl einer Rasse, eines Züchters und eines Hundes

25.1. Auswahl eines Züchters

Hundezüchter gibt es viele. Gute und schlechte. Einige gehen mit großem Sachverstand, redlichen Absichten und nachvollziehbaren ethischen Grundsätzen zu Werke, andere hingegen vermehren alles, was vier Beine hat und fruchtbar ist. Diese beiden Gruppen sauber zu trennen ist keine leichte Aufgabe, die Grenzen sind fliessend. An einem Ende der Skala finden sich die Idealisten unter den Hundezüchtern, denen es um die Erhaltung und gesunde Fortentwicklung der Rassen geht, am anderen Ende drängeln sich die Massenzüchter, Hundevermehrer und Tierhändler, deren einzige Maxime die Erwirtschaftung von Gewinn ist. Jeder Welpenkäufer ist aufgerufen, sich nicht nur über den Zustand der Hunde, sondern auch über die Absichten und Motive des Züchters zu informieren. Die Rasse des Hundes spielt dabei keine Rolle, die Praktiken der Betrüger sind immer die gleichen, einerlei ob es um Teckel, Schäferhund, Owtscharka, Kangal oder Kuvasz geht.

Das Motiv mancher Menschen zur Hundezucht ist weniger die Liebe zum Hund als vielmehr die Liebe zum schnell verdienten Geld. Manchmal werden eine oder mehrere Hündinnen in einem Schuppen oder Verschlag als „Wurfmaschinen" unter furchtbaren Bedingungen gehalten. Dafür nimmt man es dann auch schon mal mit der Wahrheit über die Abstammung der Hunde nicht allzu genau. Das Vorhandensein gültiger F.C.I.-, VDH- oder sonstiger Papiere für die Welpen ist kein Qualitätssiegel und sagt nichts über die Methoden des Züchters, die Qualität der Zucht oder die Gesundheit der Hunde aus. Es handelt sich hierbei lediglich um eine wertfreie Bestätigung der Organisation über die Registrierung des Wurfes. Wenn das Dokument überhaupt echt ist! Leider ist noch nicht einmal die Ahnentafel ein Beweis. In einem aufschlussreichen Fernsehbericht, der aus dem Jahr 1998 datiert, haben die Reporter nachgewiesen, dass umtriebige Hundehändler, aber auch Züchter des VDH, Hunde mit gefälschten Papieren in Umlauf bringen. Sogar ein Ehrenpräsident des Deutschen Teckelklubs von 1888 e.V. wurde überführt, Welpen aus einer Hundefabrik mit gefälschten Papieren an ein Tierversuchslabor verkauft zu haben. Was gilt also das Wort „unmöglich"?!

Keinerlei Aussagekraft haben bunte Schildchen, auf denen „Anerkannte Zuchtstätte der Rasse XY" oder Ähnliches steht. Die Schilder sind, Fanartikeln gleich, bei den Rassezuchtvereinen von jedermann käuflich zu erwerben. Viele unseriöse Anbieter versuchen daher den Hundekäufer glauben zu machen, das

Vorhandensein „offizieller" Papiere und einiger bunter Schildchen mache ihre „Zucht" über jeden Zweifel erhaben. Im Gegenteil! Je lautstärker und aggressiver ein Züchter wirbt, je verschwenderischer er mit Vokabeln wie „vom Gesetzgeber autorisierte Zuchtstätte", „tierschutzrechtlich anerkannt" oder „Qualitätszucht" umgeht, desto größer ist die Gefahr, einem der schwarzen Schafe der Branche in die Hände zu fallen. Keineswegs besser sieht es trotz aller Beteuerungen bei den Konkurrenten des VDH aus. In allen Verbänden tummeln sich Hundevermehrer, denen selbst elementare Kenntnisse kynologischer, biologischer und ethologischer Zusammenhänge fehlen.

Die Liste der möglichen Verfehlungen eines Züchters ist wahrlich lang. Ist die Anzahl der Vorbestellungen größer als der Wurf der Zuchthündin, wird ein unseriöser Züchter dafür sorgen, dass jeder Kunde bedient werden kann. In solchen Fällen wird ein Wurf aus einer Hundefabrik zugekauft und dem Zuchtbuchführer stolz ein Wurf entsprechender Größe gemeldet. Für alle Welpen werden dann bei der Wurfabnahme gültige Vereins- und Verbandspapiere ausgestellt. Andere melden nur jeden zweiten Wurf dem Zuchtbuchführer ihres Rassezuchtvereins,

Die Auswahl eines Züchters sollte kritisch, fair und mit größtmöglicher Sorgfalt erfolgen.

um nicht bekannt werden zu lassen, dass die Zuchthündin bei jeder Läufigkeit gedeckt wird. Diese Welpen werden dann ebenfalls mit gefälschten Papieren verkauft oder mit einem Preisnachlass an den Mann gebracht. Sogenannte Hundehändler schmuggeln ganze Würfe über die Grenze nach Deutschland und geben die Hunde mit gefälschten Papieren weiter. Genauso falsch wie die Abstammungsnachweise sind in solchen Fällen die Impfpässe. Auf dem schwarzen Markt sind Blanko-Impfbücher mit Stempel und Unterschrift eines Tierarztes für fünf bis zehn Euro erhältlich. Nicht eben selten erkranken Welpen solcher Herkunft wegen des fehlenden Impfschutzes an Parvovirose und gehen jämmerlich zugrunde.

Jeder Züchter ist gleichzeitig auch Händler. Der Verkauf eines Hundes bringt eine nicht unbedeutende Summe ein, und es ist daher nicht erstaunlich, dass viele Züchter und Zuchtvereine mit Hinweisen auf mögliche Schwierigkeiten oder problematische Eigenschaften ihrer Rasse sehr zurückhaltend sind. Besonders verwerflich sind Aussagen, die dem interessierten Hundefreund falsche Tatsachen vorspiegeln. Immer wieder tauchen in der Tagespresse und in Hundezeitschriften Anzeigen auf, in denen Hunde als „unkomplizierte Familienhunde", „kinderfreundliche Spielkameraden" oder „problemlose Wächter für Haus und Hof" angepriesen werden. Diese Aussagen sind nicht nur in höchstem Maß verantwortungslos, sie sind irreführend und teilweise sogar falsch. Die Vereinfachung, die in solchen Aussagen steckt, soll Hundefreunde und Welpenkäufer über die notwendigen Anforderungen an die Haltung des Hundes hinwegtäuschen. Verschwiegene Tatsachen oder sogar Lügen sollen unbedarften Interessenten Sand in die Augen streuen und helfen, Hunde auch in völlig ungeeignete Haltungsbedingungen zu verkaufen. „Geld her und nach mir die Sintflut", heißt das Lebensmotto dieser Personen. Leider zeigen sich die Rassezuchtvereine und Verbände unwillig oder unfähig, dieser rücksichtslosen Geschäftemacherei Einhalt zu gebieten. Unter dem „Gütesiegel" einer VDH-Zucht werden seit Jahren Šarplaninač-Welpen mit dem Slogan angeboten:

„Šarplaninač – seltener, jugoslawischer Hirtenhund, sehr robust und wachsam. Kinder- und tierlieb, intelligenter Familienhund, Welpen aus europäischer Siegerverbindung, mit VDH- Papieren werden abgegeben…"

Jeder Kenner von Herdenschutzhunden weiß, dass ein unkundiger Hundehalter Schiffbruch erleiden muss, wenn er über die zu erwartenden Eigenschaften seines Hundes nicht aufgeklärt wird. Dass Herdenschutzhunde nur mit Einschränkung als Familienhunde zu empfehlen sind, wird bei solchen Anzeigen nicht berücksichtigt. Andere Züchter wuchern mit der Wachsamkeit oder sogar der „Gefährlichkeit" ihrer Hunde. Offensichtlich soll hier ein Kundenkreis erschlossen werden, dessen Motiv zur Anschaffung eines Hundes keinesfalls Tierliebe ist.

Die Folgen sind absehbar. Entweder wird der Besitzer mit der Haltung des Hundes überfordert oder eine bestimmte Klientel setzt den Hund ein, um andere Menschen zu bedrohen, zu nötigen oder zu schädigen. Züchtern, die dermaßen verantwortungslos mit dem Lebewesen Hund umgehen, muss der Tierfreund die wirtschaftliche Grundlage entziehen. Kaufen Sie daher niemals einen Hund, wenn berechtigte Zweifel an der Integrität oder der Tierliebe des Züchters bestehen.

25.2. Kriterien für einen seriösen Zuchtbetrieb

Eine günstige Voraussetzung für den Hundekauf ist gegeben, wenn Sie in keiner Hinsicht unter Zeitdruck stehen. So werden Sie in die Lage versetzt, bereits geraume Zeit vor der Anschaffung eines Hundes verschiedene Züchter zu besuchen und dort einen Wurf zu begutachten. Im Gespräch können Sie sich ein Bild von der Person des Züchters und seinen Motiven machen. Da der Eindruck, den Menschen auf uns machen, sehr subjektiv ist, habe ich die objektiven Kriterien tabellarisch zusammengestellt und überlasse den Rest Ihrer Menschenkenntnis.

Faktoren, die eine gute Zucht kennzeichnen:

- Der Zuchtbetrieb ist auf eine Rasse spezialisiert.
- Die Zucht ist so klein, dass die Hunde ständigen Familienanschluss haben.
- Den Hunden steht ausreichender Platz in Haus und Garten zur Verfügung.
- Wurfkiste, Hunde und das ganze Gelände sind sauber und geruchsfrei.
- Die Mutter der Welpen ist anwesend, vom Deckrüden liegt zumindest ein aussagekräftiges Foto mit Name und Adresse des Besitzers vor.
- Die Welpen sind lebhaft, neugierig und zutraulich, die Zuchthündin reagiert auf Ihren Besuch weder gereizt noch aggressiv.
- Hündin und Welpen zeigen gegenüber der Person des Züchters unerschütterliches Vertrauen und deutlich erkennbare Zuneigung.
- Der Zuchtbetrieb betreibt keine aggressive Werbung und versucht nicht, dem Welpenkäufer durch Formulierungen wie „autorisierte Zuchtstätte", „Qualitätszucht" oder ähnliche Beteuerungen eine Pseudo-Kompetenz vorzugaukeln.
- Der Züchter hat die Befunde der HD-Untersuchungen beider Zuchttiere in Form eines veterinärmedizinischen Gutachtens vorliegen. Auf Röntgenbildern muss die Tätowiernummer des Hundes in unveränderlicher Form sichtbar sein.

- Alle Unterlagen über die Zuchttiere und die Welpen liegen vor. (Ahnentafeln der Eltern, Urkunden über eventuelle Auszeichnungen und Leistungsprüfungen, sofern nicht in der Ahnentafel eingetragen, Kopie des Deckscheines, Kopie der Wurfabnahme, Impfbücher der Welpen etc.)
- Der Züchter nimmt sich Zeit, Ihre Fragen zu beantworten, und verzichtet dabei sowohl auf Fachchinesisch wie auch darauf, seine Hunde über den grünen Klee zu loben.
- Der Züchter macht keinen Versuch, dem Interessenten einen Hund aufschwatzen zu wollen, und unterlässt Preisvergleiche mit der Konkurrenz.
- Der Züchter bleibt auch dann freundlich und gesprächsbereit, wenn Sie durchblicken lassen, dass Sie heute auf keinen Fall einen Hund mitnehmen werden und eventuell bis zum nächsten Wurf abwarten wollen.
- Der Züchter erkundigt sich nach den zukünftigen Haltungsbedingungen für seinen Hund.
- Die Welpen machen einen lebhaften und gesunden Gesamteindruck und werden vor der Abgabe sowohl tätowiert als auch mit einem Mikrochip versehen.
- Der Züchter nennt auf Ihre Frage einen angemessenen Preis für seine Welpen ohne Wenn und Aber.
- Die Welpen reagieren weder auf laute Geräusche noch auf schnelle Bewegungen schreckhaft. Spielen Sie eine Weile mit den Welpen, um ihre Reaktionen zu testen.

Faktoren, die auf fragwürdige Umstände hinweisen:

- Der Zwinger bietet verschiedene Rassen an. Je mehr, desto schlimmer!
- Der Zuchtbetrieb gleicht einer Hundefabrik oder ist Grundlage einer Vollexistenz.
- Die Welpen wachsen ohne ständigen Kontakt zu Menschen auf.
- Die Hunde sind in engen Boxen zusammengepfercht, oder es gibt andere Hinweise darauf, dass die Hunde nicht artgerecht gehalten werden.
- Mutter oder Welpen zeigen Angst, Abneigung oder mangelnde Vertrautheit gegenüber der Person des Züchters.
- Der Verkaufsort ist nicht gleichzeitig auch die Zuchtstätte, oder der Verkäufer verwehrt Ihnen unter Vorwänden die Besichtigung der Wurfkiste.
- Die Welpen haben stumpfes oder verklebtes Fell, trübe Augen, schmutzige Ohren oder kratzen sich auffällig oft.
- Der Züchter gibt sich sehr beschäftigt oder spricht lieber von seinen günstigen Preisen als von den Hunden.

- Der Züchter bietet Ihnen einen Welpen zum halben Preis, dafür aber ohne Papiere an, oder er versucht zu beweisen, dass ein Hund dieser Rasse nicht billiger zu bekommen ist.
- Der Züchter weicht Ihren Fragen aus oder flüchtet sich in Ausreden, wenn geforderte Unterlagen nicht zur Hand sind.
- Dem Züchter mangelt es offensichtlich an Basiswissen, und er versucht wortreich von seinen Defiziten abzulenken.
- Der Züchter sichert zu, seine Hunde hätten keinesfalls HD, oder es gibt keine Unterlagen aus denen der HD-Status der Elterntiere zweifelsfrei hervorgeht.
- Die Welpen reagieren auf Ihr Erscheinen schreckhaft, ziehen sich langsam zurück, sind phlegmatisch oder wollen nicht spielen.
- Das Muttertier ist nicht anwesend, reagiert abweisend, aggressiv oder zeigt Anzeichen „züchterischer" Überbeanspruchung.
- Die Zuchthündin ist nicht mindestens 30 Monate alt.
- Die „Zuchtstätte" befindet sich in einer Mietwohnung.
- Die Welpen sind in der achten Lebenswoche noch nicht geimpft, entwurmt, tätowiert und mit einem Mikrochip versehen.
- Die Tätowierungen der Welpen sehen nicht bei allen Wurfgeschwistern gleich aus.
- Der Impfpass ist von einem Tierarzt ausgestellt, der seine Praxis nicht in der Nähe des Zuchtbetriebes hat.
- Im Impfpass fehlen Daten oder die Etiketten des Impfstoffes sind nicht eingeklebt. Verschiedene Handschriften oder verschmierte Stempel deuten auf Fälschungen hin!
- Die Zuchtunterlagen zeigen für eines der Elternteile nur eine Bewertung von „Gut" oder „Genügend".
- Der Züchter lobt seine Hunde ausgiebig und verweist auf Erfolge bei Zuchtschauen, ohne entsprechende Unterlagen vorweisen zu können.
- Der Züchter lässt erkennen, dass die Welpen möglichst schnell verkauft werden sollen oder müssen.
- Der Züchter reagiert auf Ihre bohrenden Fragen aggressiv oder abweisend. Nur wer etwas zu verbergen hat, wird kein Verständnis für das Interesse eines Hundekäufers aufbringen.
- Der Züchter ernährt seine Welpen mit Billigfutter, anstatt mit einem dem Alter der Welpen angepassten, hochwertigen Aufzuchtfutter, oder er füttert überhaupt nicht zu.

Wird von einer Zuchtstätte auch nur eines dieser negativen Kriterien erfüllt, rate ich Ihnen dringlich, die Verhältnisse dieser Zucht doppelt und dreifach zu überprüfen und im Zweifelsfall einen anderen Züchter aufzusuchen. Fragen Sie gegebenenfalls bei dem zuständigen Zuchtverein nach einer Liste der eingetragenen Züchter. Die schwarzen Schafe der Branche sind den Zuchtvereinen bekannt, und diese Adressen werden üblicherweise nicht an Interessenten weitergegeben. Die Zuchtvereine unterhalten zumeist eine Welpenvermittlung, bei der Sie Informationen über alle von seriösen Züchtern gemeldeten Würfe erhalten können. Aber selbst dieses Verfahren bietet keine Garantien, und eine umfangreiche Prüfung des Zuchtbetriebes durch den Welpenkäufer bleibt unerlässlich!

Hüten Sie sich vor Schnäppchen! Unseriöse Züchter werden versuchen, potentielle Käufer notfalls mit einem „günstigen" Angebot zu locken. Zeitgenossen, die alle Vorsicht fahren lassen, wenn die Aussicht besteht, ein vermeintlich gutes Geschäft zu machen, sind besonders gefährdet, einem der schwarzen Schafe aufzusitzen. Kein seriöser Züchter kann ein Interesse daran haben, den Marktpreis für seine Rasse zu verderben, indem er überzählige Welpen zum Angebotspreis verschleudert.

25.3. Wie man Betrüger entlarven kann ...

Leider ist ein gut eingefädelter Betrugsversuch für einen Hundekäufer kaum aufzudecken. In diesem Fall heisst die Regel: Bleiben Zweifel oder Unklarheiten, suche ich eine andere Zuchtstätte auf. Wenn die Inaugenscheinnahme des Zuchtbetriebes zu berechtigten Zweifeln geführt hat und sich der Welpenkäufer dennoch in einen Hund „verguckt" hat, gibt es einige Möglichkeiten, die Seriosität des Züchters zu überprüfen und offensichtliche Manipulationen ans Licht zu bringen:

- Bitten Sie den Züchter, Ihnen die Ahnentafel in Fotokopie zuzuschicken. Beim Zuchtbuchamt des Vereins können Sie sich erkundigen, ob die Eintragungen mit denen im Zuchtbuch übereinstimmen.
- Lassen Sie sich die Anschrift des Besitzers des Deckrüden geben und von diesem den Deckvorgang bestätigen.
- Notieren Sie die Telefonnummer des Tierarztes, der die Impfung vorgenommen hat, und fragen Sie ihn, warum die Impfung an einem Sonntag erfolgt ist. Die Antwort liefert in der Regel Aufschluss, ob sich der Tierarzt an den Wurf erinnert und ob er die Impfung selbst vorgenommen hat oder nicht.

- Der „Züchter" kann keinen Deckschein vorweisen oder der Deckrüde stammt ebenfalls aus seinem Besitz. Hundevermehrer und Massenzüchter lassen ihre Hündinnen sehr häufig von einem eigenen Rüden decken, um die Kosten für einen Zuchtrüden einzusparen.
- Erkundigen Sie sich bei dem zuständigen Rassezuchtverein, ob der Züchter bekannt und vertrauenswürdig ist.
- Werfen Sie dem Züchter im Beisein seiner Hunde unvermittelt einen Gegenstand zu, beispielsweise einen Ball oder einen Kugelschreiber. Erschrecken die Hunde vor der plötzlichen Bewegung ihrer Bezugsperson, ist das ein Hinweis, dass die Hunde geschlagen werden.
- Das Wichtigste zum Schluss: Lassen Sie Ihren gesunden Menschenverstand walten!

25.4. Auswahl eines Welpen aus einem Wurf

In einem Wurf mit sechs, acht oder sogar zehn Welpen gibt es höchst unterschiedliche Charaktere. Einige der Charaktereigenschaften, die der erwachsene Hund später einmal zeigen wird, lassen sich schon im Welpenalter erkennen. Am besten lässt sich das Verhalten der Welpen beobachten, wenn Sie sich einige Meter abseits der Hunde auf den Boden setzen. Schon nach kurzer Zeit werden die Welpen auf Sie aufmerksam, und ihre Neugier ist geweckt. Hier zeigt sich bereits der erste Unterschied: Einige Welpen nähern sich sehr schnell, klettern auf Ihnen herum und fordern zum Spielen oder Streicheln auf, andere halten vorsichtig Abstand oder machen überhaupt keine Anstalten, mit fremden Menschen Kontakt aufzunehmen. Von denen, die sich anfänglich freudig genähert haben, werden sich einige nach kurzer Zeit wieder abwenden, andere weichen kaum noch von Ihrer Seite. Das Verhalten der Welpen gegenüber dem Sozialpartner Mensch lässt sich in vier Kategorien einteilen:

Der Welpe hält ängstlich Abstand, lässt sich jedoch von Ihnen nach einer gewissen Zeit anlocken. Er lässt sich aber kaum berühren oder zeigt dabei offensichtliches Unwohlsein. Anschließend zieht er sich wieder zurück. Die Scheu dieses Hundes kann durch eine schlechte Erfahrung mit Menschen oder durch nicht ausreichenden Kontakt zu Menschen während der Prägungsphase entstanden sein. Dieser Hund wird auch als Erwachsener eine vorsichtige, distanzierte Haltung Menschen gegenüber einnehmen und je nach sonstiger Veranlagung schreckhaft oder aggressiv auf Menschen reagieren. Er ist für eine Einzelperson, keinesfalls aber für eine Familie geeignet.

Der Welpe ignoriert Sie völlig und reagiert auch auf wiederholte Lockrufe nicht. Ihre Annäherungsversuche wecken bei ihm kein Interesse an Ihrer Person. Dieses Verhalten deutet auf eine geringe Akzeptanz des Menschen als möglichen

Sozialpartner hin. Seine Bindung an den Menschen wird auf Lebenszeit locker bleiben, eine Ausbildung wird sich dadurch schwierig gestalten. Er ist ebenfalls besser für eine Einzelperson als für eine Familie geeignet.

Der Welpe tollt mit seinen Artgenossen umher, nähert sich Ihnen nach einiger Zeit interessiert und beschnüffelt Sie ausgiebig. Anschließend spielt er wieder mit seinen Artgenossen, schaut aber ab und zu wieder bei Ihnen vorbei. Dieser Hund zeigt ein typisches, normales Welpenverhalten. Sein Interesse ist nicht einseitig auf Menschen oder Hunde fixiert. Er wird auch im Erwachsenenalter Menschen aufgeschlossen und kontaktfreudig gegenübertreten. Der Hund passt gut in eine Familie.

Der Welpe nähert sich sofort ohne jegliche Scheu. Er beschnüffelt Sie, knabbert an Ihrer Kleidung und fordert Sie ständig zum Spielen auf. Seine Artgenossen beachtet er nur noch sporadisch. Von diesem Welpen können Sie erwarten, dass er auch als erwachsener Hund eine sehr enge Bindung mit dem Menschen eingehen wird. Sein Verhalten gegenüber anderen Hunden kann im späteren Leben problematisch werden. In Abhängigkeit von anderen Faktoren wird er möglicherweise zu aggressiven oder ängstlichen Reaktionen gegenüber fremden Hunden neigen. Er ist dennoch für Familien und Einzelpersonen geeignet, wenn gewährleistet ist, dass alle Familienmitglieder körperlich geeignet sind, den Hund nötigenfalls von Rauferein abzuhalten.

Neben den Reaktionen, die ein Welpe auf eine Begegnung mit Menschen zeigt, gibt auch das Verhalten gegenüber seinen Wurfgeschwistern Aufschluss über Wesensmerkmale im Umgang mit seiner Umwelt und anderen Hunden.

Der Frechdachs: Der Welpe macht aus seinem Führungsanspruch im Rudel keinen Hehl. Bei Hunden, die dieses Verhalten zeigen, handelt es sich fast ausnahmslos um Rüden. Dieser Welpe steht mit seinem Verhalten häufig in Konkurrenz mit einem seiner Brüder und ist fast pausenlos in spielerische Raufereien mit seinen Wurfgeschwistern verwickelt. Er zeigt eine deutliche Tendenz, den anderen Hunden Spielzeug oder Futter wegzunehmen. Als erwachsener Hund wird er seinen Halter später zweifellos fordern. Es ist zu erwarten, dass dieser Hund zeitlebens Menschen und seinen Geschlechtsgenossen gegenüber dominantes Verhalten zeigen wird und eine bestehende Rangordnung fortgesetzt hinterfragt. Damit ist aber nicht gesagt, dass er sich gegenüber seinen Artgenossen oder seiner Familie auch wirklich durchsetzen kann. Die Ausbildung kann aber durch das Bestreben des Hundes, eine hohe Position in der Rangfolge einzunehmen, erschwert werden.

Der Distanzierte: Diese Hunde werden bei der Beobachtung eines Wurfes häufig falsch eingeschätzt. Sie zeigen ihren Wurfgeschwistern gegenüber eine gewisse Distanz, ohne dabei Außenseiter zu sein. Sie beobachten das Treiben um sich herum aufmerksam und gehen einer Rauferei nicht aus dem Weg. Gelegentlich staucht dieser Welpe einen anderen zusammen und zieht sich anschließend in seine distanzierte Position zurück. Hier handelt es sich um den Welpen, der unter seinen Rudelmitgliedern die höchste Position einnimmt. Nicht der Frechdachs, sondern er ist der wahre Rudelführer. Dieser Welpe verspricht ein Hund mit großem Selbstbewusstsein und starkem Charakter zu werden. Seine Ausbildung kann einen unerfahrenen Besitzer überfordern. Dennoch fügen sich diese Hunde gut in ihre Familie ein, wenn der Hundehalter dem Welpen mit natürlicher Autorität seinen Führungsanspruch klar macht und während des Reifeprozesses des Hundes eine eindeutige Rangordnung existiert.

Der Unauffällige: Dieser Welpentyp stellt den größten zahlenmäßigen Anteil eines Wurfes. Die Hunde zeigen keine besonderen Verhaltensauffälligkeiten. Sie spielen und raufen mit ihren Geschwistern, wie es nun einmal typisch für Hunde in diesem Alter ist. Sie sind selbstbewusst, aber nicht übermäßig dominant. Es ist zu erwarten, dass sich diese Welpen im späteren Leben ohne Schwierigkeiten in eine Gemeinschaft einfügen. Sie eignen sich besonders gut als Familienhunde und werden sich gut ausbilden lassen.

Der Außenseiter: Ein Welpe dieser Prägung ist daran zu erkennen, dass er sich stets abseits von seinen Geschwistern aufhält. Er reagiert zurückhaltend bis ängstlich oder aggressiv, wenn sich ihm ein anderer Welpe nähert. Oft kann man beobachten, dass dieser Hund von seinen Wurfgeschwistern angegangen und regelrecht tyrannisiert wird. Hier reift ein Hund heran, dem es zeitlebens an Souveränität gegenüber seiner Umwelt fehlen wird. Der Entzug von positiven Erfahrungen in der Gemeinschaft seiner Wurfgeschwister führt langfristig zu einer Unfähigkeit, sich mit seinen Artgenossen positiv auseinanderzusetzen. Es kann erwartet werden, dass sich dieser Hund im Erwachsenenalter dem Menschen sehr eng anschließt und keinen großen Wert auf den Kontakt mit Artgenossen legt. Er wird sich in ruhiger Umgebung zweifellos wohler fühlen als in der Gemeinschaft vieler Artgenossen.

Diese Aufstellung zeigt, dass die Auswahl eines Welpen bereits die Weichen für das spätere Zusammenleben stellen kann. Daher sollte die Wahl eines Welpen nicht ausschließlich durch seine äußere Erscheinung begründet sein. Versuchen Sie, durch die Beobachtung des Wurfes die Eigenschaften der einzelnen Welpen zu erforschen, und prüfen Sie, ob ein Hund dieser oder jener Ausprägung zu Ihnen, Ihren Anforderungen und Ihren Lebensbedingungen passt. Ein Hund, der schon in frühen Lebensphasen ausgeprägtes Selbstbewusstsein und einen dominanten Charakter zeigt, wird einen unerfahrenen Hundebesitzer später möglicherweise überfordern. Welpen, die sich unsicher oder ängstlich gegenüber Menschen zeigen, sind in einer Familie mit großem Freundeskreis deplaziert. Soll der Hund in einem Haushalt mit Kindern leben, ist es sinnvoll, die Reaktion des Welpen auf Kinder zu testen. Souveräner Umgang mit Artgenossen ist besonders für Hunde wichtig, die in einem Gebiet mit hoher Hundepopulation leben werden.

Nehmen Sie sich für Ihre Entscheidung viel Zeit und besuchen Sie den Wurf lieber mehrmals, als eine überstürzte Entscheidung zu treffen. Fragen Sie den Züchter nach seiner Meinung. Er hat Erfahrung mit seinen Hunden und kann Nuancen im Verhalten deuten, die sich nur einem Fachmann offenbaren.

Egal ob man „seinen" Herdenschutzhund nach langem Warten vom Züchter übernimmt oder einem Tierheiminsassen ein neues Zuhause bietet, man wird mit beiden Hunden gleich viel Freude haben. Eines dürfen Sie aber keinesfalls tun: Im Urlaub einen Herdenschutzhund von einem Hirten oder aus einer Arbeitszucht kaufen! Auch nicht als Welpen. Ein erwachsener Hund wird sich nie mehr auf das Leben in einem dicht bevölkerten Land oder sogar in einer Stadt einstellen können und selbst der Welpe ist im Alter von zehn Wochen schon entscheidend auf seinen Lebensraum geprägt. Die Gefahr, dass der billige Eigenimport zeitlebens als Problemhund mehr schlecht als recht gehalten werden muss, ist sehr, sehr groß. Die Folgen sind für jedermann leicht vorstellbar – unter Umständen endet das Experiment nach viel Kopfweh und Sorgen mit der Einschläferung des Tieres. Die Möglichkeit, einen letztendlich geringen Geldbetrag bei der Anschaffung des Hundes zu sparen, kann und darf nicht Entscheidungskriterium für die Auswahl eines Hundes sein. Als Urlaubsmitbringsel ist ein Tier ohnehin nicht geeignet. Abgesehen davon ist ein Hund aus dem Tierheim auch nicht teurer als ein Eigenimport einschließlich aller notwendigen Impfungen.

26. Anmerkungen zur Ausbildung des Herdenschutzhundes

26.1. Ziele der Ausbildung

Der Großteil der in Westeuropa gehaltenen Herdenschutzhunde werden als Haustiere und Familienhunde gehalten. Daran wird sich auf absehbare Zeit auch nichts ändern, obwohl in Europa der Arbeitseinsatz dieser Hunde zukünftig wieder größere Bedeutung erhalten dürfte. Für einen Hund, der als Familienmitglied oder in den dicht bevölkerten Gebieten Europas leben soll, ist ein gewisser Ausbildungsstand unverzichtbar, um Gefährdungen der Umwelt auszuschließen und ein erfreuliches Miteinander zu ermöglichen. Ausbildung beschränkt sich dabei nicht auf die Lautzeichen „Sitz!" und „Platz!", sondern muss eine weitgehende Anpassung des Hundes an seinen Lebensraum einschließen. Dabei ist auf verkehrssicheres Verhalten genauso Wert zu legen wie auf ein den Lebensumständen angepasstes Territorial- und Schutzverhalten.

Das vorliegende Buch kann kein Werk zur Hundeausbildung ersetzen, deshalb sollen nur einige ausgesuchte Aspekte zur Sprache kommen, die bei der Erziehung eines Herdenschutzhundes nicht vergessen werden dürfen. Allgemeine Fragen der Hundeausbildung werden in zahlreichen Fachbüchern ausführlich behandelt. Allerdings sind nicht alle Methoden und Techniken der Hundeausbildung uneingeschränkt auf Herdenschutzhunde übertragbar. Unterschiede zu anderen Hunderassen bestehen in vielerlei Hinsicht. Besonders wenn der Hund Verhaltensweisen zeigt, die in bestimmten Situationen eine Gefahr für Menschen darstellen können, muss der Hundehalter unverzüglich geeignete Korrekturmaßnahmen einleiten. Die wenigsten Zwischenfälle, bei denen Menschen durch einen Hund zu Schaden kommen, gehen auf psychische Störungen des Hundes zurück. Ein weitaus größerer Teil dieser Vorkommnisse entsteht durch Missverständnisse zwischen den Beteiligten oder eine unabsichtliche Provokation des Hundes durch einen Menschen. Missverständnisse haben ihre Ursache in mangelndem Wissen, ungewollte Provokationen können auf Wissenslücken, Irrtümer oder Unachtsamkeit zurückgehen.

Jeder Halter eines großen Hundes muss bemüht sein, falsches oder unachtsames Verhalten fremder Menschen durch eigene Vorsichtsmaßnahmen und eine geeignete Ausbildung des Hundes zu kompensieren. Hundebesitzern, die sich intensiv mit der Hundehaltung auseinander setzen, gelingt es fast immer, ihren Hund so in sein Lebensumfeld zu integrieren, dass er keine Gefährdung für seine Umwelt darstellt. Unerfahrene Hundebesitzer hingegen können schnell in eine Situation kommen, in der sie Rat und Hilfe bei einem Hundeausbilder oder Tierarzt suchen müssen.

Das Lernverhalten der Herdenschutzhunde folgt anderen Regeln als das der seit vielen Jahrzehnten in menschlicher Obhut gehaltenen Schäferhunden, Retrievern und Teckeln. Jeder erfahrene Herdenschutzhundfreund wird bestätigen, dass es eine Zeit gab, als er die mit anderen Hunderassen gesammelten Erfahrungen relativieren und ergänzen musste. Alle Hundefreunde, die zum ersten Mal über die Anschaffung eines Herdenschutzhundes nachdenken, seien ausdrücklich gewarnt: Ausbildungsinhalte, die einem Deutschen Schäferhund in wenigen Wochen fast mühelos vermittelt werden können, werden bei vielen Herdenschutzhunden Monate des intensiven und dabei stets geduldigen Trainings benötigen. Viele Ratschläge zur Hundeausbildung, die in der einschlägigen Literatur gegeben werden, lassen sich auf Herdenschutzhunde nicht oder nur in modifizierter Form anwenden. Ausbildungsinhalte, die für andere Rassen keine Bedeutung haben, kommen hinzu und vergrößern das Trainingspensum. Hier spielt vor allem die Kanalisierung des Schutztriebes eine herausragende Rolle, der Hundehalter soll dabei seinen Hund lenken und führen, ohne dessen Instinkte zu bekämpfen oder natürliche Verhaltensweisen zu unterdrücken. Den Schutztrieb des Hundes gelegentlich zu dämpfen und an anderen Stellen Freiheiten zu gewähren, heißt, sich auf eine Gratwanderung einzulassen. Sowohl ein festes Ausbildungskonzept als auch konsequentes Verhalten des Ausbilders sind Voraussetzungen für das Zustandekommen von Erfolgen.

Die Ziele der notwendigen Ausbildung sind leicht zu umreißen: Der Hund soll in seine Umwelt eingeordnet werden und Verhaltensweisen entwickeln, die das Zusammenleben mit seinen Bezugspersonen und seiner Umwelt möglichst unkompliziert gestalten. Unabhängig von Rasse, Alter und Geschlecht des Hundes ist es Aufgabe und Verpflichtung jedes Hundehalters, Gefahren für Dritte möglichst gering zu halten und entsprechende Vorkehrungen zu treffen. In vielen Werken zur Hundeausbildung ist von der „Unterordnung" des Hundes die Rede. Damit ist im Wortsinne gemeint, art- und rassetypische Verhaltensweisen zu unterdrücken und den Hund zu einem Sklaven mit soldatischem Gehorsam zu „erziehen". Wer an diesem Ziel Gefallen findet, dem ist von der Anschaffung eines Herdenschutzhundes eindringlich abzuraten – die Ziele werden sich weder im Guten noch mit „harten" Methoden verwirklichen lassen. Nicht ein willfähriger Lakai oder devoter Diener soll unser Owtscharka, Kangal oder Kuvasz werden, sondern unser Freund, Helfer und Partner, dessen Eigenschaften und Fähigkeiten wir mit Respekt betrachten und dessen Würde für uns unantastbar bleibt.

Ein wohl überlegtes Ausbildungskonzept kann helfen, Fehler zu vermeiden und Unterlassungssünden vorzubeugen. Die einzelnen Schritte der Ausbildung finden in Abhängigkeit vom Lebensalter und von der individuellen Ausprägung der Fähigkeiten und Eigenschaften statt. So früh wie möglich, im Normalfall nach der Übernahme des Welpen vom Züchter, beginnt die Einordnung des Hundes in sein Lebensumfeld.

26.2. Hundeschulen und Hundeausbilder

Gute Hundeausbilder sind eine Rarität und dementsprechend schwer zu finden. Einen Ausbilder, dem Sie Ihren Hund und damit ein Stück Ihrer eigenen Zukunft anvertrauen, sollten Sie mit der größtmöglichen Sorgfalt auswählen. In den letzten Jahren haben viele Geschäftemacher das Feld der Hundeausbildung als üppige Einnahmequelle entdeckt. Nicht wenige Besitzer von Hundeschulen versuchen, bekannte Namen ins Spiel zubringen und für ihre eigene Werbung zu nutzen. Häufig wird damit geworben, dass ein Ausbilder beim Hundefachmann/ bei der Hundefachfrau X gearbeitet oder beim Wolfsforscher Y eine Ausbildung absolviert habe. Was sagt uns das? Nichts! Es sagt bestenfalls, dass die entsprechende Person bei einem Seminar anwesend war, verrät aber nichts über die praktischen Fähigkeiten der Person oder die Qualität des besuchten Seminars.

Es gibt eine Möglichkeit, sich über die Fähigkeiten eines Hundeausbilders zumindest ansatzweise Klarheit zu verschaffen. Besuchen Sie dafür zunächst ohne Ihren Hund mehrere Ausbildungsstunden und beobachten Sie, wie mit den Tieren gearbeitet wird. Alle Ausbilder, die Fehlverhalten des Hundes mit mehr oder weniger starken Gewaltmaßnahmen korrigieren wollen, können Sie sofort vergessen. Analysieren Sie, wie souverän ein Ausbilder seine Übungsstunden leitet und ob er das Geschehen jederzeit ohne autoritäres Gehabe unter Kontrolle hat. Geht der Ausbilder auf die individuellen Möglichkeiten und Schwächen jedes Hundes ein oder spult er nur ein Standardprogramm ab? Werden Übungsinhalte umfassend und verständlich erklärt?

Hüten Sie sich vor Hundeausbildern mit mangelnder Souveränität, die es zum Beispiel nötig haben, Mensch und Hund dadurch beeindrucken zu wollen, dass sie vor dem Hund mit einem Knüppel auf den Boden schlagen oder ähnlichen Firlefanz veranstalten. Wer sich auf diese Weise einem Hund gegenüber verständlich machen möchte, ist als Ausbilder eine Fehlbesetzung. Eine andere Gruppe unzureichend qualifizierter Ausbilder fällt dadurch auf, dass sie sich beinahe zwanghaft an eine bestimmte Ausbildungsmethode klammert. Symptomatisch für diesen Typus ist, dass die eingesetzte Methode (was sich im Einzelfall auch immer dahinter verbergen mag) für alle Problematiken und Hundetypen angewendet werden soll. Tatsächlich ist es so, dass ein guter Ausbilder niemals auf eine Methode festgelegt ist und für jeden Ausbildungsschritt eine Technik wählt, die Ausbildungsziel, Wesenstyp und Leistungsstand des Hundes berücksichtigt.

Ich widme der Problematik unqualifizierter Ausbilder deshalb so viel Raum, damit Sie nicht in einen Teufelskreis geraten. Einige Hundeausbilder setzen Gewaltmittel ein, wenn ihre gewaltfreien Ausbildungsversuche nicht die erhoffte Wirkung hatten. Ein wenig qualifizierter Ausbilder wird diesen Punkt schon in einem recht frühen Stadium erreichen und Ihnen den Einsatz von Teletakt oder anderen Starkzwangmethoden empfehlen. Bei Herdenschutzhunden ist der Einsatz solcher Mittel auch als Ultima Ratio nicht geeignet und das Vertrauensverhältnis zwischen Mensch und Hund wird unweigerlich zerstört. Ab diesem Punkt haben Sie keine Möglichkeit mehr, Lernvorgänge des Hundes ohne Gewalteinwirkung zu erreichen. Denken Sie bitte immer daran, dass man jeden Hund nur ein einziges Mal verderben kann und dass dies nie mehr ungeschehen zu machen ist!

Fragen Sie in Ihrem erweiterten Bekanntenkreis nach Erfahrungen mit den Ausbildern in Ihrer Nähe. Dabei wird sich herauskristallisieren, in welcher Hundeschule gute Fortschritte erzielt werden können. Da Herdenschutzhunde nun einmal deutlich schwerer auszubilden sind als das Gros der Hunde, macht es keinen Sinn, einen mit diesem Hundetyp unerfahrenen Ausbilder aufzusuchen und darauf zu vertrauen, dass es schon „irgendwie klappen wird".

Einige Hundeausbilder werden die Ausbildung von Herdenschutzhunden kategorisch ablehnen und als Grund angeben, dass diese Hunde in unserem Lebensumfeld nichts zu suchen hätten. Durch diese Aussage erfahren wir drei Dinge: Erstens hat der Ausbilder die Erfahrung gemacht, dass seine Qualifikation die Ausbildung von Herdenschutzhunden nicht abdeckt, zweitens dürfte mindestens einer seiner Ausbildungsversuche gescheitert sein und drittens ist die Person nicht ehrlich genug, diese Tatsachen offen zu äußern. Herdenschutzhunde gehören nicht mehr oder weniger in unser Lebensumfeld als Jagdhunde, Stöberhunde, Vorstehhunde, Windhunde, Hüte- oder Treibhunde.

26.3. Integration des Welpen in Haus und Familie

Die ersten Wochen, die der junge Hund in seinem neuen Lebensumfeld verbringt, sind ungeheuer wichtig für seine zukünftige Entwicklung. In dieser Phase werden die Weichen für das spätere Zusammenleben und die weitere Entwicklung des Hundes gestellt. Die Aufnahmefähigkeit und Lernbereitschaft des Hundes sind auf höchstem Niveau, und keinesfalls sollte der Hundehalter den wichtigen Zeitraum zwischen der zehnten Lebenswoche und dem fünften Lebensmonat ungenutzt verstreichen lassen. Gelegentlich hört man den Ratschlag, die Erziehung des Hundes dürfe erst mit einem bestimmten Lebensalter beginnen. Manchmal wird ein Alter von vier, sechs oder gar zwölf Monaten genannt. Hierbei handelt es sich um einen klassischen Fall von Anthropomorphismus – Vermenschlichung des Hundes. Der Wunsch, dem „kleinen" Hund seine unbeschwerte Kindheit nicht durch eine wie auch immer geartete Ausbildung zu nehmen, ist nur auf den ersten Blick sinnvoll und zeugt von falsch verstandener Tierliebe. Würde der Hund in einem Rudel aufwachsen, endete die Phase der unbeschwerten Kindheit etwa mit Erreichen der achten Lebenswoche. Danach muss das junge Tier lernen, Nahrung zu beschaffen, sich vor Feinden zu schützen, ein Territorium zu verteidigen und sich mit seinen Artgenossen auseinander zu setzen. Das Ziel des Hundehalters muss also sein, seinen Hund in art- und rassegerechtem Umfeld aufzuziehen, Erfahrungen des Hundes mit seiner Umwelt zu ermöglichen und Lernvorgängen Raum und Gelegenheit zu geben.

Ein anderer Fehler, der sehr häufig im Umgang mit Hunden im Allgemeinen und Herdenschutzhunden im Besonderen zu beobachten ist, liegt in einem Missverständnis kaniner Wesensentwicklung begründet. Unbewusst werden menschliche Eigenschaften und Entwicklungsprozesse auf den Hund übertragen; der Welpe wird als Baby betrachtet und seinen frühkindlichen Erfahrungen wird eine zu geringe Bedeutung beigemessen. Tatsächlich entwickelt sich der Hund erheblich schneller als der Mensch, und die Zeit der „Kindheit" vergeht rasend schnell. Schon mit fünf Monaten hat der Hund einen großen Teil seiner geistigen Entwicklung abgeschlossen, und alle Versäumnisse dieser Phase bleiben Versäumnisse auf Lebenszeit!

Welpen und Junghunde haben die Eigenschaft, wie selbstverständlich in eine neue Umgebung hineinzuwachsen und sich schnell an alle Elemente ihres Lebensraumes gewöhnen zu können. Gewöhnung bedeutet in diesem Fall Vertrautheit und Vertrauen. Alle Personen, Tiere und Situationen, mit denen der junge Hund positive Erfahrungen macht, werden ihm auf Lebenszeit vertraut bleiben und ihren positiven Charakter behalten. In der Praxis bedeutet dies, dass der Hundehalter in den drei Monaten nach der Übernahme des Welpen ein zeitaufwendiges Programm zu absolvieren hat. Dabei soll der junge Hund an alle Situationen gewöhnt werden, denen er sich im späteren Leben gegenübersehen könnte. Durch die intensive Gewöhnung an seine Umwelt soll erreicht werden, dass der gereifte Hund später keine Veranlassung sieht, grundlos eine Verteidigungshaltung einzunehmen. Ein Hund, der während seiner Entwicklungszeit niemals mit seinem Besitzer eine Einkaufspassage oder eine belebte Geschäftsstraße besucht hat, wird die ungewohnte Umgebung und die Nähe vieler fremder Personen als bedrohlich ansehen. Durch die Verunsicherung befindet sich der Hund in erhöhter „Alarmbereitschaft", und dieses latente Bedrohungsgefühl kann zur Grundlage eines unprovozierten Beißangriffes werden.

Die Umweltverträglichkeit eines Hundes ist weitestgehend ein Resultat des Engagements seines Besitzers und nur zu einem geringen Teil in der genetischen Disposition des Tieres begründet. Ab Vollendung der zehnten Lebenswoche soll der Hund daher seine Umwelt ausgiebig kennen lernen. Dazu gehören vor allem

Einkäufe in Geschäften, das Durchqueren größerer Menschenmengen bei Tag und in der Nacht, Besuche von Fußgängerzonen und Geschäftsstraßen. Spaziergänge in Naherholungsgebieten helfen, den Hund an Radfahrer, Jogger, Skateboardfahrer und spielende Kinder zu gewöhnen. Da die Anforderungen des Lebensraumes sehr unterschiedlich sein können, lassen sich nur Beispiele und Stichpunkte aufzählen. Der Kreativität des Hundehalters sind keine Grenzen gesetzt. Ein in der Nähe gelegener Reiterhof ist geeignet, den Hund an Pferde und Reiter zu gewöhnen; Familienfeste sind eine prächtige Gelegenheit, dem Hund zu zeigen, dass Besuch zu bekommen ein ganz natürlicher Vorgang ist. Fahrten mit öffentlichen Verkehrsmitteln müssen mit dem Welpen unternommen werden, wenn die Möglichkeit besteht, dass mit dem erwachsenen Hund irgendwann einmal solche Verkehrsmittel benutzt werden sollen. Jeder Ort, der eine unbekannte Atmosphäre besitzt, eignet sich zur Vertiefung der Umweltgewöhnung. Flughäfen und Bahnhöfe erfüllen diesen Zweck genauso wie Dorffeste und Wochenmärkte. Unternehmen Sie Fahrten im Auto und mit öffentlichen Verkehrsmitteln, besuchen Sie Fußgängerzonen und Einkaufsstraßen, gehen Sie mit Ihrem Hund durch dichte Menschenmengen, enge Gassen, dunkle Hausflure, besuchen Sie mit ihm Geschäfte, Restaurants, Freunde und Verwandte. Machen Sie Spaziergänge an Straßen mit hohem Verkehrsaufkommen, provozieren Sie Begegnungen mit Joggern, Radfahrern und spielenden Kindern. Machen Sie den Hund mit den Planken Ihres Bootes bekannt, wenn Sie Wassersportler sind, nehmen Sie ihn mit auf den Ponyhof, wenn Sie eine begeisterte Reiterin zur Tochter haben. Aber bitte nicht alles auf einmal! Ihr Hund soll schließlich sozialisiert und nicht mit Reizen überflutet werden. Das Absolvieren dieses zeitaufwendigen Programms mit ausreichenden Verschnaufpausen und Ruhephasen ist unabdingbar und zahlt sich im späteren Leben auf vielfältige Weise aus. Alle Unternehmungen und Geräusche, die der Hund in dieser frühen Phase seiner Entwicklung kennenlernt, werden ihm für den Rest seines Lebens vertraut sein. Er wird diese Vorgänge später als selbstverständlich ansehen und dementsprechend gelassen reagieren.

Das zeitaufwendige Programm der Umweltgewöhnung muss jeder Welpenbesitzer nach den Gegebenheiten seines Lebensumfeldes selbst entwickeln. Besonders wichtig sind „Erlebnisausflüge" für Hunde, die in einem sehr ruhigen und abgeschiedenen Umfeld leben. Niemand kann einen späteren Ortswechsel ausschließen, und ein Hund, der mit fünf oder sechs Jahren zum ersten Mal an einer Hauptverkehrsstraße entlanggeführt wird, empfindet angesichts des hohen Geräuschpegels Verunsicherung oder sogar große Angst.

26.4. Fahrten mit dem Auto

Dieser Ausbildungsschritt findet bereits am Tag der Übernahme des Welpen vom Züchter statt. Die Erfahrung der ersten Autofahrt entscheidet maßgeblich darüber, ob der Hund in seinem späteren Leben beim Autofahren Probleme bereiten wird oder nicht. Keinesfalls soll der Welpe in einen Transportbehälter gesperrt werden. Der Stress, aus dem vertrauten Kreis seiner Geschwister gerissen zu werden, ist für den Hund eine große Belastung. Die Nähe eines Menschen hilft, ihm den Übergang in sein neues Zuhause so angenehm wie möglich zu machen. Der Hundehalter sollte den Wagen von einer anderen Person fahren lassen und den Welpen während der Fahrt auf den Arm nehmen. Durch Streicheln und beruhigendes Zureden lässt sich dem Hund vermitteln, dass er sich in einer ungefährlichen Umgebung befindet. Die Gabe eines Leckerchens am Ziel hilft zusätzlich, das Autofahren zu einem positiven Erlebnis werden zu lassen.

26.5. Kontakthalten des Hundes auf Spaziergängen

Besondere Aufmerksamkeit soll der Hundebesitzer dem „Kontakthalten" widmen. Darunter versteht man die unaufgeforderte Bereitschaft des Hundes, sich in jeder Situation an seinem Besitzer zu orientieren, ihm möglichst ohne Ruf zu folgen und sich niemals dauerhaft außer Sichtweite zu begeben. Allen Herdenschutzhunden wohnt ein unbändiger Freiheitsdrang inne. Die Freiheit, sich innerhalb seines (echten oder vermeintlichen) Reviers frei zu bewegen, seine Grenzen zu kontrollieren, Eindringlinge zu überprüfen und gegebenenfalls zu verjagen, bilden eine Grundlage für den erfolgreichen Arbeitseinsatz. Bei Familienhunden sind diese Eigenschaften problematisch, denn das Lebensumfeld von Hund und Besitzer lässt diese Freiheiten in der Regel nicht zu. Niemand möchte stundenlang auf seinen umherstromenden Hund warten, und niemand kann verantworten, einen (Herdenschutz-)Hund in der Öffentlichkeit unbeaufsichtigt sich selbst zu überlassen.

Herdenschutzhunde durchlaufen zwischen dem 8. und 18. Lebensmonat eine explorative Phase. Der Hund möchte in dieser Zeit alles, was sein Interesse findet, untersuchen und kennen lernen. Wenn der Hund unangeleint ausgeführt wird, folgt er seiner Bezugsperson zunächst willig und beachtet die Lautzeichen. Sowie allerdings irgendetwas sein Interesse weckt, läuft er langsam, aber dennoch zielstrebig auf das Objekt zu. Dabei kann es sich zum Beispiel um Pferde auf einer weit entfernten Koppel handeln. Alles Rufen und Pfeifen des Hundebesitzers ist in diesen Situationen vergebens. Der Hund ignoriert diese Signale und kommt erst zurück, wenn seine Neugier befriedigt worden ist. Es gibt kaum einen Herdenschutzhundbesitzer, der nicht einmal mit diesem Problem konfrontiert wurde. Je nach Ausprägung dieser Eigenschaft ist die Kontrolle des Erkundungsverhaltens nur mit einigem Aufwand zu erreichen. Vom Welpenalter an muss das „Kontakthalten" daher mit dem Hund geübt und praktiziert werden. Übungen, die erst beginnen, wenn der Hund unerwünschte Verhaltensweisen zeigt, kommen zu spät, und Korrekturen beginnen erst nach einer langen Zeit der Einflussnahme zu wirken. Daher soll diese Übung in einem Stadium beginnen, in dem sich das explorative Verhalten des Hundes noch nicht voll entwickelt hat.

Die Übung des „Kontakthaltens" findet nicht auf einem speziellen Übungsgelände oder zu bestimmten Zeiten, sondern 24 Stunden am Tag, sieben Tage pro Woche statt. Jeden Tag soll der Hundebesitzer einen längeren Spaziergang mit seinem Welpen bzw. Junghund unternehmen, die Übung kann bereits ab der zehnten Lebenswoche durchgeführt werden. Gut geeignet sind Spaziergänge in einem Gelände, auf dem der Hund unangeleint laufen kann, ohne dass er sich selbst in Gefahr bringt. Neugierig wird der junge Hund seine Umwelt erkunden und die Aufmerksamkeit gegenüber seinem „Rudelführer" schwindet schnell. Der Mensch soll währenddessen weder stehen bleiben noch sein Bewegungstempo dem des Hundes anpassen. Er setzt seinen Weg stets in normalem Tempo fort. Wenn der Abstand zum Hund etwa zwölf bis fünfzehn Meter beträgt, gibt der Hundebesitzer ein kurzes Lautzeichen. Dieses Signal soll weder laut noch besonders nachdrücklich gegeben werden, ein leiser Pfiff oder Ruf ist optimal. Zwei Lernvorgänge werden angestrebt: Die Erkenntnis, dass der Hund den Anschluss an sein Rudel verliert, wenn er das Lautzeichen missachtet, und die Einsicht, dass auch leise gegebene Zeichen bedeutungsvoll sind. Schließt der Welpe nicht unverzüglich auf, kann sich sein Besitzer hinter einem Baum oder Gebüsch verstecken. Nach einer Weile wird der Hund das Interesse an dem beschnüffelten Gegenstand verlieren und sich suchend nach seinen „Rudelmitgliedern" umsehen. In diesem Moment wird das Lautzeichen aus dem Versteck erneut gegeben. Nun stellt der Welpe fest, dass er den Anschluss verloren hat, und wird beginnen, seinen Besitzer zu suchen. Der Hundebesitzer soll sich nicht sofort zeigen, für den Lernerfolg ist wichtig, dass der Hund ihn zunächst einige Zeit suchen muss. Das Lautzeichen kann dabei gelegentlich wiederholt werden, bis es dem Hund gelingt, seinen Besitzer zu finden. Anschließend wird der Welpe mit einem Leckerchen belohnt.

Auch wenn der Hund während des Spazierganges vorauseilt, kann das Lautsignal gegeben werden. Nun ist erwünscht, dass der Hund Sichtkontakt mit seinem Besitzer aufnimmt und sich zu ihm begibt, wenn er dazu aufgefordert wird. Diese Übung ist die Grundlage für viele andere Ausbildungsschritte und soll mehrmals täglich trainiert werden.

Wenn die Übung des Kontakthaltens bei einem heranwachsenden Herdenschutzhund innerhalb von sechs Wochen zu keinem deutlich spürbaren Erfolg führt, muss ein zweiter Schritt folgen. Der Hund wird für einen Zeitraum von mehreren Monaten nur noch angeleint ausgeführt! Ziel dieser Maßnahme ist, dass sich das explorative Verhalten nicht durch permanente Wiederholung als Standardmuster im Verhalten des Hundes verankert. Während dieser Monate lässt das explorative Verhalten außerdem altersbedingt nach, sodass die Kombination von Ausbildung, Extinktion und Maturierung den erwünschten Erfolg bringt. Alle Starkzwangmethoden wie Teletakt oder Halsbänder, die einen unangenehmen Geruch freisetzen, bringen dagegen keine dauerhaften Erfolge und zerstören das Vertrauensverhältnis zwischen Mensch und Hund.

26.6. Welpenspielgruppen

Genauso wichtig wie die Gewöhnung an Umwelt und Lebensraum ist der ausgiebige Kontakt des Hundes zu seinen Artgenossen. Wenn auch jeder Ansatz, den Hund mit menschlichen Maßstäben messen zu wollen, untauglich ist und zwangsläufig zu falschen Schlüssen führt, gibt es doch einige Parallelen zwischen dem jungen Hund und einem Kind. Beide lernen am besten, indem sie ihre Umwelt spielerisch kennen lernen, und beide müssen spielen, um sich normal entwickeln zu können. Für einen Welpen bedeutet dies, möglichst häufigen und intensiven Kontakt zu anderen jungen Hunden zu haben. In jeder größeren Stadt findet sich heutzutage mindestens ein Hundeverein, der ein- bis zweimal wöchentlich eine so genannte Welpenspielgruppe anbietet. Dieses Angebot richtet sich nicht nur an die Vereinsmitglieder, sondern an alle interessierten Welpenbesitzer. Für die Teilnahme ist von den Nichtmitgliedern ein geringer Obolus zu entrichten. Zu diesen Zeiten haben die Welpenbesitzer den Platz für sich allein, und das Jungvolk kann nach Herzenslust herumtoben und spielen. Der Anblick von fünf, sechs oder mehr herumtobenden Welpen ist das Eintrittsgeld allemal wert, vom Nutzen für den Hund ganz zu schweigen. Achten Sie aber unbedingt darauf, dass eine professionelle Betreuung der Hunde und ihrer Menschen stattfindet.

Der Ausdruck Welpengruppe ist allerdings ein wenig missverständlich, denn das Welpenalter endet bereits nach der Vollendung des dritten Lebensmonats. Danach gilt der Halbwüchsige als Junghund, die Welpengruppen oder Welpenspieltage sind jedoch ausschließlich für Hunde mit einem Alter zwischen drei und sechs Monaten gedacht. Noch unsinniger ist die in letzter Zeit in Mode gekommene Bezeichnung „Prägungsspieltage", denn sie beinhaltet einen sachlichen Fehler. Die Prägungsphase des Hundes ist mit dem Erreichen der zwölften Lebenswoche bereits abgeschlossen, folglich kann im vierten, fünften oder sechsten Lebensmonat keine Prägung mehr stattfinden.

Die Welpengruppen dienen aber nicht nur dem Spiel der Hunde untereinander, zwischen den Spielpausen finden normalerweise einige Übungen statt, die der Wesensentwicklung der jungen Hunde dienen. Der Kreativität sind hierbei keine Grenzen gesetzt; Ablauf und Inhalt der Übungen variieren von Verein zu Verein. Die Agility-Geräte des Vereins können hier zum Einsatz kommen, das Kriechen durch Tunnel gehört genauso zum Trainingsprogramm wie das Laufen über eine Wippe, das Erklettern eines Hindernisses oder der Sprung durch einen Reifen. Der Tunnel nimmt dem jungen Hund die Angst vor engen, dunklen Räumen, bei den anderen Geräten kann er seine Fähigkeiten zur Bewältigung verschiedenster Hindernisse entwickeln und erproben. Aber auch hier ist wieder wichtig: Nicht alles auf einmal. Auch sollten die Spielphasen nicht mit Kommandos unterbrochen werden.

Diese Welpenspieltage machen nicht nur den Hunden riesigen Spaß. Da sich auf den Hundeplätzen viele Gleichgesinnte treffen, sind schon manche Freundschaften zwischen Hunden und Menschen bei diesen Gelegenheiten entstanden. Für die älteren Teilnehmer der Welpenspielgruppen bieten die meisten Vereine auch Übungen zur Verkehrssicherheit an. In kleinen Gruppen wird auf der Straße mit den Hunden verkehrsgerechtes Verhalten geübt. Die Ausbilder des Vereins und Teilnehmer der Gruppe stellen sich als Jogger, Radfahrer oder Passanten zur Verfügung und können so die Hunde in lebensechten Situationen schulen. Der wichtigste Lerneffekt der Welpengruppen liegt jedoch in den Sozialkontakten, die sich unter den Hunden ergeben. Bei keiner anderen Gelegenheit hat ein junger Hund die Möglichkeit, so viele verschiedene Artgenossen seiner Altersstufe kennen zu lernen. Im gemeinsamen Spiel erproben die Junghunde alle arttypischen Verhaltensweisen. Der Kontakt mit fremden Hunden wird so zu einer Selbstverständlichkeit, und der souveräne Umgang mit anderen Hunden wird spielerisch erlernt.

Die Teilnahme an einer Welpengruppe ist eine Investition in die Zukunft des Hundes, die sich im späteren Leben tausendfach auszahlen wird. Das Spielen des Hundes soll aber nicht nur der Integration in die hündische Gemeinschaft dienen, auch das Spielen mit dem Menschen hat große Bedeutung für die Wesensentwicklung des Hundes. Er lernt im Spiel, sich auf den Partner Mensch einzustellen, und er kann erproben, welche seiner genetisch bedingten Verhaltensweisen auf die Interaktion mit einem Menschen übertragbar sind. Der Hund wird neue Wege der Interaktion mit seinen Bezugspersonen erlernen und einige seiner ererbten Verhaltensweisen modifizieren. Weiterhin wird er Fähigkeiten entwickeln, sich auf ihre Laut- und Körpersprache einzustellen. Grundlage für diese Art der Kommunikation ist sein Erkennen und Verstehen. Diese Dinge können am besten im Spiel erlernt werden, und der Hund lernt darüber hinaus, vom Menschen zu lernen. Die Lernfähigkeit des Hundes beruht nicht auf der intellektuellen Einsicht einer Notwendigkeit, wie es bei Menschen der Fall ist. Er lernt entweder, um erfolgreicher bei der Befriedigung seiner Grundbedürfnisse zu werden oder im Spiel. Das Bestreben eines Ausbilders sollte also sein, die Aufmerksamkeit seines Hundes durch Spielen zu gewinnen und in von ihm gewünschte Bahnen zu lenken. Der Hund wird erfreut auf diese Spielangebote eingehen: „Ein tolles Spiel – das möchte ich lernen." Im Spiel mit dem jungen Hund werden so – ganz unaufdringlich – die Grundlagen für seine spätere Ausbildung geschaffen.

26.7. Besuche beim Tierarzt

Bereits mehrfach habe ich darauf hingewiesen, dass viele Herdenschutzhunde keine Berührung durch fremde Personen dulden oder diese zumindest als unangenehm empfinden. Bei Welpen und Junghunden ist dieses Verhalten noch nicht oder nur ansatzweise zu beobachten, dies sollte aber nicht zu dem Schluss verleiten, der eigene Hund werde sich anders entwickeln. Spätestens mit Erreichen der Erwachsenenreife verändert der Hund sein Verhalten, und die undifferenzierte Zutraulichkeit gegenüber Fremden weicht dem Wunsch nach Distanz. Besonders im Hinblick auf Tierarztbesuche muss der Hundehalter Vorsorge treffen, damit es weder bei der Jahresimpfung noch bei notwendigen Behandlungen zu unerwünschten Reaktionen des Hundes kommt.

Um den Welpen an Tierarztbesuche und Untersuchungsmethoden zu gewöhnen, ist es sinnvoll, zwischen dem dritten und neunten Lebensmonat mehrmals den Tierarzt aufzusuchen, obwohl keine Behandlung notwendig ist. Ein guter Tierarzt wird das Engagement des Hundehalters begrüßen und ihm für diese Besuche keine Reichtümer abknöpfen. Er wird diese zusätzlichen Untersuchungen eher als Investition in die zukünftig nötigen Behandlungen sehen. Dies gilt vor allem für große, verteidigungsbereite Hunde.

Bei diesen Arztbesuchen können die Erlebnisse in der Tierarztpraxis stets positiv für den Junghund gestaltet werden. Einmal schaut der Tierarzt in die Ohren, beim nächsten Mal in die Schnauze, ein andermal wird die Körpertemperatur gemessen und der Thorax abgetastet. Bei jedem dieser Besuche sollte der Welpe gewogen und das Gewicht für spätere Vergleiche notiert werden. Neben der Gewöhnung an die Atmosphäre der Tierarztpraxis gewöhnt sich der Hund auch daran, die Berührung durch den Tierarzt zuzulassen. Jede dieser kurzen und schmerzlosen Untersuchungen wird mit der Gabe eines Leckerchens abgeschlossen, und der Hund tritt den Heimweg mit dem Eindruck an, heute etwas Interessantes und Angenehmes erlebt zu haben. Der Lohn der Mühe ist ein Hund, der seinen Besitzer auch ohne Leine bis vor die Tür der Tierarztpraxis begleitet und im Wartezimmer durch seine deutlich sichtbare Gelassenheit für Gesprächsstoff sorgt. Hat der Hund im Welpenalter stets positive Eindrücke beim Tierarzt gesammelt, wird er auch die (hoffentlich nicht notwendigen) Behandlungen im Erwachsenenalter verzeihen, ohne seine positive Grundtendenz aufzugeben.

26.8. Ausbildung in Hundevereinen

Seit einigen Jahren haben die Ortsgruppen des Schäferhundevereins und anderer Rassezuchtvereine ihre Tore auch für Hunde anderer Rassen geöffnet. So genannte Gebrauchshundevereine standen schon immer allen Hundehaltern offen. Bei nahezu allen Vereinen werden Ausbildungen zum Begleithund oder zum Schutzhund angeboten. Die Teilnahme an beiden Ausbildungsgängen ist für einen Herdenschutzhund nicht oder nur mit starken Einschränkungen zu empfehlen. Das Training zur Begleithundeprüfung findet üblicherweise in Gruppenarbeit statt, das heißt, eine oder mehrere Gruppen von Hunden werden gleichzeitig und gemeinsam auf dem Übungsplatz unterrichtet. Dieses Szenario liegt der Mehrzahl der Herdenschutzhunde nicht. Die Anwesenheit größerer Gruppen fremder Artgenossen wird unter Umständen als Bedrohung angesehen, und der Hund wird primär sich und seinen Halter sichern und den Übungen nur sekundäre Aufmerksamkeit widmen. Dadurch kommt im Übungszeitraum ein geringerer Lerneffekt zustande als bei Einzelarbeit im Lebensraum des Hundes.

Der Zeitraum, der zum Erlernen einer Übung benötigt wird, ist bei Herdenschutzhunden größer als bei Schäferhund, Dobermann und Hovawart. Die Ursache ist keineswegs eine geringere Lernfähigkeit oder mangelnde „Intelligenz", sondern stark ausgeprägte Selbstständigkeit und eine gehörige Portion Eigensinn. Schon bald wird der Besitzer eines Owtscharka, Kuvasz oder Kangal mit hämischen Bemerkungen über seinen „lernbehinderten" oder „dummen" Hund konfrontiert werden, und die Freude am Besuch der Übungstage schwindet schnell. Fast ausnahmslos haben Ausbilder auf den Hundeplätzen keine oder nur oberflächliche Erfahrungen mit Herdenschutzhunden. Das Fehlen des natürlichen Appells, der für alle hundesportlich verwendeten Rassen typisch ist, stellt die Ausbilder vor Probleme und verleitet zu Fehleinschätzungen des Hundes. Mit monotonen Wiederholungen stereotyper Übungen ist bei Herdenschutzhunden ohnehin kein Erfolg zu erzielen. Solchen Bestrebungen setzten sie ihre Sturheit entgegen, und die Ausbildungsversuche werden in der Regel mit einem Misserfolg enden. Besonders die Anwendung von Zwangsmaßnahmen, die bei Schäferhunden durchaus Wirkung erzielen kann, bleibt bei Herdenschutzhunden erfolglos. Ihre Härte macht die Hunde unempfindlich gegen Einwirkungen und Tadel.

Die Bandbreite möglicher Resultate von Ausbildungsversuchen auf Hundeplätzen beschränkt sich allerdings nicht auf den Misserfolg, man kann sich seinen Hund sogar regelrecht „versauen". Auf Hundeplätzen ist das Herumschreien der Ausbilder eine allgegenwärtige Unsitte. Wann immer Schäferhund und Retriever nicht wie vorgesehen „funktionieren", werden sie von ihren Besitzern zusammengebrüllt. Unter Aufbietung aller stimmlichen Reserven wird der Hund, kaum fünf Meter entfernt stehend und mit einem hoch empfindlichen Gehör gesegnet, auf seine Verfehlungen aufmerksam gemacht. In der Ausbildung des Herdenschutzhundes dient ein scharfer, militärischer Ton dem Erfolg nicht. Im Gegenteil, werden die Lautzeichen stets mit höchstem Nachdruck gegeben, hat der Hundehalter in Notsituationen keine stimmlichen Reserven mehr, um die Ablenkung des Hundes zu durchbrechen. Hat der Hundebesitzer seinen Vierbeiner erst einmal an die mit höchstem Nachdruck gegebenen Lautzeichen gewöhnt, muss er alsbald jedes Signal brüllend von sich geben, um seinen Hund zu einer Reaktion zu veranlassen.

Eine weitere Gefahr liegt in häufigen Raufereien zwischen den Jungrüden auf dem Hundeplatz begründet. Hier kann ein Herdenschutzhund sehr schnell lernen, dass es keine Gegner gibt, die ihm gewachsen sind. Schäferhund, Rottweiler, Dobermann und Hovawart sind gegen Owtscharka, Mittelasiat, Kangal und Šarplaninac völlig chancenlos. Der heranwachsende Hund erkennt dies schnell und beginnt sich systematisch und mit steigender Intensität in der Rangfolge nach oben zu arbeiten. Schon bald wird er jeden fremden Hund unterwerfen wollen, und früher oder später handelt sich der Herdenschutzhundbesitzer einen Platzverweis ein. Allerdings bleibt die Neigung zu Rangordnungskämpfen dem Hund für die Zukunft erhalten, und der Friede auf den täglichen Spaziergängen kann dadurch erheblich beeinträchtigt werden.

26.9. Herdenschutzhunde und Schutzhundausbildung

Von der so genannten „Schutzhundausbildung" ist grundsätzlich und ohne Ausnahme abzuraten! Die Übungselemente leiten sich in wesentlichen Merkmalen von der Ausbildung eines Polizeihundes ab. Der Hund wird darauf trainiert, Personen, die sich in einem Versteck befinden, aufzuspüren, zu stellen und bei Gegenwehr anzugreifen. Ein anderer Teil der Ausbildung zielt darauf ab, dass der Hund einen Angreifer kampfunfähig machen soll. Weitere Ausbildungsinhalte sind allgemeine „Unterordnung" und Fährtenarbeit. Kernpunkt dieser Ausbildung ist, dem Hund den Angriff auf Menschen grundsätzlich zu gestatten. Bei den Hunden werden natürliche Hemmschwellen ausbilderisch abgebaut. Gefährlich für Herdenschutzhund und Umwelt sind solche Ausbildungen unter anderem deshalb, weil die Hunde nicht primär auf Kommandos reagieren, sondern aufgrund eigener Entscheidungen handeln. Eine zweite Gefahr ergibt sich aus dem Lernverhalten: Ein Herdenschutzhund zieht aus den Ausbildungsinhalten Rückschlüsse auf potentielle Gefahren und greift später Unbeteiligte ohne Vorwarnung an, wenn sich im Alltag Analogien mit Übungssituationen ergeben. Am besten lässt sich die Problematik an einem Beispiel verdeutlichen: Vor einigen Jahren wurde der Schutzhundausbilder eines Hundevereins von einem Kuvasz-Rüden ohne jede Warnung angegriffen und nicht unerheblich verletzt, als er ihm zufällig auf der Straße begegnete. Einige Monate zuvor hatte der Hundehalter bei diesem Ausbilder Elemente der Schutzhundausbildung trainiert. Den Geruch des Ausbilders assoziierte der Hund mit einer Bedrohung und tat, was ein guter Herdenschutzhund tun muss – er versuchte eine weitere Annäherung der Bedrohung zu unterbinden. Wird einem Herdenschutzhund im Rahmen einer Ausbildung gestattet, Menschen anzugreifen, sind die Folgen unabsehbar, und es kann zu folgenreichen Unfällen kommen. Alle Versuche, einen Herdenschutzhund als „Schutzhund" auszubilden, sind zum Scheitern verurteilt! Daher muss die Forderung erhoben werden, die Durchführung einer „Schutzhundausbildung" für Herdenschutzhunde ohne Ausnahme zu verbieten und alle Hundevereine und -verbände zu verpflichten, die Einhaltung dieser Vorschrift in ihrem Geltungsbereich zu überwachen.

Der Hinweis, bei einer „Schutzhundausbildung" würde die Schärfe nicht erhöht, sondern die Aggressionsbereitschaft des Hundes lediglich kanalisiert und unter Kontrolle gebracht, ist pure Schönfärberei und schlichtweg falsch. Oft soll der großzügige Umgang mit der Wahrheit nur darüber hinwegtäuschen, dass der Hundehalter in Wirklichkeit einen möglichst aggressiven Hund haben möchte. Der „Hundesport" gibt dafür einen prächtigen Deckmantel ab – natürlich würde keiner der aufrechten Sportkameraden jemals auf die Idee verfallen, die dem Hund mühsam beigebrachten Techniken auch tatsächlich anzuwenden...

Der Wunsch eines Hundehalters, sein vierbeiniger Gefährte möge ihn im Falle eines Angriffs zuverlässig beschützen, ist weder unlauter, noch steht er im Widerspruch zu den typischen Eigenschaften des Hundes. Der Schutz seiner Rudelmitglieder, ersatzweise seiner menschlichen Bezugspersonen, gehört zu den genetisch bedingten Eigenschaften des Hundes. Hinsichtlich des natürlichen Schutztriebes liegen Herdenschutzhunde auch ohne jede Ausbildung an der Spitze der Kaniden. Jede künstliche Steigerung des Schutz- und Verteidigungsverhaltens ist deshalb im Interesse des Hundes und seiner Umwelt zu unterlassen.

27. Herdenschutzhunde im Arbeitseinsatz

Der Einsatz von Herdenschutzhunden als wirkungsvolle Maßnahme bei der Abwehr von Beutegreifern gewinnt derzeit weltweit an Bedeutung. In vielen Ländern gibt es Projekte, bei denen Herdenschutzhunde verschiedener Rassen wieder an Schaf- oder Ziegenherden eingesetzt werden. Dabei sollen Erfahrungswerte gewonnen werden, unter welchen Bedingungen Herdenschutzhunde optimalen Schutz der Nutztiere gewähren können. Die Ergebnisse solcher Versuche werden jedoch nur teilweise von den eingesetzten Hunden bestimmt, viele Faktoren wirken beim Einsatz von Herdenschutzhunden zusammen und entscheiden über Erfolg und Misserfolg. Es ist nicht überraschend, dass ein nicht unerheblicher Teil der Forschungsprojekte zur Wirksamkeit von Herdenschutzhunden mit mäßigem Erfolg beendet wurden oder sogar gänzlich als Fehlschläge verbucht werden mussten. Vor allem in den USA wurden mehrere Versuche mit Herdenschutzhunden vorzeitig eingestellt, da sich unvermutete Schwierigkeiten ergeben hatten und das angestrebte Ziel nicht mehr erreichbar schien. Der Hauptgrund für den mangelnden Erfolg ist in erster Linie nicht bei den Hunden, sondern in Fehlern bei der Entwicklung des Schutzkonzeptes zu suchen. In zahlreichen Fällen machten die Wissenschaftler dabei sogar mehrere Fehler gleichzeitig und gaben anschließend bekannt, die Hunde dieser oder jener Rasse hätten sich nicht bewährt und seien für den Herdenschutzdienst ungeeignet. Diese gescheiterten Versuche zeigen durch die Bank eine Reihe von Gemeinsamkeiten. Die Fehlschläge lassen wertvolle Rückschlüsse auf ungeeignete Bedingungen für die Entwicklung von Schutzkonzepten zu. Nur wenn die gemachten Fehler analysiert werden können, wird es gelingen, zukünftigen Projekten größere Erfolgsaussichten zu gewähren.

In mehreren Fällen versuchten die Wissenschaftler eine Gruppe von Herdenschutzhunden zusammenzustellen, indem sie eine Anzahl von Welpen aus unterschiedlichen Quellen beschafften. Die Junghunde wurden anschließend gemeinsam mit den Herdentieren im Freiland gehalten und wuchsen bei der Herde auf. Damit meinten die Wissenschaftler, optimale Bedingungen für das Entstehen einer wirkungsvollen Herdenschutzhundgruppe hergestellt zu haben. Dennoch blieb der Erfolg nicht nur im ersten Jahr, sondern auch in den folgenden Jahren aus. Damit sich eine homogene Gruppe von Herdenschutzhunden entwickeln und ihre Aufgaben effektiv wahrnehmen kann, sind nicht nur größere Zeiträume vorzusehen, sondern vor allem andere Startbedingungen zu schaffen. Die Welpen, die gemeinsam mit den Herden aufwuchsen, zeigten im späteren Leben zwar eindeutige Absichten, ihr Territorium zu verteidigen, ließen es bei der Abwehr von Beutegreifern in vielerlei Hinsicht aber an den notwendigen Fertigkeiten mangeln. Anstatt ihr Territorium zu verteidigen, entfernten sich die Hunde immer weiter und lockerten die Bindung an Herde und Bezugspersonen. Schließlich begannen die Herdenschutzhunde ihre umherstreifenden Artgenossen zu dezimieren, die zu den Bauernhöfen der näheren Umgebung gehörten. In anderen Fällen vernachlässigten die Wissenschaftler die Notwendigkeit, ihre Herdenschutzhunde intensiv auf Menschen zu prägen und sie dauerhaft an Bezugspersonen zu binden. Nicht wenige Studenten bezahlten für diese Unterlassungssünde, als die Herdenschutzhunde begannen, ihr Territorium weniger gegen einwandernde Beutegreifer als vielmehr gegen die Mitarbeiter des Projektes zu verteidigen. Dem Versuch, Hunde mit hoher Arbeitsleistung durch den Entzug sozialer Kontakte und Bindungen an den Menschen zu erzeugen, liegen gleich mehrere Denkfehler zugrunde. Würde man die Hunde ausschließlich auf Schafe prägen, so dachte man, erhalte man zwangsläufig Hunde, die diese Schafe unter Einsatz ihres Lebens verteidigen würden. Außerdem wurde unterstellt, dass Hunde ohne Bindung an Menschen bessere Arbeitsleistungen erbringen würden, da sie weder abgelenkt noch „verweichlicht" seien. Diese Irrtümer sind zusätzlich mit der Fehleinschätzung verknüpft, Herdenschutzhunde würden in erster Linie die Herde und nicht das Territorium schützen. Wie sich in den Betrachtungen über die Wesenseigenschaften jedoch gezeigt hat, ist der Herdenschutzhund in Wirklichkeit ein Territoriumswächter, und nur unter Berücksichtigung dieser Erkenntnis ist es möglich, ein Erfolg versprechendes Schutzkonzept zu entwerfen.

Die Theorie des „Herdenschutzhundes durch Prägung" ist heute noch vor allem in den USA verbreitet. Wann immer man einen aus den USA stammenden Artikel über Herdenschutzhunde liest, stellt man fest, dass um die „Prägung auf die Herde" unglaublich viel Aufhebens gemacht wird. Seitenweise wird dargelegt, wie man seinen Herdenschutzhundwelpen auf die Herde prägen soll. Trotzdem bleibt der Erfolg in der Mehrzahl der Fälle aus, und man hat bisher versäumt, aus den Misserfolgen die notwendigen Schlüsse zu ziehen. Ich betone an dieser Stelle nochmals, dass in der Prägungsphase von Herdenschutzhundwelpen eine Anpassung auf ihren Lebensraum stattfindet und keine detaillierten Schutztechniken erlernt werden. Selbstverständlich macht der junge Herdenschutzhund in seiner Prägungsphase auch alle anderen Erfahrungen, die in dieser Zeit für die Entwicklung jedes Hundes von Bedeutung sind. Da diese Abläufe in der Literatur umfangreich beschrieben sind, können wir uns hier auf die speziell für Herdenschutzhunde wichtigen Faktoren beschränken.

Die relevanten Lernvorgänge während der Prägungsphase stehen also in Zusammenhang mit der Gewöhnung an ihren Lebensraum. In unserem Fall bedeutet dies unter anderem, dass die Hunde lernen müssen, die Herde, den Hirten und ihre Rudelmitglieder als existentiellen Bestandteil ihres Lebensraums anzunehmen. Dabei prägt sich dem Hund das Geruchsbild der Herde ein. Dieser Herdengeruch besitzt schließlich sein Vertrauen, alles, was diesen Geruch trägt, wird als „dazugehörig" und „vertrauenswürdig" erkannt. Der Herdengeruch vermittelt dem Hund auf Lebenszeit, dass der Geruchsträger zu seinem Lebensumfeld gehört und keine Gefahr darstellt. Der Geruch steht also auch für Sicherheit und Geborgenheit. Auf einen einfachen Nenner gebracht könnte man formulieren: „Zuhause ist, wo es nach Zuhause riecht." Dieser Funktionszusammenhang liefert ganz nebenbei einen Hinweis darauf, warum die Herden der umherziehenden Wanderhirten von ihren Hunden zuverlässig geschützt werden. Gleichzeitig lernt der Herdenschutzhund während seiner Prägungsphase, dass Tiere mit „Herdengeruch" keine Beute sind, nicht gejagt und schon gar nicht gerissen werden dürfen. Weitere Lernvorgänge beziehen sich auf den Umgang mit Menschen. Durch ständigen Kontakt mit dem Hirten und seiner Familie lernen die Hunde, ein Vertrauensverhältnis zu bestimmten Menschen zu entwickeln und sie als Sozial- und Kommunikationspartner anzunehmen. Würde der Hirte sich während des ersten Lebensjahres seiner Hunde niemals bei der Herde blicken lassen, stünde ihm das gleiche Schicksal wie den bereits erwähnten Studenten bevor. Die Hunde würden ihn als nicht zu ihrem Territorium gehörig klassifizieren und folgerichtig versuchen, ihn aus ihrem Revier zu vertreiben. Fehlt den Hunden in dieser Situation zusätzlich die Gewöhnung an den Umgang mit Menschen im Allgemeinen, sind Zwischenfälle vorprogrammiert.

Ein Erfolg versprechendes Schutzkonzept kann freilich nicht mit Welpen allein aufgebaut werden. Herdenschutzhunde lernen Technik und Taktik der Revierverteidigung von ihren älteren Rudelmitgliedern. Die Anlagen des territorialen Verhaltens sind bei allen Abkömmlingen des Wolfes ohne jeden Zweifel genetisch fest verankert und bei Mitgliedern der Herdenschutzhundrassen sogar besonders stark entwickelt, jedoch müssen die Feinheiten und Techniken über einen längeren Zeitraum erlernt werden. Die Vermittlung von Fertigkeiten und Erfahrungen durch Alttiere an ihren Nachwuchs ist ein Grundprinzip der Natur – es gilt uneingeschränkt auch für Herdenschutzhunde. Überließe man die Welpen sich selbst, würden sie als erwachsene Tiere zweifellos ihre genetischen Anlagen erkennen lassen, eine qualitativ hohe Arbeitsleistung wäre hingegen nicht zu erwarten. Die rund dreijährige Reifezeit aller Herdenschutzhunde ist ein deutliches Indiz, dass die Natur aus guten Gründen für diesen Hundetyp eine überdurchschnittlich lange Lernphase vorgesehen hat. Aus dieser Einsicht ergibt sich die Notwendigkeit, eine Anzahl erwachsener Tiere als Grundstock der neuen Herdenschutzhundgruppe zu wählen. Damit kommen wir zu einem weiteren, häufig zu beobachtenden Fehler. Anstatt eine bestehende Gruppe in ein neues Revier zu versetzen, werden Hunde höchst unterschiedlicher Herkunft nahezu willkürlich zusammengewürfelt. Auch diese Vorgehensweise muss erfolgshemmend wirken, denn die so entstandene Gruppe wird zumindest während der ersten Generation zwangsläufig inhomogen bleiben und dadurch den größten

Teil ihrer Effektivität einbüßen. Alle Hunde dieser zusammengewürfelten Gruppe besitzen einen unterschiedlichen Erfahrungsschatz und versuchen deshalb unterschiedliche Techniken und Strategien einzusetzen. Stammen diese Hunde zudem aus verschiedenen Lebensräumen, zum Beispiel dem Hochgebirge und dem Flachland, können ihre bisherigen Erfahrungen nicht harmonisch zusammenwirken. Wird diese Gruppe dann auch noch in der unterschiedlichen Topographie des Mittelgebirges eingesetzt, ist der Misserfolg nahezu garantiert. Die Diskrepanz der charakteristischen Eigenschaften der Einsatzgebiete wirkt dabei als Multiplikator für Eingewöhnungs- und Anpassungsschwierigkeiten. Einerseits müssen sich die Hunde an eine völlig andere Topographie mit unterschiedlichen Erfordernissen und Besonderheiten gewöhnen, außerdem können sich die Hunde plötzlich einem Gegner gegenübersehen, der über unbekannte Taktiken, größere Rudelstärken oder unbekannte körperliche Eigenschaften verfügt. Durch veränderte Variablen bei Topographie oder Eigenschaften der Beutegreifer im Vergleich zum Abstammungsgebiet des einzelnen Herdenschutzhundes wird das Kräfteverhältnis erneut einseitig zu Gunsten der Beutegreifer verschoben.

Herdenschutzdienst ist ein gefährliches Geschäft. Die Auseinandersetzung mit Wölfen endete für diesen jungen Carpatin tödlich.

Eine gut funktionierende Herdenschutzhundgruppe zeichnet sich dadurch aus, dass alle Mitglieder nicht nur einen identischen Erfahrungsschatz besitzen, sondern darüber hinaus gelernt haben, arbeitsteilig zu Werke zu gehen. Eine Teilung von Aufgaben kann jedoch nur erfolgen, wenn alle Rudelmitglieder unbewusst einem gemeinsamen Plan folgen und identische Ziele verfolgen. Natürlich beruht das Verfolgen eines gemeinsamen Plans bei Tieren nicht auf intellektuellen Einsichten, sondern ergibt sich zwangsläufig aus dem gemeinsamen Kontext der Hunde. Ein weiterer wichtiger Punkt für die Effektivität einer Herdenschutzhundgruppe ist das Vorhandensein altruistischer Verhaltensweisen, die sich nur unter langjährigen Rudelmitgliedern zur vollen Blüte entwickeln können. Das gegenseitige Warnen und Helfen sowie die Koordination von Abwehrmaßnahmen sind elementare Voraussetzungen für ein homogenes Herdenschutzhundrudel und bestimmen über Erfolg und Misserfolg der Arbeit.

Alle vorgenannten Punkte sind bei der Erstellung eines Konzeptes für den Einsatz von Herdenschutzhunden zu berücksichtigen, jeder logische oder biologische Fehler wird zum Scheitern des Projektes führen oder dessen Erfolg zumindest kurz- und mittelfristig beeinträchtigen. Die bisher angestellten Überlegungen sind erheblich wichtiger als die Auswahl einer bestimmten Hunderasse, eine Frage, die in vielen Fällen aber am Anfang der Überlegungen, anstatt an deren Ende steht. Die Entscheidung für oder gegen eine bestimmte Rasse der Herdenschutzhunde muss im Wesentlichen nach zwei Gesichtspunkten getroffen werden. Erstens müssen die Hunde aus einem Gebiet mit möglichst ähnlicher Topographie stammen, zweitens sollen die Beutegreifer des Einsatzgebietes denen des Herkunftsgebietes der Hunde möglichst exakt entsprechen. Für jedermann ist einsichtig, dass Hunde, die seit Jahrhunderten fast ausschließlich mit Wölfen konfrontiert wurden, gegen Wildkatzen oder Bären keine wirksamen Strategien besitzen können. Aus den USA sind Fälle bekannt, in denen erfahrene russische und italienische Herdenschutzhunde von Berglöwen übel zugerichtet wurden, weil die Hunde mit den Angriffstechniken der Raubkatzen nicht vertraut waren. Herdenschutzhunde, deren Aggressivität gegenüber Artgenossen relativ gering ausgeprägt ist, werden im Gegenzug keinen wirksamen Schutz vor wildernden Hunden bieten. Werden die Herdenschutzhunde häufigen Kontakt mit anderen Arten von Nutztieren haben, sollte man eine Rasse wählen, die ein wenig vom Charakter der Hofhunde und damit auch deren Nervenstärke und Reizschwellen besitzen. In vielen Gebieten ist nicht auszuschließen, dass Bauern, Spaziergänger oder Touristen in die Nähe der bewachten Herde kommen. Dort muss gewährleistet sein, dass die Hunde nicht Unschuldigen Schaden zufügen. Dieser Faktor sollte also sowohl bei der Auswahl der Hunderasse als auch bei der Erstellung eines Lernprogrammes in der Prägungs- oder Eingewöhnungsphase berücksichtigt werden. Die Frage, welche Hunderasse zum Einsatz kommen soll, ist nicht ohne weiteres zu beantworten. Zieht man Überlegungen nach den bisherigen Lebensbedingungen der Hunde in die Entscheidung mit ein, entsteht eine wirklich komplexe Problemstellung. Auch die klimatischen Verhältnisse des Einsatzgebietes müssen bei der Entscheidung für oder gegen eine bestimmte Hunderasse berücksichtigt werden.

Vor der Bildung einer neuen Herdenschutzhundgruppe müssen Aufgabenstellung, Bedrohungspotential und Lebensumstände auf das Genaueste analysiert werden. Jeder Fall erfordert eine individuell angepasste Lösung. Alle Pauschalaussagen über die Eignung von Hunden einer bestimmten Rasse, eines Herkunftsgebietes oder gar eines bestimmten Züchters sind völlig wertlos. Im Zweifelsfall würde ich Mischlingen, die unter identischen Lebensbedingungen gute Arbeitsleistungen bringen, den Vorzug vor Rassehunden geben, wenn deren Lebensumstände von denen des zukünftigen Einsatzgebietes stärker abweichen. Wer sich bei der Entscheidung für eine Rasse von seinen persönlichen Liebhabereien oder Wertschätzungen leiten lässt, erhöht das Risiko des Scheiterns seiner Ziele beträchtlich.

28. Hinweise für Tierärzte, Hundeausbilder und Tierpfleger

In diesem Kapitel werden einige Besonderheiten beim Umgang mit Herdenschutzhunden angesprochen. Schwierigkeiten und Probleme kann es mit diesen Hunden genauso geben wie mit jeder anderen Hunderasse auch. Falsch ist hingegen die Behauptung, bei der Haltung von Herdenschutzhunden gebe es grundsätzlich Schwierigkeiten, wie uns manche Zeitgenossen glauben machen wollen. In dieser Behauptung bestätigt sich die Erkenntnis, dass stark verallgemeinerte Aussagen nur geringen Wahrheitsgehalt besitzen können. Das Vorhandensein eines „Problems", was immer das nun im Einzelfall sein mag, ist sicherlich keine ausweglose Sackgasse, sondern sagt nur aus, dass der Hundehalter geeignete Korrekturmaßnahmen einleiten muss.

Das Wissen um die charakteristischen Eigenschaften der Herdenschutzhunde ist heute für Tierpfleger, Hundeausbilder und Tierärzte ungemein wichtig, weil sie in ihrer beruflichen Praxis immer öfter mit Herdenschutzhunden konfrontiert werden. Häufig wenden sich Tierhalter ratsuchend an Fachleute, wenn eigene Ausbildungsversuche gescheitert sind oder auffälliges Verhalten ihres Hundes zu Komplikationen führt. Gelegentlich sind auch Beißunfälle der Grund für die Konsultation eines Tierarztes oder Hundeausbilders. Deshalb werden diese Sachverhalte im Folgenden schwerpunktmäßig angesprochen. Nicht selten steht bei Beginn eines Konsultationsgespräches die Fortsetzung der Hundehaltung bereits in Frage. Der Rat des Fachmanns bzw. der Fachfrau ist entscheidend für das weitere Schicksal des Hundes.

28.1. Konsultationsgespräche

Nur selten geben die Erläuterungen eines um Rat suchenden Tierhalters Aufschluss über die tatsächlichen Hintergründe für die entstandenen Schwierigkeiten. Im Normalfall sind bei der Bewertung des Hundes Sachverstand und Urteilsvermögen des Praktikers gefordert. Erst wenn durch exakte Beobachtungen ein möglichst präzises Ethogramm des Hundes aufgestellt worden ist, bieten die daraus abgeleiteten korrektiven Maßnahmen Aussicht auf Erfolg. Erschwerend kommt hinzu, dass bei sehr vielen Hunden sowohl Herkunft wie auch Vorgeschichte nicht oder nur bruchstückhaft bekannt sind. Verhaltensauffälligkeiten des Hundes müssen in Tierheimen oder von zu Rate gezogenen Tierärzten in der Regel selbst erforscht werden, bevor an eine Abgabe des Hundes oder einen therapeutischen Ansatz zu denken ist. Dabei darf die Beurteilung eines Hundes niemals isoliert und ohne gleichzeitige Betrachtung seines Lebens-umfeldes vorgenommen werden. Ein Tierarzt oder Hundeausbilder muss neben seinen Fähigkeiten im Umgang mit Tieren auch über psychologische Grund-kenntnisse verfügen, um auf den Tierhalter in erforderlichem Umfang eingehen zu können. Die vollständige und richtige Erfassung von Verhaltensauffälligkeiten des Hundes ist eine Kunst. Während des geduldigen Zuhörens muss der Thera-peut in der Lage sein, wesentliche Sachverhalte von unwesentlichen zu trennen, um nach dem ersten Überblick durch geeignete Fragestellung ein möglichst voll-ständiges Bild zu erhalten. Bei Veterinärmedizinern sind sowohl Konzeption als auch Durchführung von Konsultationsgesprächen Bestandteile des Studiums, Hundeausbilder und Tierpfleger hingegen müssen sich diese Fertigkeiten in der Regel selbst aneignen. Einen ausführlichen Leitfaden für die Gestaltung von Konsultationsgesprächen stellt Henry R. Askew in einem seiner Werke für die tierärztliche Praxis[1] vor, das an dieser Stelle als weiterführende und vertiefende Literatur empfohlen werden soll.

Sehr häufig habe ich in meiner Praxis die Erfahrung gemacht, dass ein Groß-teil der Urteile über einen Hund oder sogar über eine ganze Rasse aufgrund von Vorurteilen, Halbwahrheiten oder unzulässigen Verallgemeinerungen gefällt wird. Insbesondere bei der Beurteilung von Beißunfällen neigen viele Menschen zu vereinfachten Betrachtungsweisen, ohne sich umfassend an den wirklich rele-vanten Fakten zu orientieren. Dabei sind gerade Beißattacken gegen Menschen in langfristige, komplexe Entwicklungen eingebunden und erfordern intensive Analysen der Gesamtsituation. Aggressive Reaktionen des Hundes werden fast nie durch einen einzelnen Reiz ausgelöst, sondern dem Verhalten des Hundes liegen komplexe Reizkombinationen mit vielfältigen Verflechtungen früherer Erfahrungen zugrunde. Beißunfälle zwischen Hund und einer Bezugsperson sind in der überwiegenden Zahl der Fälle schlicht und ergreifend Missverständ-nisse, die auf komplexe Weise mit den Erfahrungen der Beteiligten und vor allem ihren Fähigkeiten zur zwischenartlichen Kommunikation verbunden sind. Ein weiterer Grund ist in vielen Fällen mangelndes Wissen des Menschen über die art- und rassetypischen Reaktionen seines Hundes. Ursachen für Konflikte las-sen sich zumeist schon in den Haltungsbedingungen erkennen. Meiner Auffas-sung nach sind Beißangriffe eines Hundes gegen Bezugspersonen zwangsläufige Reaktionen des Hundes auf Fehler des Menschen und weisen nicht darauf hin, dass der Hund bösartig ist, eine Verhaltensstörung oder gar einen Gendefekt besitzt.

In vielen Tierheimen gelten Hunde, die gebissen haben, als unvermittelbar und werden eingeschläfert. Obwohl die Absicht, zukünftig möglichen Schaden

---

[1] Henry R. Askew, Behandlung von Verhaltensstörungen bei Hund und Katze, erschienen 1997 im Blackwell Wissenschaftsverlag Berlin, ISBN 3-8263-3138-9

von Dritten abwenden zu wollen, grundsätzlich rechtschaffen klingt, darf die Tötung eines Tieres erst nach ernsthaften, mehrmonatigen Therapieversuchen als allerletztes Mittel in Betracht gezogen werden. Unter dem Einfluss der unsäglichen „Kampfhund"-Hysterie unserer Tage wird in Deutschland zu oft, zu früh und vielfach auch zu leichtfertig eingeschläfert. Diese Kritik richtet sich nicht ausschließlich an Hundehalter und Tierärzte, auch Tierheime und Tierschutzvereine geben der Tötung vermeintlich „gefährlicher" Hunde unter Missachtung ihres Schutzauftrages allzu häufig den Vorzug. Es gibt zahllose Fälle, in denen problematische Hunde unter sachkundiger Haltung und Führung innerhalb weniger Monate deutliche Verhaltensänderungen zeigten und dramatische Konsequenzen verhindert werden konnten. Bei Herdenschutzhunden sind allerdings andere Zeiträume für das Erreichen durchgreifender Verhaltensänderungen anzusetzen als bei Hüte- oder Jagdhundtypen. Dieser Unterschied basiert nicht, wie vielfach gemutmaßt wird, auf einer reduzierten Lernfähigkeit, sondern steht in direktem Zusammenhang mit der genetisch verankerten Eigenschaft, auf negative Erfahrungen (z. B. Einwirkung oder Korrektur durch den Hundebesitzer) nicht mit sofortigen Verhaltensänderungen zu reagieren. Jeder Hundeausbilder, Mediziner oder Tierpfleger, der von einem Ratsuchenden konsultiert wird, muss auf diese Besonderheit hinweisen, um die verständliche Erwartungshaltung des Tierbesitzers auf realistische Ziele und Zeiträume zu lenken.

Ist im Verlauf der eingehenden Analyse des Hundes und seiner Verhaltensweisen ein therapeutischer Ansatz zur Korrektur gefunden, muss sich der Ausbilder zunächst der Compliance des Tierhalters versichern. Compliance bedeutet in diesem Zusammenhang, dass der Eigentümer des Hundes und gegebenenfalls auch dessen Familienmitglieder die Ratschläge des Therapeuten vollständig und konsequent umsetzen. Dies klingt erheblich leichter, als es in der Realität ist. Häufig fallen Tierhalter nach anfänglichen Erfolgen in gewohnte (falsche) Verhaltensmuster zurück. Der langfristige Erfolg kann und wird sich in solchen Fällen nicht einstellen. In diesem Punkt sind die psychologischen Fähigkeiten des Ausbilders gefordert, den oder die Tierbesitzer fortgesetzt zu motivieren und in der Umsetzung eigener Verhaltensänderungen zu bestärken. Es gibt keinen Zweifel daran, dass Verhaltensauffälligkeiten des Hundes nur durch Verhaltensänderungen des Tierhalters zu beseitigen sind. Jeder Ansatz, der direkt beim Hund ansetzen möchte und die Wechselwirkungen zwischen Mensch und Hund außer Acht lässt, ist von vornherein zum Scheitern verurteilt. Zunächst wird der Ausbilder oder Tiertherapeut mit seinen Maßnahmen also auf Verhaltensänderungen des Menschen abzielen. Die gewünschten Verhaltensänderungen des Hundes ergeben sich als indirekte, aber zwangsläufige Folge der neuen Haltungs- und Lebensbedingungen.

28.2. Safety first

Ein erheblicher Teil der Schwierigkeiten bei der Haltung von Herdenschutzhunden hat seine Ursachen weniger in den Eigenschaften der Hunde als vielmehr in deren Größe, Konstitution und Körperkraft. Ein wütender West
Highland Terrier, der laut bellend und Zähne fletschend an seiner Auszieleine
zerrt, ist auch für Zeitgenossen mit durchschnittlichen physischen Möglichkeiten noch problemlos kontrollierbar. Ein Šarplaninac, Kaukase oder Kuvasz
in gleicher Stimmungslage ist selbst von einem Preisboxer nur mit Mühe zu
bändigen. Der Westie wird von seiner Umwelt belächelt und nicht als Bedrohung erkannt, bei einem Herdenschutzhund hingegen spricht man von
Gefährdung der Umwelt, obwohl das Aggressionspotential beider Hunde
kaum Unterschiede aufweist.

Der erste Weg, Gefahren von Dritten abzuwenden, muss daher darin bestehen, den Herdenschutzhund mittels mechanischer Hilfen so zu sichern, dass er
ebenso wie der wütende Westie jederzeit kontrolliert werden kann. Mit Halsband und Leine ist dies nur teilweise möglich und hängt maßgeblich von den
körperlichen Fähigkeiten des Hundebesitzers ab. Ein anderer Weg, große und
schwere Hunde sicher zu führen, ist das sogenannte Halti. Dabei handelt es sich
dem Prinzip nach um ein Kopfhalfter, das dem Hundehalter erheblich mehr
Kontrolle über den Hund verleiht als ein Halsband. In meinen Büchern zur
Hundeausbildung habe ich vom Einsatz des Haltis abgeraten, schließlich geht es
dort um Welpenerziehung, bei der nicht mit Kanonen auf Spatzen geschossen
werden darf. Bei erwachsenen Herdenschutzhunden hingegen habe ich hinsichtlich der Verwendung des Haltis weniger Unwohlsein, wenn der Hund im fortge-
schrittenen Lebensalter noch nicht gelernt hat, den Zug an der Leine zu unterlassen oder den Lautzeichen seines Besitzers Aufmerksamkeit zu schenken. Das
Halti sollte aber nur vorübergehend benutzt werden, bis aus Mensch und Hund
ein eingespieltes Team geworden ist, das auch ohne dieses Hilfsmittel auskommt.

Für Tierpfleger, die in ihrem Tierheim mit einem fremden Herdenschutzhund
konfrontiert werden, ist das Halti unter Umständen der einzige Weg, den Hund
auf Spaziergängen sicher zu führen. Der Einsatz des Haltis ist der Isolation des
Hundes durch Wegfall der Spaziergänge eindeutig vorzuziehen. Nichts anderes
gilt für Personen, die einen Hund aus dem Tierheim geholt haben und diesen
nun erst kennen lernen müssen. Der Einsatz des Haltis ist, wenn es fachgerecht
angewandt wird und der Hund an das Tragen einfühlsam gewöhnt wurde, weder
eine Tortur für den Hund noch ein Zeichen von Schwäche oder gar mangelnder
Qualifikation des Hundeführers. Im Gegenteil! Unter allen Umständen ist der
Sicherung des Hundes höchste Priorität einzuräumen.

28.3. Herdenschutzhunde in der tierärztlichen Praxis

Jeder niedergelassene Tierarzt wird früher oder später mit Vertretern der Herdenschutzhundrassen konfrontiert werden. Die erste Kontaktaufnahme mit dem Hund vor Behandlungsbeginn und die folgenden Untersuchungsmaßnahmen müssen auf den Wesenstyp des Hundes abgestimmt werden und können sich daher anders gestalten als bei Mitgliedern anderer großwachsender Hunderassen.

Das Misstrauen vieler Herdenschutzhunde gegenüber fremden Personen ist in diesem Buch bereits mehrfach angesprochen worden, und Veterinäre bilden selbstverständlich keine Ausnahme. Die Einleitung einer Behandlung ist, sofern aus medizinischer Sicht ausreichend Zeit zur Verfügung steht, mit einer längeren Phase der Vertrauensbildung zu beginnen. Wenn der Hund in das Behandlungszimmer geführt wird, sollten Arzt und Pflegepersonal dem Hund zunächst keine Aufmerksamkeit schenken. In einem Gespräch mit dem Hundebesitzer ist zu klären, welche Erfahrungen mit dem Hund hinsichtlich der Berührung durch fremde Personen vorliegen. Es ist ratsam, die dabei erhaltenen Informationen ernst zu nehmen, anstatt zu versuchen, die mit anderen Hunden gesammelten Erfahrungen auf den Herdenschutzhund zu übertragen. Meine Hündin ließ schon im Alter von zwölf Wochen erkennen, dass sie keine Berührungen durch fremde Menschen wünscht. Sie benötigte jeweils eine „Anlaufphase" von einigen Minuten, bis sie bereit war, zu einer ihr vorgestellten fremden Person Kontakt aufzunehmen. Viele andere Herdenschutzhundbesitzer haben mir von ihren Hunden Ähnliches berichtet. Über diese Besonderheit habe ich meinen Tierarzt bei unserem ersten Besuch natürlich pflichtschuldigst aufgeklärt. Aus der Erfahrung seiner langjährigen Praxis jedoch kannte der Mediziner solcherlei Welpenverhalten nicht und begann wohlmeinend, dem jungen Hund über den Kopf zu streichen. Blitzartig schnappte die Hündin zu, und die Hand des Tierarztes zierten vier kleine Löcher. Trotzdem sind beide später noch gute Freunde geworden, und heutige Untersuchungen können auch ohne „Anlaufphase" beginnen.

Kein erfolgversprechender Weg ist, dem Hund die Kiefer zusammenzubinden, um Abwehrhandlungen unmöglich zu machen. Dadurch wird der Tierarztbesuch zu einem eindeutig negativen Erlebnis, das den Hund zeitlebens prägen kann. Misstrauen und Verteidigungsbereitschaft bei Berührungen durch Fremde können in der Folge erheblich zunehmen. Das Fesseln des Fangs würde eine unnötige Hypothek für zukünftig notwendige Behandlungen schaffen. Nebenbei bemerkt: Ich kenne nicht viele Menschen, die sich zutrauen, einem fremden, adulten Herdenschutzhund gegen seinen Willen den Fang zu fesseln. Aus diesem Grund ist auch der Hundebesitzer aufgerufen, sich über die möglichen Konsequenzen solcher Zwangsmaßnahmen im Klaren zu sein und eine Behandlung unter Umständen bereits im Vorfeld abzubrechen. Es ist zweifellos zu akzeptieren, wenn ein Mediziner aus Angst oder Vorsicht einen großen, verteidigungsbereiten Hund ohne Fesselung nicht behandeln möchte. In solchen Fällen ist für alle Beteiligten das Beste, wenn sich der Tierhalter in die Obhut eines Kollegen begibt, anstatt in einem schwierigen Klima Behandlungen vornehmen zu lassen. Im Normalfall wird die Zurückhaltung des Herdenschutzhundes nach wenigen Minuten weichen, und es ist der Erfahrung des Tierarztes überlassen, den besten Weg zur Kontaktaufnahme mit dem Hund zu finden. Bei adulten Herdenschutzhunden, die sich aufgrund entsprechender Erfahrungen nicht mit längeren oder schmerzhaften Behandlungen abfinden wollen, ist eine leichte Sedation des Hundes der Anwendung mechanischer Zwangsmaßnahmen vorzuziehen.

Häufig konnte ich beobachten, dass Herdenschutzhunde offensichtlich weit weniger schmerzempfindlich sind als Mitglieder vieler anderer Hunderassen. Spritzen oder die Behandlung oberflächlicher Wunden werden meist völlig ungerührt ertragen. Hündinnen zeigen sich während der Behandlung duldsamer und gelassener als die generell etwas wehleidigeren Rüden. Das vermeintlich schwache Geschlecht ist nicht nur in diesem Punkt mit großer Stärke ausgestattet. Selbst unangenehme Behandlungen lassen Herdenschutzhunde mehrheitlich relativ gelassen über sich ergehen, wenn zu dem Behandelnden ein solides Vertrauensverhältnis besteht. Bei Behandlungen an Ohren oder Kopf des Hundes soll der Tierbesitzer und nicht eine Arzthelferin den Kopf des Hundes halten. Gegebenenfalls sollte dem Hundebesitzer erklärt werden, wie er die Untersuchung bzw. Behandlung des Arztes unterstützen kann. Eine Todsünde mit vorhersehbaren Folgen ist forsches oder übermäßig resolutes Auftreten des Arztes oder seiner Helfer. Wer als Fremder versucht, einen Herdenschutzhund mit den Worten „Nun wollen wir uns mal schön hinlegen" und einem beherzten Griff in die Waagerechte zu bringen, handelt wahrlich töricht und muss dem Hund eine Unmutsbekundung verzeihen. Solches Verhalten kann dazu führen, dass der Hund zur Eigenwehr übergeht und die behandelnden Personen demobilisiert, indem er sie in eine Ecke des Raumes abdrängt.

Ein weiterer, eigentlich selbstverständlicher Punkt verdient Beachtung. Niemals soll sich der Behandelnde dem Hund von hinten nähern oder Bewegungen am Rande des Sichtfeldes ausführen. Auch nach einer nur kurzen Unterbrechung der medizinischen Behandlung sollen sich Arzt und Helfer dem Hund wieder von vorne nähern. Nach einer Unterbrechung der Behandlung ist es sinnvoll, vor der erneuten Berührung des Hundes mit seinem Besitzer ein paar beiläufige Worte zu wechseln. Der Klang der Stimme verrät dem Hund, dass sich eine bekannte Person und nicht etwa ein Fremder nähert.

Allen Besitzern von Herdenschutzhundwelpen rate ich dringlichst, die in Abschnitt 26.7 gegebenen Ratschläge praktisch umzusetzen. Häufige Besuche beim Tierarzt, die nur der Vertrauensbildung dienen, sind eine unerlässliche Investition in die Zukunft des Hundes. Jeder verantwortungsvolle Herdenschutzhundbesitzer sollte daher zwischen der 10. und 20. Lebenswoche seines Hundes mehrere zusätzliche Besuche in der Tierarztpraxis einkalkulieren. Wer Aufwand oder Kosten dieser Maßnahme scheut, möge sich bitte für einen Hund anderer Rasse entscheiden.

28.4. Herdenschutzhunde im Tierheim

Mit der Zahl der in Deutschland und den europäischen Nachbarländern gehaltenen Herdenschutzhunde steigt zwangsläufig auch die Zahl der Tiere, die eines Tages als Abgabe- oder Fundtier im Tierheim landen. Fast jedes Tierheim hat in den vergangenen Jahren bereits Erfahrungen mit Kangal, Owtscharka, Šarplaninac und Kuvasz gemacht. Meistens sind es Vertreter dieser vier Rassen, die in Tierheimen und Tiersammelstellen auftauchen. Daraus darf man nicht den Schluss ziehen, dass diese Rassen besonders schwierig sind, die absoluten Zahlen der Verbreitung in unserem Land liegt einfach nur höher als bei anderen Herdenschutzhundrassen. Für die Zukunft ist zu befürchten, dass auch Mittelasiaten, Akbas und Maremma häufiger durch die Hände der Tierschützer gehen werden.

Wie alle anderen Hunde auch, steht ein Herdenschutzhund beim Übergang in neue Besitzverhältnisse unter erheblichem Stress. Nicht nur der Verlust seines sozialen Umfeldes stellt für den Herdenschutzhund eine große Belastung dar, sondern vor allem der gleichzeitige Verlust seines Territoriums. Die territoriale Bindung der Hunde ist meist ebenso groß wie die an Bezugspersonen, deshalb multipliziert sich bei Herdenschutzhunden der Stress bei gleichzeitigem Besitz- und Ortswechsel. Herdenschutzhunde, die von einem Tag zum nächsten auf fremdes Territorium verbracht werden, fühlen sich häufig latent bedroht. Dieses diffuse Angst- und Bedrohungsgefühl kann agonistische Tendenzen des Hundes fördern. Der innerliche Aufruhr, in dem sich der Hund in solch einer Situation befindet, ist ihm äußerlich oft nicht anzumerken. Im Gegenteil. Auf den unbedarften Beobachter kann der Hund ausgeglichen und gelassen wirken, obwohl soeben sein gesamtes „Weltbild" eingestürzt ist und er sich in einer Phase völliger sozialer Desorientierung befindet.

Eine typische Verhaltensweise für Herdenschutzhunde in dieser Situation ist der Rückzug in eine ausgeprägte Isolation; der Hund verweigert unter Umständen erste Kontaktaufnahmen und kann, durch seine Verunsicherung begünstigt, zu spontan aggressiven Verhaltensweisen neigen. Das erste Ziel muss daher lauten, mit dem Hund ein Vertrauensverhältnis aufzubauen. Dieser Schritt wird zweifellos einige Zeit in Anspruch nehmen und ist nicht in dem selben Zeitraum erreichbar, wie bei vielen anderen Hunderassen. Um überhaupt eine Vertrauensbasis entwickeln zu können, soll der Hund nur von zwei Personen betreut werden. Ideal wäre, wenn sich nur eine einzige Person um den Herdenschutzhund kümmert. Leider ist dies in einem Tierheim praktisch nicht erreichbar. Die erste Phase der Vertrauensbildung kann durch gemeinsame Spaziergänge und viel gemeinsam verbrachte Zeit gefördert werden. Später helfen ausgiebige Fellpflege und Fütterung aus der Hand die Bindung des Hundes an eine neue Bezugsperson zu vertiefen. Es wird zweifellos einige Wochen dauern, bis sich der Hund einigermaßen an seine neuen Lebensumstände gewöhnt hat. Die dauerhafte Haltung in kleinen Boxen kann beim Herdenschutzhund zur Entwicklung schwerer Depressionen führen, deshalb sollte der Hund in angemessenen Zeitabständen von einem mit diesen Rassen vertrauten Therapeuten begutachtet werden. Die Abgabe an eine Pflegestelle ist der Unterbringung im Tierheim unbedingt vorzuziehen.

Die Vermittlung eines Hundes mit 50 oder 60 Kilogramm Körpergewicht gestaltet sich in der Regel schwierig. Für die Verantwortlichen des Tierheims ist es darüber hinaus nicht leicht, angemessene Haltungsbedingungen für Herdenschutzhunde zu finden. Ein Irrglaube ist, dass der Herdenschutzhund unbedingt

Die Aufbewahrung von Hunden in Einzelboxen führt häufig zu Verhaltensauffälligkeiten und sollte deshalb vermieden werden.

auf ein großes Grundstück vermittelt werden muss. Ich würde für eine große Zahl der Herdenschutzhunde sogar die Vermittlung in eine Wohnungshaltung empfehlen. Selbstverständlich soll der Hund nicht im 18. Stock einer Hochhaussiedlung enden, aber (fast) ebenerdige Wohnungen ausreichender Größe sind als Voraussetzung für die Haltung durchaus akzeptabel. Bei der Haltung auf Grundstücken besteht die Gefahr, dass sich der Hund dort zumindest zeitweise selbst überlassen bleibt. Viele Haus- und Grundstücksbesitzer zeigen nur deshalb Interesse an Herdenschutzhunden, weil sie preiswerte Bewacher und Beschützer für ihr Eigentum suchen. In mehreren Abschnitten dieses Buches habe ich auf die damit verbunden Gefahren bereits ausführlich hingewiesen. Man muss sich darüber im Klaren sein, dass der Herdenschutzhund nach einer längeren Eingewöhnungsphase auch dieses neue Territorium schützen wird. Das Territorium eines Herdenschutzhundes endet niemals an einem Zaun, wie für uns Menschen selbstverständlich, sondern umfasst den Bereich, den der Hund überblicken kann. Zäune, Mauern und Hecken sind für einen Herdenschutzhund lediglich Hindernisse, niemals eine legitime Grenze seines Territoriums.

Viel wichtiger als das Vorhandensein eines Grundstücks sind für die Vermittlung des Herdenschutzhundes einige andere Fragen:

Neben diesen Kernfragen behalten natürlich alle im Abschnitt 24.1. gemachten Bedingungen für die Haltung eines Herdenschutzhundes auch bei Vermittlung durch ein Tierheim uneingeschränkt ihre Gültigkeit.

- Besitzen die zukünftigen Besitzer Sachkenntnis im Umgang mit diesen Hunden, oder sind sie zumindest bereit, sich diese Sachkenntnis anzueignen?
- Können die Interessenten gewährleisten, dass der Hund engen Kontakt zu Bezugspersonen aufbauen kann und niemals sich selbst überlassen bleibt?
- Ist sichergestellt, dass der zukünftige Besitzer körperlich, geistig und finanziell mit der Haltung eines Herdenschutzhundes nicht überfordert wird?

29. Epilog

Ob ich Ihnen zur Anschaffung eines Herdenschutzhundes rate? Nein! Ich rate Ihnen allerdings auch nicht ab, solange Sie für diesen Hundetyp viel Verständnis besitzen und eine gewisse Verbundenheit mit diesen Hunden spüren. Viele Hundebücher versuchen, die in Frage stehende(n) Rasse(n) höchst einseitig darzustellen und lassen nichts unversucht, um eine möglichst große Zahl von Hundefreunden zu „ihrer" Rasse zu bekehren. Um der Hunde willen habe ich mich bemüht, dieser Versuchung aller Begeisterung zum Trotz zu widerstehen. Nichts ist schlimmer, als wenn ein Welpe unter falschen Voraussetzungen angeschafft wird und der Hund früher oder später einen Besitzerwechsel durchmachen muss oder gar im Tierheim landet. Deshalb an alle Hundefreunde die eindringliche Bitte, sich die Anschaffung eines Hundes zweimal und die eines Herdenschutzhundes mindestens dreimal zu überlegen.

Ungeachtet aller Gründe, die der Anschaffung eines Herdenschutzhundes entgegenstehen können, wächst die Zahl der in Europa und Nordamerika gehaltenen Hunde dieser Rassen stetig. In vielen Jahren intensiver Beschäftigung mit diesem Hundetyp habe ich die Erfahrung gemacht, dass die Haltung eines Herdenschutzhundes nicht nur eine starke Faszination beinhaltet, sondern sogar einen regelrechten Suchtfaktor zu haben scheint. Oft konnte ich beobachten, dass Hundefreunde, die Herdenschutzhunde im Rahmen eines Seminars oder bei einer rein zufälligen Begegnung kennen lernten, der Faszination dieser Hunde auf der Stelle erlegen sind. Viele dieser Menschen wurden selbst Besitzer eines Owtscharka, Kangal oder Pyrenäenberghundes und können sich heute nicht mehr vorstellen, einen Hund mit anderem Wesenstyp zu halten. Am Rande bemerkt, mir ging es seinerzeit nicht anders. Kurz nach dem Fall der innerdeutschen Grenze, noch im November 1989, sah ich in einem Dorf in Brandenburg den ersten leibhaftigen Kaukasischen Owtscharka meines Lebens. Der Eindruck, den der grau-schwarz gestromte Rüde mit pechschwarzem Kopf bei mir hinterlassen hat, ist so lebendig, als hätte die Begegnung erst gestern stattgefunden. Seit diesem Tag stehen Herdenschutzhunde aller Rassen und Herkunftsgebiete im Mittelpunkt meines Interesses für Hunde.

Viele andere Hundefreunde sind der gleichen „Sucht" verfallen. Ich kenne kaum einen Fall, in dem ein Hundebesitzer zu einer anderen Rasse wechselte, nachdem er einmal einen Herdenschutzhund besaß. Ohne die vielen anderen Hunderassen herabwürdigen zu wollen, ist die starke Faszination, die von Herdenschutzhunden ausgeht, wohl einmalig und rational nur bedingt erklärbar. Die Sturheit dieser Hunde besitzt etwas Liebenswertes, ihre Unabhängigkeit verleiht ihnen Würde, und ihre Selbstständigkeit ist ein scharfer Kontrast zur demütigen Anhänglichkeit anderer Rassen. Die Präsidentin des amerikanischen Owtscharka Klubs „Caucasian Ovtcharka International", Audrey Chalfen, hat einmal formuliert, ein Herdenschutzhund folge seinem Herrn nicht aufgrund von Ausbildung und Erziehung, sondern weil er eine Art Geistesverwandtschaft mit seinem Besitzer empfinde. Je länger man sich mit Herdenschutzhunden befasst, desto mehr spürt man, dass diese auf den ersten Blick absurde These einen wahren Hintergrund haben muss. Diese Erkenntnis führt zu dem Schluss, dass nur ein ganz bestimmter Typ unter den Hundehaltern mit den Eigenschaften eines Herdenschutzhundes glücklich werden kann. Immer wieder werden Sie feststellen, dass die Mehrheit der Herdenschutzhundbesitzer sich nicht nur überdurchschnittlich intensiv mit Hunden auseinander setzt, sondern darüber hinaus aus Menschen mit starkem Charakter und oft auch charismatischer Persönlichkeit besteht. „Gleich und gleich gesellt sich gern", sagt der Volksmund und trifft den Nagel auf den Kopf. Nur wer Ruhe und Selbstsicherheit besitzt, natürliche Autorität ausstrahlt und darüber hinaus im Umgang mit großen Hunden erfahren ist, wird in diesem Hundetyp den richtigen Partner finden und Freude an der Hundehaltung empfinden.

Ob man verrückt sein muss, um einen oder mehrere Herdenschutzhunde zu halten, wollen Sie wissen? Nicht unbedingt – aber es macht die Sache entschieden leichter! Ein wenig verrückt muss man schon sein, wenn man sich in der heutigen Zeit und allen hundefeindlichen Tendenzen in unserer Gesellschaft zum Trotz große Hunde anschafft. Die von gewissenlosen Publizisten und politischen Hinterbänklern geschürte Kampfhunddebatte hat dazu geführt, dass sich das Bild des Hundes in unserer Gesellschaft in den letzten Jahren spürbar gewandelt hat. Durch die reißerisch-blutrünstig aufgemachte Berichterstattung über tatsächliche oder frei erfundene Zwischenfälle mit Hunden droht der viele tausend Jahre alte Konsens verloren zu gehen, nach dem der Hund der beste Freund des Menschen ist. Bei einem Teil der Bevölkerung gilt mittlerweile jeder Hund als gefährlich, und vor allem gegenüber großen Hunden bestehen vielfältige diffuse Ängste. Mit den Ängsten Ihrer Mitmenschen werden Sie als Halter eines Herdenschutzhundes ständig konfrontiert sein. Sie werden Müttern begegnen, die ihre Kinder angsterfüllt auf den Arm reißen und Sie auffordern, „Ihren Scheißköter gefälligst woanders spazieren zu führen". Sie werden Hundebesitzern begegnen, die beim Anblick Ihres Hundes panisch um Hilfe rufen. Unbekannte werden Ihnen böse Blicke zuwerfen, manche davon werden auch vor Pöbeleien oder Handgreiflichkeiten nicht zurückschrecken. Wohnungsbaugesellschaft oder Hausbesitzer könnten versuchen, Sie wegen des „gefährlichen" Hundes medienwirksam aus dem Mietvertrag zu klagen. Man wird Ihnen mit Hinweis auf Ihren Hund den Zutritt zu Restaurants, Hotels, Geschäften oder Freizeiteinrichtungen verweigern. Einige Menschen Ihrer Umgebung werden sich wegen Ihrer Hunde von Ihnen abwenden. Ihre Nachbarn werden sich möglicherweise über Sie beschweren, und die Ordnungshüter werden Sie argwöhnisch beäugen. Politiker aller Parteien werden Sie als Kriminellen diffamieren und versuchen, Ihre Rechte weiter zu beschneiden. Irgendwelche Minister werden in Mikrofone heucheln, dass die Gesellschaft zukünftig vor Ihresgleichen geschützt werden müsse. Gemeinde oder Stadtverwaltung, aber auch die Verkehrsbetriebe werden Sie mit unsinnigen und teilweise tierschutzwidrigen Auflagen traktieren. Die Liste der Sanktionen, die ein unbescholtener und gesetzestreuer Hundehalter heutzutage hinzunehmen hat, wäre beliebig fortführbar.

All dies müssen Sie bedenken, bevor Sie sich für die Anschaffung eines großen Hundes entscheiden, und eines kann ich garantieren: Nach der Anschaffung eines Herdenschutzhundes werden Lebensmittelpunkt und Tagesablauf grundlegenden Veränderungen unterworfen sein. Nur wenn Sie bereit sind, diese Veränderungen im Positiven wie vielleicht auch im Negativen mit allen Konsequenzen zu akzeptieren, sollten Sie weiterhin über die Anschaffung eines Herdenschutzhundes ernsthaft nachdenken.

Viel wichtiger als die Befindlichkeiten der Mitmenschen ist jedoch der Konsens innerhalb der Familie. Nur wenn sich alle Familienmitglieder – und dies schließt die Kinder selbstredend mit ein – für diesen Hundetyp begeistern können, sind die Voraussetzungen für eine langfristige und erbauliche Hundehaltung gegeben. Tut mir leid, dass ich Ihnen im vorletzten Absatz mit Selbstverständlichkeiten komme, aber ein Blick in die überfüllten Zwinger unserer Tierheime macht den eben gegebenen Hinweis aktueller denn je. Mehr als andere Hunderassen gehört der Herdenschutzhund auch während des Urlaubs zu seinen Bezugspersonen, deshalb muss der Verbleib des Hundes in der Urlaubszeit schon vor seiner Anschaffung ohne Wenn und Aber geklärt sein. Das bedeutet für den oder die Hundebesitzer, für einen Zeitraum von rund 15 Jahren auf Fern- und Flugreisen zu verzichten.

Wenn Sie diese Fragen geklärt haben und bereit sind, den Wesenstyp des Herdenschutzhundes anzunehmen, steht Ihnen eine wundervolle Zeit mit Ihrem vierbeinigen Gefährten bevor. Zum ersten Herdenschutzhund wird sich irgendwann vielleicht ein zweiter gesellen, und nicht wenige Hundefreunde haben heute ein Rudel von drei oder mehr Hunden. Ich hoffe, dass Ihnen dieses Buch helfen wird, Ihre(n) Herdenschutzhund(e) besser zu verstehen, mit ihnen eine gute Zeit und vor allem viel Freude zu haben.

Danksagung

Ein Buch wie das vorliegende kann niemals der alleinige Verdienst eines einzigen Menschen sein. Viele haben ihr Leben der Erforschung des Hundes gewidmet und uns eingeladen, ihren Spuren zu folgen. Neben den bekannten Namen der neuzeitlichen Kynologie, denen wir das Fundament unserer Erkenntnisse verdanken, sind es vor allem die engagierten – wenn auch namenlosen – Praktiker unter den Hundefreunden, die ihre Beobachtungen und Einsichten mit mir teilten und so einen wichtigen Beitrag zur Entstehung dieses Buches geleistet haben.

Den zahlreichen Besitzern, Züchtern und Liebhabern von Herdenschutzhunden aus vielen Ländern der Welt, die mich bei der Arbeit an diesem Buch engagiert und selbstlos unterstützt haben, gebührt mein tief empfundener Dank. Namentlich und in alphabetischer Reihenfolge der Nachnamen möchte ich für ihre Unterstützung danken:

Heiko Büschleb, Ebersbach,
Audrey Chalfen, USA,
Sietske Christian-Luchsinger, Niederlande,
Hieke Dijkstra, Niederlande,
Wolfgang Ferencak, Österreich,
Barbara Frorath, Duisburg,
Ursula Gericke, Ludwigsburg,
Ursula Hock, Niederlande,
Anna Houle, Kanada,
Kirsten Huss, Landshut,
Margaret Huybers und Max Berkhout, Niederlande,
Miriam Jansen und John Zeiner, Niederlande,
Andrea und Thomas Kessler, Hückelhoven,
Carol Klapwick, Kanada,
Katharina Linder, Schelklingen-Ingstetten,
Raimund Lindmayer, Aalen,
Ingrid de Man, Niederlande,
Claudia Müller, Ellmannsweiler,
Jacques Pot, Niederlande,
Christiane Ringel, Berlin,
Ray M. Rosdale, Berlin,
Diane Sari, Niederlande,
Jos van Schaick, Niederlande,

VERENA UND HORST SCHWÄR, Borstendorf,
INGRID STANZEL, Österreich,
PETRA SULLIVAN, USA,
IRA VACULIK, Deutschland,
ESTHER VERHOEF, Niederlande,
SABINE UND KLAUS WEIN, Hattingen,
INGRID WEININGER, München,
ALEXANDRA WITTMANN, St.Wendel,
ANJA WOLF, Wassenberg.

Besonderer Dank gebührt meiner Frau Dagmar, die meine Arbeit mit Hunden sowie die Arbeit am Manuskript dieses Buches mit vollem Einsatz unterstützt und aus ihrer eigenen jahrelangen Erfahrung in der Ausbildung von Hunden viele wichtige Hinweise beigesteuert hat.

Für die verlegerische Betreuung und die hervorragende, konstruktive Zusammenarbeit danke ich der Verlegerin Clarissa Frfr. v. Reinhardt sowie der Lektorin und den Mitarbeitern des Verlages.

Bedanken möchte ich mich auch bei allen Menschen, die das Betriebssystem Linux oder Open Source Software für Linux entwickelt und zur Verfügung gestellt haben. Das Manuskript für dieses Buch wurde ausschließlich mit Open-Office (http://www.openoffice.org) geschrieben, dessen Entwicklern ich besonderen Dank und Anerkennung aussprechen möchte.

THOMAS SCHOKE,
Blieskastel, August 2003

Anhang A: Daten der Umfrage zum Verhalten von Herdenschutzhunden

Auf den folgenden Seiten finden Sie auszugsweise einige Ergebnisse der Befragung von Herdenschutzhundbesitzern zum Verhalten ihrer Hunde in bestimmten Situationen. Schon in den ersten Kapiteln dieses Buches habe ich ausdrücklich darauf hingewiesen, dass diese Umfrage nur informellen Charakter haben kann und die Anforderungen, die an eine wissenschaftliche Untersuchung zu stellen sind, von dieser Befragung nicht erfüllt werden.

Einerseits ist die Zahl der befragten Hundebesitzer so klein, dass sich absichtlich oder irrtümlich falsch gegebene Antworten in der prozentualen Auswertung relativ stark niederschlagen. Je nach Anteil einer Rasse an der Gesamtzahl kann die Fehlerquote bis zu 5 % betragen. Andererseits sind viele Ergebnisse dieser Untersuchung sehr aufschlussreich und zeigen, dass viele Vorurteile gegen Herdenschutzhunde zu Unrecht bestehen. Die unbestreitbare Abneigung gegen fremde Menschen führt, wie sich aus den Zahlen ersehen lässt, nicht zwangsläufig zu einer großen Zahl von Beißunfällen. Gerade einmal 2,7 % der Hunde haben einen Menschen ohne Provokation attackiert, ein Wert, der zweifelsohne auch von jeder beliebigen anderen Hunderasse erreicht wird. Bei vielen in Deutschland und den europäischen Nachbarstaaten sehr verbreiteten Rassen, z. B. Deutscher Schäferhund, Rottweiler, Bullterrier etc., dürfte der prozentuale Anteil unprovozierter Angriffe sogar erheblich höher liegen. Leider fehlen zu diesem Thema wissenschaftliche Untersuchungen als Basis einer vergleichenden Betrachtung. Die in vielen Tageszeitungen oder Magazinen veröffentlichten Hitlisten der Beißangriffe pro Rasse sind in der Regel unbelegbare, willkürlich angehäufte Datensammlungen obskurer Herkunft. So soll diese Untersuchung den Horrorgeschichten des Boulevardjournalismus mit einer zumindest ansatzweise korrekten Form der Datensammlung entgegentreten. Besonders erstaunlich ist die Tatsache, dass nicht die Rassen mit Beißangriffen auffallen, deren Ruf in dieser Hinsicht besonders schlecht ist. Kein einziger Kaukasischer Owtscharka hat nach den Umfrageergebnissen jemals einen Menschen unprovoziert angegriffen, wohl aber 6,7 % der als besonders umgänglich geltenden Pyrenäenberghunde. Spitzenreiter in diesem Punkt waren die Komondorok mit 8,3 %. Die Begriffe „provozierter" und „unprovozierter" Angriff, wie sie im Rahmen dieser Untersuchung benutzt werden, bedürfen zum besseren Verständnis einer Definition. Als unprovoziert wurden alle Attacken gewertet, bei denen die angegriffene Person weder eine bedrohliche Handlung beging noch das Territorium des Hundes verletzte. Angriffe auf Spaziergänger oder spielende Kinder auf neutralem Gebiet wurden deshalb als unprovoziert gewertet. Angriffe gegen Personen, die das vom Hund geschützte Territorium unberechtigt und ohne Begleitung einer Bezugsperson betreten, gelten als provoziert.

Auch in einem anderen Punkt sind die Umfrageergebnisse sehr überraschend. Sage und schreibe 59,5 % der beteiligten Hunde hatten eine formelle Prüfung als Begleithund mit Erfolg abgelegt. Das ist ein unglaublich hoher Wert, für den es aber drei Erklärungsansätze gibt. Der Fragebogen wurde hauptsächlich über Mailing-Listen im Internet verschickt, die sich mit Herdenschutzhunden befassen. Man darf unterstellen, dass die Teilnehmer an dieser Befragung sich intensiv mit ihren Hunden und deren Besonderheiten auseinander setzen und keine Mühe scheuen, die Hunde optimal in ihr Lebensumfeld zu integrieren. Der zweite Grund ist der große Prozentsatz von Befragten in den USA. Dort ist der Besuch einer Welpenspielgruppe („puppy classes") viel selbstverständlicher als hierzulande. Da sich an diese Welpengruppen üblicherweise „Unterordnungsklassen" nahtlos anschließen, nehmen viele Hundebesitzer in Amerika die Möglichkeit wahr, die Ausbildung des Hundes unter Anleitung durchzuführen und mit einer formellen Prüfung zu beenden. Der dritte Grund ist eine Rückkopplung mit den Eigenschaften der Hunde. Gerade wenn man einen als schwer erziehbar geltenden Hund hält, muss man viel Zeit und Energie in dessen Ausbildung investieren. Leichtführige Hunde hingegen fügen sich eher von selbst in ihr Lebensumfeld ein und benötigen weit weniger explizite Ausbildungsmaßnahmen. Diese drei Faktoren erklären, warum ausgerechnet die als schwer erziehbar geltenden Herdenschutzhunde einen Ausbildungsstand aufweisen, der unter allen Gruppen von Hunderassen einmalig sein dürfte. Erfreulich ist die Tatsache, dass ein sehr großer Teil der Herdenschutzhundbesitzer erkannt hat, dass die Haltung eines solchen Hundes etwas Besonderes ist und erhebliches Engagement verlangt. Auch die Antworten auf die Frage, wie viele Hunde im jeweiligen Haushalt leben, zeigt, dass die Herdenschutzhundbesitzer keine „Gelegenheitshundehalter" sind. Der durchschnittliche Teilnehmer an der Befragung besaß immerhin 2,9 Herdenschutzhunde und gleichzeitig 1,6 Mitglieder einer „Nicht-Herdenschutzhundrasse".

Bei einigen Fragen waren Mehrfachantworten möglich. Daher erklärt sich, dass bei den Fragen 10 bis 15 die Addition der Einzelergebnisse mehr als 100 % beträgt.

Wenn Sie die absoluten Zahlen für einzelne Rassen mit den nach Rassen getrennten Werten vergleichen, werden Sie feststellen, dass die Gesamtzahlen stets höher sind als die Addition der Einzelergebnisse nach Rassezugehörigkeit. Dies ist kein Rechenfehler, sondern liegt in der Tatsache begründet, dass die Zahl der zurückgegebenen Fragebögen für einige Rassen zu gering war, um eine Auswertung nach Rassezugehörigkeit vorzunehmen. Diese Fragebögen verblieben aber in der Untersuchung. Deshalb liegt zum Beispiel die Gesamtzahl der erfassten Rüden bei 116, die Addition der Owtscharka, Kuvasz, Komondor, Kangal und Pyrenäenberghund-Rüden jedoch nur bei 101. Für alle Differenzen bei anderen absoluten Zahlen gilt das eben Gesagte sinngemäß.

Statistische Auswertung der Befragung zum Verhalten von Herdenschutzhunden

	Fragestellung	Alle Rassen	Kaukase	Kangal	Pyrenäen-berghund	Kuvasz	Komondor	Aktive HsH	Wächter für Haus/Hof	Familien-hunde
1	Rasse (Anzahl der erfassten Hunde / Rasse)	222	40	48	30	40	24	44	134	44
2	Geschlecht (Hündinnen / Rüden)	116/106	21/19	25/23	16/14	23/17	12/12	24/20	70/64	22/22
3	Alter (Durchschnitt in Monaten)	45	27	31	51	54	48	42	48	45
5	Welche Aufgabe besitzt Ihr Hund?	Alle Rassen	Kaukase	Kangal	Pyrenäen-berghund	Kuvasz	Komondor			
a)	...aktiv arbeitender Herdenschutzhund	19,8 %	0,0 %	33,3 %	26,7 %	20,0 %	0,0 %			
b)	...Wächter für Haus und / oder Familie	60,4 %	85,0 %	58,3 %	60,0 %	40,0 %	58,3 %			
c)	...Familienhund ohne Wachaufgaben	19,8 %	15,0 %	8,3 %	13,3 %	40,0 %	41,7 %			
6	Hat der Hund jemals aktiv Herdenschutzdienst geleistet?	Alle Rassen	Kaukase	Kangal	Pyrenäen-berghund	Kuvasz	Komondor			
a)	...Ja	36,9 %	15,0 %	62,5 %	40,0 %	45,0 %	8,3 %			
b)	...Nein	63,1 %	85,0 %	37,5 %	60,0 %	55,0 %	91,7 %			
7	Haben Sie mit dem Hund eine Welpenspielgruppe besucht?	Alle Rassen	Kaukase	Kangal	Pyrenäen-berghund	Kuvasz	Komondor	Aktive HsH	Wächter für Haus/Hof	Familien-hunde
a)	...Ja	44,1 %	60,0 %	29,2 %	33,3 %	45,0 %	58,3 %	27,3 %	47,8 %	50,0 %
b)	...Nein	55,9 %	40,0 %	70,8 %	66,7 %	55,0 %	41,7 %	72,7 %	52,2 %	50,0 %
8	Hat der Hund eine formelle Ausbildung als Begleithund?	Alle Rassen	Kaukase	Kangal	Pyrenäen-berghund	Kuvasz	Komondor	Aktive HsH	Wächter für Haus/Hof	Familien-hunde
a)	...Ja	59,5 %	90,0 %	45,8 %	33,3 %	65,0 %	75,0 %	22,7 %	65,7 %	77,3 %
b)	...Nein	40,5 %	10,0 %	54,2 %	66,7 %	35,0 %	25,0 %	77,3 %	34,3 %	22,7 %

357

9	Während eines nächtlichen Spaziergangs treffen Sie einen Fremden. Wie würde der Hund reagieren?	Alle Rassen	Kaukase	Kangal	Pyrenäen-berghund	Kuvasz	Komondor	Aktive HsH	Wächter für Haus/Hof	Familien-hunde
a)	... Der Hund zeigt kein Interesse an der Person	5,4 %	5,0 %	8,3 %	13,3 %	0,0 %	0,0 %	0,0 %	6,0 %	9,1 %
b)	... Der Hund beobachtet die Person, ohne sie zu bedrohen	57,7 %	70,0 %	62,5 %	46,7 %	70,0 %	33,3 %	59,1 %	59,7 %	50,0 %
c)	... Der Hund droht durch Knurren oder Bellen	28,8 %	30,0 %	33,3 %	26,7 %	20,0 %	33,3 %	22,7 %	28,4 %	36,4 %
d)	... Der Hund stoppt die Person, ohne zu beißen	9,9 %	15,0 %	4,2 %	6,7 %	0,0 %	25,0 %	9,1 %	9,0 %	13,6 %
e)	... Der Hund greift ohne Vorwarnung an (Biss)	4,5 %	0,0 %	4,2 %	6,7 %	0,0 %	8,3 %	0,0 %	7,5 %	0,0 %
f)	... Ich besuche niemals öffentliche Plätze mit dem Hund	5,4 %	0,0 %	0,0 %	6,7 %	10,0 %	8,3 %	18,2 %	3,0 %	0,0 %
10	Ein Fremder nähert sich bei Dunkelheit der Grundstückseinfriedung. Wie würde der Hund reagieren?	Alle Rassen	Kaukase	Kangal	Pyrenäen-berghund	Kuvasz	Komondor	Aktive HsH	Wächter für Haus/Hof	Familien-hunde
a)	... Der Hund beobachtet die Person aus der Entfernung	4,5 %	5,0 %	0,0 %	0,0 %	15,0 %	8,3 %	4,5 %	4,5 %	4,5 %
b)	... Der Hund nimmt ohne Lautäußerung Aufstellung hinter dem Zaun	69,4 %	55,0 %	66,7 %	86,7 %	50,0 %	75,0 %	72,7 %	67,2 %	72,7 %
c)	... Der Hund knurrt die Person an	40,5 %	35,0 %	54,2 %	66,7 %	35,0 %	0,0 %	63,6 %	32,8 %	40,9 %
d)	... Der Hund verbellt die Person	74,8 %	60,0 %	75,0 %	93,3 %	45,0 %	91,7 %	86,4 %	71,6 %	72,7 %
e)	... Der Hund bedroht die Person massiv	50,5 %	65,0 %	66,7 %	53,3 %	30,0 %	50,0 %	63,6 %	49,3 %	4C,9 %
11	Ein unbekannter Besucher betritt das Grundstück ohne eine Bezugsperson des Hundes. Wie würde der Hund reagieren?	Alle Rassen	Kaukase	Kangal	Pyrenäen-berghund	Kuvasz	Komondor	Aktive HsH	Wächter für Haus/Hof	Familien-hunde
a)	... Der Hund beobachtet die Person, ohne sie zu bedrohen	16,2 %	10,0 %	12,5 %	40,0 %	20,0 %	8,3 %	13,6 %	13,4 %	27,3 %
b)	... Der Hund stoppt die Person, ohne zu beißen	40,5 %	40,0 %	54,2 %	33,3 %	40,0 %	25,0 %	54,5 %	38,8 %	31,8 %
c)	... Der Hund knurrt die Person an	42,3 %	40,0 %	54,2 %	33,3 %	45,0 %	41,7 %	54,5 %	37,3 %	45,5 %
d)	... Der Hund verbellt die Person	67,6 %	65,0 %	66,7 %	53,3 %	60,0 %	91,7 %	77,3 %	65,7 %	63,6 %
e)	... Der Hund greift ohne Vorwarnung an (Biss)	11,7 %	20,0 %	12,5 %	13,3 %	10,0 %	16,7 %	4,5 %	17,9 %	0,0 %

		Alle Rassen	Kaukase	Kangal	Pyrenäen-berghund	Kuvasz	Komondor	Aktive HsH	Wächter für Haus/Hof	Familien-hunde
12	Ein unbekannter Besucher betritt das Grundstück in Gegenwart einer Bezugsperson der Hundes. Wie würde der Hund reagieren?	Alle Rassen	Kaukase	Kangal	Pyrenäen-berghund	Kuvasz	Komondor	Aktive HsH	Wächter für Haus/Hof	Familien-hunde
a)	… Der Hund beschnüffelt die Person und entfernt sich	52,3 %	35,0 %	70,8 %	40,0 %	65,0 %	58,3 %	50,0 %	50,7 %	59,1 %
b)	… Der Hund lässt Berührungen durch den Besucher zu	78,4 %	80,0 %	91,7 %	80,0 %	80,0 %	66,7 %	68,2 %	77,6 %	90,9 %
c)	… Der Hund beobachtet die Person aus der Entfernung	32,4 %	25,0 %	45,8 %	26,7 %	35,0 %	16,7 %	22,7 %	37,3 %	27,3 %
d)	… Der Hund knurrt oder bellt die Person an	15,3 %	5,0 %	4,2 %	13,3 %	15,0 %	25,0 %	18,2 %	16,4 %	9,1 %
e)	… Der Hund bedroht die Person massiv	6,3 %	10,0 %	0,0 %	13,3 %	5,0 %	8,3 %	9,1 %	7,5 %	0,0 %
13	Ein Hund aus der Nachbarschaft kommt auf das bewachte Grundstück. Wie würde sich der Hund verhalten?	Alle Rassen	Kaukase	Kangal	Pyrenäen-berghund	Kuvasz	Komondor	Aktive HsH	Wächter für Haus/Hof	Familien-hunde
a)	… Der Hund beschnüffelt den Artgenossen oder nimmt keine Notiz	8,1 %	5,0 %	0,0 %	26,7 %	15,0 %	8,3 %	9,1 %	6,0 %	13,6 %
b)	… Der Hund beobachtet den Artgenossen aus der Entfernung	6,3 %	5,0 %	0,0 %	6,7 %	10,0 %	8,3 %	9,1 %	4,5 %	9,1 %
c)	… Der Hund knurrt oder bellt den Artgenossen an	63,1 %	65,0 %	58,3 %	66,7 %	75,0 %	75,0 %	59,1 %	59,7 %	77,3 %
d)	… Der Hund vertreibt den Artgenossen von seinem Territorium	65,8 %	60,0 %	95,8 %	53,3 %	55,0 %	50,0 %	77,3 %	68,7 %	45,5 %
e)	… Der Hund greift ohne Vorwarnung an (Biss)	23,4 %	30,0 %	29,2 %	13,3 %	20,0 %	8,3 %	27,3 %	25,4 %	13,6 %

	Alle Rassen	Kaukase	Kangal	Pyrenäen-berghund	Kuvasz	Komondor	Aktive HsH	Wächter für Haus/Hof	Familien-hunde
14 Ein Tier, das keine Bedrohung darstellt (Pferd, Hirsch etc.), kommt auf das geschützte Territorium. Wie reagiert der Hund?									
a) ... Der Hund zeigt kein Interesse an dem Tier	7,2 %	0,0 %	8,3 %	6,7 %	10,0 %	8,3 %	13,6 %	3,0 %	13,6 %
b) ... Der Hund beobachtet das Tier aus der Entfernung	21,6 %	5,0 %	29,2 %	26,7 %	35,0 %	25,0 %	36,4 %	17,9 %	18,2 %
c) ... Der Hund knurrt oder verbellt das Tier	42,3 %	40,0 %	25,0 %	53,3 %	45,0 %	50,0 %	36,4 %	40,3 %	54,5 %
d) ... Der Hund vertreibt das Tier von seinem Territorium	64,0 %	70,0 %	70,8 %	66,7 %	50,0 %	41,7 %	68,2 %	68,7 %	45,5 %
e) ... Der Hund greift ohne Vorwarnung an (Biss)	16,2 %	30,0 %	20,8 %	26,7 %	0,0 %	8,3 %	9,1 %	23,9 %	0,0 %
15 Ein Beutegreifer (Wolf, Fuchs, Kojote, etc.) dringt in das Territorium des Hundes ein. Wie reagiert der Hund?									
a) ... Der Hund zeigt kein Interesse an dem Tier	0,0 %	0,0 %	0,0 %	0,0 %	0,0 %	0,0 %	0,0 %	0,0 %	0,0 %
b) ... Der Hund beobachtet das Tier aus der Entfernung	1,8 %	0,0 %	0,0 %	0,0 %	5,0 %	8,3 %	0,0 %	1,5 %	4,5 %
c) ... Der Hund knurrt oder verbellt das Tier	49,5 %	20,0 %	62,5 %	60,0 %	45,0 %	58,3 %	77,3 %	40,3 %	50,0 %
d) ... Der Hund vertreibt den Beutegreifer von seinem Territorium	50,5 %	40,0 %	50,0 %	66,7 %	45,0 %	41,7 %	86,4 %	43,3 %	36,4 %
e) ... Der Hund greift ohne Vorwarnung an (Biss)	31,5 %	35,0 %	62,5 %	33,3 %	10,0 %	16,7 %	59,1 %	29,9 %	9,1 %
f) ... Im Lebensraum des Hundes gibt es keine Beutegreifer	36,0 %	55,0 %	20,8 %	33,3 %	45,0 %	25,0 %	n/a	41,8 %	50,0 %

		Alle Rassen	Kaukase	Kangal	Pyrenäenberghund	Kuvasz	Komondor	Aktive HsH	Wächter für Haus/Hof	Familienhunde
16	**Wie verhält sich der Hund, wenn Sie ihn durch eine belebte Fußgängerzone führen?**									
a)	...Der Hund ist völlig entspannt und geht ohne Leine	9,9 %	15,0 %	16,7 %	6,7 %	0,0 %	8,3 %	13,6 %	10,4 %	4,5 %
b)	...Der Hund zeigt kein Unwohlsein, muss aber angeleint werden	68,5 %	65,0 %	66,7 %	80,0 %	85,0 %	66,7 %	50,0 %	71,6 %	77,3 %
c)	...Der Hund fühlt sich sichtbar unwohl	7,2 %	5,0 %	4,2 %	6,7 %	0,0 %	16,7 %	0,0 %	6,0 %	18,2 %
d)	...Der Hund bedroht Personen, die uns nahe kommen	5,4 %	15,0 %	0,0 %	13,3 %	5,0 %	0,0 %	0,0 %	9,0 %	0,0 %
e)	...Ich besuche niemals öffentliche Plätze mit dem Hund	12,6 %	10,0 %	12,5 %	6,7 %	10,0 %	8,3 %	36,4 %	9,0 %	0,0 %
17	**Auf der Straße treffen Sie eine Gruppe spielender und laut schreiender Kinder. Wie wird sich Ihr Hund verhalten?**									
a)	...Der Hund zeigt kein Interesse an den Kindern	8,1 %	0,0 %	8,3 %	20,0 %	0,0 %	8,3 %	0,0 %	9,0 %	13,6 %
b)	...Der Hund ist beunruhigt und bleibt wachsam	5,4 %	0,0 %	4,2 %	6,7 %	15,0 %	0,0 %	0,0 %	3,0 %	18,2 %
c)	...Der Hund beobachtet die Kinder, ohne sie zu bedrohen	70,3 %	95,0 %	75,0 %	46,7 %	75,0 %	58,3 %	68,2 %	73,1 %	63,6 %
d)	...Der Hund knurrt oder verbellt die Kinder	7,2 %	0,0 %	0,0 %	20,0 %	15,0 %	16,7 %	0,0 %	7,5 %	13,6 %
e)	...Der Hund greift ohne Vorwarnung an (Biss)	0,9 %	0,0 %	0,0 %	0,0 %	0,0 %	8,3 %	0,0 %	1,5 %	0,0 %
f)	...Ich besuche niemals öffentliche Plätze mit dem Hund	9,0 %	5,0 %	12,5 %	6,7 %	5,0 %	8,3 %	31,8 %	4,5 %	0,0 %
18	**Hat Ihr Hund jemals Menschen ohne Provokation angegriffen ?**									
a)	...Ja	2,7 %	0,0 %	4,2 %	6,7 %	0,0 %	8,3 %	0,0 %	4,5 %	0,0 %
b)	...Nein	97,3 %	100,0 %	95,8 %	93,3 %	100,0 %	91,7 %	100,0 %	95,5 %	100,0 %

		Alle Rassen	Kaukase	Kangal	Pyrenäen-berghund	Kuvasz	Komondor	Aktive HsH	Wächter für Haus/Hof	Familien-hunde
19	**Hat Ihr Hund jemals Menschen angegriffen, nachdem er provoziert wurde?**									
a)	...Ja	13,5 %	30,0 %	0,0 %	20,0 %	15,0 %	8,3 %	4,5 %	20,9 %	0,0 %
b)	...Nein	86,5 %	70,0 %	100,0 %	80,0 %	85,0 %	91,7 %	95,5 %	79,1 %	100,0 %
20	**Wie hoch würden Sie den Spieltrieb Ihres Hundes einschätzen?**									
a)	...Extrem niedrig	10,8 %	0,0 %	20,8 %	13,3 %	5,0 %	0,0 %	31,8 %	6,0 %	4,5 %
b)	...Niedrig	24,3 %	40,0 %	16,7 %	20,0 %	15,0 %	41,7 %	9,1 %	31,3 %	18,2 %
c)	...Mittel (abhängig von Stimmung bzw. Laune)	44,1 %	30,0 %	45,8 %	53,3 %	55,0 %	41,7 %	45,5 %	38,8 %	59,1 %
d)	...Hoch (normal für andere Hunderassen)	14,4 %	25,0 %	12,5 %	13,3 %	15,0 %	0,0 %	9,1 %	17,9 %	9,1 %
e)	...Sehr hoch	6,3 %	5,0 %	4,2 %	0,0 %	10,0 %	16,7 %	4,5 %	6,0 %	9,1 %
21	**Zeigt sich der Hund ängstlich gegenüber plötzlichen, lauten Geräuschen (Sirenen, Knallkörper, Schüsse etc.)?**									
a)	...Ja, immer	9,9 %	5,0 %	0,0 %	13,3 %	20,0 %	33,3 %	0,0 %	10,4 %	18,2 %
b)	...Ja, manchmal	29,7 %	55,0 %	16,7 %	53,3 %	15,0 %	25,0 %	22,7 %	31,3 %	31,8 %
c)	...Nein	60,4 %	40,0 %	83,3 %	33,3 %	65,0 %	41,7 %	77,3 %	58,2 %	50,0 %
22	**Zeigt sich der Hund ängstlich bei sich schnell bewegenden Objekten?**									
a)	...Ja, immer	0,9 %	0,0 %	0,0 %	0,0 %	0,0 %	8,3 %	0,0 %	0,0 %	4,5 %
b)	...Ja, manchmal	12,6 %	15,0 %	0,0 %	13,3 %	10,0 %	41,7 %	4,5 %	16,4 %	9,1 %
c)	...Nein	86,5 %	85,0 %	100,0 %	86,7 %	90,0 %	50,0 %	95,5 %	83,6 %	86,4 %
23	**Wieviele Hunde leben in Ihrem Haushalt?**									
a)	...Herdenschutzhunde	2,9	2,8	3,3	2,3	3,5	2,3			
b)	...Andere Rassen	1,6	2,2	2,8	1,1	1,2	0,6			

Anhang B:
Die Hunde des Kaukasus

Zu Beginn des 20. Jahrhunderts bereiste der Zoologe Conrad Keller das Kaukasusgebirge und seine umliegenden Regionen, um Aufschluss über die Haustiere der Region zu erhalten. Ein großer Teil seiner Arbeit ist den Hunden gewidmet, und bei dem vorliegenden Aufsatz dürfte es sich um eines der ältesten Dokumente über Herdenschutzhunde handeln. Ich habe den Artikel Kellers wörtlich übernommen, auch wenn manche seiner Formulierungen nicht mehr zeitgemäß sind, nur die Rechtschreibung habe ich der heutigen angepasst.

An einigen Stellen erschien es mir sinnvoll, Kellers Ausführungen mit Erklärungen zu versehen. Diese habe ich in eckigen Klammern eingefügt; alle Texte in runden Klammern sind hingegen Bestandteil des Originaldokuments. Obwohl der Aufsatz bereits im Jahre 1913 geschrieben wurde, hat die Abhandlung ihre wissenschaftliche Bedeutung in keiner Weise verloren. Es handelt sich nicht nur um ein zeitgeschichtliches Dokument der kynologischen Forschung, sondern gleichzeitig auch um eine dezidierte Abhandlung über die Geschichte und Entwicklung der Kaukasischen Gebirgshunde, wie die uns heute unter dem Namen Kaukasische Owtscharka bekannte Rasse von Keller noch genannt wird. Nur in einem einzigen Punkt wurden die vor nahezu 90 Jahren von Prof. Dr. Keller gesammelten Erkenntnisse sowie die daraus gezogenen Schlüsse widerlegt: Auch die kleinen Hunderassen stammen nicht vom Schakal, sondern von einer der 33 Wolfsrassen ab.

STUDIEN ÜBER DIE HAUSTIERE DER KAUKASUSLÄNDER
von PROF. DR. CONRAD KELLER, erschienen 1913.

Spezieller Teil

Die Erhebungen über die einzelnen Haustierspezies, welche hier zur Darstellung gelangen, sollen zu einem Gesamtbild verwendet werden, das dem ursprünglichen Zustande entspricht. In den abgelegenen Talschaften sowie den wenig besuchten Bergländern hat sich dieser unverfälscht erhalten und wird in nächster Zeit kaum eine tiefe Umgestaltung erleiden, während in der stärker bevölkerten Niederung europäische Einwirkungen bereits fühlbar sind und in den nächsten Dezennien [Jahrzehnten] noch einen größeren Umfang annehmen dürften. Wo es sich um neuerlichen Import und fremde Rassenelemente handelt, beschränke ich mich hier auf gelegentliche Bemerkungen.

1. Die Haushunde

Wie in den meisten Mittelmeerländern, so ist auch in den Kaukasusländern ein zahlreiches Hundematerial vorhanden, das indessen vielfach ein eigenartiges Gepräge besitzt. In den tieferen Lagen ist es am vielseitigsten vertreten, einseitig aber scharf prononciert erscheint es in der Gebirgsregion. Neben reinrassigen Individuen begegnen uns besonders längs der Ostküste des Schwarzen Meeres auch zahlreiche rasselose Kreuzungsprodukte, auf welche indessen hier keine Rücksicht genommen wird. Von den einzelnen Rassegruppen sind die Spitzhunde relativ am stärksten vertreten. Als auffallende Parallele zu den eigentlichen Mittelmeerländern sei hervorgehoben, dass sie durchweg in kleinen Formen, vielfach in eigentlichen Zwergformen gehalten werden. Pinscher habe ich besonders zahlreich in Suchum Kale gesehen, sie fehlen indessen auch anderwärts nicht. Sie sind rauhhaarig bis langhaarig und meist von grau-brauner Farbe. Die kurzhaarigen Foxhunde sind recht klein, ihr Leib ist auffallend lang gestreckt. Die Färbung ist sehr verschieden, häufig rotscheckig oder schwarzscheckig. Die gewöhnlichen Spitzer [Spitze] mit langer Behaarung sind ebenfalls klein und von verschiedener Färbung. In Eriwan traf ich schwarze Spitzer, in der Gegend von Baku werden fast nur gelb-weiße Spitzer gehalten.

In Wladikawkas sieht man auffallend stark behaarte Individuen mit stark buschiger Rute und lang behaartem Gesicht. Stehohren habe ich ein einziges Mal beobachtet, sonst sind die kaukasischen Spitzer durchweg hängeohrig. Dies deutet auf ein langes Verweilen im Hausstand und dient vielleicht zur Bestätigung meiner früher geäußerten Annahme, dass in dieser Region der Bildungsherd der zahmen Spitzerhunde zu suchen ist. Wie ich nachwies, hat nämlich die wilde Stammform, der im Kaukasus heimische Schakal, im Schädelbau die größte Ähnlichkeit mit dem Schädel der primitiven Pfahlbauspitzer Zentraleuropas.

Den echten Schäferhund habe ich in den Kaukasusländern nirgends angetroffen, er scheint gänzlich zu fehlen, und dies erklärt sich wohl aus dem Umstande, dass die kaukasischen Völker zur Bewachung ihrer zahlreichen Herden ein weit besseres Hundematerial herangezogen haben. Pudel werden nur selten gehalten, je einmal sah ich kleine, schwarze Exemplare in Tiflis und in Suchum [Suchumi]. Umso beliebter sind die Jagdhunde, die meist von kräftigem Bau erscheinen. Ihre große Zahl steht eigentlich kaum im Verhältnis zu der Häufigkeit des Jagdwildes, unter welchem nur Wildschweine und Bären eine nennenswerte Rolle spielen. Das vorhandene Jagdhundmaterial ist vorwiegend aus Europa importiert. Wie man mir mitteilt, wird es von Fremden häufig zu Jagdzwecken mitgebracht und dann zurückgelassen. Die glatthaarigen, nicht übermäßig hoch gestellten Jagdhunde kommen in sehr verschiedenen Färbungen vor. Häufig sind sie reinschwarz oder reinweiß, noch öfter weiß und schwarz gefleckt oder rotbraun oder dunkelbraun mit hellbraunen Beinen, weißer Brust und weißen Pfoten. Auch langhaarige Hühnerhunde sind sehr beliebt, ihre Färbung ist gewöhnlich braun-gelb oder schwarz-braun. Dachshunde trifft man seltener an. Bemerkenswert ist das Zurücktreten der Windhunde, selbst auf Gebieten, wo die Steppenflächen sehr ausgedehnt sind. Der für Russland charakteristische große Windhund, der den Namen Barzoi führt, fehlt den Kaukasusländern fast ganz. Einige schlecht gehaltene Exemplare sah ich im Teberdatal bei Teberdinsk und dann in Wladikawkas.

Etwas länger möchte ich hier verweilen bei einer in Europa wenig bekannten Rasse, die den Kaukasusländern eigentümlich ist und mich zu eingehenden Erhebungen veranlasste. Es ist dies der kaukasische Gebirgshund oder Tataren-Schäferhund, wie er in seiner Heimat gewöhnlich genannt wird.

Es ist namentlich Rodde, der verdienstvolle Schöpfer des kaukasischen Museums in Tiflis [Hauptstadt Georgiens] gewesen, der auf die großen Hunde der Kaukasusländer aufmerksam gemacht hat.

Die russischen Kynologen sind aber noch sehr wenig über diese Rasse orientiert. Richard Strebel hat sich Mühe gegeben, von den zuständigen Fachkreisen Näheres zu erfahren, und erhielt, wie er in seinem zweibändigen Werk über Haushunde berichtet, folgende Antwort:

„Die Rassemerkmale der russischen Schäferhunde zu geben ist sehr schwer, denn es gibt jetzt immer weniger und weniger Vollblut russischer Schäferhunde. Die Größe schwankt bei Rüden zwischen 60 – 75, bei Hündinnen zwischen 50 – 65 Zentimeter. Die Farbe ist weiß, rot oder grau. Leider sind alle echt russischen Rassen mit Ausnahme des Barzoi sehr schlecht gezüchtet und bearbeitet, am schlimmsten sieht es in dieser Richtung mit den Schäferhunden aus".

Richard Strebel versucht dann ein Bild der interessanten russischen Schäferhunde auf eigene Faust zu entwerfen:

„Allgemeine Erscheinung ist die eines lebhaften, behänden Hundes, der nur durch die Behaarung massig und im Ausdruck etwas finster erscheint. Er dient nicht nur zum Treiben und Bewachen der Herden, sondern auch zum Schutz gegen Wölfe, wozu ihn einerseits sein gutes Gebiss, anderseits sein dicker Hautpanzer vorzüglich geeignet erscheinen lässt. Die russischen Hirten gehen, genau wie die alten römischen Schriftsteller uns bereits mitteilten, von der Ansicht aus, dass der Hund sich durch die äußere Erscheinung und durch die Farbe vom Wolfe unterscheiden muss, damit nicht nachts oder in der Dämmerung bei Angriffen Verwechslungen vorkommen. Der Oberkopf ist leicht gewölbt, sieht aber infolge der Behaarung stärker gerundet aus. Überhaupt sieht der ganze Kopf durch diese [Behaarung] mächtiger, schwerfälliger, stärker belezt aus, als er in Wirklichkeit ist. Derselbe

[Kopf] verbreitert sich nach den Ohren allmählich. Der Übergang zum Nasenrücken geschiet durch einen geringen Absatz. Die Augen sind ziemlich groß, dunkel und von sehr klugem Ausdruck. Die unteren Augenlider schließen nicht gut, bilden sogar oft eine kleine Falte. Die Schnauze ist spitz zulaufend. Die Nase kräftig mit großen Nasenlöchern, stets schwarz. Die Lippen gut schließend und nach den Maulwinkeln ständig abfallend, niemals überhängend. Die Ohren sind von mäßiger Länge und kürzer behaart als der übrige Körper. Rute leicht gebogen, in der Ruhe herabhängend mit mäßiger Biegung der letzten Glieder, in der Erregung hoch genommen, niemals geringelt. "

Der Beschreibung, die allerdings nicht in allen Punkten zutreffend ist, hat Richard Strebel eine Abbildung beigegeben, die indessen nicht nach der Natur gefertigt sein kann und offenbar als Kombinationsbild aufgefasst werden muss, das die schöpferische Phantasie des Künstlers beeinflusst hat. Es ist eine Art Pudel herausgekommen, das dem wirklichen Rassencharakter gar nicht entspricht.

Eine bessere Beschreibung hat A. Heim im Jahr 1904 im Schweizerischen Hundestammbuch in einer kurzen Reisenotiz geliefert. Er sagt über die Kaukasushunde:

„Bei meiner Reise durch Russland 1897 traf ich meistens das gewöhnliche Gemisch unter Hunden. Nur auf der Insel Hogland und im Kaukasusgebirge sah ich besonders rassehafte Typen. Über den Schafhütehund aus dem Kaukasus habe ich mir folgende Notizen gemacht. Von Wladikawkas über die grusinische Heerstraße nach Tiflis begegneten uns in großer Zahl die Schafherden. Jeder Schäfer hatte einen, meistens zwei oder drei Hunde bei sich, die von weitem kaum aus den Schafen heraus zu erkennen waren. Es sind sehr schöne, starke, stockhaarige bis langhaarige Hunde von 70 – 75 Zentimeter Schulterhöhe, stets ganz weiß oder blassgelb [cremefarben), niemals tief gelb, braun oder rot-gelb, häufig aber mit schwärzlicher Maske, oft auch weiß bis zur Schnauze, Nasenschleimhaut und Lippen schwarz. Ohren sehr klein und hängend (werden leider auch manchmal stark gestutzt). Hinterkopf breit und sehr stark behaart, Schnauze kurz, aber nicht bernhardinerartig dick und hoch, sondern rasch und gleichmäßig zugespitzt. Augen klein und tief liegend, die Bindehaut nicht sichtbar, sondern ähnlich wie beim Neufundländer. Ausdruck sehr edel und freundlich, nicht bösartig. Rute buschig, meist hängend, im Affekt geringelt getragen. Der hellfarbige, große Hund mit stolzer Haltung gewährt einen imposanten Anblick, er übertrifft die schönsten Leonberger, an die er sonst in mancher Hinsicht erinnert. "

Man kann aus dieser Beschreibung unschwer das Charakteristische der kaukasischen Gebirgshunde erkennen. Nur mit Bezug auf das freundliche, nicht bösartige Wesen des Hundes muss ich ein abweichendes Urteil fällen. Ich habe die grusinische Heerstraße ebenfalls von Wladikawkas bis Tiflis begangen und die sogenannten Schäferhunde auch beobachtet. Ich gebe zu, dass sie dort etwas manierlicher sind als anderswo, was offenbar mit dem starken Fremdenverkehr zusammenhängt. Für gewöhnlich sind diese Gebirgshunde, besonders da, wo Fremde selten hinkommen, entschieden bösartig, ja oft durch ihr aggressives Wesen geradezu gefährlich, weshalb die wildesten Individuen meist an Ketten gelegt werden. Mehrmals bin ich von diesen großen Hunden angefallen worden und verabreichte dann Fleischwaren, worauf dieselben meist ihre Angriffe einstellten und sich sogar streicheln ließen. Gefesselten Individuen darf man sich jedoch unter keinen Umständen nähern. Unlängst hat endlich das offizielle Organ der Schweizerischen Kynologischen Gesellschaft, das „Centralblatt für Jagd- und Hundeliebhaber", in seiner Nummer vom 10. Jan. 1913, ein nach dem Leben aufgenommenes Bild des sogenannten Hirtenhundes veröffentlicht, das meiner Ansicht nach jedoch dem reinrassigen Typus nicht entspricht. Zweifellos steckt in dem dargestellten Hund eine gute Dosis Blut des kaukasischen Gebirgshundes, aber die Ohren sind zu hoch angesetzt und so lang und breit, wie sie beim Kaukasier niemals vorkommen, auch die Behaarung ist viel zu lang und dicht. Ich kann mich des Eindrucks nicht erwehren, dass es sich um ein Kreuzungsprodukt zwischen dem russischen Hirtenhund und einem starken Pudel handelt.

Ich will nun versuchen, an der Hand meiner an verschiedenen Lokalitäten gesammelten Beobachtungen ein genaues Bild des reinrassigen Tataren-Schäferhundes der Kaukasusländer zu geben. Die allgemeine Erscheinung ist die eines stattlichen, ja geradezu imponierenden Hundes von kräftigem Bau, schönem Haarkleid und gefälligen Proportionen der einzelnen Körperteile. Der Kopf ist ungemein ausdrucksvoll, hinten ziemlich breit und stark gewölbt, gegen die Nasengegend meist ziemlich stark abfallend, die Backen wenig hervortretend. Der Gesichtsabschnitt verjüngt sich nach der Schnauze hin rasch und gleichmäßig; der Nasenrücken ist ziemlich hoch, aber wenig dick und fällt nach den Seiten senkrecht ab. Die Lippen sind gut geschlossen, jedenfalls nie in Falten herabhängend. Die Augen sind verhältnismäßig klein, tief liegend und bei reinrassigen Exemplaren entschieden schief gestellt. Die konstant schwarze Umrahmung verleiht denselben einen lebhaften Ausdruck. Die Augenlider liegen dicht an, nie ist das untere Lid herabhängend und kehrt daher nie die Bindehaut nach außen. Die Ohren sind immer tief angesetzt und hängend, doch stehen die Spitzen etwas vom Kopfe ab; sie machen den Eindruck, als seien sie ein lose hängendes Kartonstück. Im Vergleich zur Größe des Tieres müssen die Ohren als klein und schmal bezeichnet werden. Der Hals ist kurz und dick, der Brustkorb wohl entwickelt, die Weichen mäßig stark eingezogen, die Beine kräftig und gut bemuskelt, die Vorderläufe gerade.

Überzählige Zehen, sogenannte Wolfsklauen, habe ich nicht beobachten können. Die stets stark behaarte, also buschige Rute wird hängend getragen, das Ende nach außen gerichtet. Beim raschen Gehen wird sie aufgenommen, stark gekrümmt und erscheint dann stets nach der linken Seite gerichtet. Die Behaarung ist verschieden, neben langhaarigen Hunden kommen vielfach auch kurzhaarige (stockhaarige) Individuen vor. Betont muss werden, dass die Behaarung des Gesichtes unter allen Umständen sehr kurz ist, ebenso ist der untere Teil der Beine selbst bei langhaarigen Exemplaren kurz behaart; auch die Ohren sind mit kurzen Haaren besetzt. Die herrschende Haarfärbung ist weißlich, was geradezu als Rassezeichen dienen mag. Es ist aber kein reines Weiß, sondern hellgelblich weiß, am besten kann man von cremefarbenen Hunden reden. Indessen sind auch andere Färbungen nicht gerade selten. In meinen Reisenotizen finde ich angemerkt, dass die Hirtenhunde im Kodortal unverkennbare grau-braune Wolfsfärbung besitzen oder grau-gelb sind mit schwärzlichen Haarspitzen, wobei der Rücken und die Oberseite des Schwanzes schwärzlich angelaufen sind. Aber auch die weißen, beziehungsweise cremefarbenen Kaukasushunde zeigen stets schwärzliche Stellen. So ist das Gesicht oft mit einer schwarzen Maske versehen, gewöhnlich ist die Nasenspitze tiefschwarz, ebenso die Lippenränder und der Nasenrücken sowie die Stirnfläche schwärzlich angeflogen, auch die Oberseite der Ohren ist mit kurzen, schwarzen Haaren besetzt. Die Schulterhöhe beträgt bei größeren Hunden 70 – 75 Zentimeter, ja bei den prachtvollen Rüden des armenischen Hochlandes geht sie bis zu 80 Zentimeter.

Das psychische Wesen ist ausgesprochen scharf. Der kaukasische Hirtenhund besitzt einen eigentümlich finsteren, wenig Vertrauen erweckenden Gesichtsausdruck, dem Fremden gegenüber ist er entschieden bösartig. Dies wird mir auch bestätigt von Dr. R. Schmidt in Tiflis, welcher mir schreibt, dass er gelegentlich von vier Hunden angegriffen wurde, welche sieben Tage zuvor eine Hyäne zerrissen hatten. „In voller Attacke jagen die besten von ihnen lautlos heran, häufig einen Kilometer weit, wenn das Terrain günstig ist." Auch die Kurden am Ararat warnten meine Reisebegleiter dringend, ihren Hunden nicht zu nahe zu kommen.

Was die geographische Verbreitung anbetrifft, so ist der in Rede stehende Hirtenhund der Kaukasusländer entschieden ein Gebirgshund. In der Ebene begegnet man ihm selten, zudem auch nicht im reinrassigen Zustande. Zwischen 1000 und 2300 Meter Höhe sieht man ihn überall bei den Alphirten. Er bewacht hier oben die Schaf- und Rinderherden und verteidigt sie erfolgreich gegen die Angriffe der Wölfe. Die Fütterung der Alphunde geschieht bei den Hirten ausschließlich mit steif gekochtem Gerstenbrei aus grob gemahlener Gerste.

Der Name Tataren-Schäferhund könnte die Vermutung erwecken, dass er vorzugsweise von den Tataren gehalten und gezüchtet wird. Dem ist jedoch nicht so. Ich fand diese schöne Rasse bei den Abchasen, Svaneten, Tataren, Osseten,

Grusinen, Armeniern und Kurden gleich häufig. Wie mir russische Hundelieb-haber schon an der Küste des Schwarzen Meeres berichteten, besitzt Hocharme-nien weitaus die zahlreichsten und schönsten Hirtenhunde. Ich habe das nach-her vollständig bestätigen können. Prachtvolle Rassetiere sah ich im Gebiet des Ararat und dann in Jelenowka am Goktscha-See, der beinahe 2000 Meter hoch gelegen ist. Einzelne Individuen kamen an Größe einem starken Bernhardiner oder Leonberger gleich.

Ich werde weiter unten den Nachweis versuchen, dass es sich um eine auto-nome Hunderasse handelt, die im Kaukasus selbst oder doch in nächster Nähe herangezogen wurde. Inwieweit Ausstrahlungen nach benachbarten Gebirgen, eventuell bis nach den nordgriechischen und albanischen Gebirgen stattgefun-den haben, muss durch genaue Nachforschungen erst festgestellt werden. Sicher scheint mir, dass er schon frühzeitig, d.h. in vorchristlicher Zeit nach Kleinasien gekommen ist, wo er im alten Pergamon auftaucht. Unlängst hat L. Hilzheimer auf diesen Hund mit folgenden Worten hingewiesen:

„*Was etwa um 200 v. Chr. für große, zu Kämpfen verwendete Rassen in Klein-asien gelebt haben, wissen wir sehr genau durch das Pergamonrelief, wo dreimal ein schwerer, langhaariger Hund mit buschiger, aufwärts getragener Rute darge-stellt ist, der Stehohren, kurze breite Schnauze und kurz behaartes Gesicht hatte. Diese Rasse ist kaum mit irgendeiner lebenden zu vergleichen, sie muss, mindes-tens in dieser Form, als ausgestorben betrachtet werden.*“

Ich kann in gewissem Sinne der Hilzheimerischen Auffassung zustimmen, muss die pergamenischen Hunde jedoch in genetische Beziehung zum kaukasischen Hirtenhund bringen. Wer Letzteren gesehen hat, erkennt den Pergamonhund sofort als ganz vorzüglich dargestellt und bis auf die Ohren identisch. Die breite Stirn, das kurz behaarte Gesicht, die rasch sich verjüngende Schnauze, die kurz-haarigen Beine und die Art, den Schwanz zu tragen, ist ganz dem Kaukasushund entsprechend. Richard Strebel will in ihm den alten Molosser erblicken, nun ist aber die Molosser-Frage recht verwickelt geworden. Dass der Hund von Perga-mon noch stehohrig war, ist vom Standpunkt der Rassengeschichte aus jeden-falls von Interesse; ich möchte dies so erklären, dass es sich um eine primitive Form handelt, die wahrscheinlich noch nicht sehr lange sich im Zustande der Domestikation befand. Heute sind diese Hunde alle hängeohrig oder doch halb hängeohrig. Es besteht also zwischen der alten und der gegenwärtigen Form des Kaukasushundes ein ganz ähnliches Verhältnis wie zwischen dem Windhund der Pharaonenleute und dem heutigen Windhund der afrikanischen Gebiete. Ich halte es nicht für unmöglich, dass später in irgendeinem abgelegenen Gebiete noch stehohrige Kaukasushunde entdeckt werden, ähnlich wie bei genauer Nachforschung noch lebende Restkolonien der stehohrigen Windhunde zum

Vorschein kamen, die in ihrem Stammlande (in Altägypten) ausgestorben sind, aber abseits davon in Kreta und auf den Balearen sich bis in die Gegenwart fort erhalten haben.

Wenden wir uns nunmehr zur Frage der Abstammung der großen kaukasischen Gebirgshunde. Da ergibt sich bei näherer Prüfung, dass ein Zusammenhang mit den bekannten größeren Hunderassen abgelehnt werden muss. Die Verwendung zur Bewachung der Schaf- und Rinderherden sowie die Benennung „Tataren-Schäferhund" könnte die Vermutung aufkommen lassen, ihn der Canis-matris-optimae-Gruppe, d.h. den gewöhnlichen Schäferhunden zuzuweisen. Mit diesen ist er aber entschieden nicht näher verwandt, seine Abstammung ist auf eine andere Quelle zurückzuführen. Abgesehen davon, dass der Kaukasushund den gewöhnlichen Schäferhund an Größe bedeutend übertrifft, so ist auch sein allgemeiner Körperbau ein anderer. Er ist voller und muskelkräftiger, der Hinterkopf ist breiter, die Stehohren fehlen und die Schnauze ist viel kürzer und stumpfer, der Ausdruck der Augen anders geartet. Näher liegt es, an eine verwandtschaftliche Beziehung zur Doggengruppe zu denken und ihn etwa als Mittelglied zwischen unseren großen Doggen und den asiatischen Doggen des Hochlandes von Tibet zu erklären. Die Größe und die allgemeinen Körperproportionen, auch die Art der Behaarung scheint auf eine gewisse Übereinstimmung hinzudeuten. Allein die Kopfbildung ist von derjenigen der Doggen grundverschieden. Der Kopf der kaukasischen Gebirgshunde ist weniger schwer und massig, die Schnauze weniger dick. Vor allen Dingen fehlt dem Kaukasier die für Doggen so charakteristische überflüssige Kopfhaut, die in Falten gelegt ist, hier aber überall straff anliegt, die unteren Augenlider sind niemals herabhängend, sodass der Gesichtsausdruck grundverschieden wird und die Bindehaut des Lides nie nach außen gekehrt wird. Auch die langen herabhängenden Lefzen der Doggen in der Lippengegend sind niemals vorhanden. Daher geifern auch die größten Kaukasushunde niemals nach Doggenart, sondern ihr Maul ist relativ trocken. Demnach haben wir einen eigenartigen Stamm von domestizierten Hunden vor uns, der an eine größere Wildform anknüpfen muss und diese Wildform kann nur unter Wölfen gesucht werden.

Bei dem jetzigen Stand unserer phylogenetischen Kenntnisse steht es fest, dass wir die kleinen Hunde von Schakalen, die großen Formen dagegen von Wölfen abzuleiten haben. Freilich ist der europäische Wolf bisher nicht als Stammform angenommen worden, während für Schäferhund und Tibethund asiatische Wölfe, für den altamerikanischen Inkahund der nordamerikanische Wolf (Lupus occidentalis), als Stammväter anzunehmen sind. Um die Abstammung festzustellen, bedarf es vor allen Dingen Schädelmaterial. Dieses ist indessen sehr schwer zu beschaffen. Die Bewohner der Kaukasusländer veräußern ihre großen Hirtenhunde nicht gern, jedenfalls nur gegen sehr hohe Bezahlung. Ich habe daher ein eigenartiges Verfahren eingeschlagen, um Schädel zu erhalten. In

Hocharmenien, wo ich in Jelenowka besonders viele und schöne Hunde antraf, versammelte ich die jungen Burschen des Dorfes, forderte sie auf, nach allen Richtungen die Gegend zu durchsuchen und bot für jeden aufgefundenen Schädel einen halben Rubel. Das hatte zur Folge, dass ich den Besitz von vier ganz typischen Schädeln gelangte, von denen einer ganz tadellos erhalten war, während bei den drei anderen der zugehörige Unterkiefer fehlt, was zwar deren Verwendbarkeit für phylogenetische Zwecke keinen Eintrag [Abbruch] tut.

Der Schädel ist ausgezeichnet durch einen ungemein soliden Knochenbau, alles an ihm ist kräftig und etwas massig. Auffallend erscheint bei allen Schädeln die verhältnismäßig geringe Entwicklung der Hirnkapsel, deren Wände dick erscheinen. Die Crista occipitalis und Crista sagittalis tritt besonders bei männlichen Individuen sehr stark hervor, beim Weibchen ist sie etwas niedriger. Die Jochbogen sind sehr massiv gebaut und treten sehr stark nach außen vor, was die Breite des Kopfes bedingt. Beim Weibchen sind die Jochbogen etwas schwächer [ausgeprägt]. Der Orbitalteil der Stirnbeine erscheint breit und kräftig entwickelt. Der Abfall der Stirn gegen die Nase [Stop] unterliegt starken Schwankungen, er ist im Allgemeinen am männlichen Schädel steiler als am weiblichen. Das Gebiss ist sehr kräftig. Ich lasse die genauen Maße eines männlichen und eines weiblichen Schädels folgen:

	Weibchen	Männchen
Basilarlänge des Schädels	19,6	20,2
Profillänge des Schädels	23,7	22,7
Länge vom Foramen magnum zum Hinterrand des Gaumens	9,0	9,8
Länge von der Crista occipitalis zur Wurzel der Nasalia	13,5	12,7
Größte Breite der Paritalregion	6,5	6,5
Stirnenge	4,2	4
Jochbogenbreite	13	11,7
Breite zwischen den Ohröffnungen	6,8	6,8
Breite des Foramen magnum	2	2
Länge der Nasalia	7,8	8,1
Schnauzenlänge bis zum Foramen infra orbitale	6,8	7,3
Schnauzenbreite	4,8	4
Länge der Zahnreihe vom hintersten Backenzahn bis zum Eckzahn im Oberkiefer	8	8,2

Aus diesen Maßzahlen ergeben sich Unterschiede, die offenbar als sexuelle Unterschiede angesehen werden müssen. Die Schädelbasis ist beim männlichen Tier kürzer geworden, die Profillänge umgekehrt länger, was mit der starken Entwicklung der Cristae beim Männchen zusammenhängt. Die Schädelkapsel zeigt geringfügige Differenzen, zum Teil absolute Übereinstimmung, dagegen ist die Jochbogenbreite erheblich verschieden.

Beim Männchen erscheint die Schnauze gegenüber dem Weibchen kürzer und dicker. Nun handelt es sich darum, auf Grund von Schädelanalysen an die zugehörige Wildform anzuknüpfen. Ich hatte von Anfang an die bestimmte Empfindung, dass in dem kaukasischen Gebirgshund ein Abkömmling des europäischen Wolfes (Canis lupus) zu erblicken sei. In unseren züchterischen Sammlungen suchte ich nach einem weiblichen Wolfsschädel, der für phylogenetische Zwecke am geeignetsten ist. Ich fand einen solchen vor, der höchstwahrscheinlich aus Russland stammt. Ich finde an demselben folgende Schädelmaße:

	Hund, weiblich	Wolf, weiblich
Basilarlänge des Schädels	19,6	20,4
Profillänge des Schädels	23,7	23,3
Länge vom Foramen magnum zum Hinterrand des Gaumens	9,0	9,0
Länge von der Crista occipitalis zur Wurzel der Nasalia	13,5	12,3
Größte Breite der Paritalregion	6,5	6,4
Stirnenge	4,2	4
Jochbogenbreite	13	12,6
Breite zwischen den Ohröffnungen	6,8	6,9
Breite des Foramen magnum	2	2
Länge der Nasalia	7,8	9,4
Schnauzenlänge bis zum Foramen infra orbitale	6,8	7,4
Schnauzenbreite	4,8	4,1
Länge der Zahnreihe vom hintersten Backenzahn bis zum Eckzahn im Oberkiefer	8	8,1

Vergleichen wir diese Ergebnisse mit den Maßen des weiblichen kaukasischen Gebirgshundes, so ist, gerade mit Bezug auf diejenigen Schädelpartien, die am konstantesten zu bleiben pflegen, die Übereinstimmung eine absolute oder doch nahezu absolute, wie z.B. in der Breite des Foramen magnum, in der Stirnenge, in der Parietalbreite, in der Basilarlänge, in der Schnauzenlänge und Schnauzentiefe sowie in der Länge der Backenzahnreihe des Oberkiefers.

Der osteologische Befund genügt jedenfalls, um die Abstammung des kaukasischen Gebirgshundes vom europäischen Wolf als gesichert erscheinen zu lassen. Wenn die Profillänge beim Wolf etwa um 6 Zentimeter größer ausgefallen ist, so hängt das damit zusammen, dass die Crista sagittalis etwas stärker ist als bei den zahmen Formen. Die Jochbogenbreite nähert sich beim Wolf mehr dem männlichen Gebirgshund; da sie starken individuellen Schwankungen ausgesetzt ist, wird [ist] sie bei phylogenetischen Fragen also von nebensächlicher Bedeutung.

Auf die Abstammung vom russischen Wolf weist auch neben der schiefen Stellung der Augen die Haarfärbung. In dieser Beziehung wurde es mir durch das reichhaltige Material an russischen Wölfen, das ich in der zoologischen Sammlung der Universität Moskau und in dem dortigen zoologischen Garten zu untersuchen Gelegenheit hatte, geradezu möglich, auch die Region genauer festzustellen, in welcher der russische Wolf domestiziert wurde. Ich fand in dem Museum von Moskau eine Reihe von Exemplaren, die aus verschiedenen Provinzen des russischen Reiches stammen und in der Färbung stark voneinander abweichen. Neben grauen Wölfen sah ich Exemplare aus der Gegend von Nischninowgorod, die vollkommen schwarz sind. Am meisten frappierten mich die Wölfe aus dem Steppengebiet der unteren Wolga. Sie sind hellgelb-grau oder hellgelblich weiß (cremefarben), genau wie die Gebirgshunde der Kaukasusländer. Das Gesicht dieser Steppenwölfe ist ebenfalls schwarz angeflogen, Maul und Lippen sind schwarz gefärbt und der Schwanz ist auf der Oberseite rauchfarben angelaufen. Diese genaue Übereinstimmung in der Körperfärbung zwischen dem Wolf der Wolga-Steppen und dem kaukasischen Gebirgshund, der als Hüter der Herden dient, kann nicht zufällig sein, sie beruht vielmehr auf der konservativen Vererbung des Integuments [der Haut] und wird damit für die Phylogenese von ausschlaggebender Bedeutung. Meine Untersuchungen an Ort und Stelle und die nachträglichen Ermittlungen in Moskau ergeben somit folgendes Resultat:

Die großen Gebirgshunde im Kaukasus und in Hocharmenien sind Abkömmlinge des europäischen Wolfes (Canis lupus), und wurden zuerst in den Steppenländern der unteren Wolga domestiziert. Im Flachlande ist die zahme Rasse durch Einkreuzung von anderen Rassen vielfach abgeändert worden, während im Gebirge reinrassige Hunde fast überall erhalten blieben.

Lässt sich die räumliche Lage des ältesten Bildungsherdes in diesem Falle an der Hand von tiergeographischen Tatsachen genauer feststellen, so können wir auch in zeitlicher Hinsicht über das Auftreten der Rasse einiges aussagen. Freilich fehlen uns Belege aus älteren Kulturschichten, dagegen kommt uns die antike Kunst zur Hilfe. Die zahme Form erscheint bereits bildlich dargestellt in Pergamon, war also schon bis Kleinasien vorgedrungen. Daraus müssen wir den Schluss ziehen, dass die Domestikation des europäischen Wolfes jedenfalls vor Beginn der jetzigen Zeitrechnung begonnen hat. Dass der Haushund im alten Pergamon noch stehohrig war, berechtigt zu der Annahme, dass die Domestikation noch nicht sehr lange eingesetzt hatte und in ihrem Anfang wahrscheinlich in das erste vorchristliche Jahrtausend fällt.

Auf alle Fälle war es ein glücklicher Gedanke, die Rinder und Schafe, die dem Wolf so leicht zur Beute fielen, dadurch zu schützen, dass man diesen in den Hausstand herübernahm und damit den zahmen Wolf gegen den wilden Wolf ausspielte.

ZUM WEITERLESEN ...

Hunde
Ray & Lorna Coppinger

Die Biologen, Züchter, Trainer und erfolgreichen Schlittenhundeführer Ray und Lorna Coppinger blicken auf mehr als vier Jahrzehnte Erfahrung mit Hunden zurück. Am Beispiel von acht verschiedenen Hundetypen geben sie einen wissenschaftlich fundierten Einblick in das Leben der Hunde und ihre Beziehung zum Menschen. Die Autoren erklären, warum ihrer Meinung nach der Hund weder *direkt* vom Wolf abstammt, noch von den Menschen der Frühzeit gezähmt wurde; Hunde domestizierten sich vielmehr selbst, um eine neue ökologische Nische zu nutzen: die Abfallhaufen der mesolithischen Dörfer. Sie zeichnen die Evolution der heutigen Hunderassen aus diesen frühen Dorfhunden lebendig nach und erläutern, wie sich die unverkennbaren Merkmale und Verhaltensweisen unserer Hunde aus dem genetischen Erbe und der Umwelt, in der die Welpen aufwachsen, entwickeln.

Durch ihre genauen und lebendigen Beschreibungen geben sie dem Leser das Gefühl, bei den einzelnen Entwicklungsstufen als stiller Beobachter dabei zu sein. Gleichzeitig scheuen sie sich nicht, die heutige Hundehaltung auch kritisch zu betrachten und Fragen über den Sinn und Unsinn der Rassezucht zu diskutieren.

Dieses Buch steckt voller wissenschaftlicher Ergebnisse und persönlicher Erfahrungen und ist spannend bis zur letzten Zeile!

Hardcover, 372 Seiten, mit zahlreichen farbigen Abbildungen, ISBN 978-3-936188-07-3

Hunde achtsam führen
Maria Rehberger

Immer mehr Menschen wünschen sich einen achtsamen, respektvollen und freundlichen Umgang mit ihrem Hund. Der Schwerpunkt der Erziehung hat sich in den letzten Jahren darauf verlagert, die Bindung zu vertiefen und Vertrauen aufzubauen, denn beides ist unbedingte Voraussetzung für eine positive und ausgeglichene Wesensentwicklung.

Maria Rehberger beschreibt in ihrem neuen Buch, wie man mit belohnungsbasiertem Training und bedürfnisorientiertem Umgang das Zusammenleben zwischen Mensch und Hund in diese Richtung lenken kann und welche Vorteile das hat.

Aus dem Inhalt:
* Was es heißt, Grenzen zu setzen
* Bedürfnisse von Hunden
* Hunde souverän im Alltag führen
* Grundlegendes zum Thema Lernen
* Nachteile eines strafbasierten Trainings
* Umgang mit unerwünschtem Verhalten
* Gemeinsam zum Trainingserfolg

Hardcover, 184 Seiten, mit zahlreichen farbigen Abbildungen, ISBN 978-3-936188-78-3

ZUM WEITERLESEN ...

Stress bei Hunden
Martina Scholz
Clarissa v. Reinhardt

Mit einem Vorwort von Anders Hallgren

Stress – ein bislang viel zu wenig beachtetes Thema, wenn es um den treuesten Begleiter des Menschen geht. Die Autorinnen zeigen in ihrem Buch, dass Stress nicht nur bei Menschen, sondern auch bei Hunden die Lern- und Konzentrationsfähigkeit erheblich beeinflusst und sogar zu Verhaltensauffälligkeiten und Krankheiten führen kann.

Das Buch behandelt u.a. folgende Themen:
- Definition: was ist eigentlich Stress?
- Stressfaktoren – wodurch wird Stress beim Hund ausgelöst?
- Anzeichen und Auswirkungen von Stress
- Möglichkeiten, Stress abzubauen und zu vermeiden

Anhand von Fallbeispielen zeigen uns Martina Scholz und Clarissa v. Reinhardt, wie wichtig der Aspekt Stress im täglichen Umgang mit dem ...nd ist und was wir tun können, um Konflikt- ...ionen zu entspannen oder zu vermeiden.

152 Seiten, mit zahlreichen farbigen ISBN 978-3-936188-04-2

Die Beschwichtigungssignale der Hunde
Turid Rugaas

In den letzten Jahren hat sich das Bild des Sozialpartners Hund in unserer modernen Gesellschaft nachhaltig verändert. In den Mittelpunkt des Interesses ist die Sozialverträglichkeit sowohl mit Artgenossen als auch mit uns Menschen gerückt, um ein friedliches und reibungsloses Zusammenleben zu gewährleisten.

Wie ihre Vorfahren, die Wölfe, leben Hunde in hierarchisch strukturierten Familienverbänden, die über ein fein abgestuftes Kommunikationssystem zur gegenseitigen Verständigung verfügen. Ihr Sozialverhalten ist zu einem wesentlichen Teil bestimmt durch Strategien zur Konfliktvermeidung innerhalb des Rudels.

Turid Rugaas, eine der weltweit angesehensten Hundetrainerinnen, hat über zwanzig Jahre diese Phänomene bei Hunden beobachtet und mit dem Begriff der „Beschwichtigungssignale" einer breiten Öffentlichkeit zugänglich gemacht. In diesem Buch erklärt sie, warum, wann und wie Beschwichtigungssignale von Hunden eingesetzt werden. Ebenso beschreibt sie, wie wir Menschen die Signale erkennen, deuten und sogar selbst einsetzen können. So wird es jedem möglich, zu einem besseren Verständnis seines eigenen Hundes, aber auch fremder Hunde zu gelangen.

Hardcover, 104 Seiten, mit zahlreichen Farbfotos und Fallbeispielen, ISBN 978-3-936188-01-1